MORE THAN TEN LESSONS

Ten Lessons on Barcelona is first and foremost a lucid study of urbanism. The book is exceptional for many reasons, and for four in particular: its contribution to history, its informative character, its conceptual clarity and its academic rigour.

By way of a series of superposed models, Manuel de Solà-Morales describes the construction of Barcelona—'an urbanistically privileged city'—as a succession of episodes, data, dates, facts, details and events and interpretations. He approaches it not only in terms of the opening up of the two streets—Princesa and Ferran—invoked in the title of the first of the ten *theses* or lessons in which the book is structured, but also in terms of the Roman city, and offers a succinct overview of the next eighteen hundred years before engaging in detail with the episodes that, sculpting the old city, configured Barcelona from the first half of the 19th century to the eve of the 1992 Olympics.

The informative character of the book is evident, and over and above its didactic function, it is worth asking whether these *lessons* are exclusively aimed at architecture students or if the author has deliberately avoided using unduly technical terms and concepts in order to make the book accessible and intelligible to everyone: not only those with an architectural training but also the non-specialist reader with an interest in urbanism as a social, intellectual, historical, political and economic phenomenon. In other words, all of

MÁS QUE DIEZ LECCIONES

Diez lecciones sobre Barcelona es esencialmente un libro lúcido de urbanismo. Una obra resplandeciente por muchas razones, pero especialmente por cuatro: aportación histórica, carácter divulgativo, amenidad conceptual y rigor académico.

A modo de maquetas superpuestas, Manuel de Solà-Morales describe la construcción de Barcelona —"una ciudad urbanísticamente privilegiada"— a través de una sucesión de episodios, fechas, datos, hechos, detalles y acontecimientos, e interpretaciones. No la muestra tan sólo a partir de la apertura de las calles de la Princesa y de Ferran, como podría deducirse del título de la primera de las diez *tesis* —lecciones— en las que se estructura la obra, sino que se remonta también a la ciudad romana y pasa de puntillas por encima de los dieciocho siglos siguientes, para entrar de lleno en los episodios que, cincelando la ciudad antigua, configuraron Barcelona desde la primera mitad del siglo XIX hasta la ciudad preolímpica.

El carácter divulgativo del libro es evidente puesto que, más allá de su intencionalidad didáctica, debemos preguntarnos si, en realidad, el sujeto inmediato de las *lecciones* es exclusivamente el estudiante de arquitectura o si, deliberadamente, se han evitado en él los términos y conceptos excesivamente técnicos con el fin de conseguir que la obra sea de fácil comprensión y lectura para todo el mundo, tanto para la gente formada en la ETSAB como para todas aquellas personas interesadas en el urbanismo como hecho social, intelec-

those who want to know more about the city made by people for people. And if, in addition, this *epic* is presented as a precise, fluid and readable narrative, the effects of the historical novel are fully present without any need to place fictional characters on the stage alongside the great number of real people involved in the major historical events that figure in the book.

The Premi Ciutat de Barcelona prize awarded to this study by the Ajuntament in 1985 was well deserved, recognizing as it did the merit—among many others—of a masterly contribution to our understanding of the processes that explain the city as it is today.

Finally, what remains to be said of Manuel de Solà-Morales' brilliance as a teacher? Is it necessary to recall that academic rigour is intrinsic to him as one of the most prestigious figures in contemporary urbanism? Or to reiterate here a professional excellence demonstrated in the fields of both theory and practice?

For all of these reasons—and for others there is not space enough to list in this simple tribute—it must be obvious that the Col·legi d'Arquitectes de Catalunya has derived the greatest satisfaction from the opportunity of having a hand in the publication of *Ten Lessons on Barcelona*. A simply magnificent book.

Jordi Ludevid i Anglada,
President of the Col·legi d'Arquitectes de Catalunya

tual, histórico, político y económico. Es decir, para todos aquellos que quieren saber cosas de la ciudad hecha por personas y para las personas. Si, además, dicha *epopeya* se presenta como un relato preciso, fluido y comprensible, el efecto de novela histórica se hace evidente sin necesidad de personajes de ficción que se muevan por el escenario de los hechos históricos importantes, junto a la multitud de personajes reales que aparecen en el libro.

El Premio Ciutat de Barcelona otorgado a este trabajo por el Ayuntamiento, en el año 1985, no fue en vano: el galardón reconocía, entre otros, el mérito de una magistral contribución al conocimiento de los procesos que explican la ciudad actual.

Finalmente, ¿es preciso explicar el magisterio ejercido por Manuel de Solà-Morales? ¿Hay que recordar que el rigor académico le es inherente como una de las figuras más prestigiosas del urbanismo? ¿Hay que insistir en una valía profesional demostrada tanto en el campo teórico como en el práctico?

Por todas estas razones —y otras que superarían con creces el espacio de un simple saludo—, resulta fácil deducir la satisfacción por la oportunidad del Col·legi d'Arquitectes de Catalunya de participar en la edición de *Diez lecciones sobre Barcelona*. Un libro sencillamente magnífico.

Jordi Ludevid i Anglada,
decano del Col·legi d'Arquitectes de Catalunya

Manuel de Solà-Morales i Rubió

als meus pares

TEN LESSONS
ON BARCELONA

**Urbanistic episodes
that have made the modern city**

DIEZ LECCIONES
SOBRE BARCELONA

**Los episodios urbanísticos
que han hecho la ciudad moderna**

Manuel de Solà-Morales i Rubió

FOREWORD

This is a textbook. It is a written record of the classes I taught as Introduction to Urbanism at the ETSAB School of Architecture in Barcelona between 1975 and 1983. That course set out to show architects in the making that urbanism was not an automatic consequence of socio-economic conditions and legal and administrative practices, but a body of work constructed out of ideas, that the urban totality is built up of episodes and fragments and that, as in any cultural construct, the only starting point is pertinence and intelligence. The tone of the narrative is inevitably marked by this will to teach the basics.

These ten lessons outline the ten most significant episodes that have made the Barcelona we know today, or rather, are making Barcelona today. This is not so much a detailed account of these urban actions as a declaration of their importance to the present-day city; not an explanation of the genetic evolution of modern Barcelona—though it may to some extent prove to be this—but an account of how and why Barcelona is as it is: which urban actions, which projects and which architects have made Barcelona what it is today; which specific initiatives and interventions have shaped Barcelona for all time, and what forms urbanism takes when it meets with the right social conditions and intellectual capacity, creativity and drive.

PRESENTACIÓN

Éste es un libro de texto. Consiste en el traslado escrito de las lecciones dictadas en el "Curso de Introducción al Urbanismo", impartido desde 1975 a 1983, en la Escuela de Arquitectura de Barcelona, en el que se proponía enseñar a los futuros arquitectos que el urbanismo no es una consecuencia automática de condiciones socioeconómicas y prácticas jurídicoadministrativas, sino una obra construida mediante ideas. Que son los episodios y los fragmentos los que forman la globalidad urbana y que, como en toda construcción cultural, el acierto y la inteligencia son los únicos puntos de partida. El tono de la narración transpira forzosamente dicha voluntad de elemental pedagogía.

Las diez lecciones presentan los diez episodios más significativos que han configurado la Barcelona actual: mejor dicho, que constituyen la Barcelona actual. Porque aquí no está tanto el relato en detalle de estos actos urbanísticos como la declaración de su importancia en la ciudad actual. No se trata, pues, de explicar la evolución genética de la Barcelona moderna, aunque ello es lo que pueda resultar, en cierto modo—, sino de explicar la Barcelona actual, cómo y por qué es así. Qué actos urbanos, qué proyectos y qué proyectistas han hecho —hicieron— que hoy Barcelona sea como es. Qué acciones y propuestas concretas han creado Barcelona para siempre. Y cuáles son las formas del urbanismo, cuando éste encuentra, al mismo tiempo, oportunidad social y potencia intelectual, creatividad y empuje.

Awarded a Ciutat de Barcelona Prize in 1985, this vision was formulated at a time when the city was immersed in an in-depth rethinking of its urbanism, a time of euphoria and expectation, of faith in the plans and a spirit of collective commitment. Explaining the city is at once difficult and rewarding, and the aim here is to define both its identity—morphological, social and cultural— and its deep structure, its paradigm; questions, then, of definition and of model.

This is not a history book: though history plays a large part in it, it makes no claim to documentary precision. There are other books on the history of Barcelona that the explanations set out here have drawn on, and in recent years yet others have taken these lessons as the basis for journalistic profiles or urban chronicles. These lessons have also informed doctoral theses of particular academic value: by Amador Ferrer, on the housing developments of the 1960s (1982); by Miquel Corominas, on the origins of the Eixample (1986); by Joaquim Sabaté, on building codes (1987), and by Enric Serra, on Gràcia (1993).

Written in 1985, these lessons do not, of course, cover the last 20 years, in which the image of Barcelona as a city of successful urbanism has spread far and wide. But while they may not describe these years, they do provide a basis for reflection on them. The whole purpose of publishing this book today is to offer a far-reaching perspective as a means of understanding contemporary interventions that are sometimes dazzling but not so evidently recognizable as lasting contributions.

These lessons present ten theses on the major features of modern Barcelona, modernity here being understood as

Presentado y galardonado en los Premios Ciutat de Barcelona del año 1985, es una visión del momento en que la ciudad se lanza a un replanteo a fondo de su urbanismo. Tiempos de euforia y de ilusión, de confianza en los planes y en la voluntad del esfuerzo colectivo. La explicación de la ciudad, siempre tan difícil como rica, busca encontrar aquí la identidad de la ciudad misma —morfológica, social, cultural—, así como su estructura profunda, el paradigma. Cuestiones, pues, de definición y de modelo.

No se trata de un libro de historia, aunque la historia cuenta mucho en él. Pero no es la precisión documental lo que pretende. Otros libros hay, de la historia de Barcelona, de los que estas explicaciones han sacado provecho. Y también otros libros posteriores, apoyados en estas mismas lecciones, han dado versiones periodísticas o crónicas urbanas a lo largo de los últimos años. Hijas de estas lecciones, y de un especial valor académico, son varias tesis doctorales: la de Amador Ferrer, sobre los *polígonos* de los años sesenta (1982); de Miquel Corominas, sobre los orígenes del Eixample (1986); de Joaquim Sabaté, sobre las ordenanzas municipales (1987), y de Enric Serra, sobre el barrio de Gràcia (1993).

Redactado, pues, en 1985, está claro que no incluía los veinte años últimos, que tanto han contribuido a divulgar Barcelona como imagen de urbanismo cualificado. No los incluía como descripción, pero sí permiten integrarlos en la reflexión. Precisamente el interés de publicar hoy este libro es ofrecer una perspectiva de largo alcance para entender las intervenciones contemporáneas, a veces agobiantes por la brillantez y no tan reconocibles como propuestas permanentes.

Son diez tesis sobre los grandes rasgos de la Barcelona moderna, entendiendo la modernidad desde la llegada a

beginning with the arrival of the ideas of the Enlightenment in the city. The reconstruction of Barcelona from the 1980s on, with the restoration of democratic governance, has given a new internal vitality to this urban form. The much-admired modernisation of public spaces, the construction of long-awaited infrastructure, the provision of amenities in neighbourhoods and districts and the new appreciation of the Ciutat Vella, Montjuïc and Collserola, together with policies on circulation and green spaces, have given the previous urban structure a new physiognomy. As a strategy based on criteria of suitability and quality, its finest results—methodologically exemplary as a lead for others to follow—have spread throughout the territory and, it seems to me, accredit in depth and breadth the theses outlined here.

The present version of the text has been updated on the strength of a critical assessment of what these years have added to or corrected in the proposed theses. The reading of certain chapters thus faces the necessary difficulty of encompassing how things looked 25 years ago and how they look today. In the light of this, the plates from the original 1985 text have remained untouched. These photographs and plans may help us understand the present moment—so explicit in so many reports as to make reproduction here unnecessary—as a snapshot of a process that asks to be evaluated in terms of its definitive results of city construction as a genuine act of culture.

Laboratori d'Urbanisme de Barcelona (LUB). May 2007

la ciudad de las ideas de la Ilustración. La reconstrucción de Barcelona a partir de los años ochenta, con la recuperación del gobierno democrático de la ciudad, ha dado nueva vitalidad interna a esta forma urbana. La admirada modernización de los espacios públicos, la ejecución de infraestructuras largamente previstas, el equipamiento de los barrios y distritos, la puesta en valor del Casco Antiguo, de Montjuïc y de Collserola, además de las políticas de vialidad y de espacios verdes, han conferido una nueva fisonomía a la estructura urbana previa. En cuanto estrategia basada en criterios de oportunidad y de calidad, sus mejores efectos, metodológicamente ejemplares como efecto de demostración, han sido territorialmente difusos. En este sentido, pienso, cualifican en profundidad y transversalmente las tesis aquí propuestas.

Así pues, ésta es una versión del texto original actualizado, con la mirada crítica de lo que estos años han añadido o corregido a las tesis propuestas. Su lectura encontrará en algún capítulo la duplicidad de visión que se busca: la de veinticinco años atrás y la de hoy. Con tal intención se han dejado intactas las imágenes gráficas que acompañan el texto de 1985. La lectura actual de aquellas fotografías y planos puede ayudar a entender el momento presente —tan explícito en los abundantísimos reportajes que no es menester reproducir— como imagen momentánea de un proceso que debe valorarse con relación a sus resultados definitivos de construcción de ciudad, como verdadero acto de cultura.

Laboratorio de Urbanismo de Barcelona (LUB). Mayo de 2007

Barcelona, workshop of urbanism

There are cities such as Rome and Athens that take their form from their monuments. In other cases, however, the form of the city is discerned above all in the landscape: these would include Florence and Naples, Geneva and Stockholm. The form of the city is always built to a greater or lesser extent from both landscape and architecture.

And there are still other cities, such as Barcelona, where that form has also been the subject of particular reflection; moments in which there has been a conscious and deliberate attempt to link the features of the landscape and the architecture so as to make of their relationship—which might otherwise be casual or incidental—a formal creation in its own right. At these singular moments, in these paradigmatic cities, urbanism introduces its own forms.

Every major city now has administrative instruments for urban planning. But this does not necessarily mean that they have the capability or the opportunity to turn the construction of the city into an intellectual—and to some extent voluntary—construct as an object of reflection and design. It is these attributes that can make the creation of urban forms not so much a process of continuity but rather a cultural artefact and even on occasions an authentic work of art.

And it is then that we see in the array of houses and in the order of the streets a unique image specific to the

PROEMIO
Barcelona, taller de urbanismo

Existen ciudades, como Roma o Atenas, que toman la forma de sus monumentos. En otras, en cambio, la forma de la ciudad se aprecia sobre todo desde el paisaje: es el caso de Florencia y de Nápoles, de Ginebra y de Estocolmo. La forma de las ciudades se construye siempre, en mayor o menor medida, desde el paisaje y desde la arquitectura.

Pero existen otras ciudades, como Barcelona, donde además esta cuestión ha sido objeto de reflexión particular. Momentos en los que se ha querido vincular los datos de la arquitectura de manera consciente y voluntaria, convirtiendo su relación —que bien podría ser casual o anecdótica— en una creación formal en sí misma. El urbanismo introduce entonces, en estos momentos singulares y en estas ciudades paradigmáticas, sus formas propias.

Toda gran ciudad dispone hoy de los instrumentos administrativos de la planificación urbana. Mas esto no significa que se disponga de las capacidades ni de las oportunidades de convertir la construcción de la ciudad en un hecho intelectual —y, en cierta medida, voluntario—, objeto de reflexión y de proyecto. Son esos atributos los que podrían hacer de la creación de las formas urbanas no tanto un proceso de continuidad sino un hecho de cultura e incluso, en ocasiones, una auténtica obra de arte.

Es entonces cuando vemos en el conjunto de las casas y en el orden de las calles una imagen propia, específica de la

city. We see how spaces and squares have a significance that goes beyond their immediate surroundings. We also see that the urban environment imposes itself on the geography in a clear and decisive conceptual manner.

The urbanistic form can at times be that of the whole urban fabric, that of the major morphological orders or that of the primary structure of the city. Sometimes, too, it is the areas of growth, the extensions and suburbs, that have served to create urban forms of their own; in other instances, however, it is the smaller-scale civic elements that, due to their location or form, assume a certain urban transcendence. But whatever their size, moment or function, urbanistic forms endow the city with that wealth of signification that human thought is capable of producing in its intellectual endeavour to master an economic and social process—urbanization—and give it a chosen form and image.

This is the 'culture of cities' that Mumford spoke of, making of the urban process a conscious project, a human artefact and, in the best of cases, a work of art. The urban aesthetic is evidently not one of styles—whether architectural or pictorial—but is much more bound up with the general trends in thought, politics, technology and social forms, as well as with visual ideals. Indeed, as a creative effort to give form to the most complex materials, it is—as the greats of the past, from Leonardo to Le Corbusier, observed—one of the higher forms of culture.

In this respect, Barcelona is a privileged city. In addition to its landscape and architecture it has an age-old urban culture rich in successes and innovations. Unfortunately, the city seems to be largely unaware of these

ciudad. Vemos cómo espacios y plazas tienen un significado más allá de su entorno. Vemos también que el ámbito de la ciudad se impone a la geografía de un modo conceptual, claro y decidido.

La forma urbanística puede ser, a veces, la de todo el conjunto urbano, la de los grandes órdenes morfológicos o la de la estructura primaria de la ciudad. En otras circunstancias han sido las piezas de crecimiento, las extensiones y los suburbios, los que han dado ocasión para crear formas urbanas propias; otras veces, no obstante, son elementos ciudadanos de menor escala los que, por su emplazamiento o por su forma, adquieren una cierta trascendencia urbanística. No importa la dimensión, el momento o la función: las formas urbanísticas aportan a la ciudad aquella riqueza de significados que el pensamiento humano ha sido capaz de producir, en el esfuerzo de dominar mentalmente un proceso económico y social —la urbanización— hasta darle una forma y una imagen voluntarias.

Ésta sería la "cultura de las ciudades" de la que ya hablaba Mumford. Hacer de la fábrica urbana un proyecto consciente, una obra humana. Y, en el mejor de los casos, más aún, una obra artística. Está claro que la estética urbanística no es la de los estilos —arquitectónicos o pictóricos—, sino que está más mezclada con los movimientos generales del pensamiento, de la política, de la tecnología y de las formas sociales que con los mismos ideales plásticos. Pero, en cuanto esfuerzo creativo, de formalización de los materiales más complejos, es —y ya lo han dicho todos los antiguos, desde Leonardo hasta Le Corbusier— una de las formas superiores de cultura.

Barcelona es, en este sentido, una ciudad privilegiada. A las condiciones de paisaje y de arquitectura incorpora una cultura urbanística milenaria, repleta de éxitos e innovacio-

advantages, which may perhaps explain the panegyric tone of the present text.

The form its Roman founders gave the city has been enormously and enduringly potent. For more than two thousand years, from the 1st century BCE to 1860, the whole order of the city took as its referent the intersection of the *cardus* and the *decumanus* traced by the legionary geometers on the highest point of Mons Taber. Imagine the effort of accuracy and equilibrium needed to find the ideal point, a theoretical point in the middle of an amorphous denuded plain, with only the simplest instruments, to establish a primary order to which the new settlement could refer. Under the starry vault, those geometers tried to find the references of astronomical axes that, transferred onto the earth, made the new city a harmonious part of the universal order.

The pair of axes marked out by the Romans give the city an orientation over the course of time, the initial grid of buildings gradually extending and transforming, and even though the medieval expansions greatly complicated the simple forms of the original layout, both the siting of the important buildings and the direction of roads and circulation were always guided by the Roman order. Unlike those much later Gothic cities that grew up around a market or a monastery, medieval Barcelona already had an internal shape of its own, a semantic referent.

The three rings of walls round Barcelona determined the successive boundaries of the city. The Roman wall and the walls built by kings Jaume I and Pere II established precise perimeters and, with their gates and towers, ordered the entire appearance of the urban construct. The outer face defined the contact with the territory and presented

nes. Pienso que, por desgracia, estos aspectos no son muy conocidos en nuestra ciudad y esto podrá excusar el tono panegírico que en determinados pasajes adquiere este texto.

Ya la fundación romana de la ciudad es un hecho formal potentísimo. Durante más de dos mil años, desde el siglo I a. de C. hasta 1860, el orden completo de la ciudad se ha referido a aquella cruz del *cardus* y el *decumanus* que los geómetras legionarios trazaron sobre el punto más alto de la colina del Táber. Imaginemos los esfuerzos de precisión y equilibrio para dar con el punto ideal, un punto que quisiera ser teórico en mitad de un llano desnudo y amorfo, buscando con instrumentos simplísimos un orden principal al que pudiera referirse el asentamiento. Bajo la cúpula estrellada indagarían las referencias de unos ejes astronómicos que, trasladados al suelo, hicieran de la nueva ciudad una pieza conforme al orden universal.

El trazado de los dos ejes romanos supone una orientación de la ciudad a lo largo de los tiempos, a partir de la cual irá ampliándose y transformando aquella inicial trama de edificios. Y, si bien la fuerza de las expansiones medievales complicará muchísimo las formas simples del primer trazado, tanto la colocación de los edificios importantes como el sentido de los movimientos y de los caminos se apoyarán siempre en este orden romano. A diferencia de aquellas ciudades góticas, nacidas mucho más tarde en torno a un mercado o un convento, la Barcelona medieval ya tenía una forma interior propia, un referente semántico.

Las tres murallas de Barcelona constituyeron, después, los sucesivos patrones de la forma de la ciudad. La muralla romana, la de Jaime I y la de Pedro el Grande dibujaron perímetros precisos que, con sus puertas y torreones, ordenaron

the traveller with the unified vision and profile of the city. In themselves, they served as supports for later buildings and streets and have been substantial constituents of the form of the city ever since.

Interestingly, while the west walls were consolidated as urban thoroughfares of the first importance—Carrer d'Avinyó and Carrer dels Banys Nous on the Roman wall; La Rambla along the course of Jaume I's wall, and Paral·lel and the Ronda ring roads on the third set of walls—the outline of the walls to the east was eventually eroded, damaged in war and demolished for alterations.

A third significant contribution to the form of Barcelona was made by the *carrers nous*, 'new streets' opened up by pre-Renaissance and pre-Baroque urbanism. The secular Gothic architecture of Carrer de Montcada, cut in a straight line to accommodate the new mansions of the maritime mercantile bourgeoisie, predates the Strada Nuova in Genoa and the Via Giulia in Rome—veritable modern streets flanked by a new cultivated architecture. Then came Carrer Ample, the first truly important urbanization outside the walls when the definitive consolidation of the seaward Muralla de Mar made it possible to stabilize the strip of land between the old town and the sea, and the space between the Framenors and the Sant Sebastià monasteries. A sequence of three parallel streets configured rectangular blocks, the widest or most 'ample' being the one adjoining the inner city. This, the first expansion of the city, was an initiative of the utmost prestige, and here aristocrats and noblemen built their new town houses. Over the centuries all of this great architecture has disappeared, but as an urban form its presence survives in the

la imagen entera de la construcción urbana. Por su cara exterior definían los contactos con el territorio y daban al viajero la visión unitaria y el perfil de la ciudad. En sí mismos, fueron elementos de apoyo de futuras edificaciones y calles y quedaron para siempre como ingredientes sustanciales de la forma de la ciudad.

Curiosamente, las murallas de poniente se consolidaron en calles urbanas importantísimas: la de Avinyó y la de los Banys Nous, sobre la muralla romana; la Rambla, en su cruce con la de Jaume I; y el Paral·lel y las rondas, sobre la tercera muralla. En la zona de levante, en cambio, la forma de las murallas, entre guerras y reformas, terminó por desdibujarse.

Una tercera aportación urbanística, sustancial en la forma de Barcelona, fueron las *calles nuevas* del urbanismo prerrenacentista y prebarroco. La calle de Montcada, tirada a cordel para establecer en ella los nuevos palacios de la burguesía mercantil marinera, precedió, con su arquitectura gótica civil, a las actuales Strada Nuova de Génova y a la Via Giulia de Roma, como verdaderas calles modernas para alojar en ellas la nueva arquitectura culta. Luego será la calle Ample, primera obra importantísima de urbanización proyectada fuera de las murallas, cuando, con la consolidación definitiva de la muralla de Mar, es posible estabilizar la franja de tierras situada entre la vieja ciudad y el mar, y en el espacio entre los conventos de los Frailes menores y el de Sant Sebastià. Se define el trazado de tres calles paralelas que conforman unas manzanas rectangulares, siendo más "ancha" aquella que está en contacto con la ciudad interior. Operación de máximo prestigio, primer ensanche de la ciudad, donde vendrán a construirse los palacios de la aristocracia y la nobleza. Toda la gran arquitectura de esta obra ha ido desapareciendo con

street plan of the city. Carrer Nou ('new') de la Rambla, which cuts straight though El Raval, established a spatial relationship of its own in that district, both as an axis of circulation and as an urban façade. Built independently of each other at different times, the 'new' streets nevertheless introduced an innovative, abstract intellectual model into the original city.

After the 'new' streets beyond the walls, it was the 'new towns', the *pobles nous* in the surrounding area that created a new urban form. Three new-build nuclei were laid out in the 18th and 19th centuries around the old parishes of the Barcelona plain, all three on the Baroque model of a central space, the four-sided plaza, an open 'island' amid the regular rectangular grid of blocks. First came La Barceloneta, the most important of the three by virtue of its size and the canonical perfection of the model, curiously combining greatly elongated blocks with relatively few transverse streets and the diagonal cut imposed by the shoreline. Next came Poblenou d'Icària, a small settlement directly inspired by the utopian libertarian socialism of Étienne Cabet. Between the cemetery and the Vapor del Cotó cotton mill, Poblenou, too, sought a rectangular form, laid out behind the little plaza that was to open to the sea. On the higher part of the plain, Gràcia was articulated as a more sophisticated version of the same model uniting a number of individual developments, each one the centre of a rectangular grid. With these neighbourhoods, Barcelona entered the age of the urban working class with an enthusiasm found in few other European cities. The urbanistic interest—especially of Gràcia and La Barceloneta—is evident, not just in books on the history of urban

los siglos, pero como forma urbana su presencia es, aún hoy, permanente en la planta de la ciudad. También la calle Nou de la Rambla, atravesando en línea recta el barrio del Raval, establecería una relación espacial propia en este sector de la ciudad, como espacio de circulación y como fachada urbana. Construidas, pues, autónomamente y en tiempos distintos, las calles "nuevas" introducen la ciudad primitiva en un modelo intelectual novedoso y abstracto.

Después de las calles "nuevas" extramuros, son los "pueblos nuevos" de los alrededores los que crearán una nueva forma urbana. Entre las antiguas parroquias del llano de Barcelona, a lo largo de los siglos XVIII y XIX, se trazan tres núcleos de nueva planta. Los tres sobre el modelo barroco del espacio central: la plaza cuadrada, vaciada como un islote libre en el seno de un trazado rectangular de manzanas constantes. Primero fue la Barceloneta, el más importante de los tres por el tamaño del conjunto y la perfección canónica del modelo, que combina curiosamente la extrema proporción alargada de las manzanas con las pocas calles transversales y con el corte triangular que forzosamente le impondría la línea de playa. Después, el Poblenou d'Icària, pequeño asentamiento inspirado en la pura ortodoxia de Cabet, del socialismo utópico y libertario. Entre el cementerio y el Vapor del Cotó (Vapor del Algodón), el Poblenou busca también la forma rectangular, mediante la placita que tenía que abrirse al mar. En la parte alta de la llanura, Gràcia se articula como una repetición sofisticada del mismo modelo, encadenando unitariamente varias operaciones, cada una de ellas como centro del trazado rectangular. Con estos barrios, Barcelona se abre a los tiempos del asentamiento proletario, con un empuje comparable al de pocas ciudades europeas. Y el interés urbanístico —sobre todo

development, as early examples of urban dwelling, but as an actual thorough-going presence in the city today.

The leap from these new towns to the urban expansion of the Eixample was not only quantitative. The form of Barcelona is definitively associated with this magnificent layout whose combination of rigour and flexibility underpinned the construction of the largest planned city in the modern world. As a general structural order of city, no other had been so strong since the first Roman axes.

As a form of construction, the Eixample's extraordinary regularity has allowed all kinds of follies—and strokes of genius—without detriment to itself. As a spatial image it is unusual, at least in the dimensions of its streets, the solution of the chamfered corners at junctions, the abundance of trees and the gradient of the streets sloping down toward the sea. How difficult it is today to imagine Barcelona without this geographical orientation that first the Romans and subsequently the Eixample acknowledged! The creation of Gran Via, the great territorial axis running between the Llobregat and Besòs rivers, parallel to the sea and bordering the old heart of the city, was the masterstroke of a plan—Cerdà's plan—which is today admired the world over for its theoretical coherence and formal radicalism, a plan we must also acknowledge as inspired in its interpretation of both the geography of the plain and the needs of the future architecture in a new form that is admirable in itself. Subjecting more than 20,000 houses to a rhythm of 133 x 133 metres, laying out 200 kilometres of streets with the same angle and section and transforming a bare plain of 1,500 hectares into an urban centre is not so much a quantitative effort of rigidity or control but

de Gràcia y de la Barceloneta— es ya evidente, no tan sólo en los libros de historia urbanística, como ejemplos precursores de residencia urbana, sino por su presencia misma, viva y convincente, en la actual ciudad.

El salto de esas nuevas poblaciones al Eixample no es tan sólo cuantitativo. La forma de Barcelona ha quedado definitivamente unida a la de este trazado magnífico que, combinando rigor y flexibilidad al mismo tiempo, ha sustentado la construcción de la mayor ciudad planificada del mundo moderno. Como orden general de la ciudad, ninguna otra había sido tan potente desde los primeros ejes romanos.

Como forma de la edificación, su extraordinaria regularidad le ha consentido toda clase de disparates —y de genialidades— sin mengua ni desvarío. Como imagen espacial, es un trazado insólito, al menos por el dimensionado de las calles, la solución de los chaflanes, la riqueza del arbolado y las pendientes hacia el mar. ¡Cuán difícil es hoy en día imaginar Barcelona sin este sentido geográfico que ya los romanos, y sobre todo el Eixample, confirmarían! La creación de la Gran Via como gran eje territorial entre los ríos Llobregat y Besòs, paralelo al mar y tangente al núcleo antiguo, sería la pieza maestra de un plan, el de Cerdà, que es admirado hoy en día por todo el mundo, gracias a su coherencia teórica y radicalidad formal. Pero que, además, nosotros tenemos la obligación de reconocer por el acierto de haber interpretado al mismo tiempo la geografía del Plan y las necesidades de la futura arquitectura en una forma nueva que es, por sí misma, admirable. Someter más de 20.000 casas a un ritmo de 133 x 133 metros, trazar 200 kilómetros de calles con un mismo tipo de ángulo y de sección, convertir en centro urbano una llanura vacía de 1.500 hectáreas, no es tanto un esfuerzo cuantitativo de rigidez o

the brilliance of an idea that, with each of the subsequent contributions, has proved ever more justified and effective. And the beauty of all this Neoclassical, *modernista* and rationalist architecture would never have shone so brightly outside the setting of the Eixample.

If we return to the fragmentary scale of streets and neighbourhoods, we also find ideas of reform exemplary for modern Barcelona. These are surgical operations performed on the old fabric, renewing its character, circulation, housing and commerce and establishing new orientations in the spatial conception of the city. Two of these are paramount: the opening up of the Ferran-Princesa axis and of 'la Reforma', Via Laietana. The first crosses the old city from one side to the other, in a straight line from La Ciutadella to La Rambla. Lined with harmonious residential buildings and attractive shops, it made a substantial contribution to the city in taking a European model and giving it material expression here. Begun just 15 years after London's Regent's Street, and almost at the same time as the most comparable examples in Paris, Carrer de Ferran successfully incorporated with these examples on different scales the comfortable festive character of the street as the bourgeois public space par excellence. In so doing it also managed to revive the more austere, reserved and military tone of the city's 18th-century classical architecture with which the initial intentions perhaps originated. Imagine the astonishment of Barcelona's citizens as they watched the opening up—amid reason and modernity—of the line that would flatten the Convent de l'Ensenyança, rotate the façades of the Town Hall, relocate the Sant Jaume graveyard, rip through the Plaça del Blat and would enable them to see right through from the new

de control como de magisterio de una idea que, por medio de múltiples contribuciones posteriores, va haciéndose cada vez más acertada y efectiva. Y la belleza de tanta arquitectura neoclásica, modernista y racionalista nunca hubiera relucido tanto fuera de este marco del Eixample.

Si volvemos a la escala fragmentaria de calles y barrios, hallaremos también en ella ideas de reforma, ejemplares en la Barcelona moderna. Son operaciones de cirugía en el tejido antiguo que renuevan su carácter, la circulación, la vivienda y el comercio, y establecen sentidos innovadores en la concepción espacial de la ciudad. Dos son las principales: la apertura del eje Ferran-Princesa y la apertura de "la Reforma" (la Via Laietana). La primera atraviesa el centro histórico de extremo a extremo, desde el parque de la Ciutadella hasta la Rambla, en una línea recta de casas armónicas y de comercios vistosos, que constituye una aportación sustancial a la ciudad, con un modelo europeo que adquiría aquí forma. Iniciada tan sólo quince años después de la Regent's Street de Londres, y casi simultánea con los más inmediatos ejemplos parisinos, el corte de la calle de Ferran supo incorporar, de estos ejemplos a otra escala, el carácter festivo y confortable de la calle como espacio público burgués por excelencia. Y de esta manera conseguía recuperar el tono más adusto, encogido y militar de las clásicas arquitecturas setecentistas, con las que posiblemente habían nacido las primeras intenciones. Imaginemos la sorpresa maravillada de los barceloneses viendo abrirse, en medio de la razón y de la modernidad, el trazo que pisará el convento de la Enseñança, modificará las fachadas del Ayuntamiento, transportará la fosa común de Sant Jaume, reventará la plaza del Blat y permitirá, desde la nueva plaza de Sant Jaume, ¡que la vista alcance hasta la

Plaça de Sant Jaume to La Rambla and as far as the Jardí del General gardens! Half a century later, 'la Reforma', like a new *decumanus*, completed the transverse axes running across the old town and formed its definitive, homothetic cross parallel to the first created by the Romans.

As a new model of strategic operation, Barcelona hosted world's fairs at the end of the 19th century and the start of the 20th: major operations concentrated in a single location within the city which became definitive and essential components of the city's urban form. Few cities have been so fortunate. In Barcelona, they are notable above all for their creation of two major public parks, which in a city without 'royal patrons' cannot otherwise be acquired; two spaces already symbolic thanks to their geography and their history, La Ciutadella and Montjuïc thus effected their transformation from a sombre past to a bright new future. In this way the amenities of a metropolitan capital began to appear with spaces potent and significant enough to mark out the definitive form of the city. At the time of writing, as Barcelona prepares to host the 1992 Olympic Games, in effect a new world's fair, it is to be hoped that the city will have the same far-sightedness and the same impetus to create new spaces as signifiers of its metropolitan form, getting the scale and the site as right as the fairs of 1888 and 1929 did in their day.

All of these components make Barcelona's form especially instructive. If we begin to consider the city in this way, we immediately see it as a workshop in which ideas about urban form have been tested—some, as we have seen, remarkably successful and innovative. In the wake of Cerdà and his theoretical treatise *La teoría general de*

Rambla y llegar al Jardín del General! Medio siglo después, "la Reforma", como un nuevo *decumanus*, venía a completar las vías traveseras o transversales del barrio antiguo y formaba la cruz definitiva, homotética y paralela a aquella primera de los romanos.

Como nuevo modelo de actuación estratégica, Barcelona nos enseña, en el cambio de siglo, las exposiciones universales. Grandes operaciones, concentradas en un lugar único de la ciudad, se convierten en conjuntos definitivos y básicos de la forma urbana. Pocas ciudades han tenido tanta fortuna. En Barcelona se aprovechan, sobre todo, para la formación de los dos grandes parques públicos, que una ciudad sin "propietarios reales" no puede adquirir de otro modo. Dos espacios que ya eran simbólicos por su geografía y por su historia, la Ciutadella y Montjuïc, que consiguen su transformación desde un pasado turbio hacia un futuro espléndido. Y, así, el equipamiento de una capital metropolitana toma cuerpo a través de espacios lo suficientemente potentes y significativos para marcar la forma definitiva de la ciudad. En el momento de escribir estas líneas, cuando Barcelona prepara unos Juegos Olímpicos, una nueva Exposición Universal, hay que desear a la ciudad la misma clarividencia y el mismo empuje para conseguir los nuevos espacios significativos de la forma metropolitana. Acertando en la escala y el lugar del modo en que lo hicieron, en su tiempo, las exposiciones de 1888 y 1929.

Todos estos componentes hacen que la forma de Barcelona sea particularmente didáctica. A poco que observemos así la ciudad, se nos descubre como un taller de trabajos en el que las ideas sobre la forma urbana han sido ensayadas y, como ya hemos dicho, algunas con un éxito y una novedad considerables. Tras Cerdà y su tratado teórico *La*

la urbanización, two other great plans for the Barcelona of this (20th) century mark historic moments in European urbanism: Léon Jaussely's plan to link Barcelona and its neighbouring towns, and the GATCPAC Plan for the new Barcelona. Both have been of greater importance for the power of their ideas than for their very few tangible achievements: Jaussely's plan as a project for the great metropolitan city, and the GATCPAC Plan as a graphic expression of rationalist doctrine, constitute significant cultural moments in which the city of Barcelona was the prime matter.

teoría general de la urbanización, otros dos grandes planes de la Barcelona del siglo XX son monumentos históricos de la urbanística europea: el Plan de Enlaces entre Barcelona y sus pueblos, de Léon Jaussely, y el plan del GATCPAC para la nueva Barcelona. Tanto uno como otro han cobrado más importancia por la fuerza de las ideas que por las actuaciones reales, muy escasas. Pero el primero, como proyecto de la gran ciudad metropolitana, y el segundo, como expresión gráfica de la doctrina racionalista, constituyen momentos culturales importantes, en los que la ciudad de Barcelona fue, afortunadamente, materia protagonista.

THE FERRAN-PRINCESA AXIS
and the transverse orientation
of modern Barcelona

01 EL EJE FERRAN-PRINCESA
y el sentido horizontal
de la Barcelona moderna

I n order to understand the form of modern Barcelona, we need to consider Carrer de Ferran, unquestionably the most innovative urban intervention in the old town and one that radically altered the understanding of the city and its image. It is very difficult to identify clearly the turning points in the history of the city, in that such operations tend to be very long-lasting and frequently overlap. However, if we were to identify one truly significant starting point for the modernization of Barcelona, it would have to be precisely this, the opening up of Carrer de Ferran (Ferdinand VII).

The street's geometrical and morphological characteristics are absolutely innovative in relation to the forms of the old city. From the current standpoint it can be difficult to appreciate the radical significance of such a proposal, intended to transform what had previously been a random combination of streets and houses into an artificially manipulated object. Yet Carrer de Ferran was innovative not just in form but also in its ideological and political underpinnings, as the enlightened project of the liberal group on the constitutional City Council of 1821-22, who sought to demonstrate by means of demolitions and new façades the driving force of a new era, cultured, egalitarian and progressive, in contrast to the old feudal and aristocratic stratification of the Gothic city.

Para comprender la forma de la Barcelona moderna, hay que hablar de la calle de Ferran, porque seguramente es la intervención urbanística más innovadora sobre la ciudad antigua, ya que cambió radicalmente la manera de entender la ciudad y su imagen. Resulta muy difícil decidir cuáles son los puntos de cambio en la historia de la ciudad, pues las operaciones duran mucho tiempo y a menudo se encadenan las unas con las otras... En todo caso, si tuviéramos que encontrar un punto de arranque verdaderamente significativo de la modernización de Barcelona, decidiríamos que es justamente éste: la apertura de la calle de Ferran (Fernando VII).

Las características geométricas y morfológicas son absolutamente innovadoras respecto de las formas de la ciudad antigua. Desde una óptica actual, puede resultar difícil comprender la significación radical de una propuesta que quiso convertir en un objeto artificialmente manipulado lo que hasta entonces había sido un producto aleatorio, fruto de la combinación de casas y calles.

Pero la calle de Ferran fue innovadora no sólo por su forma, sino también por el contenido ideológico y político que la sostenía, como proyecto ilustrado de unos políticos, los liberales del Ayuntamiento constitucional de 1821-1822, que, con los derribos y las nuevas fachadas, querían exponer toda la fuerza de un tiempo nuevo, culto, igualitario y pro-

It is important to bear in mind the radicalism of the urbanistic premises at play here. Over and above its significance as a historical example, the scheme's success made a decisive contribution to the resolution of the city, and its effects were so crucial and definitive that the street is still today a key element in the urban structure. Without this essential axis the city's subsequent growth would not have been the same, and it would have been unable to function as it does now if that project of the 1820s had not taken effective shape. This is so despite its taking many years to complete, like any idea of the city that must mature and be passed from one person to the next until it finally flourishes in the ideal model that the city has of itself.

Carrer de Ferran is that perfectly rectilinear opening, that knife-like incision in the Gothic city that seeks to cross through it from side to side, from east to west, a perfectly regular, rectilinear street that in some stretches even aspires to be an unbroken, repeated, uniform façade. It is so important because it introduced Barcelona to an idea that until then had not been seriously entertained: the very notion of the street as we understand it today. In terms of the form of the city, this horizontal cut is vitally important in allowing people to travel from one side to the other through the intricate fabric of the existing city. It is also important because it's construction brought a series of innovations to the old city: it afforded a long vista that had previously been unknown in the Gothic city; it allowed a new representative architecture of composed regular façades not found in the narrow, winding old streets; it enabled shops to open on the ground floors of a type of building that was completely unlike the medieval

gresista, en contraposición a la antigua estratificación feudal y aristocrática de la ciudad gótica.

La radicalidad de los planteamientos urbanísticos es importante. Más allá del estricto valor como ejemplo histórico, su éxito significó una aportación decisiva a la solución de la ciudad y sus efectos fueron tan fundamentales y definitivos que esta calle constituye, aún hoy, una pieza clave de la estructura urbana. Sin este eje decisivo, el crecimiento posterior no hubiera sido igual; ni hoy mismo la ciudad podría funcionar tal y como lo hace, si el proyecto de aquellos años veinte no hubiese tomado cuerpo efectivo. Todo ello pese a los largos años que se tardó en construirlo, como toda idea sobre la ciudad que necesita hacerse madura y pasar de mano en mano hasta arraigar en el modelo ideal que ésta va haciendo de sí misma.

La calle de Ferran es esta apertura perfectamente rectilínea, este corte de cuchillo sobre la ciudad gótica que intenta atravesarla de extremo a extremo, desde levante hasta poniente, con una calle perfectamente regular, rectilínea e, incluso, en algún tramo, con una pretensión completa de fachada uniforme, repetida, sin discontinuidad. Y es tan importante este hecho porque introduce en Barcelona una idea que hasta ese momento nunca se había planteado de forma decidida; es la idea de calle, de la calle tal y como la entendemos actualmente. Desde el punto de vista de la forma de la ciudad, este corte horizontal es importantísimo porque hace posible la comunicación de un lado a otro dentro del intrincado tejido de la ciudad ya existente. Lo es también porque introduce una serie de innovaciones en la ciudad antigua, experimentadas con la obra de la calle: aparece una visual de larga distancia que no era posible en la ciudad gótica;

mansions and grand Renaissance town houses, and other effects, as we shall see in due course. From the urbanistic point of view, however, there is one issue here that requires further thought: the introduction of the idea of the street as an artificial, regular, planned element.

Up until then the street had been a topographical accident, the successor of a path that adapted to a water course, a route trodden by sheep or cows, an itinerary travelled by people or carriages, or the result of all of these, gradually becoming consolidated, with buildings along the way, eventually coming to form an urban thoroughfare, and this was as true of roads inside the walls as of those in the 'ravals' of houses outside the walls, which grew up alongside them. But the street was not designed; it was not deliberately built with a decided form as an architectural element, with a notion of its final aspect, space, proportion or shape. This was what the Carrer de Ferran scheme introduced. It is worth remembering that this street was the basis of the entire development of the city during the following centuries. The roads out to the new towns, the construction of new neighbourhoods throughout the 19th century and the whole conventional development of the 20th-century city were all founded on an idea of street that for us is perfectly obvious, natural, almost intuitive, but was at that time radically new. The novelty was that the street was no longer the building-up of an existing spontaneous, natural, geographical path but a work of public geometry that, thanks to its form, became a basic element in the shape of the city. This is why we have to acknowledge the almost revolutionary importance of these ideas in early-19th century Barcelona, when the walled city was

permite una nueva arquitectura representativa de fachadas compuestas y regulares, inexistentes en las antiguas calles estrechas y tortuosas; permitirá el establecimiento de tiendas en los bajos de un tipo de edificación completamente diferente de los palacios medievales o de las casas señoriales renacentistas, y otras cosas que podremos ver más adelante. Desde el punto de vista urbanístico, sin embargo, una cuestión debe hacernos reflexionar con atención: la introducción de la idea de calle como elemento artificial, regular y diseñado.

La calle era hasta entonces un accidente topográfico, el resultado de un camino que se adaptaba al curso de las aguas, al paso de los animales, al itinerario de las personas y de los carruajes, o bien existía gracias a todos estos elementos y se iba consolidando y edificándose en sus bordes para acabar constituyendo una vía urbana. Tanto en lo que respecta a las calles del interior de las murallas como a los arrabales extramuros que crecen a lo largo de los caminos. Pero la calle no era un elemento de proyecto, no era un hecho construido voluntariamente con una forma decidida, con una idea de imagen, de espacio, de proporción, de figura, como elemento arquitectónico. Eso es lo que introduce el proyecto de la calle de Ferran. Hay que pensar que ésta será la base de todo el desarrollo de la ciudad durante los siglos sucesivos. Las mismas vías del Eixample, la construcción de los barrios durante todo el siglo XIX y, posteriormente, todo el desarrollo convencional de la ciudad del siglo XX, se efectúa según una idea de calles que para nosotros es ahora absolutamente obvia, natural, casi intuitiva, pero que en aquellos momentos era una innovación. La novedad era el hecho de que la calle dejaba de ser la edificación de un camino previo, espontáneo, natural, geográfico, y, en cambio, pasaba a ser una obra de

a tightly woven fabric of buildings, an unbroken tapestry that occupied the entire space.

For a fuller understanding of what this operation signified, we need to comprehend Barcelona's situation in the early years of the next century. Barcelona had expanded dramatically in the second half of the 18th century, when its population increased fourfold, from 30,000 residents in 1723 to almost 120,000 in 1833, within a walled city in which textile mills were beginning to compete with housing and public buildings for land. El Raval filled up rapidly, and though there was still free farmland, the enclosed city suffered from an almost suffocating congestion. Population density at that time was enormous, demonstrated vertically by the practice of building overhanging upper floors, which the City Council tried in vain to ban, and on the ground by the almost total occupation of every interstitial free space in the old built fabric: the yards behind the houses, once used as vegetable plots or for sheds, were rented out and built on. The city was turning into a single, almost unbroken mass of construction. It is said that in those days it was possible to go all the way from the bell tower of El Pi to Santa Maria del Mar from roof to roof without having to come down.

The only effective way of relieving this overcrowding was by appropriating the parish graveyards through the gradual implementation of the Floridablanca Law (1775), which turned the burial grounds of El Pi, Sant Just, Sant Josep (La Boqueria), Sant Agustí, Santa Maria del Mar, Santa Caterina and other churches into public squares. These became the only open spaces in that turn-of-the-century Barcelona that knew no other form of urban space

geometría pública que, por su forma, se convertiría en un elemento básico de la forma de la ciudad. Es por ello por lo que debemos situarnos en la importancia, casi revolucionaria, de esas ideas en el momento en que aparecen: la Barcelona de principios del siglo XIX, cuando la ciudad amurallada se extendía como un tejido prácticamente compacto de edificios que rellenaban todo el espacio comprendido entre las murallas, como un tapiz constante.

Por lo tanto, para entender mejor lo que supuso esta operación, hay que comprender cuál era la situación de Barcelona en los años sucesivos al cambio de siglo. La historia de la segunda mitad del siglo XVIII es la de la fuerte expansión vital de Barcelona, cuando se produce un importante salto demográfico: la ciudad pasa de unos 30.000 habitantes en 1723 hasta cerca de 120.000 en 1833. Se multiplica por cuatro la población, dentro de un recinto cerrado en el que las industrias textiles empezaban a competir con la residencia y las instituciones por la ocupación del suelo. El Raval se llenaba deprisa y, a pesar de que aún quedaban huertos libres, la ciudad amurallada sufría de congestión, de ahogamiento casi. La densificación fue enorme en aquellos años: en altura, por la costumbre de las casas "con vuelo" que el Ayuntamiento se esforzaba inútilmente en prohibir; y en superficie, por la ocupación casi exhaustiva de todos los espacios libres intersticiales del tejido antiguo. Se alquilaban los patios traseros de las casas, que servían de pequeñas huertas o de cabaña, y se edificaba en los mismos, y la ciudad va quedando como un macizo edificado, casi sin solución de continuidad. Se decía que, en esos años, saltando por las azoteas y los tejados podía recorrerse desde el campanario del Pi hasta Santa Maria del Mar, sin tener que descender nunca de los tejados.

than the medieval squares reclaimed from the dead or the military esplanades just outside its walls (La Rambla, Passeig de Mar and La Esplanada del General). A comparison of the Zermeño plan of 1751 (fig. 7) and General Castaños' plan of 1820 (fig. 8) shows the difference made by this first sporadic clearance and the appearance of parish squares in the dense old heart of the city.

This was the only measure taken to deal with a state of congestion in which street vendors had to stand in doorways to allow carriages and pedestrians to pass. Consequently, the proposal to clear a new thoroughfare such as this—nine metres wide, opening up the portal of Nou de la Rambla, and as straight as an arrow—represented an upheaval in the entire structure of the old town from top to bottom. And the change in urbanistic form was no less evident than the reforms it also called for in the economic and legal principles and in the social philosophy on which it was founded.

Running the new street through the dense, congested fabric of the city, taking the razor of geometry to the intricate tangle of edifices and properties, was then a radically new idea of urban hygiene and ventilation. It's object was a regularized space in which circulation would be continuous and unhindered, where the tenements could have airy, composed façades, and where the uniqueness of the space proclaimed the triumph of reason and equality as the principles that shaped the city.

The idea of the straight street signified a total idea of the city, just as the idea of the Barcelona defined by its walls, churches and town houses had been. The medieval fabric resulting from the successive growth of the three

La única operación de mejora eficaz contra aquella densificación fue la recuperación de los cementerios parroquiales, aplicando paulatinamente la Ley de Floridablanca (1775), que convirtió en plazas los campos del Pi, de Sant Just, de Sant Josep (la Boqueria), de Sant Agustí, de Santa Maria del Mar, de Santa Caterina, etcétera. De aquí nacieron los únicos espacios abiertos de aquella Barcelona de fin de siglo, que no conocía otra forma de espacio urbano que las plazas medievales ganadas a los muertos o las explanadas militares en los alrededores de las murallas (la Rambla, el paseo de Mar, la explanada del General). La comparación entre la planta de Zermeño, de 1751 (fig. 7), y la del general Castaños, de 1820 (fig. 8), nos muestra ya la diferencia que establece este primer esponjamiento puntual del comprimido núcleo antiguo, con la aparición de las plazas parroquiales.

Fuera de ésta, ninguna otra medida afrontaba aquel estado de congestión, en el que los vendedores callejeros eran obligados a mantenerse dentro de los portales para que los carruajes y los peatones pudieran transitar. Por ello, el proyecto de apertura de una vía como la que este nuevo trazado propone, con sus nueve metros de pared a pared, abriendo el portal Nou de la Rambla, recto como un tiro de piedra, suponía una sacudida de arriba abajo a toda la estructura de la ciudad antigua. Y el cambio en la nueva forma urbanística no era menos evidente que el que pedía, también en las bases económicas y jurídicas y en la filosofía social en que aquélla se asentaba.

Abrir aquella calle sobre la trama densa y congestionada, despanzurrar con el cuchillo de la geometría el intrincado laberinto de las edificaciones y las propiedades, era ya una idea de saneamiento y ventilación radicalmente nueva. Un espacio regularizado donde la circulación fuese continua y

rings, following the property boundaries recorded in the cadastre, took as its urban form the form of feudal land-holding. Jaume I built the great walls (with thirty towers up to La Rambla) and the 'ravals' or new suburbs of Vila Nova del Mar, Vila Nova de Sant Pere, Vila Nova del Pi, Vila Nova de Sant Pau and others developed outside these, each with its own parish church, gradually expanding along the old pack roads to Mataró, Girona, Madrid and Valencia. Topography and farmland defined the form taken by the plan of the built city.

Overall, very few interventions were able to take a form of their own: there was the architecture of palaces, mansions and fortifications, and the architecture of the farmland and the walls around estates. The Renaissance had seen the laying of Barcelona's first modern streets, principally Carrer Ample, and the laying out of regular stretches of urban fabric off these. This was an extremely important operation for the city, which the aristocracy of the Habsburg period filled with impressive buildings. This was also true of Carrer de Montcada, running between the paths of Vila Nova del Mar and Sant Cugat del Rec, on which the building of grand new mansions created another Strada Nuova. There is also the example of Carrer Nou in El Raval, with houses built for sale. But the history of the 'planned' street in Barcelona, like the history of the 'square', does not really begin until Neoclassical times after war against the French. Though important in many respects, the earlier streets—Carrer Ample as the place where grand residences were built, the seat of social power and the seafront; Carrer Montcada, as the exemplary typological order, and Carrer Nou, the axis of growth for El Raval and

sin tropiezos, donde las casas de viviendas pudieran tener fachadas airosas y compuestas, y donde la unicidad del espacio proclamase el triunfo de la razón y de la igualdad como principios conformadores de la ciudad.

La idea de la calle recta significaba una idea total de ciudad, tal y como lo había sido la Barcelona definida por las murallas, por las iglesias, por los palacios urbanos. El tejido medieval formado por el crecimiento sucesivo de los tres recintos, siguiendo el parcelario catastral, tenía, como forma urbana, la de la propiedad feudal. Jaime I construyó la gran muralla (con sus treinta torres hasta la Rambla) y se habían formado los arrabales (la Vila Nova del Mar, la Vila Nova de Sant Pere, la Vila Nova del Pi, la Vila Nova de Sant Pau, etcétera). Cada uno con su parroquia, fueron formándose de manera progresiva junto al trazado de los caminos (hacia Mataró, Girona, Madrid, Valencia). La topografía y los cultivos (los huertos y las propiedades) definían la forma que la planta de la ciudad construida iría adquiriendo.

En conjunto, pocas intervenciones se habían podido dar con forma propia: existía la arquitectura de los palacios y las fortificaciones, la de los cultivos y las vallas de las fincas. El Renacimiento ya produjo las primeras calles modernas de Barcelona: principalmente, la calle Ample (ancha), y la adecuación de tramas regulares en su entorno. Fue ésta una operación importantísima para la ciudad, que la aristocracia del período austriaco ocupó con notables edificios. Es el caso, también, de la calle de Montcada, puente entre los caminos de la Vila Nova del Mar y de Sant Cugat del Rec, donde los nuevos palacios encuentran asentamiento, creando, por sí solos, otra Strada Nuova. Y también el ejemplo de la calle Nou de la Rambla, de casas de venta en el Raval. Pero la historia de la

the suture of the land blockage of the monasteries—could not rival the structural clarity or the impetus of the larger city-wide scale of the Ferran-Princesa.

This impact is evidenced by many of the specific reconstruction operations that the project entailed. It was very difficult to make way for a street so straight (and, at nine metres, so wide!) in the teeth of so many vested interests and apparently immovable obstacles. An awareness of some of the effects of the project and its completion makes it easier to appreciate its importance.

In a print from the 18th century (fig. 7), predating Carrer de Ferran by a hundred years, shows that at that time there was no open space inside the city walls. This is one of the earliest surviving plans of the fabric of old Barcelona. There are older plans that give a fairly clear idea of the perimeter of the city, or its walls, or the port, but these were made primarily for military purposes: strategic plans and campaign maps that tell us very little about the inner fabric of the city, which would have been of no interest. This early-18th century plan, made just after the War of the Spanish Succession, is the first to begin to attach any importance to the inner layout of the city. We can see here the significance of the great walls built by Jaume I, which surrounded the city just as far as La Rambla, and the walls erected by Pere II, who built out beyond the first perimeter to encompass the neighbourhood of El Raval, with its farmland and roads leading in to the city. What this means is that there were two clearly distinct areas. The first, the present-day *Barri Gòtic* or Gothic quarter, formed by the old Roman walls, densely built-up and dating from the 14th and 15th centuries, within which the

calle "proyectada" en Barcelona, al igual que la historia de la "plaza", no empezará de verdad hasta el neoclásico, "después del francés". Las anteriores, a pesar de ser tan importantes en muchos sentidos (la calle Ample, como lugar de la alta residencia, sede del poder social y fachada al mar; la calle de Montcada, como orden tipológico ejemplar; la calle Nou de la Rambla, como eje de crecimiento para el Raval y sutura del bloqueo inmobiliario de los monasterios), no tienen la misma claridad estructural ni el empuje a una escala superior, respecto de la ciudad, que sí planteó el eje Ferran-Princesa.

Muestra de esta incidencia son muchas de las operaciones de reconstrucción concreta que el proyecto comportó al término de su proceso de ejecución. Muy difícil fue llevar a buen puerto aquella calle tan recta (y tan ancha: ¡nueve metros!), sometida a tantos intereses y a tantas barreras inamovibles. Si conocemos algunas incidencias del proyecto y de su realización, podremos comprender mejor su importancia.

En una imagen del siglo XVIII (fig. 7), cien años antes de la calle de Ferran, la ciudad aparece aún sin ningún vacío interior. Es uno de los primeros planos existentes que explican el tejido de la Barcelona antigua. Hay otros planos más antiguos que nos muestran bastante bien el perímetro de la ciudad o el tema de las murallas, o bien el tema del puerto... Son planos realizados sobre todo para fines militares, planos estratégicos, de campaña, pero que no nos dicen casi nada del tejido interno: no les interesaba. Este plano de principios del siglo XVIII, después de la Guerra de Sucesión, es el que por primera vez empieza a dar importancia a la trama interior de la ciudad. Vemos aquí la importancia de la muralla, la muralla grande, la de Jaime I, que rodeaba la ciudad sólo hasta la Rambla; y la de Pedro el Grande, que ensanchó la primera

central city was organized, was still cut off from the sea. The second was the area of major growth in medieval times, when Barcelona had a trading empire, the era of Almogavar mercenaries and Mediterranean domination. It was this area that expanded toward the sea and around the first city, giving rise to the second and third enclosures within the walls built by Jaume I and Pere II.

On La Rambla alone, these walls had more than thirty towers. As a public work, they were enormously important, with the gateways of Porta de Tallers, Porta Ferrissa (the Iron Gate), Portal de l'Àngel, Portal del Blat and Portal del Mar and the gates out of the city. This dense city embraced the settlements that lay outside the Roman city: Santa Maria del Mar, Sant Pere, El Pi and Tallers. All the early paths led to the parishes beyond the walls, whose churches are Barcelona's Gothic gems: Santa Maria del Mar, El Pi, Els Àngels and Sant Jaume. All of these parishes were outside the city until the walls built by Jaume I encircled them. In the 15th century, the second expansion of the walls took in the entire area of El Raval, where the farmland was located. This fabric was already full by the early 1700s, and in the course of that century of great economic and demographic growth, when the city's population multiplied four times over, El Raval was built up and all of this stretch on the west side of La Rambla was filled to bursting point.

The new type of construction that now appeared, above all in El Raval and the less built-up areas, was in the form of tall, narrow tenements, the outcome of increasing density on the existing house type. A walk through the streets of old Barcelona clearly reveals this process of

extendiéndola hasta abrazar el conjunto del Raval, lugar de las huertas y de los caminos fuera de la ciudad. Quiere esto decir que se distinguían estas dos partes tan claras: la primera, la del actual barrio Gótico (densa y que se remonta hasta los siglos XIV y XV), formada por la primera muralla romana, sobre la que se organizaba la ciudad central, y separada de la costa. Y la segunda, la del gran crecimiento medieval, la de la Barcelona del imperio comercial, la Barcelona almogávar y mediterránea, que creció hacia el mar y alrededor de la ciudad primera, dando lugar al segundo y tercer recintos: la gran muralla de Jaime I y la de Pedro el Grande.

Esta muralla tenía, sólo en la Rambla, más de treinta torres. Era una muralla enormemente importante como obra pública, con sus puertas de Tallers y Ferrissa (de hierro), el portal del Àngel, el portal del Blat, el portal del Mar y las puertas que daban a los caminos de salida. Es ésta la ciudad densa que ya había abrazado los arrabales que salían de la ciudad romana: el arrabal de Santa Maria del Mar, el de Sant Pere, el del Pi, el de Tallers. Todos los antiguos caminos dieron origen a las parroquias exteriores, que constituyen hoy la riqueza gótica de Barcelona: las iglesias de Santa Maria del Mar, el Pi, Els Àngels, Sant Jaume. Todas ellas eran las parroquias de fuera de la ciudad que quedaron incorporadas en esta operación de Jaime I. Y luego, a partir del siglo XV, la segunda ampliación de la muralla abraza todo el Raval, donde se hallaban las huertas exteriores. Tenemos, pues, un tejido que ya estaba lleno al principio del siglo XVIII y que durante la gran expansión económica y demográfica —recordemos que se multiplica por cuatro la población— acabará de llenar de forma maciza todo este lado, a poniente de la Rambla, y así se construirá el Raval a lo largo del siglo XVIII.

densification, this rise in the height of buildings, which largely dates from the second half of the 18th century. There are numerous altered buildings, with a Gothic base and stone structure topped with a Neoclassical stucco-rendered masonry structure and accentuated windows, all in a language that corresponds to this period of the 18th century, and they account for almost all the built fabric of Gothic Barcelona. There was a widespread process of densification and transformation, with the appearance of 'tall' houses and 'projecting' houses; buildings were crowded ever closer together, jutting out over the streets and shutting out light and air. Fires were frequent: houses collapsed and were rebuilt even more densely. As we noted above, the houses were so close to one another, the built fabric so tightly packed that there was virtually no unoccupied space, and where there was, it was unoccupied only intermittently.

This was the background to the extremely important intervention that concerns us here. In broad outline, the geography of the problem presents us with the walled precincts, the expanded city and the radicalism of proposing a transverse axis running from La Ciutadella to Montjuïc, the military barracks on either side of the city. If its rationale was in the first instance military, it subsequently proved to be of enormous urbanistic interest. The situation at the time when work began is depicted in the famous plan by Laborde (fig. 115), the French cartographer sent by Napoleon prior to his invasion, who made a series of drawings of a number of cities in Catalonia and the entire east coast of Spain. This particular plan of Barcelona represented a major advance in the cartography of the city

El tipo de construcción nueva, que aparece sobre todo en el Raval y en las zonas más libres, es la casa muy estrecha y muy alta, resultado de un fuerte proceso de densificación sobre las casas preexistentes. Cuando paseamos por las calles de la Barcelona vieja, podemos reconocer muy bien este proceso de densificación, este aumento de la altura de las casas, que se lleva a cabo durante la segunda mitad del siglo XVIII. Vemos muchos edificios reformados: neoclásicos, de base gótica y estructura de piedra, que pasan a una estructura de fábrica estucada, de ventanas realzadas, de un lenguaje que corresponde a esta época del XVIII y que abarca casi todo el tejido ya edificado de la Barcelona gótica. Fue un gran proceso general de densificación y de transformación, de aparición de las casas "en altura", de las casas "con vuelo", momento en que éstas se aproximan entre sí cada vez más sobre las calles y van cerrando, con las cubiertas superiores y con los tejados, la luz y la ventilación de las calles. Con los frecuentes incendios, las casas se hunden y vuelven a edificarse, cada vez más densas. Ya hemos dicho que estaban tan próximas las unas de las otras, tan empaquetado el tejido edificado, que prácticamente no existía espacio vacío o existía sólo de forma intermitente.

Es en este panorama en el que aparece la importantísima operación de reforma que comentamos. A grandes rasgos, la geografía del problema nos muestra los dos recintos amurallados, la ciudad recrecida y la radicalidad de proponer un elemento transversal desde la Ciutadella, uno de los extremos militares de la ciudad, hasta Montjuïc, que sería el otro. Inicial lógica militar, sí, pero de un enorme interés urbanístico a posteriori. La situación, en el momento de partida de la apertura de la calle, aparece representada en la conocidísima

and is now of major historical importance as a document of what it was like at that time. It shows the walls of Jaume I, already disappearing in places amid all the buildings abutting on it, and the stream of La Rambla, converted into an avenue. In contrast, the larger perimeter of the third set of walls is essentially unitary: the old, compact city to the right of La Rambla; El Raval still half built, on the paths to the Porta Ferrissa gate, Carrer de l'Hospital and Carrer de Tallers, and the newly established manufactories. We can also see Carrer Nou de la Rambla. As we noted above, there already was a rectilinear street, but Carrer Nou was conceived in far more limited terms and made no claim to a general ordering of the city as Carrer de Ferran clearly is. Every new experiment in the city always has a number of precedents or first attempts. Carrer Nou de la Rambla was opened up simply as a speculative venture to sell plots of land, a very regularly divided tract along this thoroughfare extending from La Rambla, but with a geometrical layout. But it was when this idea of urban geometry came to be proposed as a general element, running from Sant Pau del Camp to La Ciutadella, that the notion of the regular street acquired the status of an overall urbanistic premise as an element shaping the city.

The 'horizontal' transverse Gothic thoroughfares skirted the Taber, the hill on which the Cathedral stands, eventually becoming Carrer de la Boqueria and Carrer de l'Hospital, running through the present-day Plaça de Sant Jaume, once the site of the Roman forum, the very centre of the city, turning back via the Hortes Baixes de Sant Pere and then exiting through the Portal de Llevant. The 'vertical' streets running down toward the sea cut across

planta de Laborde (fig. 115), cartógrafo francés que, enviado por Napoleón antes de la invasión, realizó una serie de levantamientos de bastantes ciudades catalanas y de todo el levante de la Península. Concretamente, hizo esta planta de la ciudad, que supuso entonces un avance importantísimo en la cartografía de Barcelona y, hoy, un documento básico para el conocimiento histórico de la ciudad de aquellos tiempos. En él observamos, efectivamente, la muralla del rey Jaime, ya desdibujada por todas las construcciones que se le habían ido aproximando, y la riera de la Rambla convertida ya en paseo. Se ve, en cambio, muy unitario el perímetro mayor de la tercera muralla; la ciudad antigua, compactada a la derecha de la Rambla; el Raval a medio hacerse, sobre los caminos de la puerta Ferrissa, de las calles del Hospital y de Tallers, y con las primeras industrias que se establecieron. Vemos también la calle Nou de la Rambla. Efectivamente, ya había una calle rectilínea, como hemos comentado anteriormente. La calle Nou es una calle planteada de una manera mucho más limitada, sin la pretensión de constituir una ordenación general de la ciudad, como sí lo es, en cambio, la calle de Ferran. En la ciudad, las experiencias tienen siempre algunos precedentes como tentativas primeras. La calle Nou de la Rambla era una calle que se abrió simplemente como promoción especulativa, para vender solares: una finca que se parcela muy regularmente, sobre este eje estirado desde la Rambla, pero ya con un trazado geométrico. Sin embargo, la idea de calle regular adquirirá valor de propuesta urbanística general, en cuanto elemento configurador de la ciudad, cuando esta idea de geometría urbana se proponga como elemento general, esto es, cuando vaya desde Sant Pau del Camp hasta la Ciutadella.

this general longitudinal circulation scheme. This is significant because it demonstrates, firstly, the subsequent great importance of the Ferran-Princesa axis as the first general intervention in the existing city rather than an extension outwards, the addition of a new neighbourhood or urban area; secondly, it was constructed as a strict geometrical element; and thirdly, and most importantly, it was inserted as an element parallel to the sea, a 'horizontal' element of the city. This is a crucial issue, and one that we will meet again in subsequent episodes, in which the importance of the horizontal constant in the growth of Barcelona is manifest.

Other precedents, like that of Carrer Nou de la Rambla, had already posited this horizontal axis of the city of Barcelona. During the Renaissance the new axis of Carrer Ample, just as it exists today, was overlaid on the perimeter of the Gothic city, and divided into plots with orthogonal transverse streets. This was made possible here by the consolidation of the Muralla de Mar sea wall, protecting land that had until then been beach and now became the city's seafront. This period, during the reign of the Habsburgs in the 16th and 17th centuries, saw construction of the grand mansions on Carrer Ample; of the Convent of La Mercè, the most important in the Renaissance city and at present the local military headquarters; of the Monastery of the Framenors, later turned over to various other uses, and ultimately becoming another military headquarters, and of the royal palace, the origin of Plaça de Palau, and the entire organization of this front of Renaissance Barcelona. It was this horizontal orientation, then—the coastal connection of La Ribera and Montjuïc—that was

Las vías traveseras horizontales de las circulaciones góticas bordeaban el Táber, la colina de la catedral, y venían a ser la calle de la Boqueria y la actual calle del Hospital, pasando por la actual plaza de Sant Jaume, antigua plaza del Foro romano, el punto central de la ciudad, y volviendo por las Hortes Baixes (Huertas Bajas) de Sant Pere, para salir hacia el portal de Levante. Las calles verticales que bajaban al mar atravesaban esta disposición general horizontal de las circulaciones. Esto es importante porque nos enuncia, en primer lugar, la trascendencia posterior del eje Ferran-Princesa como la primera actuación general sobre la ciudad ya existente, y no como un crecer hacia fuera, como un añadido de un barrio o un fragmento urbano. En segundo lugar, que se construye como un elemento geométrico estricto. Y tercero, y muy importante, que se inserta como un elemento paralelo al mar, como un elemento horizontal de la ciudad. Es ésta una cuestión fundamental, que veremos también en episodios sucesivos, en cada uno de los cuales se pone de relieve la importancia de la constante horizontal en la expansión de Barcelona.

Otros precedentes, al igual que la calle Nou de la Rambla, ya habían planteado este sentido horizontal de la ciudad de Barcelona. En el Renacimiento, se añadió, al perímetro de la ciudad gótica, toda la operación del nuevo trazado de la calle Ample, tal y como actualmente existe, y de parcelación y división en calles transversales, ortogonales, que en la vecindad del mar se puede realizar gracias a la consolidación de la muralla de Mar y, por lo tanto, se defendían las tierras que hasta entonces eran de playa y que pasan a ser el frente marítimo de la ciudad. Es entonces cuando se construyen los palacios señoriales en la calle Ample para la corte de los

subsequently repeated when Carrer de Ferran crossed the heart of the city.

What is known as 'the General Castaños plan' (fig. 16)—named after the military governor of Barcelona in the years immediately following the defeat of the French and the establishment of the Constitutional Government—reveals the presence of squares, an important element in the definition of the project. As we have said, the old centre of Barcelona was exceptionally crowded, one of the densest cities in the Europe of its time. The only respite in terms of open space was the burial grounds that in those days still adjoined each parish church. General Castaños' plan clearly shows the structure of medieval Barcelona, formed within the central kernel of the Roman city inside the first ring of walls, presided over by the Cathedral and Plaça de la Ciutat, now Plaça de Sant Jaume. This kernel was centred on the intersection of the Roman *cardus* and *decumanus*, which Tarradell and Pallarès identify as Carrer dels Banys, in the Jewish quarter, and Carrer del Bisbe, respectively. Carrer del Bisbe runs from Plaça Nova to Plaça de Sant Jaume and, by the name of Carrer de la Ciutat, continues down toward the sea. Outside of this central core the plan shows the *viles noves*, the new towns that grew up along the paths leading to the parish churches whose graveyards were the only open spaces in the city. This situation continued until 1833, when the introduction of disentailment led to these graveyards being deconsecrated and becoming public squares. Almost every square in the historic centre of Barcelona today was once a burial ground taken over by the municipality and maintained as a public open space. Plaça del Pi, the

Austrias, durante los siglos XVI y XVII; el convento de la Mercè —el convento renacentista más importante de la ciudad, actualmente sede de la Capitanía militar—; el convento de Frailes menores, luego transformado en muchas cosas y finalmente, hoy, en Gobierno Militar; el Palacio Real, que después dará lugar a la plaza de Palau, y toda la organización en este frente de la Barcelona renacentista. Quiere esto decir que, efectivamente, es ese sentido horizontal —que ya estaba en la unión litoral del barrio de la Ribera con Montjuïc—, lo que se repetirá después, cuando la calle de Ferran querrá atravesar por el interior de la ciudad.

En el plano denominado "del general Castaños" (fig. 16), gobernador militar de Barcelona justo antes del Gobierno constitucional, después de la invasión francesa, podemos observar algo que será importante en la definición del proyecto, que es la presencia de las plazas. Ya hemos dicho que el núcleo antiguo de Barcelona era enormemente denso, de los más macizos de Europa por aquel entonces, y la única respiración que tenía era la presencia de algunos espacios libres vinculados a las parroquias: los cementerios, que entonces estaban incorporados a cada una de las parroquias. El plano del general Castaños refleja bien la estructura de la Barcelona medieval formada a partir de la almendra central que constituye la ciudad romana dentro de la primera muralla, presidida por la catedral y por la plaza de la Ciutat, hoy plaza de Sant Jaume. Esta almendra queda fijada por el cruce del *cardus* y el *decumanus* romanos, donde (siguiendo las calles de Tarradell y de Pallarès) el *cardus* sería el recorrido desde la calle de los Banys a la judería, y el *decumanus*, la calle del Bisbe, que, desde la plaza Nova, llevaba a la plaza de Sant Jaume y a la calle de la Ciutat, que era su continuación hacia

Born behind Santa Maria del Mar and Plaça de Sant Pere are among the open spaces next to churches that, out of respect for the dead, were not to be built on. The land that had belonged to the dead was now given over to the living, forming the system of large and small squares that is still to be seen in old Barcelona.

Carrer de Ferran can be thought of as the linking together of three of these squares: the square in the area around Sant Jaume (formerly Plaça de la Ciutat), the old Plaça de la Trinitat (named after the convent that stood in the square) and Plaça de l'Àngel (which corresponds not to Portal de l'Àngel but to Plaça de l'Àngel itself at the junction with Via Laietana). The boldness of this intervention can be seen in later city maps, with the decisive impact of the line taken by the street leading to a redefinition of Plaça de Sant Jaume.

It took the municipal authorities a lot of discussion over a long period of time to agree on the project, though the scheme had already won the support of the military thanks to its strategic utility for maintaining public order and controlling the heart of the city. The plan was approved in 1822, but the work was not started until 1826. Evidently, the first thing that had to be decided was the precise positioning of the street and, as a result, what was to be affected by it. The first building to feel its impact was the Capuchin monastery, just off La Rambla. From this starting point, Carrer de Ferran was extended to link the three squares mentioned above and a series of convents and churches. In other words, it invades a great deal of property which, like most of the old heart of the city, belonged to sectors of the population by no means aligned with the

abajo. Desde esta almendra central, el plano dibuja las *viles noves* (villas nuevas), que se forman sobre los caminos que llevan a las parroquias. Cada parroquia tiene su cementerio; cada cementerio será el único espacio libre que quedará en la ciudad. Y así será hasta mediados del siglo XIX (1833), con las leyes de desamortización, cuando estos cementerios serán secularizados, suprimidos como tales, y pasarán a constituir las plazas. Casi todas las plazas que hoy tiene la Barcelona antigua son los antiguos cementerios municipalizados y convertidos en lugares públicos: la plaza del Pi, el Born de Santa Maria y la plaza de Sant Pere; espacios anexos a las iglesias en los que, por respeto a los muertos, no se había edificado. El espacio de los muertos es, en aquel momento, transformado en espacio de los vivos, y pasa a constituir el sistema de plazas o plazoletas que aún hoy encontramos en la Barcelona antigua.

¿Cómo se define la calle de Ferran? Enlazando o encadenando tres de esas plazas: la plaza de los alrededores de Sant Jaume (que era la plaza de la Ciutat), la antigua plaza de la Trinitat (llamada así por el convento que había) y la plaza del Àngel (que no corresponde al actual Portal del Àngel, sino a la plaza propiamente del Àngel, en la intersección con la actual Via Laietana). La valentía de esta operación se observa en los planos posteriores, donde la decisión de la línea, una vez ejecutada, llevará a la redefinición de la plaza de Sant Jaume.

Cuesta mucho tiempo, y muchas discusiones municipales, sacar adelante este proyecto, que, por otra parte, es impulsado también por los militares, cuyos intereses estratégicos de re–novación interior y control de la ciudad, desde el punto de vista del orden público, son claros. Aunque se aprueba en el año 1822, no se empieza hasta 1826. Evidentemente, la pri-

new urban philosophy. This rectilinear intention and desire for regularization no doubt embodied the liberal spirit that identified with a reforming venture of this kind, implicitly egalitarian and democratic and designed to benefit the city as a whole, a demonstration that the streets would no longer be lined with mansions and bell towers but with rows of identical houses. As always in the 19th century, this image of equality was bound up with the values of the bourgeoisie as the ascendant class then acquiring greater power which held up the principles and terms of liberty and equality (rather more than fraternity) as the banner under which to proclaim its rights as an economically powerful new class in opposition to the aristocracy and the Church and, to a certain extent, to the army as well. The whole Carrer de Ferran project had a symbolic value in representing a new form of city created with a single urban intervention and with a different architecture, and also, implicitly, a new conception of housing, the idea of the apartment block. Rather than a house owned in its entirety by one family, this was the bourgeois apartment building with its series of long balconies and its main rooms overlooking the street, and an interior distribution quite unlike that of earlier typologies. The shops on the ground floor offered the city a new representational façade, a place for a previously non-existent public use and for the new economic activity of the shopkeeper while also serving as a representative space, a spectacle. It was on this street that retail commerce made its presence felt in Barcelona. The more or less familiar model was the Rue de Rivoli in Paris, under whose arcades ladies would stroll and shop. This new ritual of the city was developed

mera cuestión era decidir la posición exacta de la calle y, por lo tanto, todo aquello que quedaba afectado. Se empezó afectando el convento de los Capuchinos, que es el que se hallaba junto a la Rambla. De ahí arrancará para encadenar las tres plazas mencionadas y toda una serie de conventos y de iglesias; es decir, que invadía muchísima propiedad que, como la mayoría del núcleo antiguo, estaba vinculada a los sectores sociales menos partidarios de la nueva filosofía urbana. Hay mucho, sin duda, en esta intención rectilínea y en esta voluntad regularizadora, de aquel espíritu liberal que se identificaba con una operación de reforma como ésta, igualitaria y democrática, para toda la ciudad, manifestando que las calles ya no estaban hechas de palacios y de campanarios, sino de casas todas iguales. Como siempre, en todo el siglo XIX, esta imagen de igualdad se relacionaba con los valores de la burguesía, la clase ascendente que iba adquiriendo el poder y que utilizaba los valores y los términos de la libertad y de la igualdad (y no tanto de la fraternidad) como estandarte para establecer sus derechos de nueva clase económicamente poderosa, frente a la aristocracia y la Iglesia, y, en parte, también al ejército. Todo el proyecto de la calle de Ferran tuvo el valor simbólico de representar una forma de ciudad nueva, realizada con una sola operación urbana y con otra arquitectura. También lleva implícita una nueva idea de vivienda, que es una idea de casa de pisos: no es la casa de propiedad entera, sino aquella casa burguesa de los grandes balcones repetidos, de las habitaciones principales que dan a la calle, de distribuciones muy diferentes respecto de las arquitecturas anteriores. El disponer los bajos para usos comerciales suponía una nueva fachada de representación de cara a la ciudad, un lugar para un uso urbano que no existía y una

in the 19th century: Emile Zola describes the allure of the big stores in Paris. Engineers and architects also visited Paris to see how the new streets were laid and how they transformed the image of going out onto the street: no longer dark, unwelcoming and dangerous places, it had become a well-lit space of luxury and entertainment where people met. So it was with the construction of Carrer de Ferran that this whole modern image of the bourgeois city first made its appearance in Barcelona.

The project for the street was the work of Josep Mas i Vila, the municipal architect from Sarrià who was later to draw up a very beautiful plan of the whole of Barcelona (fig. 37). There was initially considerable debate about the project and the city councillors argued about the number of floors, the shape of the buildings' cornice and the treatment of the ground floor, with proposals that it should copy the Rue de Rivoli in Paris, the streets of Turin or the grand Neoclassical avenues appearing at that time in so many European cities.

The line of the street and its characteristics were eventually agreed during these municipal discussions: the project included a unified façade type, a controversial proposal in its restriction of the right to build as the owner wished. Consequently, the councillors gradually simplified the proposal. The debate about the ground floors was one of the most heated and led in the end to the elimination of the arcades, leaving the commercial premises with smaller square openings (even so, almost all the buildings were erected with arcades).

This change was significant: the open ground floor was in keeping with the new vision of the street as an array

nueva actividad económica, la de los tenderos; pero también tenía sentido como espacio representativo, como espectáculo. Es en esta calle donde el comercio al detalle aparece con fuerza en Barcelona. Se podía conocer entonces el ejemplo de la Rue de Rivoli, en París, con aquellos soportales bajo los que las señoras paseaban y salían a comprar. Era un nuevo ritual de la ciudad, algo que el siglo XIX ofrece y que antes no existía: Émile Zola describe la fascinación de los grandes almacenes de París, pero también ingenieros y arquitectos visitan esa ciudad para ver cómo se abren las nuevas calles y cómo cambia de significado el acto de salir a la calle, que deja de ser un lugar oscuro, inhóspito y peligroso para pasar a ser un espacio divertido, iluminado, lujoso, donde se reúne la gente. Y, por lo tanto, es al hacerse la calle de Ferran cuando toda esta imagen moderna de la ciudad burguesa empieza a aparecer en Barcelona.

El proyecto es realizado por Josep Mas i Vila, arquitecto municipal originario del vecino municipio de Sarrià, y que posteriormente elaboraría una planta muy bella de toda Barcelona (fig. 37). En un principio hay mucha discusión en torno a este proyecto y los concejales del Ayuntamiento discuten sobre el número de pisos, el coronamiento que deberían tener los edificios y la solución de la planta baja, que se quiere construir a imagen de la parisina Rue de Rivoli, de las calles de Turín o de las grandes calles neoclásicas que en aquellos momentos aparecían por todas las ciudades de Europa.

El trazado y las características fueron perfilándose en las discusiones municipales: la propuesta contenía un proyecto de fachada única, tema polémico por cuanto podría atentar contra el derecho a la libre forma de edificar. Por ello, los consejeros fueron simplificando paulatinamente la propuesta.

of shop fronts, as a public space in which commerce and buying and selling assumed a new importance in the central city. The city of individual consumption, increasingly popular with the well-to-do classes, who turned shopping into a festival of sociability, and the comforts of streets lined with shops (fashion, the streetlights, the daily to and fro, the image of immediate service, the protective pavements) were identified with the height of urbanity.

Barcelona's Carrer de Ferran appeared just ten years later than London's Regent's Street, the work of John Nash and one of the first great internal reforms of a European city in the 19th century. By virtue of its uses, Regent's Street was far more central than residential in character—the latter a function that Carrer de Ferran did end up performing. In the wake of the experience of London and Paris, reforming the urban fabric and its streets became a feasible venture. As a result of the municipal debate those ground floors, which were initially designed with arcades, ended up having a more modest solution consisting of identical closed entrances. Many of the decorative features and embellishments of the façades in the original project were ultimately reduced in the officially approved elevation to little more than a meta-project: schematic, elemental, with a certain order of openings, a system of axes and a compositional language which in the end left out the ornamental aspects, supposedly in order to reduce costs.

On the stretch of the street that runs from Plaça de Sant Jaume to La Rambla constructed in accordance with this façade type it is still possible to see that most of the buildings have arches on the ground floor, even though in the end these were not compulsory. When the time came

La discusión sobre los bajos fue una de las más encendidas y llevó, finalmente, a suprimir del proyecto las arcadas y a dejar las plantas bajas con aperturas más pequeñas y cuadradas (por el contrario, los edificios se construirán casi siempre con arcadas).

La diferencia es importante: los bajos abiertos corresponden a la nueva visión de la calle como frente de tiendas, ámbito público donde el comercio y la compraventa adquieren una dimensión de protagonismo en la ciudad central. La ciudad del consumo individual, que se insinúa en las clases ricas que hacen de la compra el festival de la sociabilidad, y el confort de las calles comerciales (la moda, las luces, la animación cotidiana, la imagen del servicio inmediato, las aceras protectoras) se identifica con la máxima urbanidad.

Nuestra calle de Ferran es sólo diez años posterior a la londinense Regent's Street, obra de John Nash y una de las primeras grandes reformas internas realizadas en Europa en este siglo, que, al contrario de Ferran, tuvo más carácter de centralidad que residencial, debido a los usos. A partir de las experiencias de Londres y París, la reforma del tejido y de las calles empieza a ser una empresa posible. Y aquellos bajos, proyectados en principio con arcadas, son finalmente convertidos a causa del debate municipal en una solución más modesta de portales iguales pero cerrados. Mucho de lo que el proyecto original tenía como decoración o embellecimiento de la fachada es reducido, en el alzado legalmente aprobado como obligatorio, a casi un metaproyecto: esquemático, elemental, con un cierto orden de aperturas, un sistema de ejes y un lenguaje compositivo que, definitivamente, dejaba de lado los aspectos de ornamentación, en aras de una pretendida voluntad de economía.

to commence building, some owners preferred this more attractive image and opted to include arches. The street was constructed in sections: the existing façades were to be cut back, and once the land required for the stretch of street had been expropriated the owners could start work on what was left of their property. It was said that the losses occasioned by expropriation would be compensated for by the increase in height, but this, of course, called for capital movements and a number of properties changed hands. It was not necessarily the original owners, then, who built the street but developers who purchased the affected land in order to gain a foothold in the construction industry and the property business. Carrer de Ferran thus initiated the buying and selling of real estate typical of the modern city. In most cases it was not the landowner who undertook the building work; instead, a new figure, an intermediary, the builder, came to the fore, though this is not to say that the owners did not often have a major involvement in the venture.

The street must originally have been very similar in character to what it is today. The regularity of the cornice, which follows the equally uniform slope of the road surface, is particularly noteworthy. This regularity is now almost the exception, but nevertheless reveals that the original construction work must have been relatively faithful to the composition and heights of the official project, giving it a special value in the heart of the old town. Carrer de Ferran's welcoming atmosphere reflects its aspiration to being the city's main street, with its width of nine metres (narrow by today's standards) and its height of five storeys. From the point of view of its proportions, the width and

Aún hoy se comprueba que, en el tramo de calle construido según esta fachada (desde la plaza de Sant Jaume hasta la Rambla), la mayoría de los edificios tienen arcos en los bajos, a pesar de que el Ayuntamiento no los considerase obligatorios. A la hora de construir, algunos propietarios prefirieron esta imagen más decorativa y los incorporaron por su cuenta. La construcción se efectuaba por tramos: la fachada de cada propietario quedaba cortada y éste podía emprender la ejecución de la parte correspondiente a sus tierras, edificar en ellas una vez expropiado el tramo de calle. Se decía que los perjuicios de la expropiación se compensarían con el aumento de la altura. Así que este paso compensativo implicaba, necesariamente, movimiento de capitales, algunos "cambios de manos". No fueron, pues, los antiguos propietarios quienes lo construyeron, sino otros promotores que compraron los terrenos afectados con el fin de entrar en la industria de construir y en el negocio de vender. Con ello, la calle de Ferran es también iniciadora de la práctica inmobiliaria característica de la ciudad moderna. El propietario del suelo no es quien construye normalmente, y aparece la figura del intermediario, el industrial de la edificación, que empieza a adquirir el protagonismo, sin que ello quiera decir que el propietario no tenga a menudo una intervención importante en la operación.

Originariamente, el carácter de esta calle no debía ser muy diferente del actual; destaca, sobre todo, la regularidad de la cornisa, que sigue, además, la pendiente también muy uniforme del pavimento. Una regularidad plagada de excepcio-nes, hoy en día, pero que efectivamente descubre que, en la construcción original, la sujeción al proyecto, en cuanto a la composición y a las alturas, fue bastante fiel, lo que le

height the street may produce a certain sense of congestion, but this is mitigated by the comforting impression of order in the systematic unity of the façades, the rhythm of the solids and voids, the balconies and the heights, the wrought-ironwork and the floors and, above all, the unifying rhythm of the cornice—a single rhythm and an idea of unity without which the street would be less pleasing and would seem narrower and more congested.

Given the go-ahead in 1822, work began four years later. In Patxot's travel guide of 1840 (fig. 9), the street is shown half constructed, extending from La Rambla to the Church of Sant Jaume, in other words, as far as the Roman walls. Carrer dels Banys Vells was widened at this point, and it was this that marked the first completed stretch, which took no more than four or five years to build. The process began with the demolition of the Capuchin monastery, which gave onto La Rambla.

Philip V had granted the Capuchins permission to build on the Roman walls, on the site of the former convent of Santa Madrona, before it was demolished during the War of the Spanish Succession. In compensation for the damage done by the invasion, the king allowed it to be rebuilt on one of the few remaining open spaces and to occupy a considerable portion of the walls on La Rambla. This monastery had its entire frontage on what is now La Rambla, with an imposing cloister and vegetable gardens. It was on these vegetable plots that Plaça Reial, which was bound up with the Carrer de Ferran project, was built. When the convent was burnt down in the revolts of the 1820s, the opportunity arose to begin the operation, expropriating the site and opening up the first stretch of the street there.

da un valor especial, en pleno núcleo antiguo. Del carácter amable que la calle consigue, reconocemos su pretensión de convertirse en calle mayor de la ciudad, con sus nueve metros de anchura (¡hoy pensaríamos que es muy estrecha!) y las cinco plantas de edificación. Desde el punto de vista de la proporción de la anchura y la altura, puede suscitar una cierta sensación de congestión, bastante apaciguada, no obstante, por el confort que su orden transmite. Es la sistemática de sus fachadas, el ritmo de las ventanas del relleno y del vacío, de los balcones y de las alturas, de los forjados y de los pisos y, sobre todo, el ritmo unificador de la cornisa. Un ritmo y una idea de unidad sin los cuales esta calle nos gustaría menos y parecería más estrecha y congestionada.

Aprobada en 1822, cuatro años más tarde empiezan las obras de apertura. En la guía de viajeros de Patxot, de 1840 (fig. 9), se observa la calle a medio abrir, arrancando de la Rambla hasta la actual iglesia de Sant Jaume, o sea, hasta la primera muralla, la muralla romana. Había aquí el ensanchamiento de una calle, la de los Banys Vells, y es ésta la que marca el primer tramo de apertura, cuya ejecución no durará más de cuatro o cinco años. La actuación se inicia derruyendo el convento de los Capuchinos, que daba a la Rambla.

Felipe V había autorizado a los Capuchinos a instalarse en la muralla, donde antes se levantaba el convento de Santa Madrona y que fue derribado en la Guerra de Sucesión. Como compensación por los estragos de la invasión, el rey autorizó que se rehiciera en uno de los pocos terrenos vacíos restantes y que ocupaba un buen espesor de la muralla de la Rambla. Todo el frente de este convento daba a la actual Rambla, y parece ser que tenía un claustro importante y unas huertas, en las que, precisamente, se construirá la plaza Reial, unida

This initial stretch, together with the new Plaça Reial, introduced major changes in the housing market in Barcelona. These were new, better quality homes and marked an innovation in residential accommodation in the city. In the case of Plaça Reial, the homes looked out onto a semi-private, more or less secluded courtyard in the interior of the square, and offered levels of comfort, grace and hygiene not found elsewhere in the city. This was a clear reaction against the prevailing living conditions in Barcelona: the inward-turning organization is illustrative of the new spirit of radical rejection of the existing city, as demonstrated by the way that the residences effectively turn their backs on their surroundings, much like the rectilinear force of the new streets, indifferent to whatever they trampled on or affected along the way. It goes without saying that at that time the decision to demolish or otherwise impact on a building of architectural significance was a purely economic consideration, and had nothing to do with the built heritage or aesthetics. The idea of conservation, so much in circulation today, was non-existent, because the notion of ancient culture did not yet exist and there was no regard for the things of the past. What was old was condemned to disappear; if an old building escaped demolition, it was only because there was no money to replace it; there could be no other reason for its continued existence.

Many of the problems that Plaça Reial still faces today, despite attempts to embellish and modernize it, are a reflection of the excessive introversion and the difficulties of improving the availability of homes and encouraging shops and restaurants in terms of security, access, parking

al proyecto de la calle de Ferran. Cuando el convento fue quemado, en las revueltas de los años veinte, surgió la oportunidad de acometer la operación, expropiándolo y abriendo en su ubicación el primer tramo de la calle.

Este primer tramo, junto con la nueva plaza Reial, supuso ya cambios radicales en el mercado de la vivienda barcelonés. Se trataba de unas nuevas viviendas más cualificadas, que representaban una imagen innovadora del hecho de vivir en la ciudad. En el caso de la plaza Reial se trataba fundamentalmente de unas casas que vivían volcadas hacia un patio semiprivado, más o menos íntimo, un recinto interior de la plaza donde se encontraban las condiciones de confort, de amabilidad y de higiene que el resto de la ciudad no tenía. Es evidente la reacción contra las condiciones de aquella ciudad; la ordenación cerrada sobre sí misma es muy explicativa de esta voluntad nueva y del menosprecio total de la ciudad preexistente. Lo muestra el modo como la ordenación de la residencia da la espalda a su entorno, igual que la fuerza rectilínea de los nuevos trazados, despreocupados absolutamente de lo que pisaban o de lo que afectaban. Huelga decir que, en aquel momento, la decisión de afectar o de derribar un edificio con valor arquitectónico era sólo un problema económico y no un problema monumental o estético. La idea de conservación, corriente hoy en día, era absolutamente inexistente, no sólo porque la noción de cultura antigua casi no existía, sino también porque la estima que se tenía por las cosas pasadas era absolutamente nula. Las cosas viejas tenían que desaparecer. Si no se derribaban era porque no había suficiente dinero, pero, si había que buscar una razón para la permanencia, no hallaban ninguna.

Muchos de los problemas actuales de la plaza Reial, pese a los intentos de embellecimiento y de modernización, conti-

and commercial isolation. Certain activities will not locate there because of the problems of parking and security, or because of the lack of commercial continuity in the case of certain shops. This is a whole series of interrelated problems, whose origins lie in the enclave-like character of a development that, right from the start, was isolated from its surroundings and has found it increasingly difficult to fit in with the rest of the city. By contrast, Carrer de Ferran does not face these difficulties, and continues to function perfectly, as it has from the first day. It has not suffered from obsolescence or marginality, nor has it required extraordinary injections of cash or other resources to survive, because it is very well sited as an element in the city, and has always been able to find a purpose and change with the times. This is more difficult for Plaça Reial, which is very well defined in terms of image, but far less so in its urbanistic condition within the general flows of the city, and this has made the difficulties of its regeneration constantly apparent.

The plan drawn up by M. Oliba in 1848 (fig. 23) shows the street arriving as far as the Plaça de la Ciutat, in other words, the Ajuntament or City Hall. This, the most difficult stretch of the road to build, dates from around 1840. The Church of Sant Jaume had already been moved to satisfy the new alignments, but the major difficulty was the impact on the Convent de l'Ensenyança, one of the most important schools for girls in the city. Resistance to the opening of the new road was thus all the stronger: it was not just an question of the religious community or the building itself, but the political significance of demolishing one of the city's best schools. Of course, this is

núan reflejando la problemática de su excesiva introversión y la dificultad que las iniciativas de mejorar la oferta de viviendas, enriquecer el comercio y los restaurantes, encuentran en cuestiones de seguridad, de acceso, de aparcamiento y de aislamiento comercial. Cierta actividad no se traslada allí porque resulta difícil el aparcamiento o a causa de la poca seguridad, o bien por la débil continuidad comercial por parte de ciertas tiendas. Es una cadena de dificultades que tiene el origen en el carácter de enclave de una operación que, en su día, ya fue autónoma desde el punto de vista de la residencia y que, mantenida como forma, ha encontrado cada vez más dificultades en su encaje general respecto de la ciudad. Dificultades que, en cambio, no se dan en la calle de Ferran, que ha funcionado perfectamente desde el primer día y continúa funcionando aún. No tiene problemas de obsolescencia o de marginalidad, ni necesidad de inyecciones extraordinarias para subsistir. ¿Y por qué? Pues porque como elemento de la ciudad es una calle muy bien colocada, que ha sabido encontrar siempre su sentido con los cambios del tiempo. En la plaza Reial eso es más difícil porque es un espacio muy bien definido en su imagen, pero menos claro en su condición urbanística, con relación a los flujos generales de la ciudad. Y eso hace siempre evidentes las dificultades de su rejuvenecimiento.

En el plano de M. Oliba de 1848 (fig. 23), la calle de Ferran llega ya a la plaza de la Ciutat, hasta el Ayuntamiento. Éste fue, dicen, el tramo más difícil, ejecutado hacia 1840. La iglesia de Sant Jaume había sido trasladada y recolocada según las nuevas alineaciones. Pero se topó con una gran dificultad en la afectación del convento de la Ensenyança —convento de monjas y uno de los colegios de niñas más importantes de Barcelona—. Eso hizo que la resistencia a la apertura

a recurrent problem in urbanism, and what makes such interventions so important, involving as they do the whole social fabric of the city. Much like the difficulties in routing the Ronda de Dalt ring road through Sarrià and La Bonanova, Carrer de Ferran was held up for many years by the convent school of L'Ensenyança. It was opened at last, however, giving rise to one of the most interesting interventions in the entire process: the major reform of Plaça de Sant Jaume.

The original Plaça de l'Ensenyança, as the square was called on account of its proximity to the convent, was very small, flanked by the Palau de la Generalitat, seat of the Government of Catalonia, and the old Ajuntament, with the Gothic façade of the Consell de Cent (the Council of One Hundred) fronting not the square, as it does now, but Carrer de la Ciutat, where the beautiful Gothic entrance of the genuine original façade of the Ajuntament can still be seen. Just inside the door a grand staircase leads up to the council chamber of the Saló de Cent. With the opening up of the new street the parts of the convent near the square were demolished and the Hall was given a new façade. The Neoclassical façade we see today is not only new in style, but also effectively rotated the entire building to front the square, where in unison with the Palau de la Generalitat it composes a set of façades of similar dimensions, with the same height and the same representative intentions. It was Carrer de Ferran, then, that gave the city this new space with its modern geometry and dignity. It also entailed major internal alterations to the Ajuntament with the change of main façade positioning the mayoral balcony and the main entrance on the new square, at right

fuese mucho más fuerte. Ya se entiende que no sólo era la comunidad o el problema patrimonial lo que frenaba, sino la significación política que tomaba el hecho de derribar un colegio importante de la ciudad. Problema, por otra parte, sempiterno en muchas operaciones urbanísticas. Así es como estas operaciones se demuestran tan importantes, porque comportan implicar a toda la sociedad y a la vida urbana en general. Como la ronda de Dalt sufrió tanto para atravesar Sarrià y la Bonanova, la calle de Ferran estuvo muchos años atascada en el colegio de la Ensenyança. Pero al final se abrió y dio lugar a una de las obras más interesantes de todo el proceso, que es la gran reforma de la plaza de Sant Jaume.

En principio, la llamada plaza de la Ensenyança, por su proximidad a este convento, era muy pequeña. En ella se encontraban el Palau de la Generalitat y el antiguo Ayuntamiento, con el edificio gótico del Consell de Cent, el cual daba fachada, no a la plaza como ahora, sino a la calle de la Ciutat, donde la preciosa portada gótica muestra aún la verdadera fachada original del Ayuntamiento de Barcelona. Es la puerta que, ascendiendo por la gran escalinata, llega al Saló de Cent*. Con la apertura de esta calle se liberan los espacios del convento próximos a la plaza y se da forma a la nueva fachada del Ayuntamiento. La fachada neoclásica actual es nueva por su estilo, pero resulta que, además, hace girar todo el edificio hacia la plaza y compone, unitariamente con el Palau de la Generalitat, unas fachadas de dimensiones parecidas, de la misma altura y de las mismas intenciones representativas. La calle de Ferran da lugar, así, a este espacio nuevo, de geometría y dignidad modernas, que antes la ciudad no tenía. Ello implica también la reforma del edificio del Ayuntamiento, importante por sus transformaciones in-

(*) Sede originaria del Consejo Municipal

angles to the previous entrance. In urbanistic terms, the city itself had to perform the same pirouette and turn to the side, altering whatever had been oriented onto the main streets overlaid on the *decumanus* (Carrer del Bisbe and Carrer de la Ciutat), where the great buildings were located, such as the Palau de la Generalitat itself, the original entrance to which was also on Carrer del Bisbe. This main street between Plaça Nova and the sea now ceded its privileged status to the new street running in the opposite, transverse, horizontal direction. The buildings were remodelled, and somehow or other the whole city behind them rotated 90° to address the new axis. Streets began to function better laterally, and, as yet unconsciously, the conditions were established for the great future inward expansion of Barcelona on the basis of this new supporting crosspiece, the new horizontal directrix. From here it now became possible to lay out Via Laietana and other ascending vertical avenues running vertically upwards but always with a horizontal element at their base to act as their referent in the mental picture of the city.

Plaça de l'Àngel was to mark the next stretch on from Plaça de Sant Jaume: Carrer de Jaume I is a short downward-sloping street just 130 metres long. In Plaça de l'Àngel, the work progressed rapidly and in 1848 Carrer de Ferran reached the square and structured what was to be the junction with Via Laietana. The alleyways of L'Àgueda and La Llet already led down from Plaça de l'Àngel, so the main function of Carrer de Jaume 1 was to provide a broad, regular street. The façades here are not uniform, because in fact these were not new houses but refurbished existing properties, which required very little

ternas, que hace girar la fachada del mismo, estableciendo el balcón presidencial y la entrada principal sobre la nueva plaza, en posición lateral respecto de la que estaba la entrada al edificio. Urbanísticamente, la ciudad debe hacer la misma pirueta gimnástica de girarse de lado y modificar todo aquello que estaba tomando como calles principales, trazadas ya por el *decumanus* (las calles del Bisbe y de la Ciutat), donde daban los edificios buenos, como el Palau de la Generalitat, que tenía la primera puerta también por la calle del Bisbe. Esta calle mayor, que enlazaba desde la plaza Nova hasta el mar, deja de serlo para rendir tributo a esa otra dirección inversa: la transversal, la horizontal. Los edificios se recomponen y, de alguna manera, tras ellos toda la ciudad gira 90 grados y se rige por este eje. Las calles empezarán a funcionar mejor lateralmente e, inconscientemente, se está preparando la gran expansión futura de Barcelona hacia el interior, a partir de la nueva jácena de soporte, de la nueva directriz horizontal. Desde aquí podrá trazarse la nueva Via Laietana y los paseos verticales que vayan hacia lo alto, pero que encuentren siempre, en la parte baja, un elemento horizontal al que puedan referirse en la imagen mental de la ciudad.

La plaza del Àngel marcará el tramo siguiente desde la plaza de Sant Jaume: se llamará calle de Jaume I y es un tramo corto y pendiente, de unos 130 metros de longitud. Las obras de la plaza del Àngel van muy rápido y en poco tiempo —llegamos aquí al año 1848— aparece la calle de Ferran y estructura la plaza que será después el cruce con la Via Laietana. Para bajar de la plaza del Àngel existían las callejuelas del Àgata y de la Llet; por lo tanto, la función de la calle de Jaume 1 fue sobre todo de ensanchamiento y de regularización. Las fachadas ya no son uniformes porque, en realidad,

remodelling; instead of demolition and reconstruction, an adjusted alignment and repointing of the façades.

The opening up Carrer de la Princesa began in 1853, following the same alignment as Carrer de Ferran and Carrer de Jaume I. No very significant movement was entailed here and the urban fabric of small properties and very limited vitality was probably less resistant to change, especially as the new street offered attractive construction opportunities. The new axis reached Placeta dels Assaonadors and the Esplanada del General, in front of La Ciutadella itself, in 1862.

One of the most spectacular urbanistic operations to be undertaken in any European city was thus completed in the 40 years from 1822 to 1862 with means as simple as the results were impressive. This was a street—a simple street—routed through the middle of an old city centre in a straight line, with a constant width (9 metres), for almost a kilometre (970 metres). The scale of the project means there are few comparable examples: perhaps the cross cut made into the centre of Palermo in the 18th century to form the Quattro Canti between Via Maqueda and Via Toledo, or the opening up of the Rue de Saint Jacques on the Rive Gauche in Paris are the closest equivalents in terms of length and character, though the Ferran-Princesa axis was much later, built with different aims and having to overcome other problems for its implementation in an already mature city. Very clear ideas were needed to carry through such a project quickly and effectively in an age that was starting to change very rapidly.

When Cerdà came, he laid out his Eixample parallel to the line of longitude already marked by the Ferran-

no son casas nuevas. Son las casas existentes, reformadas, en las cuales hay que retirar tan poco que no se produce demolición ni reconstrucción, sino un ajuste de la alineación y una reposición de fachadas.

En el año 1853 empieza a abrirse la calle de la Princesa, trazada con las mismas alineaciones que las calles de Ferran y de Jaume I. Aquí probablemente se encontró un tejido menos resistente al cambio, sin movimientos importantes, de propiedad pequeña y vitalidad muy reducida, al que la nueva calle daba posibilidades de edificación atractivas. Hacia el año 1862, el nuevo eje llegaría a la plazoleta de los Assaonadors (curtidores) y a la explanada del General, delante mismo de la Ciutadella.

Así, en los cuarenta años que van de 1822 a 1862, se completa una de los más espectaculares operaciones quirúrgicas urbanísticas que hubiera emprendido ninguna ciudad europea, con tanta sencillez de medios como pluralidad de resultados. Se trata de una calle —una simple calle – que atraviesa por el punto medio un núcleo antiguo con una recta de anchura constante (9 metros) y una longitud de un kilómetro (970 metros). Pocos ejemplos son comparables, si nos atenemos a la escala del proyecto: tal vez el corte en cruz del núcleo de Palermo, en el siglo XVIII, formando los Quattro Canti entre Via Maqueda y Via Toledo, o tal vez la apertura de la Rue de Saint Jacques, en la Rive Gauche de París, serían equivalentes en longitud y carácter, a pesar de que el eje Ferran-Princesa es una obra bastante más tardía. Tiene otra intención y otras dificultades de gestión, en una ciudad ya madura. Hacía falta mucha claridad de ideas para resolver, pronto y bien, una obra así, a caballo de unos tiempos que empezaban a cambiar muy rápidamente.

Princesa axis. Gran Via was to be the spine on which the entire geographical theory of the Eixample inserted itself in the territory as nothing other than a new, expanded and extended vision of the horizontal directrix embodied in Carrer Ample and in the transverse streets from Sants to Sant Martí and from Les Corts to Gràcia that, in the city centre, Carrer de Ferran had consecrated.

Whenever Barcelona has neglected the primacy of this littoral, horizontal and parallel direction in the expansion of the city, it has paid the price of forgetting its lesson. The first Cinturó de Ronda ring road, a concept alien to the city and imported by engineers with little sense of culture, gratuitously damaged whole neighbourhoods and created an ill-adjusted and vulgar urbanistic hybrid. The reduction of Barcelona within a circular belt, based on the illusion of a concentric model typical of flat inland cities, has subsequently served, by antithesis, to demonstrate the rightness of Carrer Ferran as a decisive thesis in favour of a linear, horizontal, coastal Barcelona.

When Le Corbusier drew the first sketch designs for the Macià Plan, he got the basics right. Gran Via, from the Llobregat to the Besòs River, was the spinal column of the great city that, as a Mediterranean metropolis, would link up with the whole of Catalonia and the whole of Europe, but with a form of its own, as a vast littoral urban area from El Garraf to El Maresme.

At the same time, it is the dominant force of the city's transverse axes that favours, by contrast, the interior, domestic, recreational nature of the vertical thoroughfares. In Barcelona, only the vertical rambla boulevards work, and if there are so many of them, it is because of the downward

Cuando llegue Cerdà, colocará su Eixample paralelo al trazo horizontal que el eje Ferran-Princesa ya había marcado. La Gran Via será la espina fundamental donde toda la teoría geográfica del Eixample se encaja en el terreno y no quiere ser otra cosa que la nueva visión, ampliada y extendida, de la directiva horizontal reconocida desde la calle Ample y desde las calles transversales de Sants hasta Sant Martí y de Les Corts hasta Gràcia, que, en términos de ciudad central, la calle de Ferran había consagrado.

El precio de equivocar la primacía de este sentido litoral, horizontal y paralelo a la expansión de la ciudad, lo ha pagado Barcelona cada vez que ha olvidado esta lección. El primer Cinturón de Ronda, que, buscando una ley circunvalatoria, importada por ingenieros incultos y que es extraña en la ciudad, dañó inútilmente barrios enteros y creó un híbrido urbanístico desajustado y vulgar. Reducir Barcelona al interior de un anillo circular, sobre la ilusión de un modelo concéntrico convencional en las ciudades interiores y planas, ha sido en los años posteriores otra demostración, a la inversa, del acierto de la calle de Ferran, como tesis decidida por una Barcelona lineal, horizontal, litoral.

Cuando Le Corbusier dibujó los primeros esquemas del Plan Macià, no se equivocó en lo básico. La Gran Via, del Llobregat al Besòs, era el espinazo de la gran ciudad que, como metrópoli mediterránea, se vincularía bien a toda Cataluña y a toda Europa, pero que tiene su forma propia, como gran término urbano litoral, desde la comarca del Garraf hasta la del Maresme.

Por otra parte, la masa principal de los ejes transversales es la que favorece, por contraste, el carácter interior, doméstico y recreativo de los paseos verticales. En Barcelona, sólo

slope that makes strolling on them so pleasant, and because of the breeze and the fact of being bounded by mountains and sea, which gives them a civic quality of their own, without the sense of infinity spontaneously aroused by the horizontal streets—in principle more generic, more structural.

If we had not simplistically subordinated urban form to a short-sighted traffic system and had instead enhanced the formal and topographical hierarchy of the city's great transverse structural thoroughfares, the need to connect Sant Martí, Badalona and Santa Coloma de Gramenet on the one side and L'Hospitalet de Llobregat, Cornellà, Esplugues and Sant Just on the other, would have had a clearer and stronger metropolitan structure to draw on. All the more so if what is today Ronda de Dalt were recognized as a new territorial backbone articulating the periphery, a new Gran Via, so to speak, from Sant Boi to Tiana. The conditions are there, and the references too: what we need to understand is that the city as a physical entity is something more than an accumulation of random events; that what gives it presence and prestige over the course of time is the progressive construction of its identity. It is not a fantasy but a material fact, very much present in the evidence of the best urban examples.

las ramblas verticales funcionan. Y si hay tantas, es por su sentido de descenso, que hace agradable el caminar por ellas, pero también por el aire ventilado y el carácter limitado entre la montaña y el mar, que les da un civismo propio, sin la infinitud que espontáneamente inspiran las calles horizontales, en principio más genéricas, más estructurales.

Si en vez de una supeditación simplista de la forma urbana a la miopía circulatoria, se potenciara la jerarquía formal y topográfica de las grandes vías traveseras estructurales, la incomunicación desde Sant Martí, Badalona y Santa Coloma de Gramenet, por un lado, y de L'Hospitalet de Llobregat, Cornellà, Esplugues y Sant Just, por el otro, se habría producido con una estructura metropolitana más clara y fuerte. Sobre todo, si lo que hoy es la ronda de Dalt fuese reconocida como verdadera nueva espina del territorio periférico, dando lugar a una nueva Gran Via desde Sant Boi hasta Tiana. Las condiciones para ello están presentes; las referencias, también: hay que entender que la ciudad como hecho físico es algo más que una acumulación de azares y que lo que le da masa y prestigio a lo largo de los tiempos es la construcción progresiva de su identidad. Que no es en absoluto ninguna fantasía, sino un hecho material bien presente en la evidencia de los mejores ejemplos urbanos.

1. Ciutat Vella in the late Middle Ages.

2. The Roman walls following the invasion in the 3rd century (according to Francesca Pallarès).

3. The Convent dels Caputxins, with the impact of Carrer de Ferran.

4. A bird's-eye-view of Carrer de Ferran, a straight line cutting through the irregular fabric of Ciutat Vella.

5. Oblique view of Plaça Reial, with Carrer de Ferran running behind it.

6. Definitive plan of the opening up of the street, with the new Plaça de Sant Jaume in the centre.

1. La ciudad antigua (Ciutat Vella) a finales de la Edad Media.

2. Murallas romanas posteriores a la invasión del siglo III (según Francesca Pallarès).

3. El convento de los Capuchinos, con la afectación de la calle de Ferran.

4. Vista vertical de la calle de Ferran, un trazo rectilíneo cortando el tejido irregular de la ciudad antigua.

5. Vista oblicua de la plaza Reial, con la calle de Ferran en segundo término.

6. Plano definitivo de la apertura de la calle, con la nueva plaza de Sant Jaume en el centro.

7. "Proyecto general
para fortificar Barcelona,
Ciudadela, Monjuyc
y mejorar el Puerto",
Juan Zermeño (1751).

7. "Proyecto general
para fortificar Barcelona,
Ciudadela, Monjuyc
y mejorar el Puerto",
Juan Zermeño (1751).

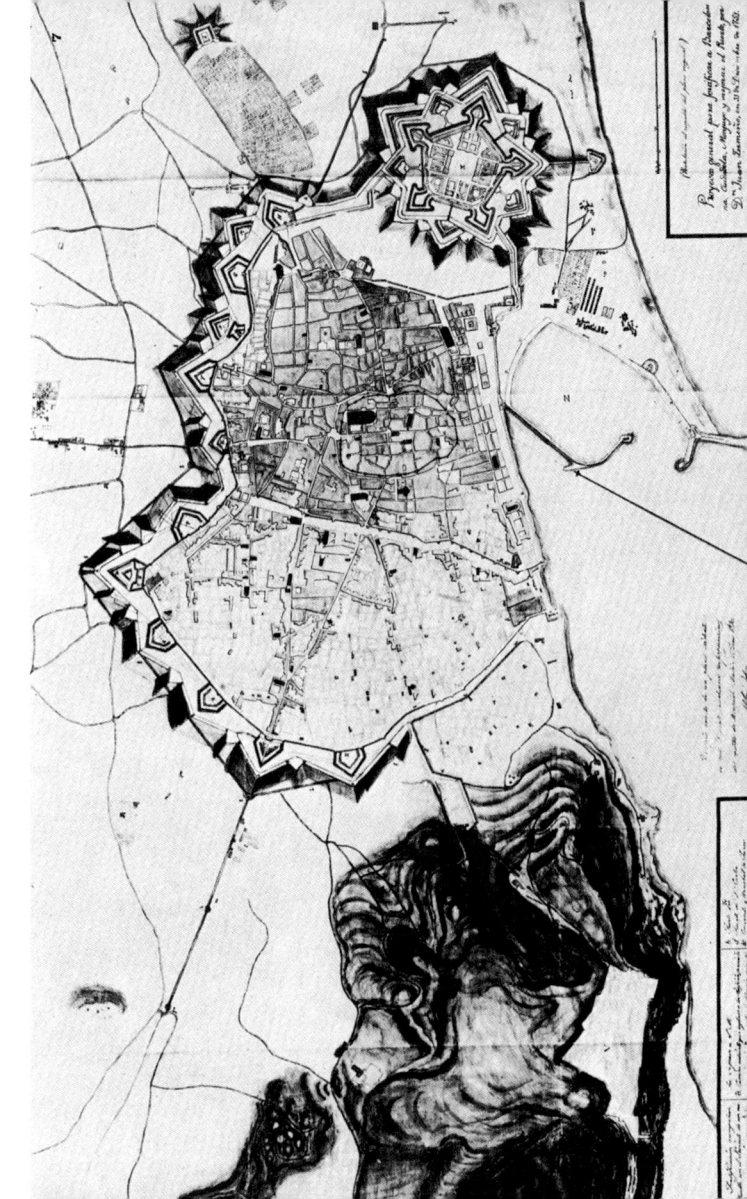

8. Barcelona prior
to the opening up
of Carrer de Ferran.
Plan by General
Castaños.

9. Barcelona as it was
in 1840 when the first
stretch of Carrer de
Ferran was opened up.

8. Barcelona, situación
anterior a la apertura
de la calle de Ferran.
Plano del general
Castaños.

9. Barcelona en 1840,
con la apertura
del primer tramo de
la calle de Ferran.

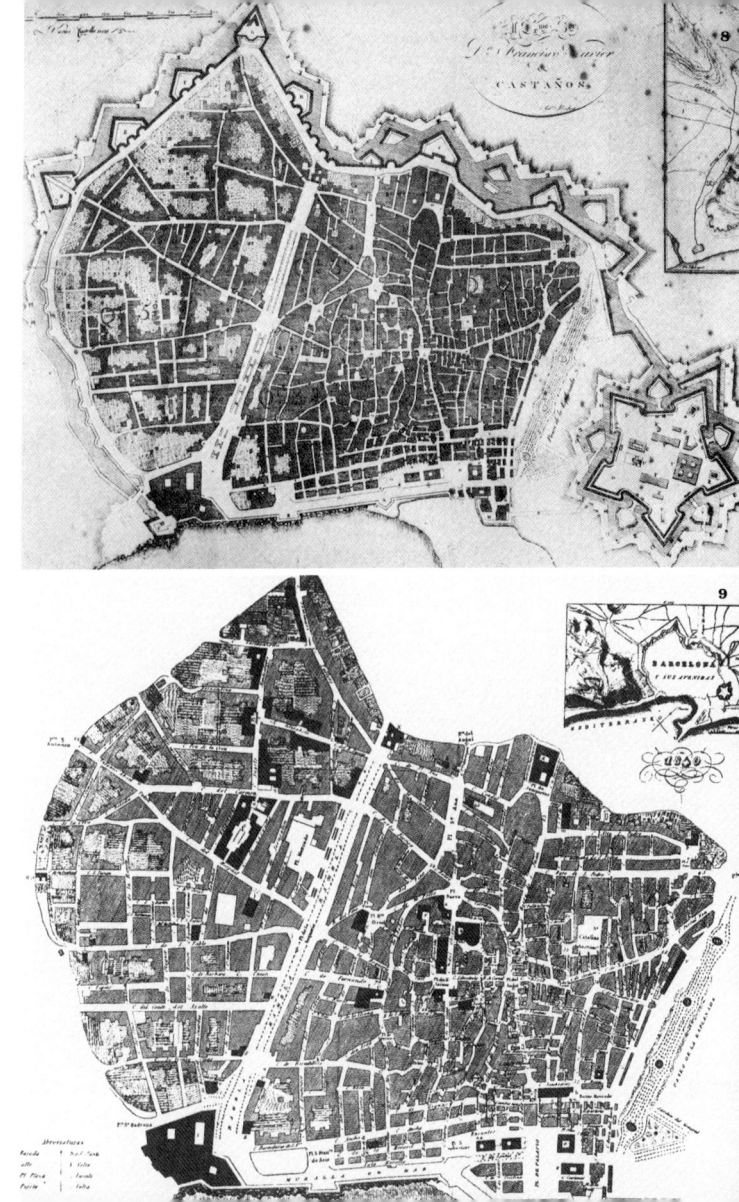

10. Passatge del Crèdit.

11. Typical façades in the project for Carrer de Ferran by Josep Mas, for the site of the old Capuchin monastery (1823).

12. Passatge del Crèdit, transverse section.

13, 14. Plaça Reial.

10. Pasaje del Crèdit.

11. Fachadas modelo del proyecto para la calle de Ferran, de Josep Mas, para el antiguo solar del convento de los Capuchinos (1823).

12. Pasaje del Crèdit, sección transversal.

13, 14. La plaza Reial.

15. Former site of the Church of Sant Jaume, where the Ajuntament now stands.

16. Plan of Plaça de Sant Jaume before the opening up of Carrer de Ferran.

17. The former main entrance of the Ajuntament on Carrer de la Ciutat.

18. 'Plaça de la Constitució' and Carrer de Ferran, Carrer d'Avinyó, Carrer de la Ciutat and Carrer Cervantes-dels Templers in 1858.

19. Gothic façade with the entrance to the Consell de Cent (now the Ajuntament).

20. The Neoclassical façade of the Ajuntament.

15. Emplazamiento de la antigua iglesia de Sant Jaume, donde se sitúa actualmente el Ayuntamiento.

16. Plano de la plaza de Sant Jaume antes de la apertura de la calle de Ferran.

17. Antiguo acceso principal al Ayuntamiento desde la calle de la Ciutat.

18. La plaza de la Constitució y las calles de Ferran, Avinyó, de la Ciutat y Cervantes-dels Templers en 1858.

19. Fachada gótica de acceso al Consell de Cent (Consejo de Ciento), actual Ayuntamiento.

20. Fachada neoclásica de la Casa de la Ciutat o Ayuntamiento.

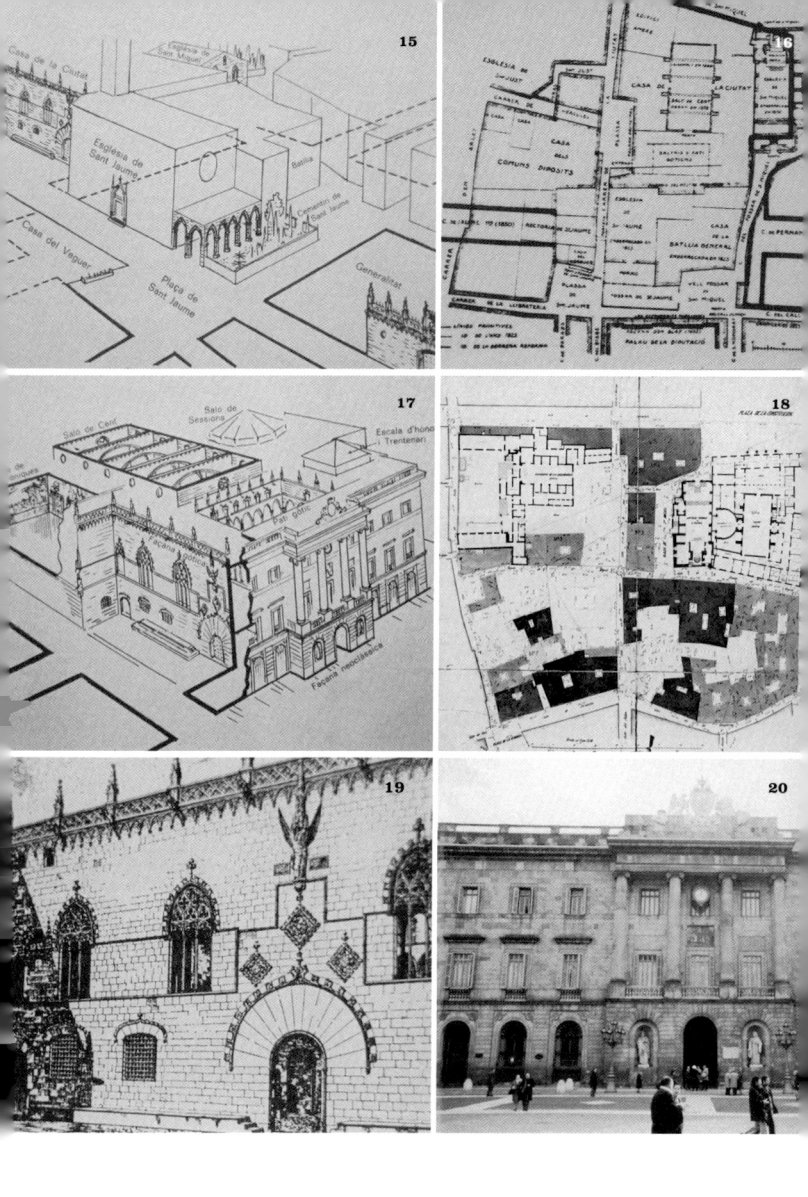

21, 22, 23, 24, 25.
The sequential
opening-up of Carrer
de Ferran: 1787,
1840,1848 and 1862 (2).

21, 22, 23, 24, 25.
Sucesión temporal
de apertura de la calle
de Ferran: 1787,
1840,1848 y 1862 (2).

21

22

23

24

25

26. Carrer de Ferran, with details of the 19th century urbanization.

27. Carrer de la Princesa with La Ciutadella Park in the background.

28. Carrer de Ferran from the junction with La Rambla.

29. Oblique view of Carrer de Ferran (period postcard).

26. Calle de Ferran, con detalle de los elementos de la urbanización del siglo XIX.

27. Calle de la Princesa, con el parque de la Ciutadella al fondo.

28. Calle de Ferran, desde el cruce con la Rambla.

29. Vista oblicua de la calle de Ferran (postal de época).

26

27

28

29

BARCELONA 74 - Calle Fernando.
74 - Strato Ferdinando.

30. Plan of the stretch of the street between Plaça de Sant Jaume and the former Plaça de l'Àngel (now Via Laietana).

31. Detail of the alignment of the street at the former Plaça de l'Àngel.

32. Plan of the continuation of Carrer de Ferran toward Carrer de la Princesa.

33. Alignment of the seaward sector of Carrer de la Princesa (plan by Garriga i Roca).

34. Carrer de la Princesa between Via Laietana and Carrer del Comerç.

35. The longitudinal orientation of the city. The Macià Plan (1934).

36. The longitudinal orientation of the city. Ciutat Vella.

30. Plano del tramo de la calle entre la plaza de Sant Jaume y la antigua plaza del Àngel (actual Via Laietana).

31. Detalle de la alineación de la calle a la altura de la antigua plaza del Àngel.

32. Plano de la continuación de Ferran hacia la calle de la Princesa.

33. Alineación de la calle de la Princesa en el sector de mar (plano de Garriga i Roca).

34. La calle de la Princesa entre la Via Laietana y la calle del Comerç.

35. El sentido horizontal de la ciudad. El Plan Macià (1934).

36. El sentido horizontal de la ciudad. Ciutat Vella.

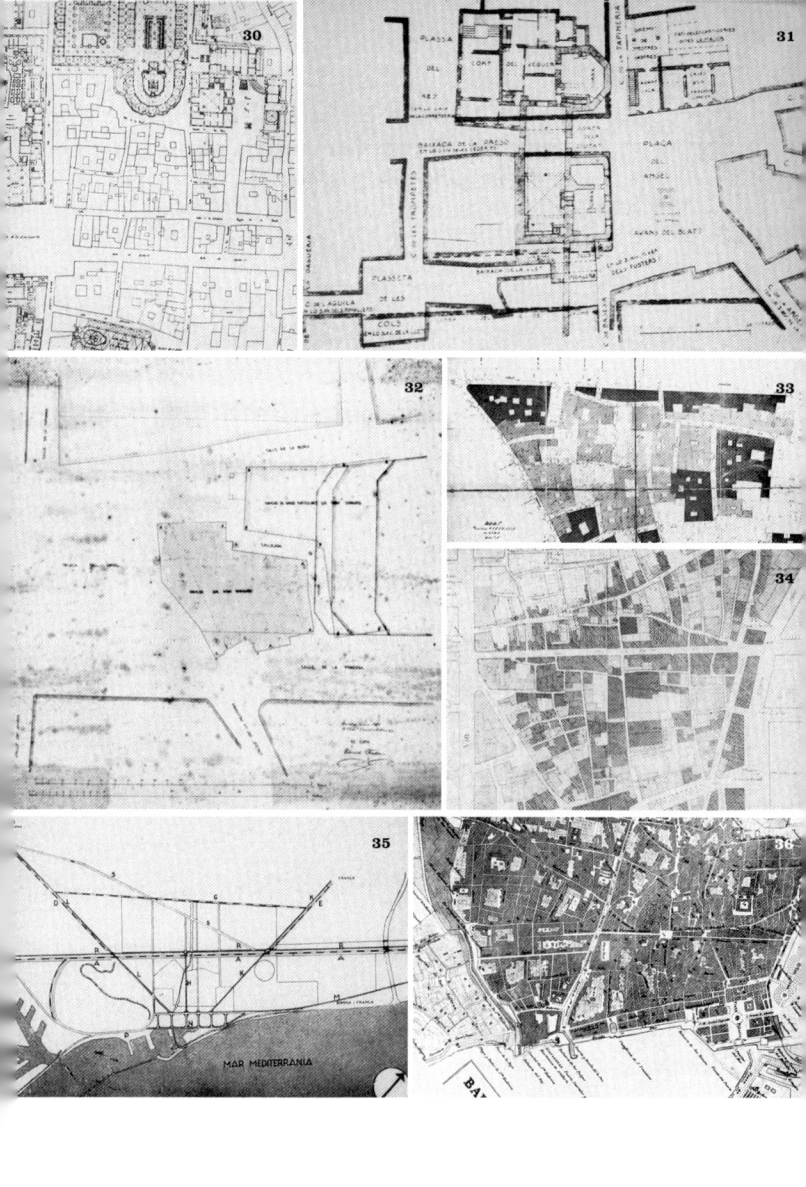

PLAÇA DE PALAU
or the cost of turning seaward
at the wrong time

02 LA PLAZA DE PALAU
o el fracaso de mirar
hacia el mar a destiempo

02. Plaça de Palau,
more a turning point
than a central spot.

The construction of Plaça de Palau was, unlike Carrer de Ferran, an unsuccessful operation, but one that represents a constant in the development of any city: a commitment to modernizing by changing even the centre, understood here in its most schematic sense as the symbolic point in the city that is the site of political power in which the supreme representative space is defined.

The story of Plaça de Palau, its antecedents and the project to develop it is the story of the first specific attempt to shift the representative centre from Plaça Sant Jaume to a new location, facing the sea and thus linked to the outside world, an initiative founded on a notion different from the traditional concept of the city as connected solely to itself. The idea was to establish this new centre next to the Customs House in the port, the aim being to create a more modern, international image, more closely associated with the centralist state, with an economic dimension typical of the ideological and political values of the Enlightenment. This was not the only time an attempt was made to shift the centre of power; similar decentralizing processes are also to be found in other periods in the history of modern Barcelona. In this instance, however, they were formulated quite explicitly, whereas on other occasions they were more spontaneous.

02. La plaza de Palau,
más un ángulo de giro
que un espacio central.

La construcción de la plaza de Palau es una operación que, a diferencia de la de la calle de Ferran, no tuvo éxito; sin embargo, representa uno de los temas constantes en toda ciudad: el intento de modernización cambiando hasta el mismo centro. En el sentido más esquemático, entendemos aquí por centro el lugar simbólico de la ciudad donde se establecen los principales poderes políticos y donde se define el espacio de la máxima representación.

La historia de la plaza de Palau, de sus antecedentes y proyecto, es la del intento explícito, por primera vez, de trasladar el centro representativo desde la plaza de Sant Jaume a un lugar nuevo, frente al mar y relacionado con el exterior, según un concepto diferente del tradicional que vinculaba la ciudad sólo a ella misma. Este nuevo centro se intentó establecer al lado de la aduana del puerto, con la voluntad de dar una nueva imagen más internacional y moderna, más vinculada al Estado centralista, con una preocupación económica, propia de los valores ideológicos y políticos vehiculados por el pensamiento ilustrado. No son éstos unos intentos exclusivos de ese momento determinado, sino que también en otros períodos de la Barcelona moderna podemos hallar procesos de descentramiento equiparables. No obstante, esta vez eran formulados de forma bien explícita, mientras que en otras ocasiones se han producido más espontáneamente.

It is evident, for example, that the last hundred years have seen a progressive shift of the city centre up into the Eixample: from Passeig de Gràcia to Diagonal and from there on up to the west with the movement of prime residential property and expensive shops and the subsequent relocation of banks and financial institutions, and public administration and government offices in their wake. If we look today at the location of the Generalitat's new ministries, for example, we find they have moved in a dispersed and accidental manner in precisely the opposite direction to that taken by the Enlightened planners of the 19th century: shifting inward, into the city itself, rather than toward the sea and the exterior.

In the era of Catalonia's maritime splendour, essentially the 14th and 15th centuries, Barcelona's relationship with the sea by way of its port was of crucial importance. This was due to the intensity of maritime trade made possible by the military and colonial expansion of the city itself and the Crown of Aragon, with the establishment of consulates in the main trading capitals of the Mediterranean: Sardinia, Naples and Sicily, as well as in Greece and the ports of North Africa and Alexandria. Prints from this period always show Barcelona in relation to the sea, a vision and a definition of the city very different from the one that has prevailed in the last hundred years. This was a city silhouetted by the towers of the church of El Pi, the Cathedral, the basilica of Santa Maria del Mar, the palace of Martí I, the Drassanes shipyards and others, with Montserrat always present in the background, behind Montjuïc

Es obvio, por ejemplo, que en los últimos cien años se ha ido produciendo un desplazamiento progresivo del centro de la ciudad, del Eixample hacia arriba: del paseo de Gràcia hacia la Diagonal y de la Diagonal hacia arriba, hacia poniente de la ciudad, a través del desplazamiento de la residencia cualificada, del comercio caro y, posteriormente, de los bancos y centros financieros, hasta arrastrar a los mismos centros administrativos y de gobierno. Si hoy estudiáramos, por ejemplo, cómo se ubican las nuevas consejerías de la Generalitat, veríamos que, de manera dispersa y accidental, han seguido un movimiento que es, en el fondo, exactamente inverso a ese que los ilustrados del siglo XIX intentaron llevar a cabo: un desplazamiento hacia adentro y sobre la misma ciudad, en lugar de hacia el mar y hacia el exterior.

En la Barcelona del esplendor marítimo catalán, principalmente en los siglos XIV y XV, resultaba cuestión capital la relación de la ciudad con el agua a través del puerto. Esta circunstancia se debía a la intensidad del comercio marítimo que la expansión militar y colonial de la ciudad de Barcelona y de la casa de Aragón permitían, con el establecimiento de consulados en las que eran las principales capitales comerciales del Mediterráneo: en Cerdeña, Nápoles y Sicilia, aparte de la antigua Grecia y de los puertos del norte de África y Alejandría. Los grabados de la época siempre nos dan la imagen de una Barcelona en relación con el mar, una visión y definición de una ciudad muy diferente de la que pudiéramos haber tenido en el último siglo. Una ciudad que quedaba dibujada por las torres de la iglesia del Pi, de la catedral, de la basílica de Santa Maria del Mar, y por el palacio del rey Martí, por las Atarazanas... con el macizo de Montserrat

and the quays of the port commencing on the sands of what would later become La Barceloneta. The traveller's vision of Barcelona thus reflected the marked presence of this frontage as the idea of a city facing the sea, as we find it today in other essentially maritime cities such as Genoa and Naples.

Before the reign of Ferdinand II, Barcelona was entitled to appoint its own representatives, as if it were a state in its own right, and established consulates in the principal Mediterranean cities. Barcelona's manifest dominion over the sea and commercial and cultural influence gave rise to one of the most important legal documents in the history of European trade, the *Llibre del Consolat de Mar* (Book of the Consulate of the Sea), the first compilation of texts regulating international trading relations between cities. Though the Taula de Canvi, the first public bank, was also founded in Barcelona, the *Llibre del Consolat* was especially significant as Europe's first comprehensive and generally acknowledged manual of maritime law and the basis on which the legalities of international maritime trade was subsequently founded. The Genoese and Venetians, for example, continued to use the *Llibre del Consolat de Mar* when their cities in due course became major ports and trading centres. So it was during this period, in which Barcelona was pre-eminent among Mediterranean ports as an extremely important centre of commerce, that the idea of a city centre near the port, on the seafront itself, acquired special significance.

With the walls that Francesc de Borja, Lieutenant of Catalonia, constructed for Carles I, the primitive medieval

siempre al fondo, detrás de Montjuïc, y la barra del puerto que se iniciaba sobre los arenales de lo que después será la Barceloneta. La visión de los viajeros refleja, por lo tanto, la presencia muy clara de esta fachada como idea de ciudad volcada hacia el mar, que hoy también podemos contemplar en otras tantas ciudades típicamente marineras, como, por ejemplo, Génova o Nápoles.

Antes de Fernando el Católico, la ciudad de Barcelona tenía derecho a nombrar representantes propios, como si se tratase de un estado, estableciendo cónsules en los principales lugares mediterráneos. Este dominio y la influencia comercial y cultural de Barcelona fueron fortísimos y dieron lugar a uno de los documentos jurídicos más importantes del comercio europeo: el *Llibre del Consolat de Mar* (*Libro del Consulado de Mar*), que inició la regulación de todas las relaciones del comercio internacional de las ciudades. Si bien la *Taula de Canvi* (Mesa de Cambio) que se fundó en Barcelona fue también una de las primeras, es, sobre todo, este libro el que se instituyó como el primer manual del derecho marítimo de Europa y sobre el cual se fundamentaría después toda la legalidad del tráfico marítimo internacional. Los genoveses y los venecianos, por ejemplo, se basaron siempre en el derecho catalán del *Libro del Consulado de Mar*, cuando sus ciudades se convirtieron en grandes centros comerciales y portuarios. Es, pues, en ese momento en el que la ciudad se convierte en puerto prominente del Mediterráneo, en un centro importantísimo de intercambios, cuando esta idea de centro urbano cerca del agua y sobre la misma fachada marítima toma una especial significación.

Con la construcción de la muralla ordenada por Carlos I y encargada a Francesc de Borja, Lugarteniente de Cataluña,

city remote from the beach took a decisive step toward the sea, and a new neighbourhood was erected along Carrer Ample, with mansions facing the water, precisely because the city's seafront was now stabilized and protected against storms. The vague yet sufficiently meaningful plans of the period clearly reveal the intention of this new façade, its linearity emphasized by three great bastions—El Vent, Sant Ramon and Migdia—at the foot of La Rambla on the Drassanes shipyards, overlooking the city's first natural harbour. The construction of these walls and the defence of the seafront resulted in the winning of new land and the draining of the marshes. At the same time, work began on the construction of the first quay of the new port, with a clearly perpendicular orientation at an angle to the new urban façade. This situation was to be consolidated over the next three or four hundred years.

On this original seafront, we see the Portal de la Pau behind the bastion, then the Drassanes, and a little further on the Convent de Sant Francesc, which occupied the entire site of what is now the provincial military headquarters and the row of buildings as far as Plaça del Duc de Medinaceli; here is the whole Renaissance layout of the La Mercè neighbourhood, from Plaça de la Mercè to the other large space between La Llotja and the Mercat del Blat. Beyond this was the church of Sant Sebastià, demolished to make way for the present-day square, and the first part of the square, with the Palau del Lloctinent, though this was not in fact a palace, so the square was not as yet Plaça de Palau.

La Llotja was a great square two-storey Gothic hall. On the ground floor was the room where merchants set-

la primitiva ciudad medieval alejada de la playa conseguía avanzar decididamente hacia el mar, construyendo todo un barrio nuevo a lo largo de la calle Ample, con palacios que se instalaban a lo largo de la fachada marítima, precisamente porque, ya a partir de aquel momento, las riberas urbanas quedaron consolidadas y defendidas de los embates. Las plantas imprecisas —pero suficientemente significativas— de aquella época nos revelan claramente la intención de esta fachada, la linealidad subrayada por los tres grandes baluartes: el del Viento, el de Sant Ramon y el de Mediodía, al final de la Rambla y sobre el edificio de las Atarazanas, delante de lo que había sido el primer puerto natural de la ciudad. La construcción de esta muralla y la defensa del frente de mar posibilitaron la progresiva acumulación de tierras y el secado de las marismas. A la vez, se inició la construcción de la primera barra del nuevo puerto, con una disposición claramente perpendicular, precisamente situada en dirección transversal a lo que constituía la nueva fachada urbana. Esta situación se estabilizaría durante trescientos o cuatrocientos años.

En este frente de mar original vemos el portal de la Pau, todavía tapado por el baluarte; a continuación, las Atarazanas y, más allá, el convento de Sant Francesc, que ocupaba todo el terreno de lo que hoy es el Gobierno Militar y la hilera de edificios hasta la plaza del Duc de Medinaceli; y todo el trazado renacentista del barrio de la Mercè, desde esta plaza hasta el otro gran espacio que se formaba entre la Lonja y el Mercado del Trigo. Luego venían la iglesia de Sant Sebastià, derribada después para formar la actual plaza, y el inicio de la plaza, con el palacio del Lloctinent (Lugarteniente). Este edificio no era, en principio, un pa-

tled their transactions and controlled the movement of fabrics entering and leaving the port—calico, wool and silk. It was here, too, that duties and taxes were paid, making this the true point of entry to the city, a *halla* in the north European style, adopted—like the word itself—from the great Baltic trading cities of the Hanseatic League. A second floor, known as the *halla dels grans*, was later added to accommodate the cereals trade.

La Llotja is one of the most notable buildings in Barcelona. Magnificent Gothic *hallas* were built in many cities in Catalonia and the western Mediterranean, and are to be found in Perpignan, Valencia, Montpellier and, of course, Palma de Mallorca. Their signal features include vast chambers with virtually flat ceilings and very slender bays.

Over time, the military threat and the need for defence that prompted the building of the walls abated. The construction of and improvements to these gave rise to innumerable lawsuits between the owners of the mansions in the seafront neighbourhood and the city, which attempted progressively to enhance this space and make it a raised walkway on top of the walls—it eventually became Barcelona's main recreational area. The density of the old town and the absence of accessible open spaces led to the walls becoming increasingly popular as a 'balcony' overlooking the city.

These public works of the 16th and 17th century were carried out initially by the lieutenant and subsequently by the captain-general as the supreme authority in the city. In the aftermath of the War of the Spanish Succession, this military commander, the direct representa-

lacio, razón por la que este lugar no podía denominarse aún "plaza de Palau".

La Lonja era una gran sala gótica cuadrada de dos plantas. En la planta baja se encontraba el lugar de la contratación y homologación de los controles sobre el comercio de los tejidos, las telas de indianas, las lanas y las sedas, que llegaban y salían del puerto. En ella se pagaban los impuestos de entrada, los derechos de consumo... Era, de hecho, la verdadera sala de entrada a la ciudad, una *halla*, un poco a la manera nórdica, como lo es su mismo nombre, tomado de las costumbres de las grandes ciudades comerciales hanseáticas del Báltico. Más tarde se añadió un segundo piso para el grano ("la *halla* de los granos") y el tráfico comercial de cereales.

Es uno de los edificios más notables de Barcelona. En muchas ciudades catalanas y del levante mediterráneo se construyeron estas *hallas* góticas magníficas, en las que destacan las grandes salas planas, de techo prácticamente horizontal, con naves muy esbeltas. Se las encuentra en Perpiñán, Valencia, Montpellier y, por descontado, Palma de Mallorca.

Con el tiempo, la situación defensiva y militar que caracterizó la creación de la muralla fue haciéndose más amable. Su construcción y mejora están repletas de litigios entre los grandes propietarios de los palacios del barrio de mar y el Consistorio de la ciudad, que intenta mejorar este espacio hasta convertirlo en un paseo elevado sobre el mismo coronamiento de la muralla, que fue convirtiéndose en el lugar principal de recreo de los barceloneses. La ciudad antigua estaba densificada, no tenía ningún espacio libre accesible y así fue como la muralla se convirtió en un balcón de la ciudad cada vez más transitado.

tive of the Crown, took the place of the municipal authorities, whose role in the city significantly declined.

Prints from the 18th century (fig. 38) reveal the proportions of the square and the considerable size of the palace (still a house) and La Llotja. Via Laietana, of course, did not yet exist, so the seafront is one continuous façade. Concern with and attention to the sea was so predominant that the houses added an extra floor, approved by municipal regulations. Even the Tower of Martí I was raised at this time so that ships arriving in the port could be seen from its windows, all of which looked toward the sea.

The first major change to this state of affairs was in the reign of Philip V, after the War of the Spanish Succession, with the destruction of the La Ribera neighbourhood, demolished to make way for the bastion and castle of La Ciutadella. This ominous fortification was raised on the ruins of the houses once occupied by fishermen and their families, who had direct access to the original harbour through the Porta de la Duana gate. An outlying district on the eastern edge of the city, La Ribera was poor, as evidenced by the modest size of its blocks, streets and narrow houses.

Despite the opposition of the citizens, Philip V managed to subject the city to his military control. His extremely harsh intervention was designed to achieve total domination of the city, and he had no hesitation in demolishing an entire neighbourhood to make way for the new military fortress, which together with the complementary fortification on Montjuïc gave his artillery full command of the city.

Estas obras públicas de los siglos XVI y XVII fueron hechas, en un principio, por los lugartenientes, y después por los capitanes generales, en cuanto autoridades principales de la ciudad. Inmediatamente después de la Guerra de Sucesión, esta autoridad militar, que quedaba instituida, en definitiva, como representante del Estado real, ocupó el lugar de la autoridad municipal, quien prácticamente declinaba su papel dentro de la ciudad.

En los grabados del siglo XVIII (fig. 38) se observa la proporción de la plaza, con las importantes dimensiones del edificio del palacio (aún casa) y de la misma Lonja. Sin estar abierta, lógicamente, la Via Laietana, el frente de mar es una fachada continua. Es tan dominante esa atención al mar que todas las casas tendieron a subir una planta y así lo establecían las regulaciones municipales. También la torre del rey Martí fue sobreelevada, por aquel entonces, para poder ver la llegada de los barcos desde su posición postergada, al estar todas sus ventanas abiertas sólo en el lado de mar.

La primera cincelada importante es la destrucción del barrio de la Ribera, cuando Felipe V toma la ciudad, después de la Guerra de Sucesión, para construir el baluarte y el castillo de la Ciutadella. Esta fortificación ominosa se construye derruyendo el antiguo barrio de los pescadores, donde la gente vinculada al mar tenía paso directo al puerto primitivo a través de la puerta de la Aduana, en la culata del puerto. Un barrio humilde y pobre, como muestra el tamaño de las manzanas, de calles y de casas estrechas, que era el límite de la ciudad por levante.

Pese a la resistencia de los barceloneses, Felipe V logró someter la ciudad y controlarla militarmente. Su intervención fue muy dura pues pretendía el control total, sin dudar

The construction of La Ciutadella imposed a major change of form on the city. What had once been a low-rise neighbourhood of fishermen's and sailors' houses was now entirely different, a public work on a vast scale. The movements and manoeuvres of the military required more space than the peaceful comings and goings of the former residents. The demolition thus gave rise to a series of residual spaces, esplanades and new streets, some of which were subsequently used for the new railway line in the mid-19th century. However, the fundamental impact of Philip V's operation was to turn a periphery—the maritime neighbourhood that had been a boundary of the city's activity—into something of enormous centrality from the point of view of its public significance: the military citadel. This constructional and functional complex began to be an important focus, dragging the entire city's attention toward this part of the littoral. A subsequent effect was the creation of a new housing neighbourhood for the displaced fishermen, which is how La Barceloneta came into being.

The city thus underwent a significant shift of orientation, and the seafront was consolidated, giving permanence to what had been a mere foreshore created by the sand deposited there over time. A central point of growing importance was overlaid on the linear urban frontage: a square that slowly but surely gained in prominence, the site of the Customs House, location of the new military headquarters, from which the new neighbourhood of La Barceloneta grew up.

The 18th-century engraving showing Philip V setting sail for Sardinia (fig. 49) to be crowned there,

en destruir el barrio entero para construir en él el nuevo castillo militar, que se complementaba con otra fortificación simétrica, situada en la cima de Montjuïc, para garantizar la dominación artillera de la ciudad.

La construcción de la Ciutadella supuso para la ciudad un cambio de forma muy importante. Todo lo que había sido un barrio de casas bajas y vinculado a la marinería se convirtió en una obra pública de escala enorme y completamente diferente. Había que dar respuesta a los nuevos movimientos militares, que sustituían un ir y venir más tranquilo de los antiguos habitantes del barrio. Así es como el derribo trae consigo la aparición de una serie de espacios residuales, de explanadas y de nuevas calles, una parte de cuyos espacios serán aprovechados para el trazado del ferrocarril a mediados del siglo XIX. Pero, en cualquier caso, lo fundamental de la operación de Felipe V fue la sustitución de lo que era un margen, aquel barrio de los pescadores que constituía un límite de actividad para la ciudad, en algo de enorme centralidad desde el punto de vista de la significación pública: la Ciudadela de los militares. Un complejo constructivo y funcional que muy pronto devino un foco de importancia y de atención, que tiraría de toda la ciudad hacia aquel rincón litoral. Un efecto posterior será la formación del nuevo barrio de viviendas para la población marinera que había sido desalojada. Así es como se fundará la Barceloneta.

La ciudad da, pues, un giro importante y el frente de mar se consolida, proporcionando seguridad a todo aquello que habían sido sólo unos arenales sucesivamente acumulados. De modo superpuesto al frente lineal, se establece un punto central de una importancia creciente: una plaza que lentamente va concentrando importancia: el lugar de la aduana

presents a picture of the port of Barcelona hard to imagine today: the walls with their barbican; gentlemen and ordinary citizens watching the spectacle of the warships accompanying the king; carriages being driven along the top of the walls; the half-consolidated quayside (consisting of the first groins to retain the sand); the beaches of La Barceloneta still completely empty and used for the most part as a military exercise ground; the beacon at the end, with Montjuïc behind, and, in the foreground, the silhouette of La Llotja, with its Gothic windows and the queen bidding farewell to the king from the balcony of the Palau. The frame provided by these two buildings as a scenario for the port was to play a large part in the reading of this space, which duly took shape 30 years later in the project for the Plaça de Palau.

It is worth reflecting on the importance that La Barceloneta acquired as an outward extension of the city, as its population and its economy grew. The city was enclosed and crowded, and any opportunity to expand was highly valued, especially as building next to the walls was forbidden for reasons of military strategy and control, so that any new space was rapidly exploited to the full. La Barceloneta was consolidated initially on the basis of an existing islet, the Illa de Maians; starting from this sandbank on the seafront a continuous process of reclamation threw up stretches of dike to protect the land won from the sea.

By the time the first part of the neighbourhood came to be built, the beach had already been secured. This process of consolidation and drainage thus predates the decision to build, and has continued up to the

comercial, donde se sitúan las sedes del nuevo estamento militar y de donde nace el nuevo barrio de la Barceloneta.

El grabado del siglo XVIII que recrea el embarque de Felipe V en dirección a Cerdeña (fig. 49), para coronarse rey, nos describe una situación del puerto de Barcelona que sería difícil de imaginar hoy: la muralla, con su barbacana; caballeros y ciudadanos observando el espectáculo de la gran cantidad de barcos de la armada acompañando al rey; carruajes circulando a lomos de la muralla; la barra del puerto en la orilla, medio consolidada (hecha de los primeros amontonamientos que retienen los movimientos de la arena); las playas de la Barceloneta aún completamente vacías y utilizadas sobre todo como campo de maniobras militares; la linterna al final, con Montjuïc al fondo; y, en primer término, el perfil de la Lonja, con sus ventanales góticos y la reina despidiendo al rey desde el balcón del palacio. El marco de estos dos edificios como escenario sobre el puerto tendrá mucho que ver con la comprensión de este espacio, que treinta años después será concretado en el proyecto de la plaza de Palau.

Debemos ponderar bien la importancia que adquirió la Barceloneta como extensión fuera de la ciudad, ya que llegó a tener una población y una economía muy importantes. La ciudad estaba cerrada, llena y colmada, y toda posibilidad de expansión era particularmente apreciada, interesante en la medida en que estaba prohibido construir en torno a la muralla, por razones de estrategia y de dominio militar, y se convertía, por lo tanto, en un nuevo lugar que fue aprovechado rápidamente y al máximo. La Barceloneta se consolidó, primero, como refuerzo de un primitivo islote de arena que se encontraba en primera línea de mar —la isla de Maians—, y, a partir de aquí, en el proceso continuo de ganar terreno

present day. In the original plan for La Barceloneta, corresponding to the first boundary, the neighbourhood is laid out independently of the city, with virtually no reference to its urban fabric, nor even to its public spaces. It is, however, much more closely related to the development of the quays of the port and the effort to gain new space by retaining the sand washed down from the Besòs.

It did not take long for La Barceloneta to become a populous and attractive neighbourhood, as demonstrated, for example, by the pattern of property ownership. Many of the men who owned property in central Barcelona rushed to buy up the fishermen's houses built by the military for the people of La Ribera, and thus became players in what was then the city's only speculative real estate market. This modest fishing neighbourhood, very specifically conceived as such, came to be of ever greater importance in the overall context of the city, resulting in an increase in circulation and inward and outward traffic in the area. Municipal edicts of this period show the City Council debating the time at which the Portal de Mar should be shut for the night. At first, the gate was closed at dusk, in accordance with the hours kept by the military, and the city itself was shut up as if it were a barracks. This prompted the residents of La Barceloneta and the new owners to demand greater flexibility of movement through the gate. The authorities, however, saw the matter differently—in terms of defence, customs and the smuggling of cloth—and opposed these demands. This ongoing conflict indicates the increasing importance of La Barceloneta, not merely as

al agua formando muelles por tramos, para reforzar por detrás el terreno ganado al mar.

Cuando se construye el primer fragmento del barrio, la playa ya estaba consolidada definitivamente. Este proceso de consolidación y desecamiento no fue sólo anterior a la decisión de edificar, sino que ha ido continuando y continúa actualmente. La planta original del barrio de la Barceloneta, la que correspondería al primer límite, se plantea como un esquema perfectamente autónomo respecto de la ciudad, casi sin ninguna referencia a la trama urbana, ni siquiera a los espacios públicos. Tiene mucho más que ver, en cambio, con la urbanización de los muelles de los frentes del puerto y con este esfuerzo por ir ganando nuevos espacios, acumulando la arena procedente del río Besòs.

En poco tiempo, la Barceloneta se convirtió en un barrio populoso y atractivo, como se muestra, por ejemplo, en lo relativo a la propiedad. Muchos propietarios de la Barcelona central pronto adquirieron aquellas viviendas de pescadores, construidas por los militares para los originarios habitantes de la Ribera. Pasaban a ser, de esta manera, propietarios del que era el único mercado inmobiliario especulativo en la ciudad. Y aquel modesto barrio de pescadores, pensado desde el inicio con esa finalidad específica, se convertía en una zona de importancia creciente en el contexto general de la ciudad y comportaba un aumento del tráfico y de los movimientos de entrada y salida en esta zona. Los bandos de la época nos hablan de las discusiones en el Consejo de la ciudad sobre la hora de cierre del portal de Mar. Inicialmente, el portal se cerraba al atardecer, en relación directa con los horarios militares. Y, como si fuera un cuartel, también la ciudad quedaba recluida. Por ello, tanto los habitantes de la

a residential neighbourhood but as a segregated urban area calling for ever closer links with the city.

This situation inevitably had an impact on the importance of the central point that was Plaça de Palau. In the dense walled city—in which neither Carrer de Ferran nor the new Plaça de Sant Jaume as yet existed—this large space, open to the sea, with a manifest representative value, was the largest and most visible element to anyone arriving by sea. A peripheral space in jurisdictional terms, it was very central from the symbolic and functional viewpoint.

This poorly-defined space within the walls thus became large and central when the new layout was designed, prompting a desire to turn the exchange where business deals were struck and prices agreed into a new royal palace by reforming and modernizing La Llotja and constructing a new customs house, replacing the small structure abutting on the old city wall with a new building (now occupied by the Civil Governor's office). The Baroque building was designed for Philip V by the Andalusian engineer and Chancellor of the Exchequer Count Roncalli, who constructed a series of grand public buildings in various Spanish cities—notably Barcelona, Malaga and La Coruña—and in South America.

With a view to configuring a square arcaded space, the original Gothic façade of La Llotja was replaced with its present Neoclassical exterior, designed in 1835 by Soler i Faneca, one of the great academic architects of the day. Soler i Faneca was one of the founders of the Barcelona School of Architecture, then known as the Drawing and Fine Art Class and part of La Llotja.

Barceloneta como los nuevos propietarios pedían progresivamente más flexibilidad de entrada y salida por el portal. Pero las autoridades lo consideraban desde el punto de vista militar, de la defensa, de la aduana, del contrabando de tejidos, etc., de modo que defendían lo contrario. Éste fue un litigio continuo, que explicita la importancia que fue tomando la Barceloneta, ya no tan sólo como un simple barrio, sino como un fragmento urbano segregado que reclama, cada vez más, nuevos vínculos con la ciudad.

Toda esta situación incidirá, naturalmente, en la importancia de ese punto central que es la plaza de Palau. En la ciudad amurallada y compacta, donde no existen ni la calle de Ferran ni la nueva plaza de Sant Jaume, aparece un gran espacio abierto al mar, con una clara representatividad y que, para quien llega por mar, con una visión lejana, es el de mayores dimensiones que adivina. Un espacio de límite, desde el punto de vista legal y jurídico, pero muy central en el aspecto simbólico y de funcionamiento.

Así es como aquel espacio interior e indefinido, dentro de la muralla, deviene grande y central cuando se proyecta el trazado. Surge la voluntad de convertir aquellas salas de contratación en nuevos palacios reales, reformando la Lonja para modernizarla y construyendo, como ya se ha hecho, una nueva aduana, que anule la pequeña construcción adosada a la vieja muralla y la reemplace por un nuevo edificio (el que ocupa el actual Gobierno Civil). El edificio barroco, construido por orden de Felipe V, es obra del ingeniero militar Miguel Roncali, conde andaluz que fue ministro de Hacienda y que estableció una serie de grandes edificios públicos en muchas ciudades españolas: Barcelona, Málaga y La Coruña, además de en Sudamérica.

Even today, people in Barcelona talk of going 'to draw at La Llotja', thus conserving the idea that the Llotja is synonymous with fine art.

The Neoclassical fabric ended up as an outer carapace, covering the Gothic structures in order to give them a modern air. At that time Gothic architecture signified traditionalism and the past, and as such was out of favour. What was wanted instead was Neoclassical architecture, with its overtones of the scientific and the international and a certain sense of central power.

The Llotja is, of course, an extremely important institution in the economic and cultural history of Barcelona. Initially a place where deals were done, where commercial exchanges were regulated and the various guilds and traders gathered, the Bourbon reforms of the 18th century made the Llotja the city's Junta de Comerç or Board of Trade, too: not just a trading floor but an administrative body, a wealthy and prestigious institution housed in one of the city's foremost buildings.

Through its control of trading activity, the Llotja was involved in almost every major aspect of city life: the economy, international contacts and Barcelona's relations with central power. As a result, it became a municipal symbol, and though it had no actual mechanism of political representation, it fulfilled an extremely important enlightened role, evident in the striking circumstance that almost all of Barcelona's academies of the arts and sciences were founded there, among them the Academy of Fine Arts, which taught mathematics and geometry. The relationship between the Academy of Science—promoted by army officers as men skilled

Con la idea de configurar un espacio cuadrado en forma de plaza con soportales, se sustituye la antigua fachada gótica de la Lonja por una nueva: la actual, de estilo neoclásico. Soler i Faneca, uno de los grandes arquitectos académicos del momento, construye esta nueva fachada en el año 1835, recubriendo las antiguas naves góticas. El mismo Soler i Faneca fue uno de los primeros fundadores de lo que es hoy la Escuela de Arquitectura, que se llamaba entonces "Clase de Dibujo y Bellas Artes" y dependía de la Lonja. Aún hoy encontramos a quien dice que va "a dibuixar a Llotja", de acuerdo con la idea barcelonesa de que la Lonja y Bellas Artes son lo mismo.

El edificio neoclásico acaba siendo un armazón exterior, que, rodeando las estructuras góticas, quiere darle un carácter moderno. La arquitectura gótica significaba en aquel momento tradicionalismo y tiempos pasados y por ello no gustaba. Se quería, en cambio, una arquitectura neoclásica, que comportaba una imagen de cientifismo, de internacionalismo y también, de alguna manera, poder central.

La Lonja es, efectivamente, una institución importantísima en la historia económica y cultural de Barcelona. Inicialmente, como lugar de contratación que regulaba todos los intercambios comerciales, agrupaba a los comerciantes y a todos los gremios. Pero después de la reforma borbónica del siglo XVIII, la Lonja se transforma en Junta de Comercio y se institucionaliza, pasando de ser un espacio de intercambio a una administración del comercio. Un organismo rico, culto y de prestigio, que convertirá su sede en uno de los principales edificios de la ciudad.

Con el control de los comerciantes, se intervenía en prácticamente todos los aspectos importantes de la Barcelona

in fortifications and the building of castles and cities, with a knowledge of geometry, mathematics and construction—and the Academy of Fine Arts (another offshoot of La Llotja) gave rise to the School of Architecture and the School of Fine Art. All of this took place within this fascinating building with its magnificent Gothic hall encased in a Neoclassical façade.

For its part, the Palau Reial, with its unified architecture ordered around a central courtyard, was constructed as a grand royal residence situated on the seafront and completing the definition of the square.

In effect, the Portal de Mar (and less frequently the Portal de Sant Antoni) had always been the entrance gateway through which monarchs and other dignitaries were welcomed to the city. Tapestries and paintings of the period show grand cavalcades held on this seafront, an impressively spacious scenario crowded with ships. And it was precisely here that two alternative authorities to the Generalitat and the Ajuntament established themselves. These were the Crown—the king in person or his lieutenant—and economic power—the merchants of La Llotja—as alternatives to the city councillors or Generalitat deputies, the old political powers of the Plaça de Sant Jaume.

Prints from this period (fig. 45) show the opening up of Carrer de Ferran, the well defined square, the bell towers of Sant Just and Sant Jaume and of El Pi, Santa Maria del Mar and La Mercè, and La Rambla, all of which define the urban perimeter, beyond which plumes of smoke reveal the presence of the manufactories then springing up in El Raval. Montjuïc marks the

de aquel tiempo —en la economía, en los contactos internacionales y en las relaciones de la ciudad con el poder central—. Con ello la Lonja se erigía en símbolo municipal, que, a pesar de no tener ninguna forma global de representación política, desarrollaba una función ilustrada muy importante. Este papel condujo a la particularidad de que, en Barcelona, todas las academias de ciencias y de letras fueran fundadas por la Lonja, como fue el caso de la Academia de Bellas Artes, donde se iba a aprender los bellos oficios de las matemáticas y la geometría. De la relación entre la Academia de Ciencias, promovida por los militares sabios, que eran quienes en aquel momento sabían geometría, matemáticas y construcción (sabían fortificar, hacer castillos, hacer ciudades), y la de Bellas Artes, que era la otra actividad que se desarrollaba en la Lonja, surgieron la Escuela de Arquitectura y la Escuela de Bellas Artes. Todo ello ocurría dentro de ese edificio interesantísimo, con la magnífica nave gótica envuelta por la fachada neoclásica.

Por otra parte, el Palacio Real, reconducido según una arquitectura unitaria de patio central, se construye como gran edificio presidencial para la residencia real, situado al frente y acabando de definir la plaza.

Efectivamente, el portal de Mar (y el portal de Sant Antoni, en menos ocasiones) había sido siempre la puerta de entrada y el lugar de recibimiento de los reyes y de las personalidades. Las grandes cabalgatas que muestran los tapices y las pinturas de la época se celebraban en este frente de mar, por la amplitud de su espacio y por las potencialidades de ese gran escenario que se llenaba de barcos. Y será precisamente en este espacio donde se asentarán dos poderes, alternativos a la pareja formada por la Generalitat y el Ayuntamiento: el

area of military control, where building was prohibited, with the industrial chimneys of Hostafrancs smoking in the distance. These engravings clearly demonstrate the unifying purpose of Plaça de Palau, with Roncalli's Duana Nova customs house and the residential buildings around it. The prevailing idea in the configuration of the square was regularity, but the notion of the centre was also important, a vision of this space as a vast central area—bisected, however, by Passeig del Mar. As yet without the park of La Ciutadella and the railway, the avenue marks a clear discontinuity with the Drassanes shipyards, and as yet seems unsure which way to go.

At the back of the square is the new Portal de Mar, a building with a monumental symbolic character, of tremendous significance as a point of entry to the city, separating the maritime space from what was regarded as the political centre. The project for the Portal de Mar, drawn up by a military engineer, is a rather imaginative edifice organized on the basis of two iron gates and central passageway, a version of the Napoleonic style with Moorish touches. Curiously, the Portal de Mar lasted just four years: soon after its completion, the demolition of the city walls was undertaken.

Consolidation of this square was assisted by the Porxos d'en Xifré residential block, on which work began in 1830, when the opening of Carrer de Ferran was still in progress. Xifré—an *indiano* who had made his fortune in the Americas—built two large houses decorated with Atlantic motifs (the medallions portray great navigators and discoverers, images of Neptune and other mythological maritime figures), the intention

poder real —la corona o el lugarteniente— y el poder económico —los mercaderes de la Lonja—, unos poderes alternativos a los de los consejeros y los diputados, que eran el antiguo poder político de la plaza de Sant Jaume.

Los grabados de esos años (fig. 45) muestran la apertura de la calle de Ferran, la plaza definida, los campanarios de Sant Just y de Sant Jaume y los del Pi, de Santa Maria del Mar y de la Mercè, y la Rambla, que define el perímetro urbano fuera del cual una serie de humaredas indican las industrias que despegan en el Raval. Montjuïc marca la zona de protección militar, donde no puede edificarse, y lejanamente se adivinan las fábricas humeantes de Hostafrancs. Estos grabados indican claramente la voluntad unitaria de esta plaza de Palau, con el edificio de la Aduana Nueva, de Roncali, y los demás edificios residenciales a su lado. La regularidad es una idea imperante en la conformación de la plaza, pero lo es también la idea de centro, la de entender este espacio como un gran espacio central, atravesado, eso sí, por el paseo del Mar. Ausentes aún el parque de la Ciutadella y el ferrocarril, este paseo tiene una clara discontinuidad en las Atarazanas, respecto de la muralla, y en ese momento no se sabe aún hacia dónde va.

Al fondo de la plaza se sitúa el nuevo portal de Mar, construcción de carácter monumental y simbólico, y de gran significación como entrada de la ciudad, que separaba el espacio propiamente marinero de lo que se entendía como centro político. El proyecto de la puerta de Mar, hecho por un ingeniero militar, era un edificio bastante imaginativo, que se organizó en dos puertas de herradura y un paso central: una mezcla de estilo napoleónico con unas pinceladas moriscas... Curiosamente, el portal duraría sólo cuatro años,

being to establish a new residential architecture similar to that of Carrer de Ferran, whose modern, quality homes would mainly be occupied by merchants and members of the bourgeoisie whose wealth came from trade. The Casa Collasso—designed by Rovira i Riera, more rigorously Neoclassical architect—was built at the same time as the Portal de Mar.

A fountain by Daniel Molina, the fountain 'of the Catalan Spirit', still spouts water in the centre of the square amid the busy traffic. The statue of King Ferdinand VII that once stood here was toppled in the first revolts of 1833. Daniel Molina, one of the leading architects in 19th-century Barcelona, also laid out Plaça del Duc de Medinaceli and Plaça Reial. His fountain is an allegory of the four provinces of Catalonia with the main rivers. A rather clumsy, poorly proportioned statue of Neptune was unveiled at the rear of the port before being moved first to La Barceloneta, then to Montjuïc and finally to its present location in front of the church of La Mercè.

Plaça de Palau is, then, the sum of two ideas: firstly, the capitalization of the whole of the city's highly important maritime tradition in relation to the port; and secondly, the clear political intention to glorify the new and at that time 'progressive' institutions—the Junta de Comerç and the central administration—over the more traditional and conservative authorities in Plaça de Sant Jaume. The act of consolidating a new space and giving it an image of openness to the exterior, to the sea and international trade was significant as an alternative to Catalan regionalism, as the first manifestation of the struggle of traders and capitalists against the land-

ya que justo después de construirlo se decidió el derribo de las murallas.

Una operación que dio apoyo a esta plaza fue el edificio residencial de los porches de Xifré, iniciado hacia 1830, cuando aún se está desarrollando la apertura de la calle de Ferran. Josep Xifré, un comerciante "indiano" que se había enriquecido en América, construye dos grandes casas decoradas con numerosos motivos atlánticos (en los medallones figuran retratos de grandes navegantes, descubridores, imágenes de neptunos y de mitología marítima), con la idea de establecer una nueva arquitectura residencial parecida a la de la calle de Ferran, moderna y de calidad, donde irán a vivir mayoritariamente algunos negociantes y burgueses enriquecidos por el comercio. La casa Collasso, obra de Rovira i Riera, de neoclásico riguroso, también se construye simultáneamente con el portal.

Una fuente de Daniel Molina, llamada "del Genio Catalán", permanece hoy, entre los flujos del tránsito, en el centro de la plaza. Antes había habido allí una estatua del rey Fernando VII, derribada en las primeras revueltas del año 1833. Daniel Molina era uno de los arquitectos más importantes de la Barcelona ochocentista; había ordenado la plaza del Duc de Medinaceli y la plaza Reial. La fuente representa una alegoría de las cuatro provincias catalanas, con los ríos principales. Fuera, en la culata del puerto, se montó la estatua de un Neptuno bastante desastrado y desproporcionado, que fue trasladado primero a la Barceloneta, después a Montjuïc y actualmente se ha emplazado delante de la iglesia de la Mercè.

La plaza de Palau surge, pues, de sumar dos ideas: por una parte, la capitalización de toda la tradición importan-

owners and the old feudal powers who had until then monopolized municipal and local institutions.

This initial urban confrontation between the two powers marks the start of the social transformation of Catalonia toward a modern society in which the new capitalism and the new bourgeoisie tested out their options in the city. The first, frustrated, venture—the alliance between the Junta de Comerç and the lieutenants of the central authority—gave rise to Plaça de Palau; the second endeavour was, by contrast, to prove triumphant: the construction of the Eixample and the final demolition of the walls.

Plaça de Palau is especially significant in terms of urbanism because, in addition to the general aims of the operation and the idea of a centre in its overall relationship with the city, it introduced a number of very important elements of urban fabric and architecture. Examples of this include the presence and successive transformations of Passeig del Mar and the sea wall; the notion of the new square as such, with the construction and transformation of the buildings around it, La Llotja, the Porxos d'en Xifré block, the Customs House, the palace and the Portal de Mar itself. Its original relationship with La Ciutadella and La Barceloneta has endured, through its redefinition during the World's Fair, with the more general opening-up of Passeig de Colom, when the idea of a closed square was converted into the concept of a larger-scale urban axis between La Rambla and La Ciutadella, and also when the port was expanded, with the demolition of the Portal de Mar.

tísima de carácter marítimo de la ciudad en relación con el puerto. Por otra, la clara intención política de ensalzar las nuevas instituciones, en aquel momento "progresistas" (la Junta de Comercio y la Administración central), frente a las que tenían un carácter más tradicional y conservador, que ocupaban la plaza de Sant Jaume. La importancia de consolidar un nuevo espacio y de darle una imagen abierta al exterior, de cara al mar y al comercio internacional, era una alternativa a la idea regionalista. Era la primera expresión de la lucha de los comerciantes y de los capitalistas contra los propietarios y los poderes feudales, que ocupaban las instituciones municipales y locales hasta entonces.

En esta primera confrontación urbanística entre los dos poderes están la bases de la transformación social de Cataluña hacia una sociedad moderna donde el nuevo capitalismo y la nueva burguesía tantean sus opciones en la ciudad. La primera, frustrada, en esta alianza entre la Junta de Comercio y los lugartenientes del poder central, da lugar a la experiencia de la plaza de Palau. La segunda será, en cambio, una alternativa triunfante: la construcción del Eixample y el derribo definitivo de las murallas.

Desde el punto de vista urbanístico, la plaza de Palau es un ejemplo particularmente significativo, puesto que, junto a las intenciones generales de la operación y la idea de centro en la relación global con la ciudad, aporta algunos elementos de trazado y de arquitectura enormemente importantes. De ello son una muestra la presencia y la transformación sucesivas del paseo del Mar y de la Muralla; lo es la idea de la nueva plaza como tal, con la aparición y la transformación de los edificios que la rodean: la Lonja, los porches de Xifré, la Aduana, el Palacio y el mismo portal de Mar. Su relación

The relationship with La Barceloneta, which had conditioned the creation of the new square, also before long prompted the destruction of the walls. Once the square had been configured it constituted an urban space that called for continuity and relation with La Barceloneta. The Port Vell 'old port' district now lacked definition: an area of transition between two parts of the city, the seafront and the new fishermen's housing. The configuration of this space was uncertain and geometrically irregular for many years, a residual space left by the presence of the walls and the shoreline of La Barceloneta. It still is.

The demolition of the Portal de Mar made way for the current situation in which the urban relationship with the port was usurped by the commercial organization of the port buildings. The construction of warehouses and depots, the tracks of the dock railway and the consolidation of the port as an independent entity and the subsequent fencing off of the precinct behind railings were responsible for the lack of spatial definition of a square that was originally conceived as enclosed, with the portal gate its boundary. With its demolition and the increasing demand for better links with La Barceloneta, the square lost all its formal definition and was relegated to a merely residual role.

With the segregation of the port boundaries in a closed and inward-looking configuration, the idea of the square was dead within 20 years. The combination of a fire in the palace and the demolition of the walls in 1854 irremediably altered its appearance. An attractive idea in its intention, it was a mistake in terms of the

inicial con la Ciutadella y con la Barceloneta continuará en vigor ya para siempre hasta redefinirse durante la Exposición Universal, con la apertura más general del paseo de Colom, cuando la idea de plaza cerrada será reconvertida en idea de eje urbano de mayor escala, entre la Rambla y la Ciutadella, y también cuando el conjunto del puerto se amplíe con el derribo del portal de Mar.

La relación con la Barceloneta, que había condicionado la creación de la nueva plaza, será también la que pronto provocará la destrucción de la muralla. Una vez configurada la plaza, ésta definía un espacio cívico que pedía continuidad y relación con este barrio. El Port Vell era ya un rincón indefinido, como punto de paso entre dos partes de la ciudad, entre el frente de mar y el nuevo barrio de pescadores. La configuración misma de este espacio fue durante muchos años indecisa y geométricamente irregular; un lugar residual de la presencia de la muralla y del frente de la ribera de la Barceloneta. Y así continúa.

Con el derribo del portal de Mar se configuraba la actual situación, en la que la relación urbana con el puerto fue tomada por la organización propiamente comercial de los edificios portuarios. La construcción de los almacenes y de los grandes depósitos, el trazado del ferrocarril portuario, la consolidación del puerto como entidad autónoma y, por lo tanto, la aparición del recinto delimitado con rejas, como elemento de separación, fueron los responsables de la indefinición espacial de una plaza nacida originariamente como cerrada, con su portal como límite. Cuando éste se derribe y se produzca un mayor empuje de comunicación hacia la Barceloneta, la plaza perderá toda definición formal y quedará con un carácter meramente residual.

future growth of the city. In the 19th century, Catalonia's economic prospects lay not in maritime trade but in industry, and as a result, the city's energies were directed not toward the sea but into the hinterland. The idea behind Plaça de Palau was explicitly geared toward representativity and the revival of a historic tradition that was, however, drawing to an end.

Present-day plans show Plaça de Palau as a poorly defined square awaiting resolution, a space that has lost its never-realized original intention and settled into the indeterminacy of a no-man's-land. What *was* consolidated, however, was the seafront, with the marked continuity of the avenue that, extending from La Ciutadella to La Rambla, has become a forceful linear element with a direct impact on the square. Far from being an enclosed space, Plaça de Palau is of interest today as an intermediate zone traversed by this busy thoroughfare.

The idea of the Eixample, in contrast, was that of an inland city that, for a hundred or a hundred and fifty years, would preside over the economic expansion of Catalonia as a whole and, with it, the city of Barcelona. It was this thinking that informed the great penetrations into the old city, which Cerdà himself pushed all the way to the sea, in a form totally different from Neoclassicism. The logic of this new urban expansion defined two major road projects: Via Laietana, as far as the Sant Sebastià monastery, and the extension of Carrer de Muntaner down to the Portal Sant Antoni. At the same time there was an evident concern with connecting this seafront with new central points of the Eixample, Plaça de les Glòries and Plaça d'Espanya,

Al segregar los bordes del puerto, en una configuración cerrada y propia respecto de sí mismo, la idea de plaza moría al cabo de dos décadas. La coincidencia del incendio del palacio y el derribo de las murallas (1854) cambiaron definitivamente su fisonomía. Era una idea atractiva en sus intenciones, pero equivocada respecto al futuro crecimiento de la ciudad. El futuro económico de Cataluña durante el siglo XIX ya no fue el comercio marítimo, sino la industria, y, por lo tanto, las orientaciones principales de la ciudad se establecieron hacia el interior y no hacia el mar. La idea de la plaza de Palau respondía a una voluntad directamente representativa y de recuperación de una tradición histórica, pero que ya estaba a punto de desaparecer.

En los planos actuales se ve la plaza de Palau como un espacio indefinido, pendiente de resolución, que ha perdido aquella vieja intención que no llegó nunca a completarse y que, sucesivamente, ha ido adquiriendo la condición intermedia de tierra de nadie. Lo que sí se consolidó, en cambio, fue el frente de mar, con una fuerte continuidad del paseo que, desde ambos extremos de la Ciutadella hasta la Rambla, deviene un potente elemento lineal, con incidencia directa en la plaza. Lejos de ser un recinto cerrado, la plaza interesa hoy como lugar intermedio, atravesado por este gran eje de circulación.

La idea del Eixample, en cambio, fue una idea de ciudad interior que durante cien o ciento cincuenta años presidiría la expansión económica de toda Cataluña y, lógicamente, de la ciudad de Barcelona. Es ésta la idea que condicionará las grandes penetraciones en el núcleo antiguo, que el mismo Cerdà conduce hasta llegar al mar, de una manera completamente diferente de las ideas neoclásicas. Desde la lógica de esta nueva extensión, se definen dos grandes aperturas: la Via Laietana,

positioned on the diagonal axes of Avinguda Meridiana and Avinguda del Paral·lel.

The construction of the Eixample radically transformed the conception of the city and of the future urban centre: though Plaça de Sant Jaume continued to have a certain weight, the centre of gravity increasingly shifted further north and further inland rather than toward the seafront. This had a decisive effect on Plaça de Palau, which was effectively cut loose from the city centre and locked into its own rigid morphology. Without knowing its history, it is hard to imagine that Plaça de Palau, an odd and largely irrelevant space in terms of the overall functioning of the city, was not so long ago the cherished image of the representative heart of the whole of Barcelona.

This demise of the idea of Plaça de Palau as a central square contributed to the lack of definition that has affected it ever since. The closing-off of the port from this area, the coming of the railway and the Estació de França station and the *ronda* ring roads round the Ciutat Vella district were additional factors in the destruction of the supposed unity of the square the queen looked down on as she bade farewell to Philip V from her balcony. Even so, it seems as if its geometry still retains a hidden force.

The construction of the Ronda Litoral coastal ring road as a first alternative to cutting through the old town brought into being a thoroughfare that is evidently still relevant to the future of this space, its conception consistent with its precise geometrical configuration as part of an overall urban perimeter that connects dif-

hasta el convento de Sant Sebastià, y la prolongación de la calle de Muntaner, que llegaría hasta el portal de Sant Antoni. Por otra parte, también se muestra la preocupación por conectar este frente marítimo con los nuevos puntos centrales del Eixample: la plaza de Les Glòries y la plaza de Espanya, enlazadas con los trazos diagonales de la Meridiana y del Paral·lel.

Con la construcción del Eixample se transforma notablemente la concepción de la ciudad y del futuro centro urbano, que, a pesar de continuar en la plaza de Sant Jaume, trasladará su centro de gravedad cada vez más al norte y más al interior, y menos, en cambio, hacia el frente litoral. Esta circunstancia afecta definitivamente a la misma plaza de Palau, que permaneció como un conjunto autónomo desvinculado del centro urbano, muy cerrado en su propia morfología rígida. Sin conocer esta historia, difícilmente podríamos llegar a imaginar que la plaza de Palau, un espacio extraño y poco relevante dentro del funcionamiento general de la ciudad, había sido, no hace tanto tiempo, la imagen querida del corazón representativo de toda Barcelona.

El efecto de esta desarticulación de la idea de la plaza central ha condicionado la indefinición en la que se ha mantenido después este espacio. El cierre del puerto respecto de esta área, la aparición de los trazados ferroviarios y la Estación de Francia, así como las rondas del núcleo antiguo de la ciudad, son los nuevos elementos que acaban descomponiendo definitivamente aquella pretendida unidad de la plaza que la Reina veía mientras despedía a Felipe V desde su balcón. Con todo, parece como si su geometría aún conservara una fuerza escondida.

La construcción de la ronda Litoral, como primera alternativa de vía transversal del barrio antiguo, fue el pistoletazo de salida de un camino que seguramente aún es válido para el

ferent spaces. The Ronda, as a tangent of the old city centre, is an extremely strong strand of general continuity linking a series of previously unconnected zones and spaces that are of crucial importance in defining the form and image of the city. Plaça de Palau has thus gone from being a barycentric nexus to a component of this linked series, defined as a whole by the idea of the ring road and, more particularly, of the avenue as a seafront stretching from Montjuïc to the Besòs.

With the World's Fair of 1888, the military citadel made way for the new Ciutadella park, and in the process La Barceloneta managed to attach itself to the city. The port front acquired a new continuity, linking up what had been individual isolated elements: the closed square, Passeig de Mar and La Ciutadella's military castle. It now acquired the status of a representative urban element, a façade, a boulevard for strolling along, part of the general structure of the city as a whole.

These are the ideas that have been picked up by the current projects for La Barceloneta and Passeig de Colom: the first is to reconnect and expand this square as an element of linkage and transfer, both of circulation and of uses, by making the original central space larger and more effective in linking different points; the second is the idea of integrating it into the ordering of the seafront, the Moll de la Fusta quay and the whole system of the city's maritime frontage from Les Drassanes to La Ciutadella.

Barcelona's relationship with the sea has been a necessarily intermittent dialogue. The capital of Catalonia has always looked to the interior for its energy and

futuro de este espacio: es su concepción coherente con su configuración geométrica precisa, como elemento de un perímetro urbano global que encadena espacios diferentes. La ronda, en calidad de tangente del núcleo antiguo, se conforma como un hilo potentísimo de conexión y de continuidad general, elemento que enlaza una serie de espacios y de zonas hasta entonces desvinculados y que deviene de primer orden en la definición de la forma y de la imagen de la ciudad. La plaza de Palau deja de ser, pues, un nudo baricéntrico y pasa a ser un elemento de este rosario de piezas, definido globalmente por la idea de ronda y, más propiamente, por la idea de paseo, como frente de mar desde Montjuïc hasta el Besòs.

Con la Exposición Universal de 1888, la Ciutadella es definitivamente sustituida por el nuevo parque, y así es como la Barceloneta se adhiere a la ciudad. El frente portuario adquiere una nueva continuidad, encadenando lo que en tiempos anteriores eran piezas separadas e independientes: la plaza cerrada, el paseo de Mar y el castillo militar. Ahora toma la dimensión de elemento urbano representativo, de fachada, paseo de recreo y estructura general para toda la ciudad.

Éstas son las ideas que han retomado los proyectos actuales para la Barceloneta y el paseo de Colom: una, vincular y ampliar esta plaza como elemento de enlace y de traspaso, tanto de circulación como de usos, convirtiendo el espacio central originario en un ámbito mayor y válido para conectar espacios diferentes. La otra, la idea de integrarla en la ordenación propia del frente de mar, del Moll de la Fusta y de todo el sistema de fachada marítima de la ciudad, desde las Atarazanas hasta el parque de la Ciutadella.

Pero la relación de Barcelona con el mar es, por fuerza, un diálogo intermitente. La capital de Cataluña se apoya

its raison d'être. At the same time, however, the most natural point of entry from outside is the Mediterranean. In its physical form, the city today is confronted with the products of this duality as a series of different preferred options that have accumulated over the centuries. Whenever the sea has played a vital part in the life of Barcelona, the city's urbanism has possessed an extraordinary potency and a manifest permanence.

The present form of the city fronting the sea illustrates this story of alternating desire and distrust. It would be quite wrong to think that the city has always been attracted to the sea—a great deal has been written about the periods of fear and rejection, of suspicion of the walls and defences, of the port as a place of conflict and squalor. Nor should we presume that the current enthusiasm for maritime leisure and sea air will always be paramount. And while recreation and sport are at present very important as a form of relation between the city and the sea, so too were trade and transport as constituents of centrality and the representative image.

The seafront façade, the varying states of the port and its eventful expansions, and the connections between this port and the city at its back can invoke a whole theory of effort and desire—sometimes brilliant and enthusiastic, sometimes crude and clumsy—to articulate the economic and social life of *terra firma* with the distant horizons of the sea. The great project for Plaça de Palau has been a key episode in this.

siempre en el país interior, de donde saca la energía y la razón de ser. Pero, al mismo tiempo, constituye su entrada desde el exterior más natural: el Mediterráneo. En la forma física, la ciudad afronta hoy el resultado de esta dualidad, que acumula, a lo largo de los siglos, momentos de atención preferente variable. Y en aquellos tiempos en los que el mar ha sido capital en la vida de la ciudad, las acciones urbanísticas se han producido con una potencia extraordinaria y también con una permanencia definitiva.

La forma actual de la ciudad, en el frente de mar, resulta expresiva de esta historia oscilante de deseo y desconfianza. No pensemos que la atracción del agua ha existido siempre... Bastante se han explicado por doquier las épocas de rechazo y de miedo, de recelo de las murallas y defensas, del puerto como lugar de conflictos y de mala vida. Tampoco debemos pensar que el optimismo actual por el tiempo libre acuático y la oxigenación yodada serán valores preferentes para siempre. Y si el recreo y el deporte son actualmente muy importantes como forma de relación entre la ciudad y el mar, también lo son el comercio y el transporte, en cuanto depositarios de la centralidad y la imagen representativa.

Tras la fachada de mar, las diferentes situaciones del puerto y sus accidentadas expansiones, y las conexiones entre este puerto y la ciudad que tiene tras de sí, subyace toda una teoría, no carente de esfuerzo y de deseo, a veces brillante y animada, a veces poco hábil, para articular la vida económica y social de la tierra firme con la lejanía de los horizontes marítimos. El gran proyecto de la plaza de Palau es el episodio clave de ello.

41. Pla de Palau with the Portal de Mar, the rise to the walls and the Porxos d'en Xifré arcade (19th-century lithograph).

42. Pla de Palau and Barceloneta (geodesic plan of 1700).

43. The project for Porta de Mar in Plaça de Palau (unbuilt).

44. Geometric plan of Plaça de Palau (1839).

45. General view of Barcelona through the prism of Neoclassicism (1860-1870), A. Guesdon.

46. Plaça de Palau on the edge of the El Born neighbourhood.

47. Print of the bombardment of Barcelona in 1842.

48. Ciutat Vella and the seafront, 1862 (by F. Coello and P. Madoz).

41. El Pla de Palau con el portal de Mar, la subida a la muralla y los Porxos (soportales) d´en Xifré. Litografía del siglo XIX.

42. El Pla de Palau y la Barceloneta (plano geodésico de 1700).

43. Proyecto de puerta de Mar en la plaza de Palau (no realizado).

44. Plano geométrico de la plaza de Palau (1839).

45. Vista general de Barcelona a través del prisma del neoclasicismo (1860-1870), A. Guesdon.

46. La plaza de Palau en los límites del barrio del Born.

47. El bombardeo de Barcelona de 1842. Grabado.

48. Ciutat Vella y el frente litoral, 1862 (de F. Coello y P. Madoz).

49. Philip V embarks
for Italy from Passeig
de Mar (etching by
J.B. Beterham
after a drawing
by F. Palotta, early
18th century).

50. Plaça de Palau and
the railway station
in the mid-19th century.

49. El embarque de
Felipe V hacia Italia,
desde el paseo Marítimo
(dibujo de F. Palotta,
grabado por J. B.
Beterham a principios
del siglo XVIII).

50. La plaza de Palau y la
estación de ferrocarril,
a mediados del siglo XIX.

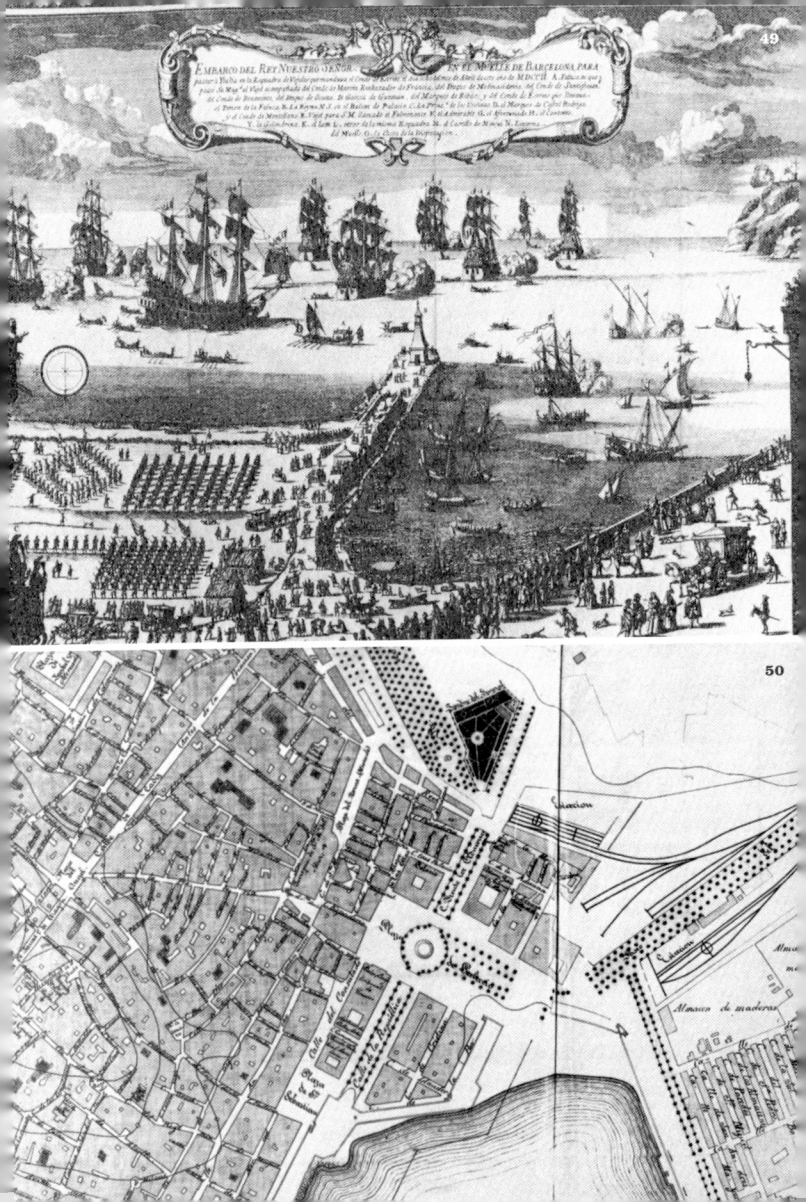

51. Moll de la Fusta and the old warehouses.

52. Moll de la Fusta before its transformation.

53. Project for the transformation of Moll de la Fusta (Manuel de Solà-Morales, 1984).

54. Moll de la Fusta in the mid-19th century (plan published by Saurí i Matas, 1855).

51. El Moll de la Fusta con los antiguos almacenes.

52. El Moll de la Fusta: momento previo a su transformación.

53. Proyecto para la transformación del Moll de la Fusta (Manuel de Solà-Morales, 1984).

54. El Moll de la Fusta a mediados del siglo XIX (plano de 1855 editado por Saurí i Matas).

55. Aerial view of
the port of Barcelona
in the late 1950s.

55. Vista aérea del puerto
de Barcelona a finales
de los años cincuenta.

THE NEW TOWN OF GRÀCIA
the ordering
of artisans'parcelling

03 LA NUEVA VILLA DE GRÀCIA
el orden del parcelario
menestral

I n the introduction, we noted that modern Barcelona is largely the product of the agglomeration of neighbouring towns and villages. The great city was formed here—like Paris and London, but in a very different way from Berlin or Rome—by annexing a constellation of existing centres of population. These cores were the raw material that the new city manipulated, changing their context by incorporating them into its large-scale urban functioning.

This is extremely important, because it has given the urban structure of Barcelona a very strong personality, as distinctive as the personalities of the original towns and villages, which have to a great extent been maintained even as they were transformed within a larger civic complex. And this applies not only to the sociological personality of these towns—though this is certainly notable—but also to the features that constitute their morphological identity.

The construction of the neighbourhood of Gràcia in the early years of the 19th century marked the first establishment of the new Barcelona. Discrete and independent, two kilometres from the centre, this was the first urbanistic operation beyond the city walls. It also established what the new uses of the city ought to be and the new 'quantities' of land and residential volume: two

Ya hemos dicho en la introducción que la Barcelona moderna se construye, en buena parte, a partir de la agregación de poblaciones y vecindades preestablecidas. Como París o como Londres, pero de manera muy diferente de Berlín o Roma, la gran ciudad se forma, aquí, integrando una constelación de núcleos preexistentes. Estos núcleos proporcionarán la materia prima que la nueva ciudad manipulará, cambiándolos de contexto, al incorporarlos al funcionamiento urbano de la gran escala.

Este hecho es importantísimo porque confiere a la estructura urbana de Barcelona una personalidad muy fuerte, como ya lo era inicialmente la de los diferentes núcleos, y en buena medida se ha mantenido, transformándose dentro de un conjunto ciudadano de mayores dimensiones. Y no nos referimos sólo a la personalidad sociológica de esos pueblos que es, ciertamente, muy notable, sino también a la identidad de sus rasgos morfológicos.

La construcción del barrio de Gràcia en los primeros años del siglo XIX supone el primer establecimiento de la Barcelona nueva. Aislada y autónoma, a dos kilómetros del centro, era la primera operación urbanística que no solamente saltaba las murallas, sino que establecía cuáles deberían ser los nuevos usos de la ciudad y las nuevas "cantidades" de suelo y de residencia: dos materiales nuevos a partir de los cuales se constituye la ciudad moderna, y dos temas

new materials with which to constitute the modern city, and innovative issues in urban planning. Never before had the city contemplated residential specialization, yet Gràcia came into being as an enclave intended solely for housing. This overturned the city's way of fashioning itself and led it to adopt more specific and purposive forms of ordering and design criteria. As an exclusively residential enclave, the city can submit to a process of improvement and economic optimization: the old perception of the inhabited place as a permanent symbolic immanent presence has no place in the utilitarian city as site of civil life, in which individuals participate only in the sense of residing there. This form of the city as domicile was automatically invented when the notion of a residence was extended to the preparation of the land for building on, making the buying and selling of land the key factor in urban growth. It was now the new figure of the land broker or agent who set the urbanizing process in motion, with country estates on the outskirts of the city providing the land that the market would transform into urban areas.

In Gràcia, urban development was based on complexes of plots that could be called urban 'urbanizations' (the redundancy reflecting the paradoxical current usage of the terms). These developments were always articulated around a central square, a focus of services and exchange (water, market) that served to structure the terrain of the former estate, positioned to the side of the primary access routes (Carrer Gran de Gràcia and Travessera de Gràcia). The complex is thus an array of perfectly geometrical, modular and orthogonal, ho-

innovadores en la proyectación urbanística. Nunca, hasta entonces, la ciudad había admitido la especialización residencial y, sin embargo, Gràcia nace como un asentamiento pensado exclusivamente para la vivienda. Este hecho trastoca el modo de hacer de la ciudad, que adoptará unas formas de ordenación y unos criterios de diseño más específicos e intencionados. En cuanto establecimiento exclusivamente residencial, la construcción de la ciudad puede someterse a un proceso de perfeccionamiento y de optimización económica: el sentido antiguo del lugar habitado, como inmanencia simbólica permanente, se esfuma en el carácter utilitario de la ciudad como domicilio de la vida civil, en la que la persona participa porque reside en ella. Se inventa automáticamente esta forma de ciudad como domicilio, al hacer extensiva la noción de residencia a la preparación del suelo para ser edificado, convirtiendo así el negocio del suelo en protagonista del crecimiento urbano. Será la nueva figura del negociante de solares la que ahora ponga en marcha el proceso urbanizador; y las fincas rurales vecinas a la ciudad son la unidad de actuación, que el mercado del suelo irá transformando en fragmentos de ciudad.

En Gràcia, el desarrollo urbano se produce por conjuntos parcelarios, que podríamos denominar "urbanizaciones" urbanas (y valga la redundancia, como paradoja del sentido actual de estas palabras). El criterio de ordenación es siempre el de una plaza central, centro de servicios e intercambio (agua, mercado), que sirve para estructurar el terreno de la antigua finca y se coloca en posición lateral respecto de los ejes de acceso primarios (la calle Gran y la Travessera de Gràcia). El conjunto resulta en ordenaciones perfectamente geométricas, modulares y ortogonales, homogéneas y con-

mogeneous and continuous units. The elements of this systematic composition are the square, the street and the plot. However, the sizes of these components are surprisingly constant and regular: the plots, like the streets, are 30 palms wide (about six metres). In depth, they vary between 150 and 200 palms, though this was progressively standardized and later units were fixed at 200 palms, the optimum size for taking fullest advantage of the road network.

The internal hierarchy is established by the orientation of the plots: some streets constitute frontages of continuous building with plots lying perpendicularly to the street along its entire length (the most typical image of the street). Other streets are simple lines of closure (or are special types of far less depth) and have a generic function of distribution or access to the central square. This square, as a singular element, is always reinforced by a façade of building on all four sides. Inevitably, these design criteria determine the relative position of the complex in relation to the primary roads.

As in Bloomsbury in London, where the estates were ordered around central squares in the form of gardens, in Gràcia too the formation of the city started with central representative spaces offering amenities to the residents, though we must contrast the paved, architectonic, civic character of the Gràcia square with the natural, verdant, private quality of the garden.

The urbanistic mechanism that sums up this historic advance in designing the city is the standardization of plots (fig. 76, 77). The case of Gràcia is important in marking the point at which the city began to be planned

tinuas. Plaza, calle y parcela son elementos de composición sistemática. Pero el dimensionado de estas ordenaciones es extraordinariamente constante y regular en todos los casos: el ancho de las parcelas, como el de las calles, de 30 palmos (equivalente a 6 metros). El fondo más variable oscila entre los 150 y 200 palmos, pero progresivamente se va precisando, en las sucesivas ordenaciones, hasta quedar fijado en 200, dimensión óptima para un mejor aprovechamiento del circuito viario.

La jerarquía interna se establece por la orientación de las parcelas: unas vías constituyen frentes de edificación continuos, dispuestos con solares orientados perpendicularmente a la calle en toda su longitud (que proporcionan la imagen de calle más típica); otras vías resultan simples líneas de cierre (o son de tipos especiales, con muy poca profundidad) y tienen una función genérica de distribución o de acceso a la plaza central. Esta plaza, como elemento singular, viene siempre reforzada con fachada de edificación en todos sus frentes. Naturalmente, estas opciones del proyecto se condicionan a la posición relativa que, respecto de los ejes primarios, se atribuye al conjunto.

Como pasa en el Bloomsbury londinense, donde la ordenación de los *estates* se hizo en torno a las *squares* centrales, también en Gràcia la formación de la ciudad parte de los espacios centrales representativos y de servicio a la residencia, aunque podamos contraponer el carácter pavimentado, arquitectónico y cívico de la plaza con las diferentes condiciones de verde natural y de privacidad de la *square*.

El mecanismo urbanístico que sintetiza este avance histórico en la proyectación de la ciudad es la tipificación de la parcela (figs. 76 y 77). El caso de Gràcia es importante porque

as a system of plots. The material of a project was no longer a building, as it had been in the medieval city, nor was it the entire complex, as it was in the Baroque era, or for the Neoclassical street. The response to the new 'quantities' of homes demanded by urban and industrial growth led to the invention of the plot module as a new, abstract unit of urban composition. As the 'house volume', the project-plot represented the residential needs and the accounting magnitude of the purchase of the land. The dimensions were based on previous typological experience elsewhere in Barcelona which in El Raval, for example, and other nearby towns frequently produced a house type with five or six metres of façade. The resulting plot could be summarized broadly in a design module capable of meeting the generic needs of future building.

It was this generalizing phenomenon that the urbanization of Gràcia advanced. Whereas the urban morphology of Barcelona had up until then been determined by the aggregation of houses of a similar type, the product of a limited range of construction techniques, it was now the plot that defined the initial form of the urban development. Having been abstracted from the earlier historical typology, the plot was now posited as a morphological unit in its own right: the project-plot, the 'house volume', went beyond its empirical and experimental origins to become the support for the new urban model. The methodological and cultural importance of this step makes the case of Gràcia a crucial value in the urbanistic history of Barcelona. Though some local historians have regarded this as a modest, commonplace development, it is important to appreciate how much

sucede en el momento en que la ciudad pasa a proyectarse según un sistema de solares. El material de proyecto ya no son los edificios, como ocurría en la ciudad medieval; tampoco los proyectos de conjunto, como en el barroco o en las calles neoclásicas. El reconocimiento de las nuevas "cantidades" de residencia, que el crecimiento urbano e industrial pide, depende de la invención proyectual del módulo parcelario como una unidad nueva y abstracta de la composición urbanística. En cuanto al "cuerpo de casa", la parcela-proyecto es la representación de las necesidades residenciales y la magnitud contable de la compraventa del suelo. Sus dimensiones resultan de la experiencia tipológica barcelonesa anterior, que en el Raval, por ejemplo, o en otras poblaciones próximas, producía un tipo de casa con una fachada de 5 ó 6 metros. La parcelación resultante era resumible aproximadamente a un módulo proyectable, capaz de cubrir genéricas demandas de edificación futura.

Éste es el fenómeno generalizador que avanza la urbanización del barrio de Gràcia. Si hasta entonces lo que determinaba la morfología urbana de Barcelona era la agregación de un tipo de casas similares, resultantes de unas técnicas de construcción limitadas, ahora es la parcela la que define la forma inicial del desarrollo urbano. Fruto de la abstracción de la tipología histórica anterior, se propone ahora como unidad morfológica propiamente dicha: es la parcela proyecto, el "cuerpo de casa", que sobrepasa su determinación empírica-experimental para convertirse en apoyo del nuevo modelo urbano. La importancia metodológica y cultural de este paso confiere al caso de Gràcia un valor crucial en la historia urbanística de Barcelona. Si para cierta historiografía local puede ser considerado un desarrollo modesto y

innovation lies behind the conventional appearance of its buildings and spaces, and how the conversion of a physical product (the piece of land to be built on) into an intellectual concept and a design instrument (the urban plot) was a decisive step in the rationalization of the city, one whose implications successive forms of expansion would pursue to the full.

The permanent coherence of the plot, for all its flexibility in adapting to the different house types, demonstrates the rationalising criterion of the planning system in Gràcia, where from the start plot module was not synonymous with construction unit: the houses built there are of just one module or perhaps two or one and a half (as were the plots offered for sale). The façades were thus of 30, 45 and 60 palms. This same set of dimensions was used in successive transformations in density and change of residential use. The increase in height, the internal adaptations for the installing of public utilities of water and electricity, the intensive use of the courtyards and ground floor commercial premises were important quantitative developments that the urban fabric managed to incorporate within its strong plot structure, and just as important as the compositional and stylistic variations on the architecture, modulated from the ground up, that composed the different scenarios of the neighbourhood's urban image.

The construction of Gràcia was a step that Barcelona took without the intellectual input or the evident technical and theoretical intervention of the two projects discussed earlier. Carrer de Ferran and the project for the new political centre in Plaça de Palau were both clearly

común, hay que desvelar, en cambio, cuánto de innovador se esconde tras la convencional apariencia de sus edificios y de sus espacios. Y cómo la conversión de un producto físico (el solar edificable) en concepto intelectual e instrumento de proyecto (la parcela urbana) supuso un paso decisivo en el esfuerzo racionalizador de la ciudad, que las sucesivas formas de ensanche generalizarían en toda su magnitud.

La coherencia permanente que el parcelario mantiene, pese a la flexibilidad para adaptarse a los diferentes tipos de casa, demuestra el valor racionalizador de la sistemática proyectual de Gràcia. Desde su origen, el módulo de parcela no es sinónimo de unidad constructiva: las casas que se construyen son de un módulo o bien de dos o de uno y medio (que son asimismo las dimensiones de los solares objeto de la compraventa). Así las dimensiones de las fachadas resultan de 30, 45 y 60 palmos. Será con este mismo juego de dimensiones con el que operarán las sucesivas transformaciones de intensificación y de cambio residencial. El crecimiento en altura, las adaptaciones internas para la instalación de los servicios públicos de agua y de luz, la utilización intensiva de los patios y de los bajos comerciales, etc., fueron importantes desarrollos cuantitativos que la trama urbana encajó en su fuerte estructura parcelaria. De la misma importancia que las variaciones compositivas y estilísticas que sobre las arquitecturas, moduladas desde el suelo, fueron dibujando los diferentes escenarios de la imagen urbana del barrio.

La construcción de Gràcia fue un paso que Barcelona dio sin un esfuerzo intelectual ni una intervención técnica y teórica tan clara como la de los dos proyectos anteriormente comentados. Tanto en la calle de Ferran como en el proyecto del nuevo centro político en la plaza de Palau está

based from the outset on a well defined and relatively abstract urbanistic idea. They were also developed using precise technical instruments, plans and building designs, and construction processes which, as projects and works, effectively ended up having a decisive influence on the city.

By contrast, what we see in the formation of the Gràcia neighbourhood is a process of growth that apparently came about without much awareness of its future importance, without anyone first making any overall decisions about an urbanistic operation on such a scale. Nowadays anyone familiar with Barcelona is aware of the neighbourhood's significance within the city thanks to its size, density and civic activity, its central position and its charmingly homogeneous character. Its current uses make it attractive as a residential area for young and old. This is a neighbourhood in which small shops have survived and the streets are lined with bars and small restaurants; a relatively comfortable neighbourhood with an appealing image, easy to drive around without being dominated by cars; a neighbourhood that is popular with local residents and outsiders alike; a neighbourhood with a fairly well defined architectural image whose artisans' houses have been considerably altered yet maintain a certain overall unity; everyone knows how to get to Gràcia. The importance of this operation for modern Barcelona is evident, but its origins, in terms of ideas and execution, were nevertheless much more tranquil than those of other, more planned projects.

If we look at a plan of turn-of-the-century Barcelona, the presence and importance of the district of Gràcia is

claramente presente una idea urbanística de principio, muy definida y relativamente abstracta. Están también presentes unos instrumentos técnicos precisos, planos y proyectos de edificios, y unas obras para ejecutar, que, efectivamente, en cuanto proyectos y obras, acaban teniendo una influencia decisiva en la ciudad.

En la formación del barrio de Gràcia vemos, en cambio, un proceso de crecimiento que aparentemente nace sin mucha conciencia de su importancia futura, sin que nadie se hubiera planteado previamente una decisión global para una operación urbanística de tanta envergadura. Porque, hoy, todo el mundo que conoce Barcelona es consciente del peso que en la ciudad tiene este barrio. Un peso que se hace presente por la dimensión, la densidad y la actividad cívica. Una presencia importante por su posición central, por su carácter homogéneo y agradable. Sus usos actuales hacen que sea atractivo para la residencia de jóvenes y mayores, un barrio donde el pequeño comercio continúa, donde se instalan numerosos bares y pequeños restaurantes; quiere esto decir que es un barrio de una imagen amable, de un relativo confort, al que llega el tránsito pero sin tener un peso excesivo. Un barrio popular y conocido, tanto para los que viven en él como para los que no. Con una imagen arquitectónica bastante definida, de casas menestrales ya muy manipuladas, pero aún bastante unitarias; todo el mundo sabe dónde está Gràcia. La importancia de esta operación para la Barcelona moderna es evidente, a pesar de que tuvo un origen mucho más tranquilo, de ideas y de gestión, que los proyectos más planificados.

En efecto, si observamos una planta de Barcelona en el cambio de siglo, es evidente la presencia y la importancia del

evident from its footprint in the city, where, alongside the dense old town, the Eixample is as yet only half built, with significant numbers of open spaces. The breadth of the Barcelona plain contrasts with the dense mass of Gràcia, large, compact and fairly well defined in its form. It almost amounts to a second Barcelona, a neighbourhood that does not so much compete with as complement the old centre, but nonetheless an indisputable presence. Looking more closely at the plan, we can see that Gràcia as a population nucleus is not unique in this respect: that there are others scattered across the Barcelonès plain, and that this is in effect a further factor in the configuration of the city. The districts of Sants and Hostafrancs are only slightly less potent a presence. Sarrià, though smaller, is well defined by its Carrer Major, its main thoroughfare along the gully. To the east is the major industrial nucleus of Sant Andreu de Palomar, next to El Camp de l'Arpa and Sant Martí de Provençals, with Poblenou and Nova Icària bordering the sea.

The fact that for many years it was forbidden to build anywhere on the Barcelona plain for military reasons meant that these population nuclei were occupied and grew in response to Barcelona's need for more buildings. From the point of view of the organization of the city, Gràcia is the prime example of the emergence of these centres and the one that most clearly introduces the principles of urban growth planning.

Undoubtedly it was the spread throughout Catalonia of steam-driven machinery and of light industry, albeit still largely manual, that everywhere transformed the primitive rural population centres and their environs.

núcleo de Gràcia simplemente en la mancha que compone la ciudad, donde, al lado del centro antiguo, tupido y denso de edificación, vemos el Eixample aún a medio hacer, realmente muy esponjado. La amplitud del llano de Barcelona contrastaba, en cambio, con la masa densa de la edificación de Gràcia, notablemente grande, notablemente compacta y también notablemente definida en su forma. Llega casi a significar una segunda Barcelona; un barrio que es dual, si no competitivo, respecto del barrio antiguo, con una presencia, en cualquier caso, indiscutible. Fijándonos detenidamente en este plano, observamos que el núcleo de Gràcia no es el único, en este sentido, y que, efectivamente, la presencia de algunos otros núcleos de asentamiento en todo el llano de la comarca del Barcelonès es un hecho fundamental en la configuración de la ciudad. El núcleo de Sants y el de Hostafrancs, más débilmente, también suponen una mancha intensa; el de Sarrià, más pequeña, pero ya bien definida por su calle Mayor, formada sobre su vía principal, al lado de la riera; en el lado de levante, el gran núcleo industrial de Sant Andreu de Palomar, junto con el Camp de l'Arpa y todo Sant Martí de Provençals, con el Poblenou y la Via Icària tocando al mar.

El hecho de que durante tanto tiempo hubiese estado prohibido edificar en todo el llano de Barcelona, por razones militares, condujo las necesidades de construcción de la ciudad hacia la ocupación y el crecimiento de esos núcleos. Gràcia es, desde el punto de vista de la organización de la ciudad, el ejemplo más claro de constitución de uno de estos núcleos y el que nos introduce más claramente en los principios del urbanismo del crecimiento.

Seguramente lo que propició más definitivamente la transformación de los primitivos núcleos rurales y sus ale-

The distribution of the number of textile mills in the Barcelona area in the 1830s gives an idea of the level of industrialization, even if this was generally small-scale, often family-run, with some employing a few workers, and the appearance of factories all across the Barcelona plain. In the old city there were around 170, almost all in El Raval: those on Carrer de Tallers were mainly metal shops; further down there were textile workshops, some at the end of La Rambla, others toward Santa Madrona and the Portal de Sant Pau. Sants and Hostafrancs, meanwhile, had 70 and 58 respectively. These included the newly opened España Industrial factory, and other medium-sized textile mills. Metallurgy was already an established presence in Sant Andreu, and there were also a few new metal shops in Poblenou. Gràcia was less industrial than other districts, with 25 metal and 12 textile workshops. The first steam-powered mill to open there was on Torrent de l'Olla, at the junction with what is now Carrer de Còrsega. This textile mill of just over 300 square metres employed five or six workers. However, with its clay-rich soil, the district had a longer tradition of brick-making, with numerous brickyards. It subsequently became a centre for the manufacture of barrels, jugs and other products that were consumed in large quantities. All of these uses were characteristic of the area prior to its urban transformation.

In the image of the plain of Barcelona in the early days of the neighbourhood's development we can see the old walled city, with the major landmarks in the profile of the city the towers of Santa Maria and El Pi, and Montjuïc, as always, in the background. Passeig

daños fue la generalización de la máquina de vapor y de la pequeña industria que, aún muy manual, se instaló por toda Cataluña. La distribución del número de telares textiles en el área de Barcelona hacia el año 30 del siglo XIX indica el grado de industrialización, que es, en todo caso, de escala pequeña, con talleres a menudo familiares o de pocos trabajadores y con el asentamiento de fábricas por todo el llano barcelonés. En torno a 170 había en la ciudad antigua, casi todas en el Raval: en la calle de Tallers, más bien las de metalurgia; más abajo, las del textil: algunas, al final de la Rambla; otras, hacia Santa Madrona, hacia el portal de Sant Pau. Pero también Sants y Hostafrancs tenían 70 y 58 respectivamente. Se contaba entre ellas La España Industrial, recién creada, y otros telares de tamaño medio que crecían. En Sant Andreu se habían instalado desde hacía tiempo industrias metalúrgicas, y también en el Poblenou algunas de nueva planta. A diferencia de otros núcleos, Gràcia era menos industrial (con 25 telares y 12 establecimientos). El primer vapor que se instaló pertenecía a una industria textil que ocupaba poco más de 300 metros cuadrados en el cruce de Torrent de l'Olla con la actual calle de Còrsega y donde trabajaban cinco o seis personas. De hecho, este barrio tenía más bien una tradición de fabricación de ladrillos, dado que en él se encontraba una tierra muy arcillosa, por lo que había muchas adoberías. Después se empezaron a fabricar botas y botillas, junto con otros productos que en aquel tiempo tenían un consumo elevado; es decir, los usos característicos de este sector antes de su transformación urbana.

En la imagen del llano de Barcelona correspondiente al momento inicial de formación del barrio de Gràcia, vemos la ciudad antigua amurallada: Montjuïc, como siempre, al fondo,

de Gràcia had already been built beyond the walls as an attractive avenue and the new neighbourhood of Gràcia was beginning to take shape, transverse and horizontal to it. We can also see the large factory on Carrer de Puig Martí, the Casa de la Virreina and what was to be the first high-density nucleus around Carrer Gran de Gràcia, together with the formation of a number of ordinary residential streets. The whole plain down to Barcelona—all of what would become the Eixample—is still completely empty.

In the context of a still incipient Gràcia, it is important to note the existing paths and water courses, which explain the form the neighbourhood was to take. The whole of the Barcelona plain is scored with gullies (fig. 66), precisely incised in the clays of the geological base, not very deep, but with sharply defined edges. The topography of this water system combines with the Travessera that runs from Les Corts toward Montcada. Travessera de Gràcia established the intersection with the largest gully dividing the plain in two, cutting down from Vall d'Hebron and L'Arrabassada, turning off toward the Malla gully, following the line of what is now Lesseps-Príncep d'Astúries-Balmes and finally emerging where the Portal de l'Àngel once stood to empty into the Rambla.

This fundamental axis, the gully with the path along its edge that subsequently became Passeig de Gràcia, thus has its origins in the channel carved by the water, giving rise in turn to the little bridges and tracks marking the division of uses, crops and properties. This directrix that structured the future of the city, already visible on 18th-

con las torres de Santa Maria y del Pi como hitos importantes en el perfil de la ciudad. El paseo de Gràcia ya estaba formado fuera de las murallas, como explanada de esparcimiento, y, en disposición transversal y horizontal, empieza a aparecer el nuevo barrio de Gràcia. Se observa en él la gran industria de la calle de Puig Martí, la casa de la Virreina y el que sería el primer núcleo más denso, alrededor de la calle Gran, acompañado de la formación de algunas calles de residencia común. Todo el llano hasta Barcelona, todo lo que será el Eixample, permanece completamente vacío.

En el ámbito aún incipiente de Gràcia, hay que señalar la importancia de los caminos preexistentes y de los cursos de agua, que explican la forma que el núcleo tomará. El llano de Barcelona está siempre marcado por esta importancia de las ramblas (fig. 66), que sobre una base geológica arcillosa forman cortes precisos, con torrentes no muy profundos, pero de labios muy definidos y frecuentes. Esta topografía del sistema de aguas se combina con la Travessera, que, desde Les Corts, iba hacia Montcada. La Travessera de Gràcia establecía el punto de intersección con el torrente principal, que partía el llano por la mitad, bajando Vall d'Hebron y la Arrabassada, se desviaba hacia el torrente de Malla, pasando por el trayecto que hoy son las calles de Lesseps, Príncep d'Astúries y Balmes, y desembocaba en el lugar donde se encontraba el portal del Àngel, hasta desaguar en la Rambla.

Este eje fundamental, que dio lugar a un camino paralelo (lo que sería después el paseo de Gràcia), tiene, pues, su origen en el curso de las aguas: de él nacen los pequeños puentes y puntos de paso que marcarán la división de usos, de cultivos y de propiedades. Es ésta la directriz organizadora del futuro de la ciudad, que ya está presente en los planos del siglo XVIII,

century maps, which show the position of the hamlet of Gràcia at the intersection with the horizontal Travessera (fig. 82 to 87). The new neighbourhood therefore tended to adopt this orthogonal form: a regular geometry that derives to a certain extent from an understanding of the space already marked by a vertical geographical disposition and its orthogonal intersection.

We must now look more closely at the situation of the estates on this transverse road. Of note here is the early Convent de Gràcia, also known as Els Josepets (a Baroque monastery with an interior courtyard that burned down in 1913, designed by Brother Josep de la Concepció, the architect who converted the Duana into a royal palace) and the very pronounced gullies, especially the Malla in the west, marking the boundary with Sarrià, and those of Sant Miquel, L'Olla and Les Flors. This topographical structure, together with the presence of the principal farmhouses, explains the pattern of land ownership. It was in this space—already regular in its geometry, ordered by its division into farms and smaller holdings—that the neighbourhood emerged. Its structure, however, was very different to that of Sarrià, which was far older and thus more tentacular in the relationship between its historic centre and a few ill-defined country tracks.

The conception of the process of Gràcia's construction has other elements of enormous interest as an example of the formation of modern Barcelona and in mind in relation to general aspects of the problems of growth. If the axes of paths and gullies are fundamental to its form, essential to the orthogonal organization of the

donde se insinúa la posición del pequeño vecindario llamado de Gràcia, en la intersección con la Travessera horizontal (figs. 82 a 87). El nuevo barrio tenderá, pues, a adquirir de esta ortogonalidad: una geometría regular que le viene dada por una comprensión del espacio que un sentido geográfico vertical y su intersección perpendicular ya marcaban.

Imaginemos más precisamente la situación de fincas en esta vía transversal u horizontal. Hay que destacar el primitivo convento de Gràcia, llamado también *Dels Josepets* (un convento barroco, con un claustro interior que se quemó en 1913, proyectado por fray Josep de la Concepció, el mismo arquitecto que reformó el Palacio Real, en la Aduana). Los torrentes, muy marcados, sobre todo el de Malla, en el oeste, que delimita el barrio con Sarrià, y los de Sant Miquel, de l'Olla y de les Flors. Esta estructura topográfica, junto a la presencia de las masías, nos hace entender la organización de la propiedad de las tierras. Es de este espacio, ya de por sí el más regular, geometrizado para la parcelación agrícola y la propiedad más pequeña, de donde surge el barrio. Ciertamente diferenciado, por ejemplo, de la estructura de Sarrià, mucho más antigua y, por ello, más tentacular en la relación entre el núcleo viejo y unos imprecisos caminos rurales.

La concepción del proceso de construcción de Gràcia ofrece otros elementos de enorme interés como ejemplo de la formación de la Barcelona moderna y respecto de las cuestiones generales de los problemas de crecimiento. Si caminos y torrentes son las directrices fundamentales de su forma, dada la organización ortogonal del suelo, hay también una actividad promotora, urbanizadora y constructiva bastante fuerte que se sobrepone, de tal manera que la intencionalidad y el razonamiento se imponen a una manera de hacer espontánea

land, these were overlaid by a great deal of development, urbanization and construction activity, in which intentionality and reasoning imposed themselves on a spontaneous mimetic approach that took its cue from nature. We are looking here at the first example in Barcelona of modern urban development as a truly speculative economic activity as we know it today. This was the project of someone who foresaw that future urbanization would be of greater value and who therefore set about this task of development in a regular, systematic way, with a number of specific forms: the defining of a project for growth.

The Gràcia area was a mosaic of small estates, ancestral country residences just outside Barcelona (La Fontana, La Virreina, Cal Compte, Can Valentí and Can Trilla) with their farmland around them. As the owners decided one after another to sell their land the neighbourhood developed through the progressive division of these estates, establishing the boundaries of streets and plots. The process of urban growth thus proceeded piecemeal with the acquisition of these estates.

A careful study of this growth shows that the initial structure of Gràcia started with the definition of Carrer Gran, at its intersection with Travessera, and with the first division into plots of a tract of land on the Sant Miquel gully, still clearly configured, the first area to be settled due to its proximity to the bridge over the Malla gulley in what is now Plaça de Gal·la Placídia.

The plans that established the division of these estates into streets and street blocks were drawn up one by one. After the Sant Miquel plan, new housing was

y mimética respecto de la realidad. Contemplamos, así, el primer ejemplo en Barcelona de promoción urbanística moderna, en cuanto actividad económica, propiamente especulativa en términos actuales. El proyecto de alguien que prevé que la urbanización del futuro tendrá un mayor valor y se aplica, por lo tanto, a hacer esa tarea de promoción de una manera regular, sistemática, de acuerdo con ciertas formas: definir un proyecto de crecimiento.

Los terrenos de Gràcia eran un mosaico de fincas pequeñas, en una situación suficientemente próxima al núcleo antiguo de Barcelona para que éstas fueran al mismo tiempo de cultivo y de residencia, lo que daba lugar a una constelación de casas solariegas (la Fontana, la Virreina, Can Compte, Can Valentí, Can Trilla), con sus tierras alrededor. El barrio se formará precisamente por la división progresiva de estas fincas, cuyos propietarios irán decidiendo vender sus propiedades, de una en una y por separado, para delimitar calles y solares. Es por eso por lo que el crecimiento funcionará por paquetes, a la medida de cada una de las fincas.

Un estudio de este crecimiento nos muestra que la estructura primera de la planta de Gràcia arranca de la definición de la calle Gran, en su intersección con la Travessera, y de la primera parcelación de un fragmento sobre la riera de Sant Miquel, aún configurada hoy, y que por la proximidad con el puente de la riera de Malla, en la actual plaza de Gal·la Placídia, resulta ser el primer ámbito de establecimiento.

Sucesivamente se irán formando las ordenaciones que, pieza a pieza, establecerán la división de las tierras respectivas de cada una de estas masías que se organizarán en sistemas de calles y de manzanas de casas. Después de la parcelación de Sant Miquel, "saltará" el conjunto en torno a

built around Plaça de la Llibertat, where the market now stands. This was an ambitious plan consisting of ten blocks with the houses grouped six by four to a block. The next was Can Trilla, centred on what is now Plaça de Trilla. At this point, Can Joanic, Camp d'en Grassot and Ca n'Alegre had not yet been developed.

Plaça del Sol, Plaça del Diamant, Plaça de la Virreina and Plaça de Rovira were subsequently developed in the same way and between them constituted the fourth largest centre of population in the whole of Catalonia. These were basically self-contained packages that developed individual estates to convert them into sections of the city. Inevitably there were interstices, intermediate strips left that in some cases remained unoccupied, though these were few in number as streets and blocks began to join and occupy all of the space. The last estate to be developed was that of the mansion on what is now Plaça de la Virreina. The fact is that though the neighbourhood has a unified, compact appearance it was not configured on the basis of a single overall plan, nor as a result of expansion from a main core, but through the parallel development of individual tracts that in time bonded— and bonded well—with their neighbours.

The example of Gràcia thus introduced a model of contiguous growth, a very simple but planned typological and urbanistic template. It shows that rationality and economy are very different from the spontaneous accumulation of one thing after another. It also demonstrates that the importance of paths and topography lies not in the formation of the fabric as such but in defining its perimeter and the basic lines of orientation. This, one

la plaza de la Llibertat, donde hoy está el mercado. Ésta es ya una ordenación ambiciosa, de 6 x 4 casas y de 10 manzanas. Después se formará Can Trilla, con el centro sobre la actual plaza de Trilla, mientras que Can Joanic, el Camp d'en Grassot y Ca n'Alegre continuaban sin ocupar.

Por el mismo camino fueron configurándose la plaza del Sol, la plaza del Diamant, la plaza de la Virreina, la plaza de Rovira: urbanizaciones que, en su conjunto, llegan a sumar entonces la cuarta población de Cataluña. Cada una es, en principio, un paquete de operaciones acotado en él mismo, que engulle el espacio de las masías o casas solariegas, transformándolo en piezas de ciudad. Hay, naturalmente, intersticios, franjas intermedias que, a veces, quedan holgados. Pero no muchos, pues los trazados empiezan a casar entre ellos y a ocuparlo prácticamente todo. Hasta llegar al palacete de la plaza de la Virreina, que será la última finca en desarrollarse. Así que, a pesar de la imagen actual aparentemente tan unitaria y compacta, el barrio no se forma de acuerdo con una planificación global, ni tampoco por la ampliación de un núcleo principal, sino por una yuxtaposición de piezas desarrolladas paralelamente y que terminan unidas —y "bien unidas"— gracias a su vecindad.

El ejemplo de Gràcia introduce un modelo de crecimiento por yuxtaposición, a partir de un modelo tipológico y urbanístico consciente y previo, si bien muy sencillo. Enseña que la racionalidad y la economía quedan lejos de la espontánea acumulación de cosas, unas tras otras. Y explica también que caminos y geografía no son tan importantes en la conformación del mismo tejido, sino sólo como definidores de su perímetro y de las directrices fundamentales de los trazados. Esto, que es un signo importantísimo de modernidad, nos

of the essential features of modernity, presents here on the small scale some of the fundamental issues of modern urban planning, such as an understanding of the determining yet relative importance of geography and traffic routes, the structure of the cadastre and the plot typology.

The squares at the heart of these perimeters were artificial creations (fig. 70,71). The centres of these urbanizations did not exist when the land was open countryside. This is another of the issues that must be recognized in Gràcia. The plans drawn in the mid-19th century show the neighbourhood as a grid of blocks dotted with squares in an almost symbolic caricature of what it was then and would come to be in the future as an alternative version of the traditional territory. This was the introduction of a particular urban model that was entirely artificial, not apparent in the pattern of paths and gullies but purposive, designed and invented, implanting here the idea of a neighbourhood organized in the form of intersecting, perpendicular streets around a central square. In order for the landowners to sell their estates for conversion into urban space, into a good place in which to live, these needed a characteristic public space to refer to, a central square organized almost always as an open space within a dense network of streets. The plots were determined within the orthogonal array of streets laid out on each of the estates, always with the presence of this square as the defining centre of the grid of houses. All of the streets on the estate ended in the square; every house looked out onto a square or onto a street that led to one: Plaça del Sol, Plaça de la

señala, a escala pequeña, alguno de los temas fundamentales del urbanismo moderno, como es la comprensión del peso determinante, pero relativo, de la geografía y de la vialidad, de la estructura catastral y de la parcelación tipológica.

Las plazas surgen en el interior de estos perímetros como una creación artificial (figs. 70 y 71). Lo que será el centro de cada una de estas urbanizaciones no existía antes, cuando era un terreno rústico y vacío. Es justamente éste uno de los temas que también hay que reconocer en Gràcia. El barrio se dibuja, en los planos de mediados del siglo pasado, como una cuadrícula de manzanas y una presencia de plazas, en una representación casi simbólica y caricaturesca de lo que es y será como ejemplo alternativo del territorio tradicional. Es la introducción de un cierto modelo urbano, que es completamente artificial, que no figuraba ni en los caminos ni en los torrentes, sino que es intencionado, proyectado e inventado. Se implanta aquí la idea de barrio organizado en calles ortogonales alrededor de una plaza central. Para que cada propietario pudiese vender sus campos a fin de convertirlos en lugar urbano, y en un lugar bueno para vivir, había que referirlos a un espacio público característico, a la plaza central: una plaza cuadrada, organizada casi siempre como una pieza vacía dentro de una densa trama de calles. El parcelario se ajusta a la organización ortogonal de vías de cada una de las fincas, con la presencia invariable de esta plaza como centro definidor de los trazados donde se sitúan las casas. Cada una de las calles de una finca da siempre a la plaza; y las casas, o bien dan directamente a la plaza, o dan a las calles que van a parar a ella. Lo mismo por lo que respecta a la plaza del Sol, la de la Constitució, la de Rius i Taulet, la del Diamant, la de Rovira i Trias...

Constitució, Plaça de Rius i Taulet, Plaça del Diamant, Plaça de Rovira i Trias and the rest.

The regularity of the plots, as a strict subdivision of the layout of streets and squares, contributed to the overall organization of the road network, which gradually took shape as the developments linked up. All of the plans from this time reflect the importance accorded to the establishment of the plot boundaries. The sale of land became the driving force in the process of turning what had been a rural estate into the new system of streets and squares. The urban plot was sold as a site on which to build a house (and often a workshop as well) that was not a country cottage or an ancestral mansion but a home for people who worked in the city. The land divisions that this process engendered raised, for the first time in Barcelona, the general issue of regularizing the geometry of building plots in order to provide the maximum number of practicable units. For a site to be useful, it had to be of a certain size, neither too wide nor too narrow, neither too deep nor too long; it also had to have a good position, in other words, a good street that its turn had to be well located in relation to a square, which itself had to be suitably located in relation to the main streets. As a result, this notion of the subdivision of the land, with plots laid out on a scale large enough to require rationalization and prior planning, was a decisive innovation in the Gràcia experience.

Remarkably, this process, in which so many owners and intermediaries were involved, resulted in a system of extremely consistent plots. The streets and blocks in the various developments are very similar. The ordering of

La regularidad del parcelario, como subdivisión estricta del trazado de calles y plazas, ayuda a la organización general del recorrido viario, que se va acoplando mediante piezas sobre la continuidad de las urbanizaciones. Todos los planos de la época muestran la importancia creciente que se concede a la parcelación. Para pasar de la finca agrícola original al nuevo sistema de calles y de plazas, es necesaria la venta de solares. La parcela urbana es vendida con la finalidad de edificar en ella una casa para vivir (a menudo, también para tener un taller), que no es ni una casa en el campo ni una casa representativa. Es la casa para quien trabaja en la ciudad; y las parcelaciones a que da lugar plantean de una manera general, seguramente por primera vez en Barcelona, el tema de regularizar la geometría de los solares, de modo que se obtenga en una finca el máximo número de parcelas útiles. Para que sean útiles deberán tener, por una parte, unas ciertas dimensiones: ni demasiado anchas, ni demasiado estrechas; ni demasiado hondas, ni demasiado largas; por otra parte, también implica que tengan una buena posición, es decir, una buena calle, que debe estar bien colocada respecto de una plaza, y ésta respecto de las calles generales. Por lo tanto, esta cuestión de la subdivisión de la tierra, con una parcelación de escala bastante extensa para obligar a la racionalización y al estudio, es lo que aparece como innovación decisiva en la experiencia de Gràcia.

Resulta asombroso que este proceso, llevado a cabo por muchos propietarios y muchas manos, origine, en cambio, un sistema de parcelas enormemente constantes. Las dimensiones de las calles y de las manzanas de las diferentes urbanizaciones son muy semejantes. En las ordenaciones, tal como las encontramos actualmente alrededor de las plazas,

the streets around the squares, as we can still see today, has an evident regularity, even after all the alterations to the cadastre: the block is generally divided in two halves, with two houses back to back, with a virtually perfect geometry. The better plots look onto a square, or onto the most important vertical thoroughfares, such as Torrent de l'Olla, and the others onto horizontal streets.

The plot sizes, as we have seen, are modular, with a width of 30, 45 or 60 palms (6, 9 and 12 metres), to suit different buyers' purchasing power. The sales process itself was also highly rationalized, responsive to demand and to the type of neighbourhood being built.

If we work back from the current plot division we can deduce the original layout of each development. The occasional irregularities, usually the result of disputes between neighbours, have not obscured the original idea of the standard division: perfectly orthogonal blocks, in order to optimize land use, and plots ordered according to the criteria described above. This is a clear organizational model, an idea of a neighbourhood or city that, as the natural outcome of many precedents, acquires here a pure expression as an object lesson in urban planning for residential growth, then being attempted for the first time in Barcelona. There was an urgent need to construct entire new neighbourhoods, different from the old town but not yet on the grand scale subsequently proposed by Cerdà. It was a matter of laying out not one street but a complex of streets. The problems included the road system as a grid and the junctions between streets; plot division and coherence with variety; and a criterion for open space and the creation of public space.

incluso después de todas las transformaciones catastrales habidas, la regularidad es clara: la manzana está dividida normalmente en dos, con casas en ambas mitades, una geometría prácticamente perfecta, parcelas que dan a las plazas, las mejores, y en el resto de los casos sobre las calles horizontales, exceptuando las verticales de mayor importancia, como el Torrent de l'Olla.

Como hemos dicho, la dimensión es modular, con una anchura de 30, 45 y 60 palmos (6, 9 y 12 metros), que quieren responder a tres capacidades económicas de compradores. La manera como se lleva a cabo este proceso de venta pone también de relieve una idea muy racionalizada, atenta a la demanda y al tipo de barrio que se está construyendo.

Desde el parcelario actual, y yendo hacia atrás, podemos deducir cuál era el parcelario original de cada pieza. Las diferentes irregularidades que se han producido son a menudo debidas a problemas entre vecinos, pero que, en definitiva, no consiguen borrar la idea original de lo que es su parcelación típica. Manzanas perfectamente ortogonales, para la optimización del espacio, y parcelas dispuestas según los criterios que hemos mencionado. Es éste un claro modelo de organización, una idea de barrio o de ciudad que, siendo naturalmente fruto de muchos otros precedentes, toma aquí una expresión pura y muestra de manera ejemplar el urbanismo del crecimiento residencial, cuando se empieza a plantear en Barcelona por primera vez. De repente, había que edificar barrios de nueva planta, diferentes del barrio antiguo y sin llegar aún a la gran escala que después propondría Cerdà. No se trataba de hacer una calle, sino un conjunto de calles. Los problemas eran el circuito viario como trama, la intersección de calles; el tema del parcelario y de su coherencia

The squares of Gràcia were the first 'invented' squares in Barcelona and date from the same time as the Plaça del Portal de Mar, Plaça Reial, Plaça de Sant Jaume and Plaça de Palau. Squares had previously emerged from the public appropriation of graveyards and the exploitation of spaces previously defined for other uses. Now the public space began to be invented as an empty precinct within the grid of streets. In Gràcia, the prime example of this is the Plaça de la Constitució. The bell at the top of the tower in the square is a symbol of many aspects of Gràcia and its character. The town has a great libertarian, progressive and republican tradition, and many of its struggles were in defence of its independence and autonomy. Sarrià, Horta and Sant Andreu were municipalities because they had a previous feudal structure that had given them that autonomy. Gràcia, in contrast, belonged to none of the peripheral municipalities but to the so-called *horta i vinyet* (orchards and vineyards) of the Gremi i Universitat del Pla de Barcelona (the Guild and University of the Plain of Barcelona), whose authority was in turn subordinate to the city of Barcelona. As a new town, it raised problems similar to those recently experienced by Ciutat Badia, for example, as an estate with 15,000 inhabitants between Sabadell and Mollet that opted for independent status as Badia del Vallès. Strolling around Gràcia, we still find streets called Carrer del Progrés, Carrer de la Fraternitat and Carrer de la Consolació, their names an expression of the town's political struggle in those times of municipal autonomy.

From 1810 on a series of revolts and confrontations manifested the town's unwillingness to pay taxes

con la variedad; un criterio para el espacio libre y para la creación del espacio público...

Las plazas de Gràcia son las primeras plazas "inventadas" en Barcelona, ¡simultáneas con la plaza del portal de Mar, con la plaza Reial, con la plaza de Sant Jaume, con la plaza Palau! Anteriormente, las plazas habían surgido de la desamortización de los cementerios, por el aprovechamiento de espacios que ya estaban previamente definidos para otros usos. Ahora empezaba a inventarse el espacio público como un precinto que se ha vaciado en el interior de las tramas de calles. En Gràcia, el ejemplo por excelencia es la plaza de la Constitució. La campana que se encuentra en lo alto de su torre es el símbolo, entre otras muchas cosas, del carácter de Gràcia. La villa tuvo una gran tradición libertaria, progresista y republicana; y muchas de sus luchas fueron para reivindicar su independencia y autonomía. Sarrià, Horta o Sant Andreu de Palomar eran municipios porque venían de una organización feudal anterior que les confería esa autonomía. Gràcia, en cambio, no pertenecía a ninguno de los municipios periféricos, sino a la llamada *horta i vinyet* (huerta y viñedo) que recibía el nombre de *Gremi i Universitat del Pla de Barcelona* (Gremio y Universidad del Llano de Barcelona), cuya autoridad era, en última instancia, tributaria de la de Barcelona. Al formarse nuevamente, la villa plantea unos problemas análogos a los que ha vivido hasta hoy, por ejemplo, Ciutat Badia, cuando, siendo un polígono de 15.000 habitantes colocado entre Sabadell y Mollet, decide ser independiente (Badia del Vallès). Por eso, cuando vamos a Gràcia, aún encontramos calles que llevan el nombre de progreso, fraternidad, consolación, nombres que son una forma más de exteriorizar su lucha política en aquellos tiempos de la autonomía municipal.

to Barcelona. When Gràcia had accumulated a significant number of inhabitants and houses—by the 1840s, the town's population would have numbered around 3,000, and was soon to rise to 12,000—the people resolved to seek autonomy. All of a sudden, Gràcia had a larger population than Sarrià, Horta or Sant Martí, and as a result was granted its independence in 1860. Though this autonomy was to last only 30 years, this was a time of splendour for the town. The Esquella de la Torratxa (the little bell in the little tower) was Gràcia's first bell and as such a symbol of this autonomy: silhouetted against the sky above the houses, the torratxa was also a water tower. There was a public water tank here long before any other district of Barcelona had one. The famous newspaper that voiced the town's revolutionary ideas was called La Campana de Gràcia, 'The Gràcia Bell'. Eventually banned, it reappeared with a more grotesque political tone under the name of L'Esquella de la Torratxa, in reference to Gràcia's bell as a symbol of an incorruptible federalist autonomy.

The plans of the plots and the documents relating to the sale of properties on the streets of Gràcia at that time reflect the image of the building on these narrow plots in relatively generous blocks that allowed a fair measure of space for animal pens, workshops or simply as places where people could spend their free time, fairly spacious interior courtyards that were sunny and airy if the surrounding buildings were not too tall.

With the exception of Carrer Gran de Gràcia, it is difficult to find corner buildings in the neighbourhood. The houses are laid out as if they stood between party

A partir de 1810, los gracienses empiezan a expresarse en multitud de revueltas y de enfrentamientos, pues no quieren pagar impuestos a Barcelona. Cuando alcanzan un peso lo suficientemente importante en número de habitantes y de casas —en los años cuarenta del siglo XIX, la villa debía tener unos 3.000 vecinos y pronto llegaría a los 12.000—, deciden ser autónomos. De repente, Gràcia era un núcleo mayor que Sarrià, que Horta o que Sant Martí, y por eso consiguió su independencia en 1860. Esta independencia durará sólo treinta años, que serán los de esplendor para la villa. La *Esquella de la Torratxa*, la primera campana de Gràcia, era el símbolo de esta autonomía: sobresalía por encima de las casas, destacaba en el horizonte y, además, repartía el agua. Había aquí depósito de aguas, muy anterior a cualesquiera de los otros barrios de Barcelona. El famoso periódico que expresaba todas estas ideas revolucionarias se denominaba, justamente, *La Campana de Gràcia*. Fue prohibido y, al reaparecer en un tono político más grotesco, tomó el nombre de *L'Esquella de la Torratxa*, siempre referido a esta imagen de la campana, símbolo de la autonomía federalista e incorruptible.

Los planos de parcelación y los documentos de compraventa de fincas en las calles de Gràcia de aquellos tiempos casan con la imagen de la edificación de estos solares estrechos, sobre manzanas relativamente generosas, que permitían una proporción de espacio libre en las calles bastante buena para tener corrales y talleres o simplemente para el esparcimiento; patios interiores bastante generosos, con buena ventilación y sol, siempre, eso sí, que la edificación de los alrededores no fuera muy alta.

Salvo en la calle Gran de Gràcia, es difícil encontrar edificaciones en esquina, en el barrio. Las casas se resuelven

walls, perhaps with the advantage of a wall on the side street in which to open a window. Designing a corner house with such tight dimensions, such limited resources and so little time to think it through was altogether too complicated. Rather than attempting to exploit the particularities of a site on which the house could be rotated, the side street came to be regarded as a neutral cut in the series of houses ranged side by side. In fact, corner houses were not built until later, in much larger urban expansion areas: they were beginning to appear in Paris to some extent, and then came Cerdà's great chamfered corners in plan, intended precisely as an alternative solution to the problem.

As we have seen, in terms of construction, orders appeared that were directly related to the modules of the plot layout. The narrow house and the half-width house are characteristic examples of the first period, with an entrance to the workshop and warehouse on the ground floor and an apartment above, or, in the case of taller buildings, a clear distinction between the commercial premises at street level and the residential volume above. This plot division soon became richer and more complex, and building heights began to rise. Nevertheless, the dimensions and their regularity were maintained by the application of generic solutions to similar problems of programme. Almost without the help of architects, the builders of Gràcia, who were also the owners, had grasped how to position a stairwell, which rooms should be at the front and which at the rear, how the interior courtyard could be used without disturbing the neighbours, or how to resolve the ground floor to afford access for a cart—or more recently a van.

como si estuvieran entre medianeras, con la suerte de tener una pared que da a la calle lateral, donde poder hacer alguna apertura. Resolver una casa de esquina con unas dimensiones tan justas, tanta economía de recursos y el poco estudio que se le dispensaba, resultaba siempre demasiado complicado. En lugar de intentar aprovechar lo singular que tenía un solar que podía girar la casa, se pasaba a entender la calle transversal como un corte neutro a la serie de casas, dispuestas una al lado de la otra. De hecho, las viviendas de esquina no se harán hasta más adelante, con los grandes ensanches de dimensiones más amplias, que en París ya se empezaban a resolver, y después vendrán los chaflanes de grandes dimensiones de Cerdà, precisamente para buscar una alternativa.

Desde el punto de vista de la edificación, aparecen, como ya hemos dicho, órdenes que tienen que ver directamente con los módulos de la planta parcelaria. La casa estrecha y la casa medio ancha son ejemplos característicos del primer período; se componen de un portal para taller, el almacén debajo y un piso arriba; o bien, en los casos de más altura, distinguiendo claramente entre el bajo comercial y el cuerpo alto residencial. Pronto este parcelario va enriqueciéndose, se vuelve complejo y, al mismo tiempo, aumentan las alturas. Con todo, se mantienen las dimensiones y su regularidad por el hecho de que se generan soluciones típicas a problemas programáticos semejantes. Prácticamente sin la intervención de arquitectos, los constructores de Gràcia, que son los mismos propietarios, ya dominaban la manera de colocar un núcleo de escalera, o qué habitaciones había que disponer delante o detrás, cómo había que utilizar el patio posterior para no perjudicar a los vecinos o bien cómo resolver la planta baja para poder dar entrada al carro, primero, y a la furgoneta, más adelante.

This process of accumulated know-how allowed the progressive development of the neighbourhood, which became increasingly dense and intensive in height and depth. The house typology that then began to appear becomes, in a real sense, a system: a complex that responded to a single pattern defined from the outset in form and size by the plot. This organizational system is based on a building that is both a dwelling and a workplace in which to make or sell things, with a consistent interior distribution: with the door at the side on a narrow plot and in the middle on a wider plots. The layout of the different floors is also constant, as are the criteria for the compositional organization of the openings in the façades, criteria of repetition founded on the unwritten practical laws of urban culture itself.

The double house on a wider plot had a larger opening; the same as the small house, only bigger, with the door to the side, so the small window was also repeated here and in subsequent increases in size, with some very tall buildings. With the advent of Modernisme small plots were elaborately worked to accommodate very considerable building heights. With the shifting of the staircase to the back we find more modern solutions that take advantage of the entire façade, with two balconies and two good rooms. The vertically extended version of the smaller house type, many examples of which appeared in Gràcia in the Fifties and Sixties, repeats the problem of the taller houses.

The regularity and order of the plot division is evident in the formation of the interior courtyards. These are not like the courtyards in the Eixample, which are

Así, por este proceso de saber acumulado, se consigue un aprovechamiento progresivo del barrio, cada vez más denso y más intenso en altura y profundidad. La tipología de las casas que empiezan a aparecer toma sentido real como un sistema: un conjunto que responde a un patrón único, definido originariamente por el parcelario en su forma y dimensiones. Un sistema organizativo basado en un edificio que es a la vez una vivienda para vivir y unos bajos para trabajar o para vender, con una distribución interior constante: que coloca la escalera a un lado, cuando las parcelas son estrechas, y en el medio, cuando son anchas. El sistema de reparto de las plantas es también muy constante, como lo son los criterios de organización compositiva de las aberturas de las fachadas, criterios de repetición, resultantes de unas leyes no escritas, pero prácticas, propias de la cultura urbana.

La casa doble, para la parcela ancha, hace crecer las dimensiones de la salida; la casa pequeña, cuando crece, ya sitúa la puerta a un lado y, por lo tanto, la ventana tronera va repitiéndose aquí, y los crecimientos sucesivos, que a veces alcanzan gran altura. El modernismo llega a hacer de esta parcela pequeña verdaderas filigranas, a fin de absorber grandes alturas de edificación. Cuando la escalera pasa al fondo, a la parte de atrás, ya encontramos soluciones más modernas, que permiten aprovechar toda la fachada para dos balcones y dos habitaciones amplias. También los edificios pequeños recrecidos en los años cincuenta y sesenta, de los que se conservan muchos ejemplos en Gràcia, repiten el problema de la altura de las casas.

En la formación del patio de manzana se hacen presentes la regularidad y el orden del parcelario. No será éste el

a product of the byelaw limiting the depth of the building to 23 metres, so that the courtyard is a negative of the built space. In Gràcia, where there was complete freedom to build inside the plot, it was the regularity of the plots that finally imposed the internal order of courtyards that, without having a single façade, define quite appreciable spaces. In some blocks in Gràcia the precise distribution of the plots can still be discerned; what is surprising is to see how it was possible to accommodate such a singular building as a theatre, with particular requirements of size that would seem to be beyond the plot type, without having a negative impact on the rest of the block.

Gràcia came to exemplify a whole theory of building in which the successive widths and depths of the plot provide an almost continuous evaluation of the typologies: from the very small house measuring 6 metres across and 12 metres deep, basically laid out as two spaces, to the more complex contemporary building of four apartments per floor, with an internal ventilation shaft and a communal staircase and a depth of 18 or 22 metres. It is the continuity in building transmitted here that, from the theoretical point of view, explains and sums up the continuity of construction found in Gràcia. The houses may be unitary, but this is not to say they are identical, because no two are the same. What it amounts to is a coherence in the close relationship between the laws of the plot layout and the road network and the laws governing the construction type, both in plan and in elevation.

This remarkable regularity of the plot division is also apparent in the space given over to the road network.

caso del Eixample, donde los patios interiores son fruto de una ordenanza que no permite edificar a una profundidad mayor de 23 metros respecto del perímetro, de manera que el patio resulta como un negativo del espacio construido. En Gràcia, por el contrario, podía edificarse libremente dentro de cada parcela, pero es la regularidad parcelaria la que acabará imponiendo el orden interior de unos patios que, sin tener una fachada única, definen unos espacios de conjunto bastante apreciables. Aún se observa, en algunas manzanas de la Gràcia actual, la precisa distribución geométrica de los solares, donde sorprende cómo es posible adaptar edificios tan singulares como, por ejemplo, un teatro, con unas exigencias dimensionales propias que escaparían, en principio, a las de su parcela tipo, sin que, en cambio, se interfiera negativamente en el resto.

Gràcia acaba siendo el ejemplo de una verdadera teoría de la edificación, donde las anchuras y las profundidades sucesivas de la parcela dan una evaluación casi continua de los tipos: desde la casa pequeñísima de 6 metros de ancho y 12 de fondo, resuelta casi en dos únicos espacios, hasta la contemporánea de cuatro pisos de rellano, más compleja, con patios de ventilación interior, escalera de vecinos y unos 18 ó 22 metros de fondo. Es esta continuidad de la edificación que aquí se canaliza la que, desde un punto de vista teórico, nos está explicando y resumiendo la continuidad edificatoria que se observa en Gràcia. Unitario no quiere decir que las casas sean idénticas, porque no hay dos iguales. Significa que hay efectivamente una coherencia en la relación íntima entre las leyes de planta del parcelario y del circuito viario con las leyes del tipo de edificación, ya sea en superficie o en alzado.

This is all the more surprising in that it is the sum of the individual decisions made by the different owners, which nevertheless ended up linking together as development progressed, as if it were a single scheme. Of course, this took shape on the basis of the two existing main thoroughfares, but it is remarkable to see how its continuity, the scale of separation between the streets, the orthogonal layout and even the siting of the open spaces are in keeping with a far more general proportion and order that clearly go beyond the dimension of each of the component parts.

With the successive linking-up of the road network toward the end of the century certain corrections and adjustments had to be made, constituting a major process of urban articulation and making it possible to understand the complex as a whole, a very special complex with its system of public spaces, which, in giving it its true urban personality, at the same time served to link together otherwise isolated interventions.

It should be noted that this reticular morphology is different from a Baroque or Neoclassical plan. It is not like Pombal's reconstruction of the centre of Lisbon in the 18th century, also based on the repeated house type but built as a unit, in the Baroque manner. Nor should we confuse Gràcia with such illustrious examples as the historic centre of Aranjuez, the New Town in Edinburgh or the borghi of Austrian Trieste, cities or neighbourhoods on a similar scale but constructed as single projects. In contrast, Gràcia is the product of a typological law embraced almost spontaneously by all of the small developers, builders and owners who successively gave it material expression.

Esta singular regularidad del parcelario se traslada al mismo tiempo al espacio del recorrido viario. Y esto es un hecho aún más sorprendente, sobre todo, cuando es fruto de la suma de decisiones individuales de cada propietario, pero que, a pesar de ello, acaba enlazándose en un desarrollo gradual, como si se tratase de una única trama. Está claro que la trama adopta como referencia los dos ejes principales preexistentes. Pero nos sorprende cómo su continuidad, la escala de separación de las calles, la ortogonalidad e, incluso, la colocación de los espacios vacíos responden a una proporción y a un orden de un carácter más general, que sobrepasa claramente la dimensión de cada una de las piezas.

El enlace sucesivo del circuito viario obligará, al final del siglo, a algunas operaciones de corrección y reajuste, que constituirán un importantísimo proceso de articulación urbana. Este hecho permitirá entender el conjunto como un todo. Como un conjunto muy especial en su sistema de espacio público, que, confiriéndole su verdadera personalidad urbana, ha sido capaz de concatenar unas actuaciones aisladas.

Hay que reconocer que esta morfología reticular es diferente de la de las plantas barrocas y neoclásicas. Es éste un caso diferente de la reconstrucción del centro de Lisboa, realizada por el marqués de Pombal, en el siglo XVIII, también sobre una casa tipo repetida, pero que es construida como una unidad, a la manera barroca. Tampoco podemos confundirnos con ejemplos ilustres, como el centro histórico de Aranjuez, la *New Town* de Edimburgo y los *borghi* austriacos de Trieste, ciudades o barrios de una escala parecida, pero que corresponden a proyectos unitarios. En contraposición, Gràcia es fruto de una ley tipológica, asumida de una

As an urban model, there are precedents for Gràcia in those Baroque neighbourhoods based on the central square and streets at right-angles, of which there are perfect academic examples. One of the first, the Quartier Mazarin urban expansion in Aix-en-Provence laid out by the famous cardinal's brother in the 17th century, was executed to absolute perfection by a man of great authority, configuring an entire neighbourhood around the straight line of a boulevard, a central square and a statue. This exquisite model of Baroque urbanism, a residential neighbourhood centred on a square, is the product of the orthogonal layout of the streets, the repetition of the plot division and the variation in the houses. In Aix, as later in Lisbon and Versailles, the blocks are formed of two rows of houses with an interior courtyard, which here is more spacious.

To return to the development of central London, referred to briefly above, all of the residential areas in the centre of the city, from Bloomsbury and Regent's Park to Mayfair and Soho, were built using a similar mechanism to that employed in Gràcia. The process was governed by the dividing into plots of the properties of the great noble landowners around Buckingham Palace; in the late 18th century, fifty years before the development of Gràcia, these landowners began to divide their estates into plots with the same autonomy as the owners of the farmhouses in Gràcia were to do. The model of the square as an artificial spaces created as the centre of the property, with a system of streets for residential buildings, thus developed from the division of tracts of land. Clearly, economic conditions in London were more

forma casi espontánea por la suma de los pequeños promotores, constructores y propietarios que progresivamente la materializan.

Como modelo urbano, el barrio de Gràcia reúne los precedentes de todos los barrios barrocos desarrollados en torno a una plaza central y las calles en escuadra, con ejemplos académicos perfectos. Uno de los primeros, el ensanche del cardenal Mazarino en Aix-en-Provence, del siglo XVI, fue ejecutado de la manera más perfecta, de la mano de una autoridad importante, configurando todo un barrio según la directriz de un paseo, la plaza central del cardenal y su estatua. La ortogonalidad de las calles, la repetición del parcelario y la variación de las casas componen este modelo exquisito de urbanismo barroco, barrio residencial centrado alrededor de una plaza. En Aix, como más tarde en Lisboa o en Versalles, las manzanas constarán otra vez de dos hileras de casas y un patio interior, que aquí es más esponjado.

¿Qué es todo el desarrollo residencial del centro de Londres? Ya lo hemos mencionado antes. Todas las áreas de residencia en el centro de Londres, desde Bloomsbury hasta Regent's Park, Mayfair y el Soho, se construyeron por un mecanismo semejante al de Gràcia. Un proceso regido por la parcelación de las propiedades de los nobles ingleses, de los grandes propietarios a favor de la corona, que tenían fincas alrededor del palacio real y que al final del siglo XVIII, cincuenta años antes de Gràcia, empezaban a dividirse en fragmentos con la misma autonomía con que lo harían los propietarios de las masías de Gràcia. Así es como, sobre las particiones de propiedad, se creó el modelo de las *squares*: unos espacios artificiales dibujados como centros de la propiedad, con un sistema de calles para casas simplemente residenciales.

favourable than those in Gràcia, and the houses are wider and more noble in their architecture, as are the streets, with verdant landscaped squares and gardens. However, the same approach was used in both cases to tackle the same problems.

The stretches of regular, more or less orthogonal modular plots occupied by buildings developed by a number of different people have achieved a good average order for ordinary architecture. The continuity of the fabric resulting from this basic rationalization has given many Barcelona neighbourhoods a quality which is not that of serial uniformity (typological repetition) or random irregularity (peripheral disorder). The significant presence of these stretches in the midst of new estates, suburban row houses, historic cores and a very large Eixample is what makes working class and artisans' housing a substantial and definitive part of the modern form of the city.

Gràcia, together with La Barceloneta, Poblenou and Poble Sec, configured the enlightened repertoire of models of the new workers' city that is the origin of modern Barcelona. All of these neighbourhoods were established as tracts of regular plots with straight streets and small squares, the concept of the city as an orderly and regular, uniform and egalitarian physical body in keeping with the social content of the same ideology. La Barceloneta, military in its conception and Neoclassical in its regularity, was the first public housing development. Poblenou, an acratic initiative built on the uncertain basis of the city's worst suburb, was consolidated by the force of its community spirit and the utopianism of 'the New Icaria'. Poble

Naturalmente que, en aquel caso, las condiciones económicas eran mejores, y las casas, de una arquitectura más noble, más anchas, como también lo eran las calles, y más verdes los parques y las plazas. Pero en la práctica, tanto un caso como el otro siguen el mismo procedimiento para afrontar los mismos problemas.

Las tramas de parcelación regular, más o menos ortogonal y modular, para alojar edificaciones de promoción múltiple han conseguido un buen orden de media para la arquitectura común. La continuidad del tejido a través de esta racionalización básica ha dado a muchos barrios de Barcelona una calidad que no es la de la serialidad uniforme (repetición tipológica) ni la irregularidad aleatoria (desorden periférico). La importante presencia de estas tramas, en medio de polígonos, hileras suburbanas, núcleos antiguos y de un gran ensanche, es lo que hace de la residencia trabajadora y menestral un componente sustancial y definitivo de la forma moderna de la ciudad.

Gràcia, con la Barceloneta, el Poblenou y el Poble Sec, configura el repertorio ilustrado de los modelos de nueva ciudad menestral en el origen de la Barcelona moderna. Todos ellos establecidos como parcelaciones regulares de calles rectilíneas y placitas cuadradas, concepto de ciudad como cuerpo físico ordenado y regular, homogéneo e igualitario, correspondiente a un contenido social de este mismo ideario. La Barceloneta, un proyecto de concepción militar y de regularidad neoclásica, el primer polígono de viviendas de promoción pública. El Poblenou, iniciativa ácrata sobre los trazos inciertos de las peores cercanías de la ciudad, consolidado por la fuerza de su espíritu comunitario y el utopismo de la *Nueva Icaria*. El Poble Sec, más tardío, como segundo

Sec, somewhat later, was developed as a second Raval for port workers laid out on former market gardens on the side of Montjuïc. With their characteristic formal genesis, all of these, and other smaller areas, have configured a space of their own that has left its mark on greater Barcelona. The particular and highly significant features of the Gràcia case in terms of its central location, its size and its history clearly manifest these urban values.

arrabal de los trabajadores del puerto, ocupando las huertas que suben hacia la montaña de Montjuïc. Cada uno de ellos, y otros menores que aquí no mencionamos, de génesis formal característica, han configurado un espacio propio que marca la gran Barcelona. Los rasgos peculiares y llenos de significación que posee el caso de Gràcia, por su posición central, por sus dimensiones y por su fortuna histórica, muestran bien estos valores urbanísticos.

56. Drawing
of the siege of Gràcia
in 1870.

57. Detail of the plan
by Miquel Pascual i
Tintorer (1889).

58. Alignments
and geometry around
Carrer Gran.

56. Dibujo
del asedio que sufrió
Gràcia en 1870.

57. Fragmento del
plano de Miquel Pascual
i Tintorer (1889).

58. Alineaciones
y geometría en torno
a la calle Gran.

SITI DE GRACIA.

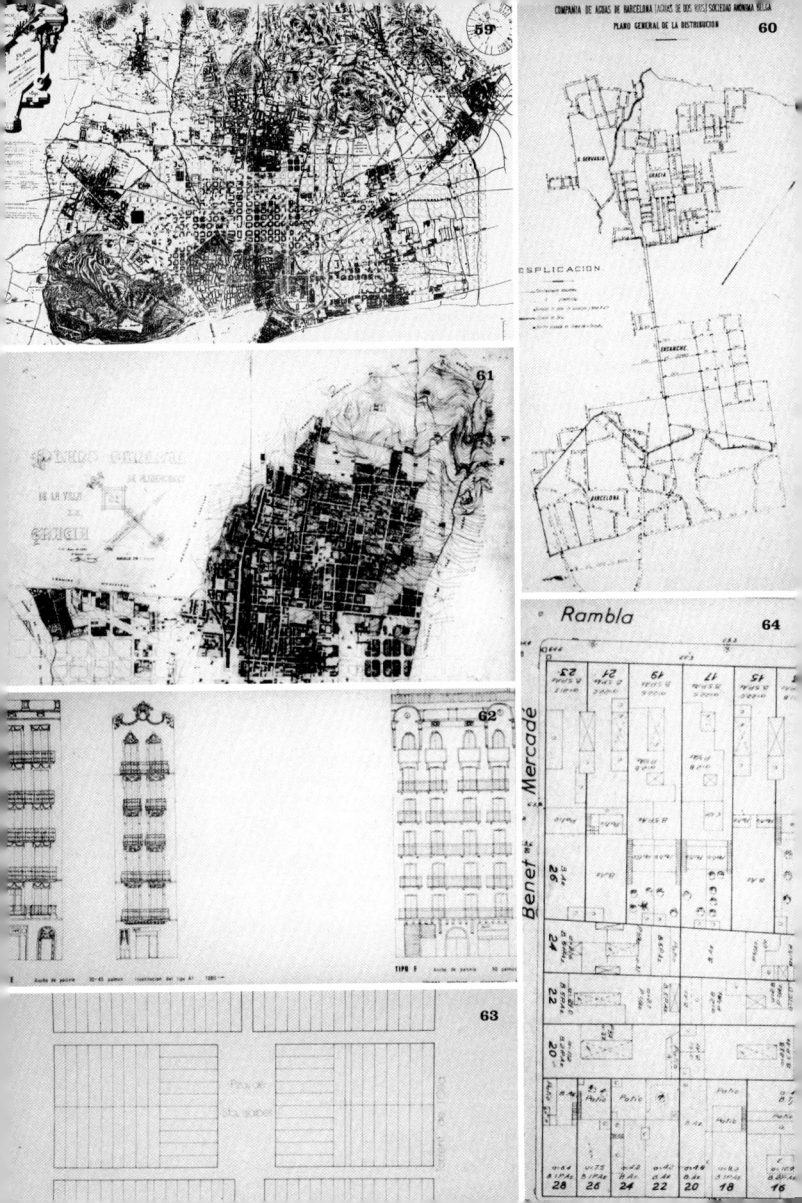

COMPAÑIA DE AGUAS DE BARCELONA (ANTES DE LOS RIUS) SOCIEDAD ANONIMA BELGA
PLANO GENERAL DE LA DISTRIBUCION   60

ESPLICACION

61

62

63

Rambla   64

Benet v Mercadé

65. Distribution of the textile industry in the Barcelona plain. Spindles and looms.

66. Farmhouses and villas in Gràcia in the 18th century (Grup Excursionista de Gràcia).

67. Detail of the 'Plano de Gracia y su territorio', by Tomàs Sanmartí (1849).

68. The gullies in the Barcelona plain running down from the slopes of Collserola to the sea.

69. Panoramic view of Gràcia with Barcelona in the background (daguerreotype by Antoni Roca i Sallent, 1842).

65. Distribución de la industria textil en el llano de Barcelona. Husos y telares.

66. Masías y torres de Gràcia en el siglo XVIII (Grupo Excursionista de Gràcia).

67. Fragmento del Plano de Gràcia y su territorio, de Tomàs Sanmartí (1849).

68. Los torrentes del llano de Barcelona, deslizándose por la falda de Collserola hacia el mar.

69. Vista panorámica de Gràcia con Barcelona al fondo (daguerrotipo de Antoni Roca i Sallent, 1842).

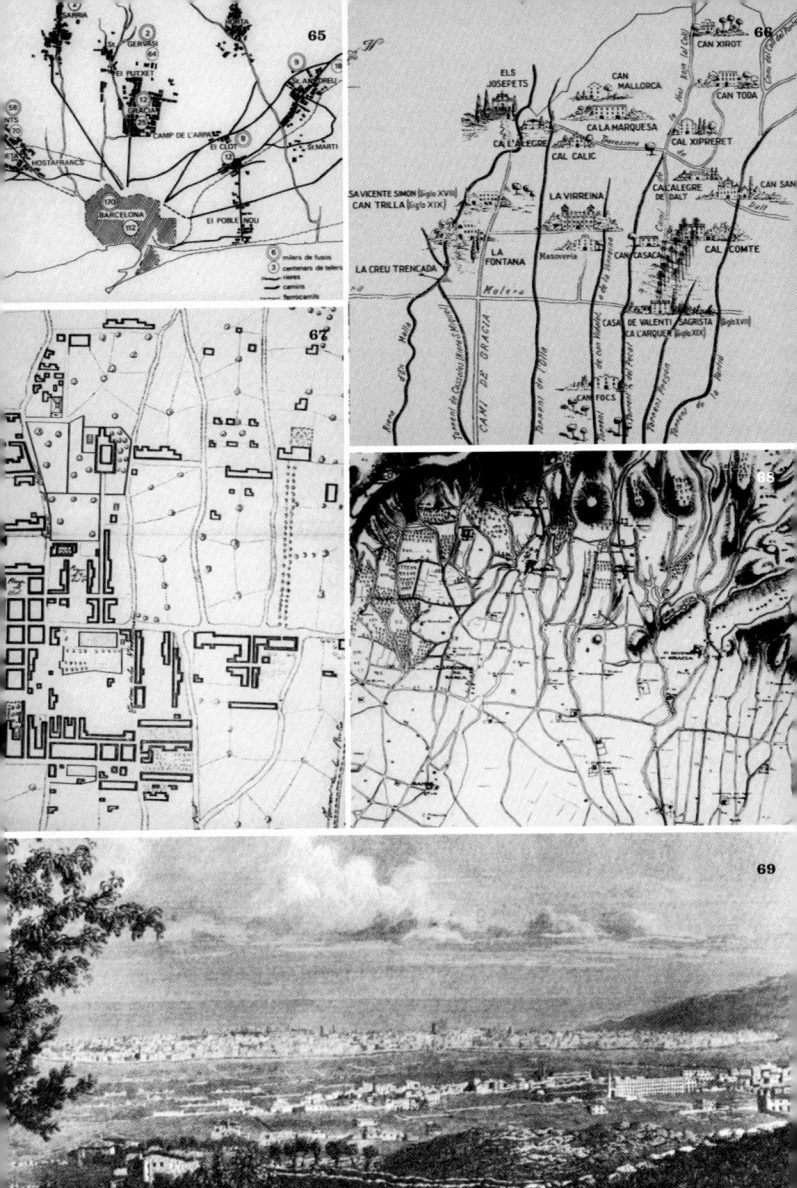

70, 71. Distribution of the plots and buildings around Plaça del Sol.

72. Project for the laying out of the site of the old hospital (Josep Artigas, 1878).

73. Plaça de Rius i Taulet before the most recent remodelling.

74. The layout of Gràcia abutting on Cerdà's Eixample. Superposition of the Via O.

75. Plan of the opening-up of the Via O, from Plaça de Lesseps to Passeig de Sant Joan.

70, 71. Distribución de parcelas y edificaciones en torno a la plaza del Sol.

72. Proyecto de ordenación de las tierras del antiguo hospital, de Josep Artigas (1878).

73. La plaza de Rius i Taulet antes de la última remodelación.

74. El trazado de Gràcia frente al Eixample de Cerdà. Superposición de la Via O.

75. Esquema de la apertura de la Via O, desde la plaza de Lesseps hasta el paseo de Sant Joan.

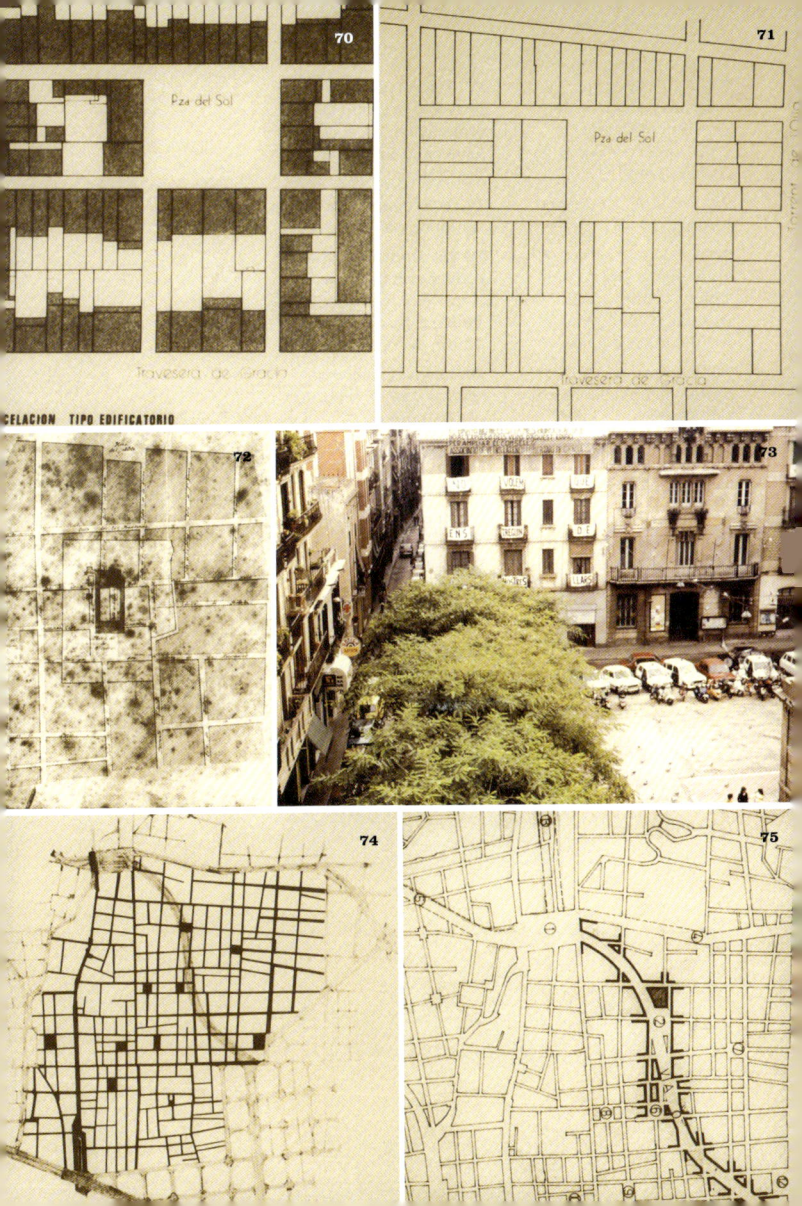

70

Pza del Sol

Travesera de Gracia

71

Pza del Sol

Travesera de Gracia

PARCELACION TIPO EDIFICATORIO

72

73

74

75

76. Detail from the original project of the junction of Carrer Gran and Travessera de Gràcia, 1835.

77. Housing typologies in Gràcia.

78. Drawing from 1878 showing the minimum unit of urban construction in the model of growth for the neighbourhood.

79. Façades of the single-module, two-storey house type.

80. Typical corner. The façade looks onto only one street.

81. Elevation and section of a house according to the municipal building permit.

76. Fragmento del proyecto original de ordenación, en el cruce de la calle Gran con la Travessera (1835).

77. Tipologías de vivienda del tejido de Gràcia.

78. La unidad urbana edificatoria mínima, el modelo de crecimiento del barrio. Dibujo de 1878.

79. Fachadas de viviendas tipo, de un módulo y dos plantas.

80. Esquina típica. La fachada se abre solamente a una calle.

81. Alzado y sección de una vivienda, según la licencia de obras municipal.

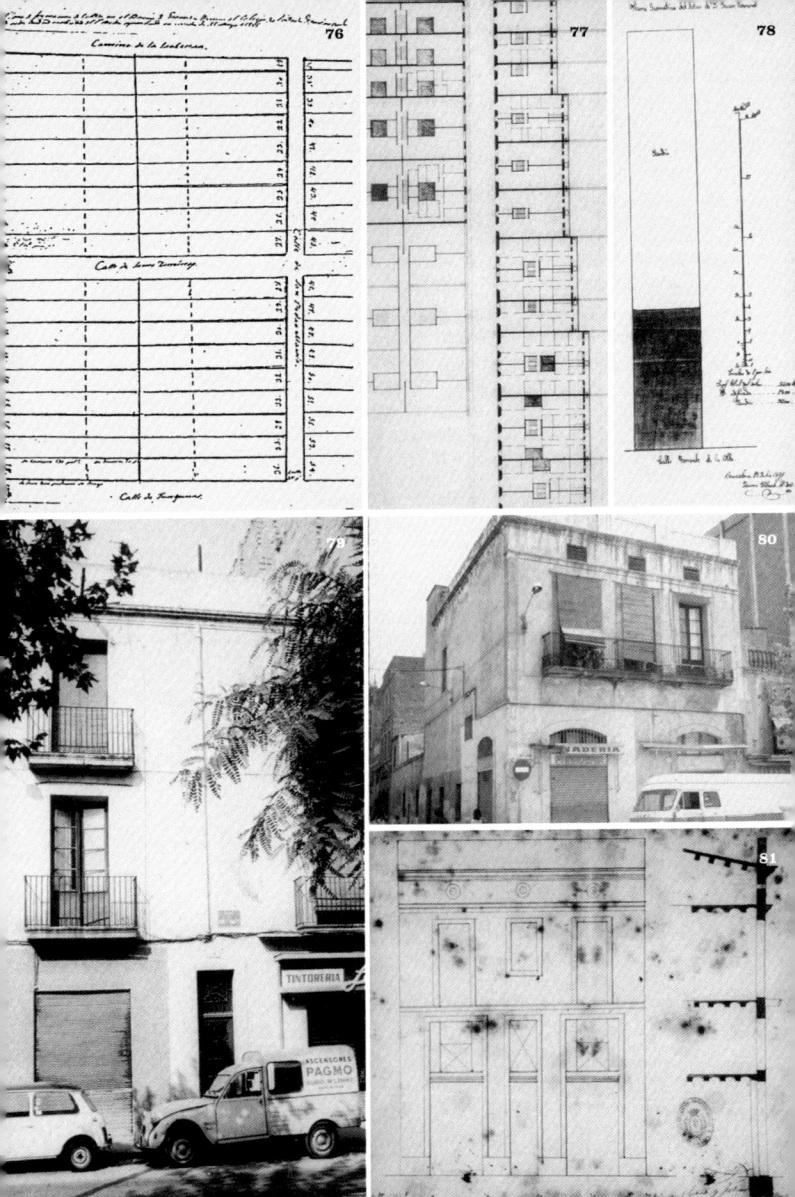

82. Diagram indicating the frequency of gullies in Gràcia, a natural determinant of urban development.

83. The genesis of the formative process: the crossroads at the Gràcia road and Travessera de Gràcia (1800-1806).

84. Appearance of the first developments along Carrer Gran de Gràcia (up to 1828).

85. The development extends northward from Travessera de Gràcia into the middle of the Gràcia neighbourhood (the following 30 years).

86. The fabric is consolidated to the east with the two major developments and the birth of the La Salut neighbourhood (1877).

87. An area of Gràcia according to the 1874 plan (Comisión Topográfica de Ensanche de Barcelona).

82. Esquema indicativo de la frecuencia de los torrentes en el territorio de Gràcia, pauta natural del desarrollo urbano.

83. La génesis del proceso de formación: el cruce del camino de Gràcia y la Travessera (1800-1806).

84. Aparición de las primeras ordenaciones alrededor de la calle Gran de Gràcia (hasta 1828).

85. La urbanización se apoya en la Travessera y la red se extiende hacia el norte, hasta el centro del territorio de Gràcia (siguientes treinta años).

86. El tejido se consolida a levante con las dos ordenaciones mayores y el nacimiento del barrio de la Salut (1877).

87. Fragmento de Gràcia según este plano de 1874 (Comisión Topográfica de Ensanche de Barcelona).

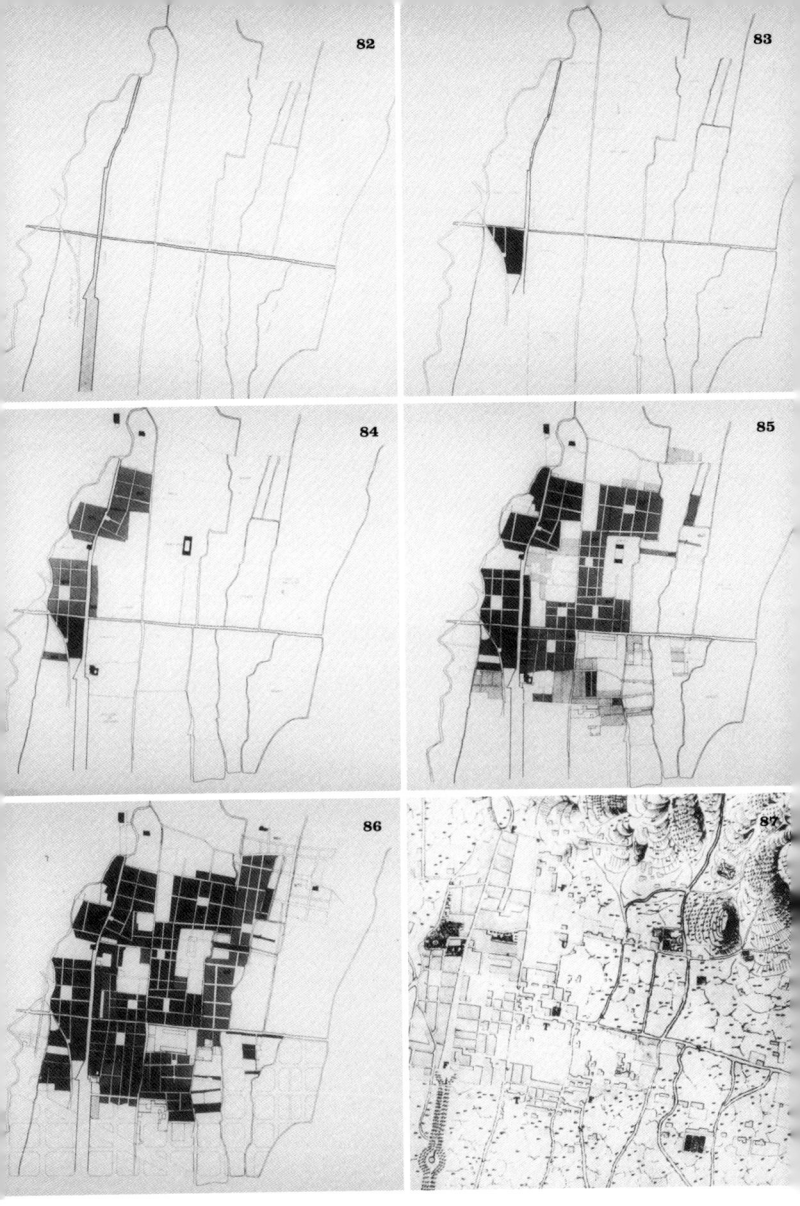

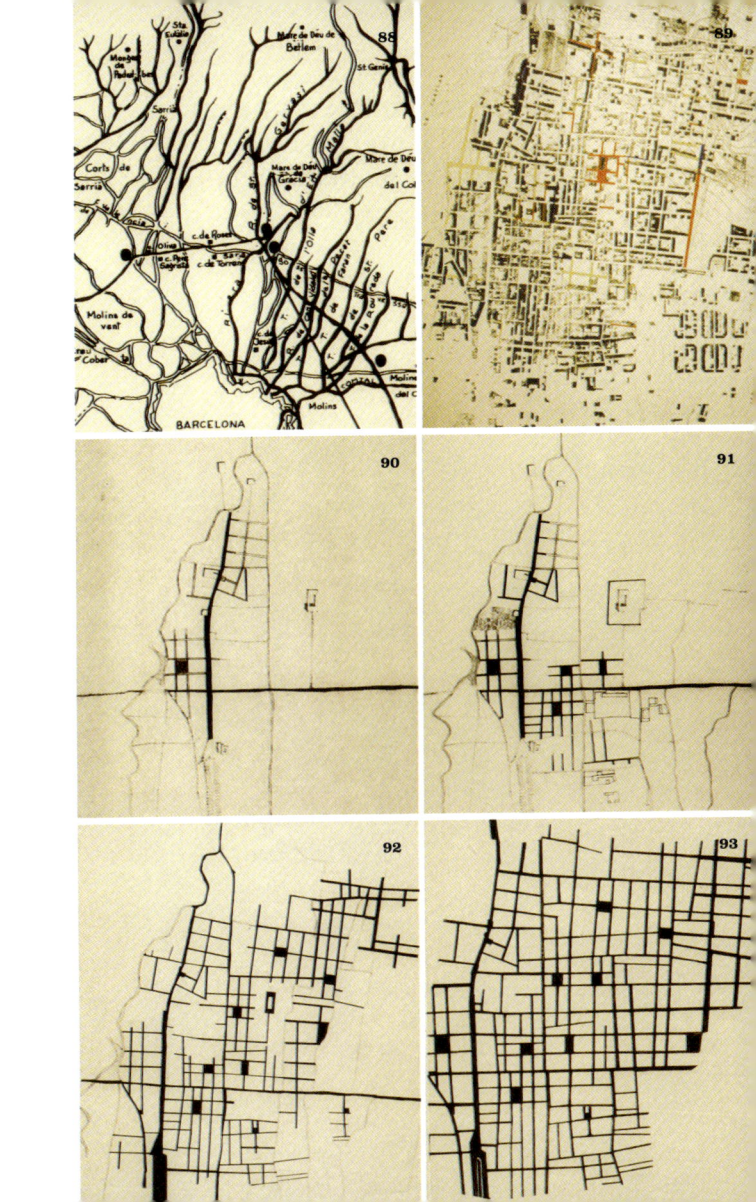

THE JUNTA'S ROADS
radial façades
on the Barcelona plain

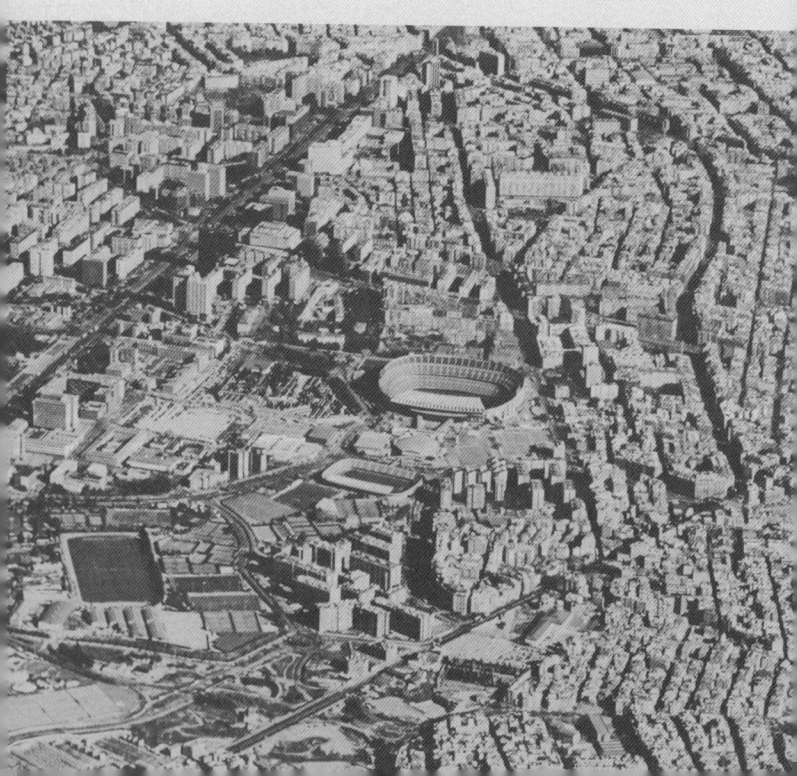

04 LAS CARRETERAS DE LA JUNTA
fachadas radiales en el llano de Barcelona

04. The road to Madrid, which in the 18th century set off in a straight line from La Creu Coberta (Plaça d'Espanya) to the bridge at Molins de Rei, where it crossed the Llobregat. Today it is Carrer de Sants, the vital axis of much of western Barcelona.

When Barcelona was a walled city, its jurisdiction reached far beyond its boundaries. This authority, administered by the Consell de Cent or Council of One Hundred, covered 'the land between the two rivers', from the Llobregat to the Besòs and even beyond in certain matters, from Castelldefels to the hill of Montgat and from the bridge of Molins de Rei across the Collserola hills and Tibidabo to Montcada. In the times before municipal or town councils had come into being, it was the *regidors* of Barcelona who had the authority to decide most local issues. For many years, the rights and privileges of the city were a source of constant dispute with the Crown, which naturally sought to curtail the council's power. The bounds of Barcelona proper lay within this territory, and its citizens were more directly subject to the kind of taxes and tributes associated with the running of a present-day city.

The Barcelona municipal area was divided into two distinct parts: the first was the compact city within the walls, and the second was the agricultural *horta i vinyet* outside the residential city, occupied by farming and pasture, monasteries and gardens. These uses covered the entire plain of the Barcelonès between the two rivers. Though there is a lack of graphic documenta-

Durante el tiempo de la Barcelona amurallada, la jurisdicción de la ciudad llegaba mucho más allá de su recinto. Era la jurisdicción gobernada por el *Consell de Cent* (Consejo de Ciento) y alcanzaba "la tierra entre los dos ríos", desde el Llobregat al Besòs, aunque para ciertas funciones se extendía más lejos. Sus términos iban desde Castelldefels hasta la colina de Montgat, desde el puente de Molins de Rei, pasando por la sierra de Collserola y el Tibidabo, hasta Montcada. Y era potestad de los concejales de la ciudad decidir sobre la mayoría de las cuestiones locales, cuando no se habían formado aún ni municipios ni ayuntamientos. Durante muchos años los derechos de la ciudad fueron objeto de continuas discusiones con la Corona, que naturalmente tendía a recortar las potestades de la primera. Dentro de ese territorio estaba todavía el término de Barcelona, propiamente dicho, y era el que de forma más directa estaba sujeto a los tributos y las obligaciones que corresponderían estrictamente a lo que es el régimen actual de una ciudad.

Este término de Barcelona se componía de dos partes muy claras: una, la ciudad compacta dentro del recinto amurallado; y la otra, *l'horta i vinyet* (la huerta y el viñedo), que eran las tierras situadas fuera de la ciudad residencial, ocupadas por el uso agrícola, por los pastos, los conventos y los jardines. Estos usos se extendían por todo lo que era

tion, it is worth imagining how certain buildings and other elements that shaped the city and are now part of it were configured in the *horta i vinyet*.

It is important to understand this territorial structure in order to appreciate the significance of the cart tracks as one of the most influential factors in determining the development of the city. The radial roads on the plain were laid in the 18th century and consolidated in the first half of the 19th. This was an undertaking of great technical and financial scope, entailing the moving of earth and properties and generating employment and studies that progressively defined the position, dimensions and alignment of the new roads, and also their juridical autonomy. The permanent axes that crossed the territory became the guidelines of future growth, and though their construction was a lengthy process, the unity of the concept renders them recognisable as a unified project.

An engraving of 1697 dedicated to the Landgrave of Hesse and the Viceroy of Catalonia (fig. 96), the British general who defended the city of Barcelona against the French invasion, shows the Duc de Vendôme's cavalry and navy attacking the city, and within the walls, especially in the right-hand part of the old centre, the artillery attempting to defend it. Barcelona, which like the rest of Catalonia fought against the French, was aided by the British army, and paid tribute to the defeated general with this print. This print is of interest here in being one of the earliest in which it is possible to see the structure of the Barcelona plain, its topographical configuration and in particular the location of the

el llano del Barcelonès, entre los dos ríos. Será importante imaginar, aunque disponemos de una mala documentación gráfica, cómo, dentro de esta *horta i vinyet*, se fueron configurando elementos de forma y algunas construcciones que, aún hoy, están presentes en la ciudad construida.

La comprensión de esta estructura territorial es muy importante para entender el valor urbanizador que significarán los *caminos carreteros*, como una de las actuaciones más definitorias de la Barcelona actual. La construcción de las carreteras radiales sobre el llano se desarrolla a lo largo del siglo XVIII y se consolida en la primera mitad del XIX. Es una obra de gran empuje técnico y económico, que mueve tierras y propiedades, que da trabajo y estudios, y que, progresiva en el tiempo, va precisando su posición, sus medidas y alineaciones, así como su autonomía jurídica, dando lugar a unos ejes fijos en el territorio que se convertirán en líneas maestras del futuro crecimiento. Y, a pesar de tratarse de un proceso de larga duración, tiene una unidad de concepto que la hace reconocible como proyecto unitario.

A finales del siglo XVII (1697), en un grabado dedicado al Landgraf de Hesse y Virrey de Cataluña (fig. 96), el general inglés que defendió la ciudad de Barcelona de la invasión francesa, se ve a la caballería y la armada francesa del duque de Vendôme atacando la ciudad y, desde dentro, sobre todo desde la parte derecha del casco antiguo, la artillería intentando defenderse. Barcelona, que como toda Cataluña luchaba contra los franceses, tenía la ayuda del ejército inglés y elaboró este plano como homenaje al general vencido. El grabado en cuestión nos interesa porque es uno de los primeros donde podemos ver la estructura del llano de Barcelona, en su configuración topográfica y también en la

natural and artificial features that were beginning to shape the city as we know it today. We can identify the walled city, which is clearly depicted, and even the second walls on La Rambla, which had not yet been demolished, still within the overall perimeter. We can also make out the bar of La Barceloneta and the Torre del Rellotge clock tower and the sands that had built up on the old lagoon in all of this sector toward the Besòs; the system of gullies running down the hills in a series of fairly regularly spaced vertical fissures that break up the topography of plain; and the crag of Montjuïc and the marshland in this corner where we intuit the Llobregat delta. All of these features together define the aspect and the dimensions of this relatively open space around the walled city. In the background are Collserola and Tibidabo, Sant Pere Màrtir, the top of Martorell and El Papiol; to the north-west are the little clusters of Sarrià high on the hillside and Pedralbes with its monastery; Horta and its market gardens; a little further off is the Montcada pass and the track leading inland and on to France; the routes to La Marina and the path heading toward the shallows of the Besòs. There are no bridges in the picture, because the river was crossed by fords. The shallow, sandy Besòs could be walked across, but the Llobregat was crossed by pontoon or by the wooden bridge up at Sant Boi.

This excellent engraving by Gianola gives a good indication of what this whole territory looked like at a fairly early stage when its organizational structure was as yet unclear. Chroniclers and travellers who had visited the city mention the agricultural land and orchards

disposición de los primeros elementos naturales y artificiales que empiezan a darle forma definitiva. Vemos la ciudad amurallada, muy clara, incluso la segunda muralla de las Ramblas aún no derribada e incluida dentro del perímetro general; también la barra de la Barceloneta hasta la torre del Reloj y los arenales recrecidos sobre la antigua laguna en todo este sector hacia el Besós; el sistema de torrentes que baja de la montaña y que ofrece una ruptura continua de la llanura topográfica en una serie de grietas verticales, de manera repetitiva y bastante regular en sus distancias; el tapón que supone la elevación de Montjuïc y las marismas de este lado, donde adivinamos el delta del Llobregat. Todos estos elementos acaban definiendo, en su conjunto, el cariz y las medidas de este gran espacio relativamente libre alrededor del casco amurallado. Al fondo, Collserola y el Tibidabo, Sant Pere Màrtir, el obstáculo que representan Martorell y El Papiol; al noroeste, algún pequeño núcleo que ya señala Sarrià, adosado a la montaña, y Pedralbes con su monasterio, que naturalmente ya existía; el núcleo de Horta y sus jardines insinuados; más hacia el fondo, el paso de Montcada, donde se adivina, pues lleva hacia el interior, el camino que será el de Francia; las salidas hacia la marina; el camino que busca atravesar el río Besòs, en los vados donde el estancamiento es menos incómodo. No se dibuja puente alguno, sino que los ríos se traspasaban vadeando. El Besòs, poco caudaloso, era un río de mucha arena y se atravesaba a pie llano. El Llobregat, en cambio, se cruzaba mediante puentes de barcas, además de un puente de madera a la altura de Sant Boi.

En definitiva: el excelente grabado, obra gráfica de Gianola, nos sugiere un estado bastante primario de todo

around it, dominated by cereals and fruit trees with the occasional patch of vineyard. In the 18th century, hemp was grown here and there, but in time became more popular and intensively cultivated, and by the 19th century occupied much of the less productive land. It was grown in the areas that were badly drained, such as the eastern sector where marshlands survived into the 20th century, and the Llobregat delta, with its wetlands. Hemp needs to be soaked and left to rot, and is very smelly process a with a dreadful stench, and the city authorities were continually introducing measures to ensure that this process and the subsequent spreading out to dry were carried out at a certain distance from their boundaries. It thus tended to be concentrated in the outlying Llacuna area, from Poblenou to the Besòs, whose meadows came to be covered in printed calico when the growing of hemp was replaced by the cotton industry, which also required large areas of land on which the cloth could be spread out to dry in the sun. The centre of the Barcelona plain was predominantly agricultural, with vegetable growing concentrated in the west, toward El Prat de Llobregat.

What we see here are some of the places that were to prove important for the engineering work that defined the new roads over these hundred years or so. Contemporary travellers noted the surprising activity around the city, observing that on their journey from Madrid, after crossing mile on mile of lonely, desolate land they suddenly found the territory beginning to rouse itself, as houses and farms appeared, as if the land was reviving and starting to produce fruit, cereals

este territorio, cuya estructura organizativa no aparece aún de forma clara. Es así como los cronistas o los viajeros que llegan a esta ciudad nos hablan de la agricultura existente en sus alrededores, de unas huertas donde dominaban los cereales y los frutales como cultivos principales, al lado de algunos viñedos. En el siglo XVIII, el cultivo del cáñamo se hallaba aún bastante disperso, aunque con el tiempo se convirtió en explotación intensiva, ocupando durante el siglo XIX una buena parte de los terrenos no directamente productivos. Se cultivaba en las zonas poco desecadas, como el sector de levante, con muchas marismas hasta bien entrado el siglo XX, y también en el delta del Llobregat, repleto de ciénagas. El cáñamo exigía primero ser remojado y podrido, una operación extremadamente maloliente, por lo que el gobierno de la ciudad tomaba continuamente medidas para que estos procesos y el de tenderlo al sol se hicieran a cierta distancia de sus límites, para evitar molestias y malos olores. Por ello tendían a concentrarse en zonas exteriores: en La Llacuna, desde el Poblenou hasta el Besòs. Después se convertirán en prados de indianas, cuando el cultivo del cáñamo se sustituya por la fabricación de paños y de estampados, actividad que necesitaba grandes superficies abiertas para su tendido al sol. El centro de la llanura barcelonesa era sobre todo agrícola y a poniente, hacia El Prat de Llobregat, se concentraba el cultivo de las hortalizas.

Con ello aparecen algunos de los lugares que serán importantes por las obras que se realizarán a lo largo de estos cien años para definir los caminos. Los viajeros de la época nos hablan de la sorprendente actividad en los alrededores de esta ciudad, de cómo, llegando desde Madrid, han pasado kilómetros de soledad y desolación y, de repente, empiezan a

and vegetables. Paths became more frequent and better defined and they became increasingly aware that they were now approaching Barcelona. They crossed the Pont del Diable bridge at Martorell and found themselves in another culture, a culture of constant activity that made intensive use of the land, even a long way outside the city. The toing and froing of mule drivers, the farmhands keeping watch over the crops and the well tended woodland and other indications signalled the proximity of the great city which, though its population was just 35,000, was the centre of activity of this extensive agricultural plain.

There were two key factors that served to organize these roads and this plain: the form of the old city and the importance of water. It was these that progressively defined the courses followed by the new roads. With regard to the old city, the position of the gates was fundamental to the organization of the plain, as the points were roads began and ended. The roads were also affected by the topography, especially where this was shaped by water, understood here in two ways: the 'small' water of the gullies and the 'big' water of the rivers, the Besòs and the Llobregat, with their crossing places. The start and finish of the new roads was therefore largely established by the city gates and the siting of the bridges that would be built over the rivers. The question of how to cross the Besòs and the Llobregat and the best places to position bridges finally resulted in the old pontoon bridges and sandy fords being replaced with permanent structures. At the same time, the roads also had to cross the plain. Though the

ver como si el territorio despertase, como si de todas partes empezaran a surgir masías y casas, como si la tierra resucitase y empezase a producir frutales, cultivos y plantas. Los caminos son más frecuentes, más trillados y, poco a poco, se adivina la llegada a Barcelona. Pasan por el puente del Diablo, en Martorell, y se encuentran con otra cultura, una actividad constante y un uso intensivo del territorio cuando se está aún lejos de la ciudad. El ir y venir de los arrieros, la presencia de la guardia que vigila el paisaje cultivado y los bosques saneados, entre otros elementos, dan idea de la proximidad a la gran ciudad, que, teniendo sólo unos 35.000 habitantes, representaba el centro de actividad de una extensa llanura agrícola.

¿Cuáles serán los puntos importantes para organizar estos caminos y esta llanura? Básicamente dos: la forma de la ciudad antigua y el problema del agua. En torno a estos dos referentes se irán configurando progresivamente los trazados de los nuevos caminos. De la ciudad antigua, lo que será decisivo en la organización de esta llanura es la posición de los portales: el lugar desde donde los caminos arrancan y adonde se dirigen. Por otro lado, los caminos se pondrán en relación con la topografía, sobre todo, con el elemento "agua", entendida ésta en un doble sentido: el agua "pequeña", la de los torrentes, y los puntos para atravesar los dos "grandes" ríos: el Besòs y el Llobregat. Así pues, los nuevos trazados vendrán en buena parte marcados, en su origen y final, por las puertas preexistentes de la ciudad y por la posición futura de los puentes que se dispongan sobre los ríos. Las soluciones de cómo cruzar el Besòs y el Llobregat y de elegir la mejor posición para establecer puentes definitivos fue fijando aquellos viejos puentes de barcas y los vados de

terrain is relatively flat overall, the structure of the gullies effectively conditions the topography at a smaller scale. Gullies also naturally defined the boundaries of properties and even the lesser paths. In fact, the gullies were paths in their own right: because they were dry most of the year, people travelled around the fields and estates either in the gully bottom or along the top when it was a running stream. This structure of gullies thus constituted an imprecise, minor network of paths that were perhaps awkward to use but nevertheless constituted a basic internal system within the plain.

This story is important because of the way the course of these paths brought about a fundamental change in the shape of Barcelona. The old city had been organized on the principle of the simple orthogonal formation of the Roman cross, the *cardus* and the *decumanus*, that was the basis of the first city on Mount Taber and was successively reinforced by the outward expansion of the walls and the opening of the transverse thoroughfare of Carrer de Ferran and subsequent interventions. However, with the building of new roads this cross-shaped structure developed into a radial structure extending outward. The shift from a cross to a radial schema had a decisive impact on the growth of the city over more than 300 years. This operation, though imprecise in its definition, given that it took shape only gradually, was to end up being very clearly consolidated.

There was no indication of this emergent structure at any time in the 18th century, even though numerous paths and gullies and other features of the local

arena como estructuras permanentes y estables. Por otro lado, estos caminos deberán atravesar una llanura que, si en un sentido general es relativamente indiferente, a una escala más precisa tiene la estructura de los torrentes que condicionarán en buena parte la topografía menor. De la estructura de la propiedad, las rieras definen naturalmente las particiones y también incluso los caminos menores. De hecho, una riera era a la vez un camino, al estar seca la mayor parte del año y, por lo tanto, ya fuera por sus bordes o sobre el mismo lecho central, era por donde se circulaba, entre los campos y las fincas. Esta estructura de rieras es también una estructura de caminos imprecisa, menor e incómoda, pero, en cualquier caso, una estructura de paso básica dentro de la llanura.

La importancia de esta historia radica en cómo Barcelona adquirirá, por vía del trazado de estos caminos, un cambio fundamental en su propia forma. La ciudad antigua había estado organizada según la ley de formación ortogonal simple de la cruz romana, del *cardus* y del *decumanus*, que figuraban en el origen de la primera ciudad sobre el Táber y que sería sucesivamente reforzada con las ampliaciones de la muralla y con la apertura de la vía transversal que supone la calle de Ferran y las operaciones sucesivas. Pero, por la vía de la construcción de los caminos, esta estructura en cruz cambiará a una estructura radial hacia afuera. El paso de la cruz al esquema radial será enormemente decisivo para el crecimiento de la ciudad durante más de trescientos años. Esta operación, aun siendo imprecisa en su definición, al aparecer progresivamente, acaba consolidándose de una manera clarísima.

Durante todo el siglo XVIII no adivinamos aún esta estructura, aunque, efectivamente, al perímetro de la mu-

agriculture and natural topography of the area came right up to the city walls.

Of the six main gates in the walled precinct, four gave rise to radial roads. The image of the city (fig. 94) in the years before the consolidation of El Raval shows the three perimeters: the Roman walls, the walls erected by Jaume I and the walls built by Pere II. The outer walls have six gates: the Portal de Santa Madrona, which looked out onto the foot of Montjuïc and was largely for military use for guarding the fields of Sant Bertran and the Drassanes shipyards, though the topography made it difficult to go much further; the Portal de Sant Antoni at the end of Carrer de l'Hospital, roughly where the Sant Antoni Market now stands, was extremely important due to the volume of traffic that passed through it on the road to the coast, Valencia, Saragossa and Madrid; the Portal de Tallers at the start of the road to Sarrià was also important; further north was the gate known initially as the Portal de Santa Anna and then as the Portal de l'Àngel, on the site of the present-day urban space of that name, leading to the monasteries of Jesús in Gràcia, Bell Esguard and Sant Cugat by the road that became the axis of Passeig de Gràcia; then there was Portal Nou, extremely important for the military defence of the city, which was shifted from its original position at the same end of the Sant Pere neighbourhood, from where the roads to France and Mataró and the north and east set out; and lastly, the Portal de Mar, the gateway to the beaches of La Barceloneta and the port.

ralla llegan multitud de caminos y de rieras, mezclados con elementos agrícolas y de la topografía natural, que se combinan en todo este espacio.

De las seis puertas fundamentales que la ciudad tenía en el recinto amurallado definitivo, cuatro son las que dan lugar a los caminos radiales. La imagen de la ciudad (fig. 94), en la fase anterior a la consolidación del Raval, superpone tres perímetros naturales: la muralla romana, la muralla de Jaime I y la muralla de Pedro el Grande. En la muralla exterior había seis portales. El portal de Santa Madrona, que daba sobre la rasante de Montjuïc y que era prácticamente de uso militar para salir a vigilar los prados de Sant Bertran y las Atarazanas, a pesar de que aquí la topografía no favorecía una salida prolongada; también el portal de Sant Antoni, muy importante por su actividad, al final de la calle del Hospital, más o menos donde se encuentra el actual mercado con este nombre, y donde estaba la salida hacia el litoral, hacia Valencia, y también la de Zaragoza y Madrid; otra salida importante era el portal de Tallers, que daba origen al camino de Sarrià; más al norte se encontraba el portal que había sido primero de Santa Anna y, después, del Àngel, sobre la actual posición del portal con este nombre, que daba salida a los monasterios (al de Jesús, en Gràcia; a Bell Esguard y a Sant Cugat) y sobre el que se formó el eje del paseo de Gràcia; más allá, el portal Nuevo, importantísimo para la defensa militar, que fue desplazado de un primer portal que se hallaba en el mismo extremo del barrio de Sant Pere y que concentraba las salidas hacia Francia, a Mataró y todas las salidas hacia el norte y el levante de la ciudad; y, finalmente, el portal de Mar, cerrando las playas de la Barceloneta y el puerto.

The other essential element in the definition of the roads was the presence of the gullies, especially those in the centre, and the Sarrià gully in particular. The water draining off the Collserola hills accumulated in the centre of the plain and rushed down a series of gullies toward the walls. Floods were frequent and the houses on the edge of the city were often inundated. La Rambla itself was often a fast-flowing, dirty and dangerous torrent. The question of diverting water away from the city was thus a constant concern in the history of old Barcelona. During the 150 years that the walls remained standing, efforts were made and projects devised to divert the water to the east. As an initial measure, many of the Sant Gervasi and Gràcia gullies were concentrated in a single main gully, initially called the Riera de Sant Gervasi and subsequently the Riera d'en Malla. With its course more or less below what is now Carrer de Balmes, this saved the surrounding farmland from the risk of flooding. The next solution adopted was to dig a drain around the walls to channel the water to the west of the old city. The plan for the Eixample, when it was being devised years later, was also based on a project to divert water to this side: Cerdà himself designed an enormous drainage channel, never constructed, which was intended to ensure definitive control of the water throughout the urban area.

The road to Gràcia, which started from Portal de l'Àngel and passed by the monasteries before reaching Sant Cugat del Vallès, and the road to Sarrià and Les Corts, which set out from the Portal de Tallers gate, both followed the line of these gullies. They ran not

El otro elemento fundamental en la definición de los caminos fue la presencia de los torrentes, sobre todo los más centrales y, muy especialmente, el de Sarrià. Las aguas que bajaban de Collserola se recogían en el centro de la llanura, dividiéndose en una serie de rieras que arrojaban precisamente sus aguas contra la muralla. Eran frecuentes las situaciones de riesgo y las inundaciones sobre las primeras casas de la ciudad, y muchas veces la actual Rambla se convertía en un torrente caudaloso, sucio y peligroso. Por ello, la preocupación de desviar las aguas fue un tema constante en la historia de la Barcelona antigua. Durante los ciento cincuenta años que se mantuvo la muralla, se llevaron a cabo esfuerzos y proyectos para desviarlas hacia levante. Como primera providencia, se tendía a concentrar muchas de las rieras de Sant Gervasi y de Gràcia sobre una principal, llamada primero riera de Sant Gervasi y luego riera d'en Malla. Discurría aproximadamente por debajo de la actual calle de Balmes, liberando las huertas de los alrededores de los peligros de anegamiento. Una siguiente solución fue la de formar un colector general alrededor de la muralla, que conducía las aguas a la zona de poniente del núcleo antiguo. También el Plan de Ensanche, cuando se planeará, años después, partirá igualmente de un proyecto de desvío de las aguas hacia ese lado, con una enorme acequia que proyectó el mismo Cerdà, y que aunque nunca se construyó, quería asegurar definitivamente el control de las aguas en todo el ámbito urbano.

El camino de Gràcia, que salía del portal del Àngel y pasaba por los monasterios hasta Sant Cugat, y el camino de Sarrià y Les Corts, que partía del portal de Tallers, se construyen precisamente sobre los trazos marcados por

along the gully bed but along the ridges in between which drained the land and definitively routed the roads laid above the water courses, which were channelled on either side. Passeig de Gràcia involved the laying of a stable, raised thoroughfare over the channel of the Riera d'en Malla. It is worth noting that this coincided with technical changes to the way roads were built: up until then they were laid directly on the natural terrain and simply filled in. The road surface was soon worn down by traffic and even moderate inundation would wash it away. Made of earth, tracks were muddy in winter and dusty in summer, and in constant need of repair after rain, a task normally undertaken by local landowners and their tenants, the central and municipal authorities being too remote to do anything.

As municipal records show, there was another regarding roads: landowners often changed their course. Routed as they were on property boundaries, landowners often took advantage of heavy rain to move a road by a few metres, thereby extending their land, a practice that gave rise to a never-ending string of lawsuits. It was not until the late 18th century and above all the early 19th century that roads were given a more solid structure and a definitive course. They began to be built in a more modern way, with a gravel bed and a more complex composition, with a fine banking, kerbstones marking its course and gutters along the sides. They were normally raised some three metres above the natural ground level in order to allow water to drain off. Trees were planted alongside the embankment to consolidate it, thereby turning it into a solid

estas rieras. No sobre el lecho, sino a lo largo de los pasos intermedios, como un proyecto de desecado de dichos terrenos, y de colocación de las vías en su posición definitiva, levantadas respecto de las aguas, a caballo entre las rieras, canalizándolas a ambos lados. En el caso del paseo de Gràcia, supuso canalizar definitivamente la riera d'en Malla, estableciendo así un vial firme y elevado. Hay que comprender que esto se producía simultáneamente con la transformación técnica del sistema de construcción de los caminos, que hasta entonces se emplazaban directamente sobre el terreno natural y simplemente se rellenaban. El mismo uso los deformaba pronto y cualquier avenida de aguas un poco importante se los llevaba y los borraba. Los caminos eran de tierra, muy fangosos en invierno y llenos de polvo en verano, y había que rehacerlos constantemente después de las lluvias. Normalmente eran los mismos vecinos y propietarios los que se encargaban de mantenerlos, ya que la actuación del Estado o de la Administración sobre este tema era muy débil.

Tal y como explican las crónicas municipales, había aún otra cuestión relacionada con los caminos: los propietarios de las tierras cambiaban los trazados. Como éstos se situaban en los límites de la propiedad, a menudo se aprovechaban las lluvias torrenciales para desplazar el camino unas cuantas varas (¡con lo cual agrandaban la propia finca!), lo que provocaba una retahíla inacabable de litigios. Hasta finales del siglo XVIII, y sobre todo hasta principios del XIX, los caminos no adquirirán una estructura constructiva más sólida y un trazado definitivo. Es entonces cuando empezarán a construirse de una manera más moderna, con lechos de grava, con una composición de la caja de apoyo más

construction that could not be moved either by floods or by neighbours.

The realignment of these roads and their course gave rise to axes of territorial organization that were very important in their own right and also much safer. Buildings now began to be sited alongside these roads and the property cadastre began to be restructured, with a new definition of permanently established properties. In juridical terms, roads were now publicly owned and were the responsibility of the authorities, though they were maintained by landowners and local people, and thus continued in most cases to be neglected and allowed to fall into disrepair. Throughout the 19th century the chronicles of Barcelona's lieutenants and captains-general make continual reference to the question of the roads, with decrees requiring local people to keep them clear and free of weeds, prohibiting the burning of firewood or the tipping of rubbish on them, recommending that they be widened or the existing width at least maintained and so on. New orders were issued every five years, yet there were constant bitter complaints from travellers and visitors about the poor state of the roads. This state of affairs was notoriously prevalent throughout Spain, and all the general economic histories of the country—by Floridablanca, Jovellanos and the great Spanish reformers—reflect the obsession with the poor condition of the highways.

The presence of the four main gates and the six roads is evident in Barcelona today. These roads consist of the route to France via La Marina and Mataró; the road to France by way of Granollers; the roads to

compleja, con un terraplenado fino, con hitos delimitando el trazado y cunetas a los lados. Normalmente serán elevados, de unos tres metros sobre el nivel natural de las tierras para escupir las aguas, plantados de árboles alineados para consolidar la caja del terraplén, y convirtiéndose así en una construcción autónoma, propia, más inamovible tanto por las aguas como por los vecinos.

Será la realineación de estos caminos y de su trazado lo que dará lugar a ejes de organización territoriales importantísimos y mucho más seguros, y será entonces cuando, sobre dichos caminos, empezará a situarse la edificación, y el catastro de la propiedad empezará a recomponerse, con una nueva definición de fincas establecidas de forma permanente. Desde el punto de vista legal, pasarán a ser caminos de propiedad y responsabilidad pública, aunque sean mantenidos por los propietarios y por los vecinos, con lo que la tendencia al descuido y al abandono continuarán siendo notables. Las crónicas de los lugartenientes, de los capitanes generales, a lo largo del siglo XIX están continuamente insistiendo sobre el tema de los caminos, promulgando bandos para obligar a los vecinos a limpiarlos, a no dejar crecer malas hierbas, prohibiendo quemar leña, tirar desperdicios, recomendando que los ensanchen o que mantengan por lo menos las anchuras... Cada cinco años hay nuevas instrucciones y, no obstante, las quejas tanto de los viajeros como de los visitantes extranjeros son cada vez mayores, siendo España famosa por esta circunstancia. Es tan grave el problema que en todas las historias económicas generales del país —de Floridablanca, de Jovellanos y de los grandes reformistas españoles— se manifiesta esta obsesión por el mal estado de los caminos.

Madrid and Valencia, the road to Gràcia and Sant Cugat, and the road to Sarrià, the most difficult to trace today through the Eixample. This is a prior structure that predated the Cerdà Plan and was in some ways embodied in that project, largely through the presence of the diagonals that reinforce it and reflect the monocentric radial organization of the Barcelona plain and its environs as the primary initial structure of the territory.

If we look at how these roads were built, it seems that the presence of a straight line, naturally prior to the Cerdà Plan, from the bridge in Molins de Rei to Creu Coberta seems to have been of crucial significance. The road to the nearby boundary cross started from the Portal de Sant Antoni. A Neoclassical *tempietto* was built over this Gothic boundary cross, which was known as La Creu Coberta or covered cross. At this important point in the configuration of Barcelona (from which Cerdà would extend the vital thoroughfare of Gran Via) the roads divided: the road to Valencia through Sant Boi made its way to what was initially a pontoon bridge and then later a wooden bridge, and the road to Madrid along the new highway to Aragon (prior to this, travellers had to go via Valencia) when the bridge at Molins de Rei was built. This stone Baroque bridge with its twelve imposing arches, which survived until a few years ago, was commissioned by Charles III and designed by Juan Zermeño, the same military engineer who laid out La Barceloneta. It took more than 50 years to complete and was the subject of serious disputes about guarantees of its solidity,

Está muy claro cómo se ha hecho patente, en la Barcelona actual, la presencia de las cuatro grandes puertas y de los seis caminos: el camino de Francia por la marina, por Mataró; el camino de Francia por Granollers; el camino de Madrid; el camino de Valencia; el camino de Gràcia y de Sant Cugat, y, mucho más perdido, dentro del Eixample, el camino de Sarrià. Es ésta una estructura previa que encontrará el Plan Cerdà antes de su aparición, y que el proyecto en sí recogerá, en buena parte, con la presencia de las diagonales que la refuerzan y que tienen que ver con la organización monocéntrica y radial del llano de Barcelona y de su entorno como estructura de arranque primario del territorio.

¿Cómo se construyeron esos caminos? Parece importantísima la presencia de una recta, naturalmente anterior al Plan Cerdà, que iba desde el puente de Molins de Rei hasta la Creu Coberta. Del portal de Sant Antoni salía el camino hasta la cruz de término cercana —una cruz de término gótica para la que se construyó un templete neoclásico— que se conocía como la Creu Coberta (Cruz cubierta). Desde este punto, importantísimo en la configuración de la ciudad de Barcelona (y desde el cual Cerdà montará el eje fundamental de su Gran Via), se dividían los caminos: el que iba a Valencia por Sant Boi, buscando el que primero fue un puente de barcas y luego un puente de madera; y el que iba a Madrid por la nueva carretera de Aragón (anteriormente se iba por Valencia), cuando se construyó el puente de Molins de Rei. Este puente barroco, que aún se podía ver hace unos años, era de piedra con doce arcos imponentes; se inició en el reinado de Carlos III y fue diseñado por Juan Zermeño, el mismo ingeniero militar que proyectó la Barceloneta. Durante más de cincuenta años

which many builders doubted, resulting in ever more reinforcement being added to its pillars. Prisoners of war provided the original workforce, subsequently aided by imported labour. Begun in 1756, the bridge did not come into service until 1803. Fixing a definitive point on the road between Madrid and Barcelona and establishing the line of the new royal road, this was a difficult bridge to construct.

It was Charles III who organized the administration of roads by initiating the famous network of highways with Madrid at the centre. He centralized the organization of the State on the road system, gave instructions on aspects of their construction (their dimensions and characteristics, which public engineers were to be commissioned, where they were to be laid, etc) and placed under State jurisdiction everything outside the city boundaries in a manner similar to the current division of powers between the Ministry in Madrid and the municipal councils. In the case of Barcelona, the city was responsible for the roads as far as La Creu Coberta, beyond which they became the government's responsibility.

There was at that time no other bridge over the Llobregat until the Pont del Diable at Martorell, a very narrow Gothic bridge just wide enough for people and animals but not for carriages. The establishment of the *carretera* highways saw the State imposition of a system of roads throughout the country that carriages could travel on. This was the fundamental transformation of the century, and revolutionized the transport of goods and the movement of troops, mail and travellers.

estuvo en construcción, con litigios fortísimos sobre las garantías de su solidez que muchos constructores ponían en duda, lo que se tradujo en más y más refuerzos de los pilares. En principio fue construido por prisioneros de guerra que luego fueron ayudados por gente forastera, y hasta el año 1803 no se puso en uso, habiéndose empezado en el año 1756. Difícil construcción, por lo tanto, la de un puente que fijó un punto definitivo en el camino de Madrid a Barcelona, estableciendo el trazado de cómo el nuevo camino real llegaría a la ciudad.

Fue Carlos III quien organizó la administración de los caminos, instaurando la famosa red de carreteras con centro en Madrid, centralizando la organización del Estado sobre los caminos y dando instrucciones para su construcción (las medidas y características, qué ingenieros públicos se ocuparían de ello, los lugares donde construir, etc.), pasando a la jurisdicción del Estado todo lo que quedaba fuera de los términos de las ciudades, de manera semejante a la actual división de competencias entre el Ministerio y los ayuntamientos. En el caso de Barcelona, la ciudad tenía la responsabilidad hasta la Creu Coberta y más allá era responsabilidad del Gobierno estatal.

Sobre el Llobregat no había ningún otro puente que el de Martorell —el puente del Diable—, pero justamente es éste un puente gótico muy estrecho, sólo para personas y animales, que hacía imposible el paso de un carruaje. La instauración de las vías "carreteras" implica la imposición, por parte del Estado, de un sistema de caminos en todo el país, por el que pudieran transitar carruajes. Es el cambio fundamental de aquel siglo, revolucionario por el ajetreo de las mercancías, las tropas, los correos y los viajes.

The emergence of the carriage as a new form of transport in the 18th century succeeded the old system of muleteers driving pack animals and mounted messengers with the introduction of mail wagons and staging posts. This in turn called for wider roads with a rectilinear layout and thus configured a new space with a series of triangulations with a much stronger overall geometry that was to prove decisive in the structuring of the city and the countryside. Even today, as we travel along the main highways laid on the old royal roads, we can see the straight lines that run through the fields, often toward a bell tower, church or other important feature in the landscape that provided the bearings for the new roads across open country, solidly constructed of earth and gravel, on which carriages could travel. This idea of vehicles in motion was inevitably linked to a magnificent vision of traffic circulation. Not only were the roads to be built with good engineering, they were to be lined with inns, shady arbours and resting places; travelling was now to be an occasion for enjoying and dominating the landscape, an idea bound up with the Baroque conception of the natural space and the celebratory aspect that was to be ascribed to all things public in an Enlightened culture.

It is very instructive to trace the presence of these roads in the present form of the city and to see how they continue to function as axes—now internal—that order the territory. Collblanc and Sants and their subsequent expansion areas straddle the Madrid road; L'Hospitalet stands on the Valencia road. These highways have exercised a dual function in structuring the

La definición del carruaje como nuevo elemento de circulación se inicia en el siglo XVIII sobre el antiguo sistema de los arrieros o de los mensajeros a caballo, con la instauración de las carretas y las postas de correos. Y es esto lo que obliga ahora a nuevas medidas, a las alineaciones y a los trazados rectilíneos, y, por lo tanto, configura un nuevo espacio con una serie de triangulaciones, de una geometría global mucho más potente que resultará trascendental en la estructuración de la ciudad y del campo. Aún hoy, si pasamos por las principales carreteras sobre los antiguos caminos reales, podemos ver las líneas rectas situadas sobre los campos, muchas veces con el punto de referencia de un campanario, de una iglesia o de algún otro hito importante en el paisaje, que sirvieran en aquel momento para establecer, sobre los descampados, un nuevo trazado construido como auténtica fábrica de tierras y gravas sobre la que rodarían los carruajes. Esta idea de los vehículos en movimiento iba vinculada naturalmente a una visión magnificente de la circulación. Los caminos debían proyectarse no sólo con un buen apoyo de ingeniería, sino también cubiertos por glorietas, paradores y lugares de reposo; como si la circulación sobre el terreno fuera ocasión para disfrutar y dominar el paisaje, idea vinculada al concepto barroco del espacio natural y al aspecto celebrativo que todas las cosas públicas debían tener en una cultura ilustrada.

Es muy importante ver la presencia de todos estos caminos en la forma de la ciudad actual y cómo siguen en vigencia en cuanto ejes, ahora interiores, que ordenan el territorio. Sobre el camino de Madrid se sitúan Collblanc y Sants y sus crecimientos; sobre el de Valencia, L'Hospitalet de Llobregat. El valor estructurante de las carreteras ha

city, generating new settlements and urban façades. Beyond La Creu Coberta, Carrer Major de Sants is still today an essential feature of the organization of the city, as are Carrer Gran de Gràcia and Carrer Gran de Sant Andreu.

Despite the importance of these roads as thoroughfares through the peripheral areas of the city, they do not link well with the general internal street layout because, as the plans show, there was always a certain lack of definition at the points where these axes connected to the city centre. Of course, in terms of their use, these roads led to the gates, but in time the gates came down, the walls were demolished, and in any case the roads fronted the gates only indirectly. In other words, they arrived more or less at the Portal de Sant Antoni or the Portal Nou, but they stopped some way short of the gate itself as there were always moats and gullies outside the walls, effectively preventing them from connecting with the street network inside the city. The case of Plaça de Catalunya is a prime example of this problem (fig. 106, 109), with Passeig de Gràcia running straight down, forthright in its orientation, to end in a no-man's land, an unresolved space that eventually became Plaça de Catalunya but was for many years uncertain in form, beyond which the road as an element of circulation has no continuity with La Rambla or Portal de l'Àngel or any other pre-established form in the old town.

However, the primordial conception of these roads in relation to the city, as points of arrival, means that their role is more evident in the configuration of build-

sido doble: como generador de nuevos asentamientos y de fachadas urbanas: más allá de la Creu Coberta, la calle Major de Sants es aún hoy enormemente básica en la organización de la ciudad; como también lo es la calle Gran de Gràcia, o la calle Gran de Sant Andreu.

Pese a su importante presencia como ejes de sectores periféricos de la ciudad, no llegan en cambio a casar bien con el sistema viario general interno, porque, si recordamos los planos, había siempre cierto grado de indefinición en el punto en que éstos se engarzaban con la ciudad central. Está claro que, desde el punto de vista de su uso, llegaban a sus puertas; pero éstas fueron derribadas, la muralla derruida y, en todo caso, afrontaban el portal de una manera indirecta. Es decir, llegaban más o menos al portal de Sant Antoni o al portal Nou, pero quedaban a una distancia bastante considerable porque alrededor de la muralla se ubicaban siempre los cementerios y las rieras, por lo que dichas calles quedaban descolgadas respecto de la organización viaria de la ciudad interior. El caso de la plaza de Catalunya es un ejemplo claro de este problema (figs. 106 y 109). El paseo de Gràcia, que bajaba decidido, orientado de forma contundente, llegaba a un espacio de nadie, a un espacio indeciso que finalmente acabará siendo la plaza de Catalunya, pero que durante tantos años tuvo una forma insegura y que, como viario, no tiene continuidad directa ni con la Rambla ni con el portal del Àngel ni con ninguna otra forma preestablecida de la ciudad antigua.

La concepción primordial de dichos caminos como espacios de llegada ha influido en que su papel en la ciudad se haya manifestado más en la configuración de edificios que en la conformación de tejidos. La edificación en los alrededores de la ciudad era variada; en el camino de Gràcia

ings than in the formation of the urban fabric. The buildings outside the city were varied: the more easterly road to Gràcia was overlooked by traditional farmhouses and rural constructions deriving from the Roman villa, which had been a significant presence in agricultural organization, especially in Santa Coloma, Badalona and Horta. Elsewhere, in what are now Sant Martí, Sant Andreu de Palomar, La Llacuna and Poblenou, there were few buildings because the land was poor—marshy and were given over to the foul-smelling activities described earlier. In contrast, on the more westerly road to Sant Gervasi, Sarrià, Sant Just and Esplugues, the predominant buildings were *torres*, the second homes of residents of the walled city, who built spacious residences with large gardens and views of the sea in this area. In Sant Martí de Provençals there were small farms whose fields were still virtually untouched: land that had been given to the knights who arrived with Douce de Provence when she came to marry Ramon Berenguer (hence the name), it was of heavily waterlogged and of very little value until roads were built and drainage ditches dug. Digging drainage and making roads always go hand in hand: a network of ditches to run off the water and dry out the ground, and roads alongside. The old channel that transported water to the city from the Besòs passed through Sant Martí and El Clot, which was also known as *El Clot de la Mel*—'Honey Hollow'— because of the great number of bees there, indicating the rural character of the area.

In general terms, the problem to be addressed was the geometrical organization of the structure of

hacia levante, dominaban las masías y la edificación de tipo rural tradicional, derivada de la villa romana, que había tenido una presencia importante como explotación agrícola, sobre todo, en Santa Coloma, Badalona y Horta. En el resto, todo lo que es hoy Sant Martí, Sant Andreu de Palomar, La Llacuna y el Poblenou, la edificación era muy escasa porque los terrenos no eran buenos: medio anegados y ocupados por las actividades malolientes que hemos descrito antes. En cambio, hacia el sector de poniente, en Sant Gervasi, Sarrià, Sant Just y Esplugues, dominaban lo que ya se denominaba "torres", segundas residencias vinculadas a los habitantes de la ciudad cerrada, que establecían en ese sector residencias abiertas con grandes jardines y con muchas vistas al mar. En Sant Martí de Provençals había pequeños establecimientos agrícolas, con tierras bastante vírgenes, que debían su nombre al hecho de que fueron dadas a los caballeros llegados con la reina Dulce de Provenza, cuando vino a casarse con Ramon Berenguer. Durante mucho tiempo y hasta que no se establecieron los caminos y se formaron las acequias, fueron tierras de poquísima utilidad, siempre anegadas. Formar acequias y establecer caminos son dos operaciones que van siempre juntas: por una parte, formar corredores de agua y canalizaciones para escupir el agua, secando el terreno, y, paralelamente, construir caminos al lado. La antigua acequia que llevaba agua a la ciudad desde el Besòs pasaba por el núcleo de Sant Martí y por El Clot, lugar llamado también *el Clot de la Mel* (la Hondonada de la Miel) por la abundante producción de abejas, lo que nos dice bastante del carácter rural de aquella zona.

Desde una visión general, el problema que se plantea es la organización geométrica de toda la estructura de la

the plain, marked by the vertical rhythm of the gullies and the transverse horizontal roads that linked the two rivers. In the early 19th century, this basic geography began to consolidate around the gullies and the transverse axes took shape: from Les Corts and Gràcia to Sant Andreu, and from L'Hospitalet and Sants to El Clot. Two roads set out from Portal Nou: to Mataró, crossing the Besòs between Sant Adrià and Santa Coloma; and to Granollers and France, passing through El Clot to cross the Riera de Horta gully before diverging. The easy crossing of this made the bridge there an obligatory point on this route, running straight from Portal Nou to El Clot, and then on from El Clot toward Montcada. There was another well-established stretch there which has become the Carrer Gran de Sant Andreu we know today. Meanwhile, the paths in the central section were still imprecise. This is true of the L'Arrabassada track to Sant Cugat and the Sarrià road. In contrast, the Madrid road was already clearly laid out, decisively marked by the articulation of La Creu Coberta, the small hill where the roads to Madrid and Valencia split in the col or pass (Collblanc) between Sants and Montjuïc with its 'free hostels' (Hostafrancs). Even though these roads set out from the Portal de Sant Antoni (with the rectilinear course of what is now Avinguda Mistral between them), their true beginning was at this fixed point, which has played such a significant part in the history of the city. La Creu Coberta and El Clot thus became the symmetrical hinges of the radial road system on the Barcelona plain.

llanura barcelonesa, marcada por el ritmo vertical de las rieras, con las vías en sentido transversal, horizontal, que comunicaban un río con el otro. A principios del siglo XIX, esta geografía elemental empieza a consolidarse sobre las rieras, y las vías transversales van tomando cuerpo: la de Les Corts y Gràcia hasta Sant Andreu, y la de L'Hospitalet y Sants hasta El Clot. Del portal Nou salen dos caminos bien definidos: el de Mataró, que va a buscar un paso del Besòs entre Sant Adrià y Santa Coloma; y el camino de Granollers y de Francia, que se separan, pasando siempre por El Clot como punto para atravesar la riera de Horta. Ante la posibilidad de cruzar esta hondonada con un puente de una manera fácil, se fija un punto obligado de este trazado, que unirá con un tramo recto el portal Nou y El Clot, y de aquí irá hacia Montcada. Hay aquí un tramo también decisivo, que será la calle Gran de Sant Andreu, la que hoy tenemos. Mientras tanto, los caminos del sector central son aún imprecisos, tanto el de la Arrabassada hacia Sant Cugat como el que será el de Sarrià. En cambio, el camino de Madrid está ya trazado de manera exacta, con la importancia decisiva de la rótula de la Creu Coberta, pequeño cerro donde el camino de Madrid y de Valencia se separan, en el paso o cuello (Collblanc) entre Sants y Montjuïc, donde se encontraban los "Hostales Francos" (Hostafrancs). Aunque éstos venían desde el portal de Sant Antoni (teniendo delante el brazo rectilíneo que actualmente es la avenida de Mistral), el verdadero hito de arranque definitivo de las carreteras estará en ese punto fijo, que es sustancial en la historia de la ciudad. La Creu Coberta y El Clot pasan a ser, así, las dos bisagras simétricas de la radialidad viaria del llano de Barcelona.

The work of laying the road from La Creu Coberta was started around 1820, when the captains-general, who were not involved in the construction of the royal highways, concerned themselves with exits and esplanades beyond the walls. They also levelled and laid Passeig de Gràcia and the Esplanada del General in front of La Ciutadella, then regarded as the finest boulevard in the city (in the late 19th century it was said to be the only avenue for gentlemen in Barcelona). The construction of the outer ring road around the walls linked together the other exit roads: to El Clot, Granollers and Mataró.

As we have seen, all the gullies and defensive moats under the fortified walls were channelled, both for strategic purposes and for drainage. The road from Gràcia ran up to the Portal de l'Àngel, the future Plaça de Catalunya, where it formed a rough esplanade. Before passing in through the gate, a bridge had to be crossed. The real separation between the city and the roads was thus by no means insubstantial, with a whole series of impediments: the roads were frequently flooded and blocked, and then there were police restrictions, days of the year and times of day when the gates were closed, and municipal tolls. This relative discontinuity between city and road thus explains why, despite appearances to the contrary, the roads did not in fact configure the points of contact with the city; these were in fact resolved at a later date by the ring roads, as a result of regarding the entry points, which took advantage of the space left vacant by this indecision, with a different and far more modern circulation system.

La salida de Creu Coberta se empezó a plantear hacia 1820, cuando los capitanes generales, que no intervienen en la construcción de los caminos reales, se preocupan de las salidas y los espolones extramuros. Su obra fue también la de allanar y plantar el paseo de Gràcia, y la explanada del General, delante de la Ciutadella, considerado el mejor paseo de la ciudad (se decía, a fines del siglo XVIII, que éste era el único paseo para caballeros que existía en Barcelona). Con la construcción del camino de circunvalación exterior alrededor de la muralla se religaban las otras salidas: hacia El Clot, hacia Granollers y hacia Mataró.

Ya hemos dicho que, también junto al cinturón fortificado de la muralla, se producía la canalización de todas las rieras y los fosos de defensa, tanto con una intención estratégica como para desagüe. Hasta el portal del Àngel, es decir, en la futura plaza de Catalunya, llegaba el camino de Gràcia, formando una explanada imprecisa en la que había que pasar un puente para entrar en el portal propiamente dicho. Así, la separación real de la ciudad con respecto a los caminos era notable, provocando toda una serie de incidentes, a menudo inundaciones y destrozos, y, en cualquier caso, restricciones de policía, de horario y de calendario de apertura y cierre de puertas, o con los *burots* o consumeros (funcionarios de impuestos sobre los bienes de consumo) de los puestos de control y los arbitrios municipales. Esta discontinuidad relativa entre ciudad y camino explica, pues, y en contra de lo que podría parecer, que los caminos no hayan configurado su engarce con la ciudad, por efecto de esta indecisión de los puntos de entrada, que se resolverán después, en cambio, en función de las rondas, las cuales aprovecharán el espacio vacío que tal indecisión dejaba con otro tipo de estructura circulatoria más moderna.

The thoroughfares leading out of the city acquired something of the character of recreational esplanades in being lined with vegetation. Passeig de Gràcia was planted with eight rows of trees all at once, interspersed with rest places and botanical and formal gardens. In Cerdà's topographical plan of 1855 the esplanade of La Creu Coberta is already well planted. The road leading to France had its basic organization, as did the road to Mataró; the roads to the west, to Madrid and Valencia, had separated, but the Sarrià road had still to be developed. By mid century the building-up of the eastern part of the city was starting to be positioned in relation to these roads. Once the site had been drained, La Llacuna was laid out along what is now Carrer de Pere IV. The first development had a transverse orientation, from El Camp de l'Arpa to the sea. The laying of the road led to new types of plot division: a sizable tract of more or less irregular, uneven farmland was divided into smaller market gardens and suburban lots fronting the road. The size of these clearly reflects change in ownership there, the origin of so many of these towns. These outlying districts were formed on the definitive, rectified course of the new road, in a way they could never have been on an old road, where house plots would not have been marked out because the exact line of the road was both unknown and liable to change.

Of course, the construction of the new road made it possible to draw more accurate plans, because there was now something in the territory to which field dimensions could be referred and a property census thus recorded, either in the cadastre register or in drawn

Los ejes de salida adquieren cierto valor de explanadas recreativas, por efecto de su plantación. El paseo de Gràcia fue plantado con ocho hileras de árboles a la vez, con puntos de reposo intermedios y jardines botánicos y celebrativos. En el plano topográfico que levantó Cerdà (1855), vemos también plantada la explanada de la Creu Coberta. El camino de Francia está ya básicamente organizado y también lo estaba su trazado, el camino de Mataró; los caminos de poniente, el de Madrid y el de Valencia, se separan; sin embargo el camino de Sarrià aún no se ha formado. Vemos asimismo que la edificación en la parte de levante de la ciudad empieza a colocarse con respecto a estos caminos. Y cómo lo que era la antigua Llacuna, una vez desecada, queda organizada en función de este camino, la actual calle de Pere IV. La edificación primera se colocará transversalmente, desde el Camp de l'Arpa hasta el mar. La aparición de la carretera provoca la formación de nuevos tipos de parcelación: sobre aquellos cultivos de forma más o menos irregular y de medida bastante extensa para la explotación rural, empiezan a aparecer, con fachada a la carretera, huertos más pequeños o parcelas de edificación suburbana que, por su medida, dan a entender el cambio de propiedad que se ha producido, origen de lo que serán muchos de estos pueblos. Son arrabales formados sobre el trazo rectificado y establecido de modo definitivo; esto no hubiera podido hacerse nunca sobre un camino antiguo, donde el acercamiento de la casa no se podía producir porque el límite exacto de las líneas de su trazado no sólo no se conocía, sino que podía ser variable.

Naturalmente, con la construcción del camino se abre la posibilidad de dibujar planos más precisos porque hay

plans. A far more modern plan of plot division was devised, with a more rational layout, quite different from the type of interpretation of the territory we find in older maps, precisely because of this regularization of the space thanks to the existence of the road as a referential alignment around which to plot all the other features. Distances could now be measured in relation to a fixed axis with what was, for its time, relative accuracy—certainly much greater than before.

We talk about the Junta's roads, because it was in the time of that Board that the legal autonomy and definitive course of these roads were legally established as stable surfaces constructed with modern techniques. The process of geometrization of the territory had, of course, begun many years earlier. There had been virtually a hundred years of structuring, the fundamental effect of which was to shift the closed, quadrangular formation of the old town to a radial structure, prompted by the position of the old gates and also by the location of the places that the roads led to: to east and west, the bridges over the rivers, while the nuclei of Sarrià and Gràcia determined the direction of the two central roads. These radial lines, six in all, are of interest to us, because it was along them that major growth spontaneously occurred, with no overall planning of the whole, but a manifest logic and grandeur. In the course of the 19th century these roads were fundamental components of the suburban growth of Barcelona, one of the definitive characteristics of Barcelona today. This system of expansion of the old city also served to connect it with population centres beyond, nuclei

una referencia en el territorio a la que era posible referir las medidas de los campos, y, por lo tanto, el censo de las propiedades, bien sea en el catastro o en el dibujo. Aparece el plano parcelario más moderno, de planta más racional, diferente de aquel tipo de interpretaciones del territorio que encontramos en los planos antiguos, precisamente porque se produce esta regularización del espacio, que viene dada por la existencia de la carretera como alineación de referencia, por el dibujo de todos los otros incidentes del territorio. Ahora cabe la posibilidad de medir distancias con respecto a un eje fijo, aunque sea con la relativa precisión de la época, que es, en todo caso, mucho mayor que antes.

Hablamos de "las carreteras de la Junta", ya que es en su tiempo cuando definitivamente se estableció legalmente su autonomía, el trazado definitivo y, sobre todo, la construcción de manera estable, con pavimentos y técnicas modernas. Está claro que el proceso de geometrización del territorio había empezado muchos años atrás. Son prácticamente cien años de estructuración, que tienen como efecto fundamental el traspaso de la estructura cerrada y cuadrangular del casco antiguo a una estructura radial, motivada por la posición de las puertas antiguas, pero también por los lugares adonde estos caminos se dirigen. Son los puentes los que cruzan los ríos a poniente y a levante. Y son los núcleos de Sarrià y de Gràcia los que determinan los dos caminos centrales. Seis radios en total que nos interesan porque sobre ellos se producirá un importante crecimiento espontáneo, sin planificación de conjunto, pero lleno de lógica y de grandiosidad. Y se constituirán, durante todo el siglo XIX, en componentes fundamentales del crecimiento suburbano de Barcelona, una de las caracterizaciones definitivas de lo que es la Barce-

linked by 'highway axes'. Not surprisingly, then, when the competition for the Eixample was held, at least one project—the most significant, by Rovira i Trias—took this radial structure as the basis of its composition and sought to organize all of the new growth around it.

In discussions of present-day Barcelona the importance of this structure is sometimes overlooked, as if the geometry of the plain was of no consequence and an erratic mosaic model were the only interpretative alternative to Cerdà's grid. Neither the expansion of the centre nor the vigour of the surrounding centres of population and the vitality of the Eixample itself would have been possible without the essential spinal column of this geometric order of radial and transverse roads.

The National Plan drawn up by the Junta de Carreteras de Cataluña Highways Board in 1868 codified the decisions that had modernized the physical and human topography of the Barcelona plain in the course of a hundred years; a simplified referent and a symbolic title for a major structural episode in the present form of greater Barcelona.

The importance of this radial framework at the time when the Eixample was being proposed is apparent in the constellation of centres that sprang up on the Gràcia axis, the Sarrià axis, the Valencia and Madrid axes, the Granollers and France axis and the Mataró axis, between them effecting an almost equidistant jointing of the plain that had initially been scored only by gullies and transverse paths and which, by the mid century, had acquired a completely different shape. This shape is undoubtedly complemented by the form

lona actual. Sistema de expansión de la ciudad antigua, pero también de conexión de esta ciudad con lo existente fuera de ella: los núcleos encuadrados por los "ejes carreteros". No será extraño, pues, que cuando llega el concurso para el ensanche de la ciudad, por lo menos un proyecto —el más significativo, el de Rovira i Trias— tome esta estructura radial como tema de su composición, pretendiendo organizar todo el nuevo crecimiento sobre dicha base.

En una discusión sobre la Barcelona actual, se olvida a veces la importancia de esta estructura. Como si la geometría de la llanura fuera indiferente y la única alternativa interpretativa a la cuadrícula cerdaniana fuera un modelo de mosaico errático. Ni la expansión del centro, ni la potencia de los núcleos periféricos, ni la vitalidad del mismo Eixample serían posibles sin el nervio medular de este orden geométrico de radiales y de vías transversales.

El "Plan Nacional" con el que la "Junta de Carreteras de Cataluña" concretó en 1868 las decisiones que durante un siglo habían modernizado la topografía física y humana de la llanura de Barcelona es un referente simplificado y un título simbólico para un episodio estructural de la actual forma de la gran Barcelona.

La importancia de esta radialidad en el momento de plantearse el Eixample se ve en la constelación de núcleos que se han asentado sobre el eje de Gràcia, el eje de Sarrià, los ejes de Valencia y de Madrid, el eje de Granollers y de Francia y el eje de Mataró, que muestran conjuntamente una descomposición casi equidistante de aquella llanura que, en principio, vemos grabada sólo por rieras y vías transversales, y que a mediados del siglo XIX adquiere una figura completamente diferente. Figura que será, sin duda, complementaria de

subsequently established by the grid of the Eixample, on no account to be overlooked as one of the most important sources of the formal and functional richness of the city of Barcelona. The fact that the layout of the Eixample—so schematic, quadrilateral and regular in precisely the opposite sense to this radiality—was faced with the prior presence of this radiocentric structure gave rise to a whole series of interventions and variants, enrichments of the organization of the city's roads and buildings that are unquestionably one of the most interesting traits in terms of which to explain it. And even though they may on occasion be less apparent on the planimetric map, they are most certainly important in people's experience and memory of the city, both for those who live here and for those who visit it.

la que después establecerá definitivamente la cuadrícula del Eixample y que no habrá que olvidar como una de las fuentes de la riqueza formal y funcional más importantes de la ciudad de Barcelona. El hecho de que el proyecto del Eixample, tan esquemático, cuadriculado y regular, en el sentido precisamente contrario a esta radialidad, encuentre, en cambio, la presencia previa de esta estructura radiocéntrica, dará lugar a una serie de incidentes y de variantes que enriquecerán la organización viaria y edificatoria de la ciudad, que es, ciertamente, uno de los rasgos más interesantes que tenemos a la hora de explicarla. Y aunque en la visión planimétrica no sean demasiado evidentes, a bien seguro que son importantes para la experiencia y el recuerdo de la ciudad, tanto de los que en ella viven como de los que la visitan.

94. Carta dei contorni
di Barcelona, by
the cavaliere Vacani
Maggiore (1808).

95. Skyline of Barcelona
from the Horta road,
with the bell towers
and the mountain of
Montjuïc.

94. Carta dei contorni
di Barcelona,
del cavaliere Vacani
Maggiore (1808).

95. Perfil de Barcelona
desde el camino de
Horta, con los campa-
narios y la montaña
de Montjuïc.

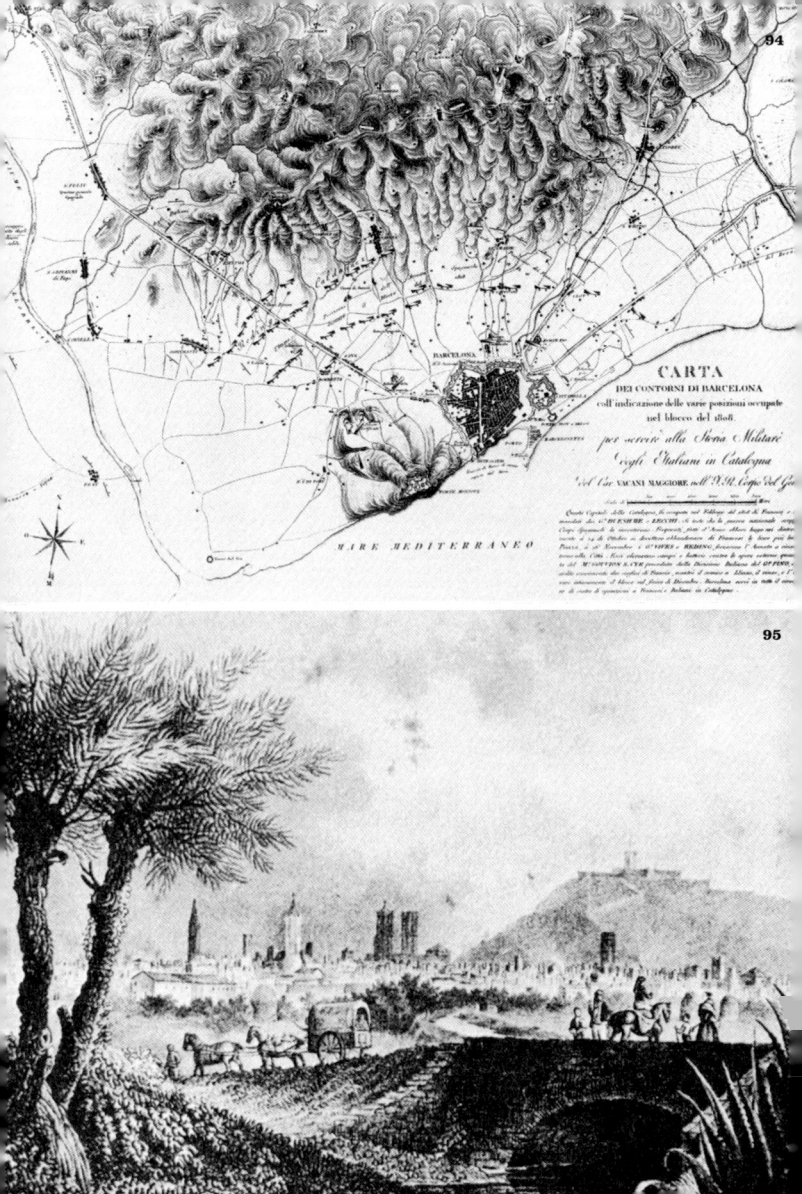

CARTA
DEI CONTORNI DI BARCELONA
coll'indicazione delle varie posizioni occupate
nel blocco del 1808

per servire alla Storia Militare
degli Italiani in Catalogna

del Cav. VACANI MAGGIORE nell'I.R. Corpo del Ge.

MARE MEDITERRANEO

BARCELONA

96. Plan of Barcelona,
G. Gianola (1697).

96. Plano de Barcelona,
G. Gianola (1697).

97. Paseo de
la Creu Coberta.

98. The Sarrià Road
(drawing by A.Vicens).

99. A view of Sant
Gervasi.

100. Detail of the
geodesic plan
of Barcelona (1700).

97. El paseo de la
Creu Coberta.

98. La carretera de Sarrià
(dibujo de A.Vicens).

99. Una vista de Sant
Gervasi.

100. Fragmento del
plano geodésico
de Barcelona (1700).

101. Diagram of the radial structure of the roads between Ciutat Vella and the surrounding towns.

102. Detail of a plan of Barcelona from the early 18th century (Nicolas Visscher, 1710-1720).

103. Sant Martí de Provençals according to the plan of Barcelona by Vicent Martorell (1929-1940).

104. The central section of the Eixample in 1874. The walled city, Passeig de Gràcia, Travessera de Gràcia and the town of Gràcia (Comisión Topográfica del Ensanche de Barcelona).

101. Esquema de la estructura radial de los caminos entre Ciutat Vella y las poblaciones circundantes.

102. Fragmento de un plano de Barcelona de principios de 1700 (Nicolas Visscher, 1710-1720).

103. Sant Martí de Provençals, según el plano de Barcelona de Vicent Martorell (1929-1940).

104. El ámbito del Eixample central en 1874. La ciudad amurallada, el paseo de Gràcia, la Travessera y la villa de Gràcia (Comisión Topográfica del Ensanche de Barcelona).

105. Dosrius culvert works. An 1886 etching.

106. Passeig de Gràcia and its discontinuity with La Rambla.

107. The Cassoles gully, now Carrer del Príncep d'Astúries, around 1927 (from Carrer de Guillem Tell toward Plaça Lesseps).

108. View of the esplanade between La Ciutadella and El Born (former Passeig del General, now the Passeig de Pablo Picasso.

109. Plaça de Catalunya as it was around 1860, in a lithograph by Alzamora.

110. Passeig de Gràcia around 1864.

111. Scene on Passeig del General (now Passeig de Pablo Picasso).

105. Obras de conducción de aguas de Dosrius. Grabado de 1886.

106. El paseo de Gràcia y su discontinuidad con la Rambla.

107. La riera de Cassoles, actual calle del Príncep d'Astúries, hacia 1927 (desde Guillem Tell en dirección a la plaza de Lesseps).

108. Vista de la explanada entre la Ciutadella y el Born (antiguo paseo del General, actual paseo de Pablo Picasso).

109. La actual plaza de Catalunya hacia 1860, según una litografía de Alzamora.

110. El paseo de Gràcia, hacia 1864.

111. Escena del paseo del General (actual paseo de Pablo Picasso).

112, 113. The farmland in Sant Martí de Provençals, watered by the Royal Irrigation Ditch (1836).

114. The city and its environs to the east, mid 18th century.

115. The city of Barcelona (Alexandre de Laborde, 1802-1803).

112, 113. Las tierras de cultivo de Sant Martí de Provençals, regadas por la Acequia Real (1836).

114. La ciudad y sus alrededores, en el sector de levante, a mediados del siglo XVIII.

115. La ciudad de Barcelona (Alexandre de Laborde, 1802-1803).

THE EIXAMPLE
the practical success of
a theoretical project

05 EL EIXAMPLE
éxito práctico de un proyecto teórico

I t is a well-known fact that Ildefons Cerdà's 'Project
for the Expansion and Reform of Barcelona' was
imposed on the city by the Royal Decree of 31
May 1860. That day saw the start of a litany of
vicissitudes, controversies and contradictions that was to
continue all through the construction of the Eixample and,
in some ways, right up to the present day. The date also
marked the end of an era, the period of urban expansion
projects that had placed urbanistic questions at the centre
of the intellectual concerns and political manoeuvrings
of the preceding ten years of Barcelona life.

Following the commissioning of the topographical
plan of the Barcelona plain in 1853, a number of different
proposals were submitted. A comparison of these with
the definitive Cerdà project makes it easier to appreciate
the theoretical importance of Cerdà's plan and its social
and political significance and, setting personal ideology
aside, to recognize that the progressive nature of Cerdà's
project lies precisely in its autonomy of theory.

Apart from the very limited military proposal to
extend the Tallers bastion, the first known expansion
project, in November 1857, was commissioned from Miquel
Garriga i Roca, who was chosen via lottery from the pool
of municipal architects (fig. 119). Garriga's plan was modest and limited to improving the old heart of the city

T odo el mundo sabe que el "Proyecto de ensanche
y reforma de Barcelona", de Ildefons Cerdà, fue
impuesto por la Real Orden del 31 de mayo de
1860. Desde esa fecha se inició un largo itinerario
de vicisitudes, polémicas y contradicciones, que prosiguió
durante la construcción del Eixample y que, de alguna manera, perdura hasta hoy. Pero esa fecha también marca el
final de una etapa anterior: la de los proyectos de ensanche,
que habían impregnado de ideas urbanísticas las preocupa-
ciones intelectuales y las maniobras políticas de los diez años
precedentes de la vida barcelonesa.

Desde que en 1853 se encargó el trazado del plano topográfico de la extensión plana en torno a la capital catalana, se
sucedió una serie de proyectos alternativos que, comparados
con el definitivo de Cerdà y una vez establecidas las oportunas
diferencias, contribuyen a comprender mejor la importancia
teórica del mismo y su significado social y político. Y también,
al margen de ideologías personales, ayudan a reconocer que
el valor progresista del proyecto de Cerdà reside precisamente
en la autonomía teórica de su propuesta.

Si dejamos de lado, por su mezquindad, las propuestas
militares de ampliación del baluarte de Tallers, la primera
propuesta conocida de ensanche es la de Miquel Garriga i
Roca, de noviembre de 1857, encargada por sorteo entre los
arquitectos municipales (fig. 119). Se trata, en este caso,

and Gràcia, a grid of a few large street blocks (measuring some 200 x 140 metres) ordered in groups of eight around a square. In its location and its being closed in on itself it can be thought of as a duplication of the old city, a second Barcelona with clear Baroque resonances in its conception and its layout. It was a project in the manner of Craig's New Town in Edinburgh, the *Städte* of the German princes—Berlin, Stuttgart and Mannheim—and, again, the imperial *borghi* of Trieste, all of which date from the late 18th century.

The wider context of the plain is not apparent in Garriga's plan and only La Rambla links Gràcia, the Eixample and Barcelona. The project is entirely 'Barcelonese' in the municipal sense, both of and for old Barcelona. The notion of growth in closed sections and the lack of scale with a view to the future reflect an ignorance of the social and economic transformations at the root of the problem, to which the plan's response was well-meaning but anachronistic. The plan is so correct in it's insertion in the topography, the dimensions of blocks and streets and the esplanades around it that had it been built it would undoubtedly have become a beautiful piece of architecture, albeit a hundred years behind its time—a project as old as the hills that Garriga himself was to immortalize in his 'quarterons' (or square panels), the finest planimetric map of the old town ever drawn.

In 1859, Antoni Rovira i Trias, another municipal architect, won the Competition for Urban Expansion Plans with a project that was to become the Ajuntament's preferred alternative to the Cerdà plan foisted on it by the ministry. Rovira's project, notable in both scale and ambition, was in

de una propuesta modesta que se limita a ordenar, entre el núcleo antiguo y el núcleo de Gràcia, una cuadrícula de manzanas grandes (de unos 200 x 140 metros), pero pocas, y dispuestas en agrupaciones de ocho en torno a una plaza. En cuanto unidad cerrada en sí misma, y por su misma ubicación, diríase que hubiera sido una duplicación de la ciudad antigua, una segunda Barcelona, con claras resonancias barrocas, tanto por su concepción como por su trazado. Un proyecto a la manera como se habían planteado, a fines del siglo XVIII, las *New Towns* de Craig, en Edimburgo, las *Städte* de los príncipes alemanes de Berlín, Stuttgart o Mannheim, o, más aún, los mismos *borghi* imperiales de Trieste.

Aquí no se entiende el ámbito de la llanura en su dimensión y tan sólo el eje de la Rambla alinea transversalmente Gràcia, el Eixample y Barcelona. El proyecto es plenamente "barcelonés", en el sentido municipal, nacido desde —y para— la Barcelona antigua. En todo caso, la visión del crecimiento por piezas cerradas y la falta de escala de cara al futuro reflejan la ignorancia de las transformaciones sociales y económicas que se hallaban en la base del problema y contra las que se responde con un rigor atento, pero anacrónico. El plan es tan correcto, en su encaje topográfico, en el dimensionado de las manzanas y de las calles, en sus espolones de ronda, que, de haberse realizado, se hubiera convertido, sin duda, en una bella pieza de arquitectura, que llegaba, eso sí, con un siglo de retraso. Un proyecto antiguo como las piedras, que el mismo Garriga inmortalizará en sus "cuarterones", el mejor trazado planimétrico del barrio viejo que haya tenido nunca Barcelona.

En 1859 Antoni Rovira i Trias, también arquitecto municipal, gana el Concurso de Planes de Ensanche con el

the form of a circular matrix of rectangular blocks within a system of radial thoroughfares that extended across the entire Barcelona plain from the old centre, linking it with Sants, Sarrià, Gràcia, Horta, El Clot and Sant Andreu, La Llacuna and Icària in turn, with the central axis of Passeig de Gràcia presiding over the order and highlighting the pre-eminence of Plaça de Catalunya as a key point. This plan was thus much more modern and integral, aiming directly at the functional assimilation of the various satellite towns, whose dependent status it recognized and enshrined.

In the form of its layout and its buildings, Rovira's project can be seen as analogous to such purely residential contemporary operations as the Ring in Vienna. At bottom, however, it contains a truly centralist scheme for the *comarca* or county as a whole and hence can be viewed as an early forerunner of the capitalist *Gross-Stadt* that would be championed half a century later by the *Renaixença* and the Lliga.

Of the three projects that were runners-up in the competition, nothing is known of the planimetry of the proposal submitted by Francesc Daniel i Molina, the municipal architect who designed Plaça Reial and a number of other monuments in the 19th-century city. When Daniel, as provincial architect, took charge of the urban expansion of Sabadell in 1895, he largely followed Cerdà's theoretical reasoning. It is a shame, therefore, that his work for the Barcelona competition should have disappeared from the archives because his comparative analysis would have been doubly interesting.

The project by Josep Fontserè (fig. 120), another of the runners-up, is the most eclectic and realistic in its adapta-

proyecto que debía ser el buque insignia del Ayuntamiento en su enfrentamiento con el plan de Cerdà, impuesto este último desde el Ministerio. El proyecto Rovira, de escala y ambición notables, se conforma como una malla circular de manzanas rectangulares, agrupadas dentro de un sistema de ejes radiales, los cuales, desde el núcleo antiguo y por toda la llanura barcelonesa, unen la ciudad central, respectivamente, con Sants, Sarrià, Gràcia, Horta, El Clot y Sant Andreu, La Llacuna e Icària. De todos, el eje central del paseo de Gràcia preside totalmente la ordenación, lo que hace despuntar ya con preeminencia el tema de la plaza de Cataluña como punto clave. La naturaleza de este plan es, pues, más moderna e integradora, ya que apunta directamente a la asimilación funcional de los diferentes núcleos satélites, que son reconocidos y consagrados en esa función de dependencia.

Por la forma del trazado y de las edificaciones, el proyecto Rovira puede entenderse como análogo a algunas operaciones contemporáneas de puro ensanche residencial, como el *Ring* de Viena. Si bien en el fondo contiene un verdadero esquema comarcal centralista que permite considerarlo una anticipación lejana de la *Gross-Stadt* capitalista, que, medio siglo más tarde, el movimiento de la Renaixença y la Lliga reivindicarían.

De los tres accésits del concurso, desconocemos la planimetría de la propuesta de Francesc Daniel i Molina, arquitecto municipal y también proyectista de la plaza Reial y de múltiples monumentos de la ciudad decimonónica. Cuando en 1865 se encargará, como arquitecto provincial, del Proyecto de Ensanche de Sabadell, seguirá en buena parte el razonamiento teórico de Cerdà. Es una lástima que, por ahora, su trabajo para el concurso de Barcelona no haya podido

tion, a scheme to join up the five main population nuclei—Sants, Sarrià, Sant Andreu, Gràcia and Barcelona—on the great central curve of the major orthogonal axes, reinforced by their diagonals. The emphasis on the articulation of the different sections is even more decisive than in Rovira's project and perhaps because of the deficiency of its development—closer to the techniques of 'gardening'—the articulation is the sole theme of the project, which ends up looking like a chaotic chessboard of axes and spaces connected together by a diverse casuistry.

The other project to receive a special mention, by Soler i Glòria, proposed a system of growth clearly based on the two main territorial directrices: one to France and the other to Madrid (fig.121). These two dominant directrices support the respective orthogonal grids, one of which—east-west—even bisects the old city and runs as far as Plaça de Palau. This plan expresses an industrial idea of the city in which the expansion of the port, situated between Montjuïc and El Raval, is the primary element. The existing industrial settlements are crucial here in orienting the growth of the city, and the axes the plan determines establish the hierarchy of the neighbourhoods and secondary roads across a limited stretch of land. In its territorial sense, then, this proposal can be regarded as precisely the opposite of the project by Garriga i Roca.

These projects, with their greater or lesser degrees of traditional, academic or eclectic treatments, embody the criteria of repetition, integration, industrial expansion and so on that they take as their basic objectives. In contrast, the actually approved project by Cerdà has no

encontrarse en los archivos, porque un examen comparativo resultaría doblemente interesante.

El proyecto de Josep Fontserè (fig. 120), merecedor de uno de los tres accésits del concurso y el más ecléctico y realista en su adaptación, se establece como un esquema de conjunción de los cinco grandes núcleos existentes —Sants, Sarrià, Sant Andreu, Gràcia y Barcelona— sobre el dibujo de una gran curva central de los grandes ejes ortogonales, reforzada por sus diagonales. Su énfasis en la articulación de las diversas tramas es aún más decisivo que en el proyecto Rovira y, quizá también por la deficiencia de su desarrollo —más propio de las técnicas de "jardinería"—, llega a convertirse aquí en el tema único del proyecto, para acabar teniendo la apariencia de un tablero de ajedrez caótico, de ejes y espacios conjuntados según una casuística diversa.

Por lo que respecta al otro accésit, el proyecto de Soler i Glòria propone un sistema de crecimiento basado claramente en las dos grandes directrices territoriales: la de Francia y la de Madrid (fig. 121). Estas dos directrices dominantes soportan las respectivas cuadrículas ortogonales, una de las cuales, la de dirección este-oeste, llega incluso a partir el núcleo antiguo, introduciéndose hasta la plaza de Palau. Es una idea industrial de ciudad, en la que la ampliación del puerto, situado entre Montjuïc y el Raval, se toma como elemento primario. Los asentamientos industriales existentes son decisivos en la orientación del crecimiento de la ciudad y, a partir de los ejes que determina, se van jerarquizando los núcleos de barrio y las vías secundarias, en una extensión limitada. Así, en su sentido territorial, esta propuesta podría entenderse como una idea exactamente inversa a la del proyecto de Garriga i Roca.

other logic than its own, it acknowledges neither the idea of supramunicipal integration (Rovira and Fontserè) nor the image of industrial axes (Soler i Glòria) nor simple expansion (Garriga).

Instead, it is purely its internal reasoning (the 'General Theory of Urbanization'), the definition of streets and 'interstreet' blocks in accordance with a systematic analysis of the technical requirements of traffic and hygiene and the *comarcal* and regional structure of the road system that define the grid that imposes itself autonomously and absolutely on the territory, without directions or axes or priority areas but with the independence of its own autonomy of theory.

So it was that the Plan's enlightened despotism (more or less risky) managed to come up with the most 'progressive' solution. A lot has been said about the advanced character of Cerdà's plan as a rational vision of the city in which the acceptance of public hygiene and the development of transport as the primary objectives of urban growth led to the egalitarian isotropy of the limitless grid, without hierarchies or peripheries. We might, however, see its progressiveness as reflected not so much in the abstract biological formulation of its principles as in the contrast with concrete reality that differentiates its urbanism from its contemporary alternatives. These alternatives not only reveal the curious prospect of other 'Barcelonas'—the ones that might have been but never came to be—but also how much accepting Cerdà's idea involved overcoming tendencies and interests which, with the eternal excuse of realism and suitability, defended inadequate and compromised urban planning criteria.

En resumen, estos proyectos, con tratamientos más o menos tradicionales, académicos o eclécticos, dibujan criterios de repetición, de integración, de extensión industrial, etc., aceptados como objetivos de partida. Por delante de todos ellos, la aprobación del proyecto Cerdà supone, en cambio, una propuesta que no tiene otra lógica que la propia. Ni la idea de integración supramunicipal (Rovira y Fontserè), ni la imagen de los ejes industriales (Soler i Glòria), ni la simple extensión (Garriga) serán reconocidas como tales.

Por el contrario, es sólo su razonamiento interno (la *Teoría general de la urbanización*), la definición de vías e intervías en función del análisis sistematizado de las exigencias técnicas de circulación y de higiene y la estructuración comarcal y regional de la vialidad lo que define su trazado reticular, que, de una manera autónoma, poderosa y absoluta, se implanta sobre el territorio. Sin direcciones ni ejes ni áreas prioritarias, sino con la independencia que le proporciona su autonomía teórica.

Así es como el despotismo ilustrado (azaroso o no tanto), que impone el plan, acierta con la solución más "progresista". A menudo se ha insistido en el carácter avanzado del Plan Cerdà, como una visión racional de la ciudad en la que, a través de la aceptación de la higiene pública y el desarrollo del transporte como objetivos primarios de la proyección urbana, se opta por la isotropía igualitaria de la cuadrícula ilimitada, sin jerarquías ni periferias. No obstante, quizá podremos reflejar mejor su valor avanzado, no sólo en la abstracta valoración biológica de sus principios, sino también en el contraste de lo concreto que diferencia su propuesta urbanística de las alternativas contemporáneas. Unas alternativas que nos enseñan no sólo el curioso muestrario

Cerdà, working on an absolutely colossal scale and had a remarkable vision of the future, established a 133 x 133 metre quadrangular mesh grid on an area measuring approximately nine kilometres by three. The old city (which would have had a population of around 180,000 in 1850) saw the total urban area increase tenfold, to a plan that was one of the most innovative and controversial of the age. Motor vehicles and the hygiene standards of homes were the two important objectives that constituted the fundamental criteria of the project.

Cerdà's grid has an isotropic, orthogonal street layout in which the interstitial spaces are given over to residential use and to certain community amenities. The street corners are cut off—chamfered—at 45° to improve visibility and traffic flow. In contrast, the interiors of the blocks or *mansanes*, as Cerdà called them, are highly varied in layout, though normally only two of the four sides were occupied and the rest left as open space or for public services.

But the importance of the Plan—and this was definitively to shape the future of the city of Barcelona—was complemented by an underlying theory that is also of far-reaching significance: the 'General Theory of Urbanization', a systematic treatise in three volumes written by Cerdà between 1855 and 1864, in which he studies the history and structure of the urban transport system and the criteria for the proper ordering of cities that derive from it. This treatise on urbanism was to become one of the most important in Europe in the next few years, simply far-sightedly addressing the design of the great modern city as a continuous process of urbanization,

de las otras "Barcelonas" —las que podían haber sido y no llegaron a ser—, sino también hasta qué punto aceptar la idea de Cerdà equivalía a superar tendencias e intereses que, bajo el sempiterno paraguas del realismo y la oportunidad, abrigaban criterios de ordenación urbanística hipotecados e insuficientes. Cerdà, trabajando a una escala absolutamente colosal y con una excepcional visión de futuro, establece una malla cuadrangular de 133 x 133 metros, sobre una extensión aproximada de 9 x 3 kilómetros. La ciudad antigua (que debía tener unos 180.000 habitantes hacia 1850) vio como la superficie total de la urbe se multiplicaba por diez y el plan se convertía en uno de los más innovadores y discutidos de la época. La circulación mecánica y las normas higiénicas de la vivienda son los dos objetivos importantes que se quieren constituir en los criterios fundamentales del proyecto.

La malla de Cerdà presenta un esquema viario isótropo y ortogonal, donde los espacios intersticiales son destinados a un uso residencial y a ciertos equipamientos colectivos. Las intersecciones son chaflanes a 45 grados, para mejorar las condiciones de visibilidad y de fluidez de la circulación. El interior de la manzana o *mansana* (de "maçana") —como la denomina Cerdà— presenta, en cambio, una gran variedad de disposiciones, aunque se preveía ocupar sólo dos de los cuatro frentes y se dejaba el resto como espacio libre o para servicios públicos.

No obstante, la importancia del Plan, y éste es un rasgo que marcará definitivamente el futuro de la ciudad de Barcelona, tiene su complemento en un apoyo teórico también trascendental: la ya mencionada *Teoría general de la urbanización*, obra sistemática de tres volúmenes, escrita por Cerdà entre 1855 y 1864, donde estudia, mediante una

open-ended in time and space, and as a mechanism for the public and private management of the capitalist financing of the city.

The typological freedom in the interior of the mesh grid allows exceptional flexibility. Old types of eclectic architecture and aligned *passatges* designed to make more intensive use of the land were accommodated within the generous matrix of the overall scheme. The image of the new bourgeois city began to be characterized by the unlimited availability of land, by hygienic living conditions and low buildings density, by the contrast between the rational, systematic order of the new layout and the suffocating labyrinth of the medieval fabric and, lastly, by an illusory faith—sustained by the scientific spirit—in liberal egalitarianism.

Rented accommodation, a residential phenomenon typical of nascent urban capitalism, took its characteristic form in Barcelona, too. The layout of the new city, with its long streets, chamfered corners and interior courtyards, clearly favoured the construction of tall apartment blocks, with the comforts of the street and the interior garden the preserve of the privileged *piano nobile* or *principal* occupied by the owner of the building.

The urbanization of the new Barcelona centred on the territorial axis that links the old city and Gràcia, the avenue outside the walls that in 1824 became a boulevard-cum-salon, and served as the spinal column for the first sections of the grid to be occupied. The first six residential hotels were build around this thoroughfare, which effectively established itself as the finest and most prestigious avenue in the city, the place where the most

discusión histórica y estructural, el trazado del transporte y los criterios que de ello se derivan para la buena ordenación de las ciudades. Este tratado de urbanismo se puede clasificar entre los más importantes de los que aparecen en Europa Central y en Gran Bretaña en los años sucesivos, y que, con simplicidad pero con gran clarividencia, afronta el tema de la proyección de la gran ciudad moderna como un proceso de urbanización continuo, abierto en el tiempo y en el espacio, y como un mecanismo de gestión pública y privada de la financiación capitalista de la ciudad.

La libertad tipológica en el interior de la malla proporciona una gran flexibilidad. Tanto los viejos tipos de arquitectura ecléctica como los pasajes alineados, que buscan un aprovechamiento más intensivo del suelo, encontrarán su lugar en aquella matriz generosa que es el esquema general. La imagen de la nueva ciudad burguesa se caracteriza, poco a poco, por la disponibilidad sin límites de suelo, por las condiciones de higiene y de baja densidad de edificación, por la oposición entre el orden racional y sistemático del nuevo trazado y el laberinto sofocante del tejido medieval, y, finalmente, por aquella fe ilusoria que el espíritu cientifista alimentaba respecto del igualitarismo liberal.

La casa de renta, fenómeno residencial típico del capitalismo urbano naciente, adopta también en Barcelona sus formas características. La disposición de la nueva ciudad, con sus largas calles, los cruces en chaflán y los patios de manzanas, favorece sobradamente la residencia en altura, reservando el confort de la calle y los jardines interiores para el privilegiado piso principal del propietario.

La urbanización de la nueva Barcelona se apoya sobre el eje territorial que une la ciudad antigua y Gràcia, aque-

representative activities and buildings were located.

Over the course of the second half of the 19th century, the construction of the city was principally an enormous urban planning effort to prepare the land designated for building: the laying of streets and avenues, the staking out of alignments and levels, the definition of infrastructure and the laying of public utilities. This was all carried out on a remarkable scale for its time and to a standard of technical excellence that is still unsurpassed.

The sewage plan for the city drawn up by the engineer Pere García i Fària in 1891 was the decisive complementary factor in the implementation of the whole process of urban expansion. It was precisely the dual action of territorial regulation through the design of the new city and the presence of infrastructure as the driving force of urbanization that characterized the form of 19th-century urban growth. The descriptive and technological rigour of these infrastructure plans made them a guarantee of development, both for their functional utility as a referent for the occupation of the land (alignments, links to the grid, etc) and for their economic role in setting and distributing added value.

The importance of the figurative expression of the public utilities shows the extent to which the new collective amenities were seen as emblematic of the idea of the city that was being built, a city that replaced the hierarchical polarization of the customary privileges of the old city with 'urban rights'; in other words, as if services and their locations were intended to guarantee, on the abstract levels of definition of the city, the rationality and justice of its development. Paradoxically, this equilibrium

lla avenida extramuros convertida en 1824 en un paseo salón, que sirvió de espina para las primeras cuadrículas que se ocuparon. Es en torno a dicho eje donde se construyen los seis primeros hoteles residenciales y, progresivamente, se consolidará como la avenida de más calidad y prestigio de la ciudad, la zona donde se localizarán las actividades y los edificios más representativos.

A lo largo de esta segunda mitad del siglo XIX, la construcción de la ciudad exigirá, principalmente, un enorme esfuerzo de urbanización para preparar el suelo edificable: apertura de calles y vías, señalización de alineaciones y rasantes, definición de infraestructuras e implantación de servicios públicos. En resumidas cuentas, una operación de una dimensión notable para la época y con una exigencia y un nivel técnico aún hoy no superados.

El plan de saneamiento de la ciudad realizado por el ingeniero Pere Garcia i Fària en 1891 representa el complemento decisivo a partir del cual se podrá desarrollar todo el proceso de expansión urbana. Es justamente la doble acción de reglamentación territorial, a través de las trazas de la nueva ciudad, y la presencia de las infraestructuras como motor de urbanización, la que caracteriza la forma de crecimiento urbano de este siglo. El rigor descriptivo y tecnológico de estos planes de infraestructura los convierte en una garantía de desarrollo, tanto por la utilidad funcional —de referencia para la ocupación del suelo (alineaciones, conexión a las mallas, etc.)— como por el valor económico de distribución y fijación de plusvalías.

La importancia de la expresión figurativa de los servicios públicos muestra hasta qué punto las nuevas comodidades colectivas se consideraban representativas de la idea de ciudad que se estaba construyendo. Enfrentada a la po-

ignored the principal historical factor in the process that would, with the coming of industrialization, allow the city to grow: the working class.

It was the plenitude of urban services (streetlights, fountains, trees, etc.) and the resulting total determination of the public image that gave the bourgeois city such remarkable impetus in the last quarter of the 19th century. It was then that the architecture of the city achieved its richest and most representative forms and the whole urban complex was consolidated in a coherent order.

The great secret of the architectural success of the Eixample lies in the enormous flexibility of the mechanisms governing the use of land. Very considerable autonomy was allowed in plot division and construction, though at the same time the overall compositional order was strictly respected. With Gaudí, Puig i Cadafalch and Domènech i Montaner three architects, three ideologies and three cultural moments coincide in an urban façade whose expressive richness is as great as its urban coherence. The urban character of this 19th-century city is to a large extent apparent in the expressive variety of its unprecedented architectural elements with their role as democratic protagonists of the urban complex, diverse citizens of a republic of forms.

Thus, over more than 50 years, amid abuses and distortions, an urban fabric became consolidated, an urban fabric that in its scale and coherence appears surprisingly perfect today and ideally suited to contemporary demands: an urban centre whose capacity for transformation, absorption and circulation and whose visual impact are exceptional in comparison with most historic cities. At

larización jerárquica de los privilegios de uso de la ciudad antigua, mediante una oposición por igual de los "derechos urbanos", es decir, como si en los servicios y los emplazamientos se quisiera asegurar, dentro de los niveles abstractos de definición de la ciudad, la racionalidad y la justicia de su desarrollo. Paradójicamente, este juego equilibrado dejaba de lado el principal factor histórico del proceso que haría posible, con la industrialización, su crecimiento: la clase obrera.

Es la plenitud de servicios urbanos (el alumbrado, las fuentes, los árboles, etc.) y la consiguiente determinación total de la imagen pública, lo que permitirá el fuerte impulso de la ciudad burguesa a partir del último cuarto de siglo. Es entonces cuando la arquitectura de la ciudad adquiere sus formas más ricas y representativas y todo el conjunto urbano se consolida en un orden coherente.

El gran secreto del éxito arquitectónico del Eixample reside en la gran flexibilidad de los mecanismos de uso del suelo. La parcelación y la construcción pueden realizarse con una gran autonomía, guardando, al mismo tiempo, un estricto respeto por el orden de composición conjunto. Gaudí, Puig i Cadafalch, Domènech i Montaner: tres arquitectos, tres ideologías y tres momentos culturales coinciden en una fachada urbana en la que la riqueza expresiva es tan grande como la coherencia urbana. Así es como, en gran parte, el carácter urbano de esta ciudad del XIX puede descubrirse en la variedad expresiva de los elementos arquitectónicos elevados, inéditos en cualquier época anterior, con el papel de protagonistas democráticos del conjunto urbano, ciudadanos diversos de una república de formas.

De este modo, durante más de cincuenta años, se consolidará, entre abusos y deformaciones, un tejido urbano

the same time, however, the issue of its integral conservation is, in scale and complexity, beyond the scope of our
experience to date. Failure to comprehend this problem
threatens the dangers of deterioration and increasing
confusion in an urban centre covering 1,400 hectares, 35
million square metres of built surface and 200 kilometres
of roads flanked by 150 listed buildings, together with
public transport, car parks an so on.

The largest planned residential area in Europe today is increasingly the centre of an entire densely urban
region, with successive changes in its urban forms and
functions. It has had to look on as the original grand
apartments have been converted into offices or divided
into smaller flats, and has even seen whole buildings
demolished to make way for emblematic new corporate
offices. The large plots once occupied by schools, cinemas, churches, garages and warehouses have been taken
over by footballer developers or resident's associations
demanding space for a park. Small shops are going out
of business and the expensive shops are moving out to
the new residential areas or inside the empire of shopping malls and department stores. Traffic circulation is
intense and extensive but orderly, while vehicle parking
invades the pedestrian space of the pavements, perforates
boulevards with underground ramps and occupies block
interiors, while garage entrances an almost continuous
series of interruptions in ground floors, across kerbs and
pavements and between trees. Cinemas and bars tend to
be grouped in clusters, as do offices and agencies, and
visitors and workers end up doing the same, by time
and shift. Only the banks, with their glacial exteriors

que, por su escala y coherencia propias, aparece hoy como asombrosamente perfecto y apropiado a las exigencias contemporáneas: un centro urbano donde la capacidad de transformación, de absorción y circulación o el impacto visual son excepcionales, si los comparamos con los de la mayoría de las ciudades históricas. Pero, al mismo tiempo, existe un problema de conservación integral que, por su escala y complejidad, sobrepasa la experiencia conocida. Su incomprensión comporta el peligro del deterioro y de la confusión creciente de un centro urbano de 1.400 hectáreas, 35 millones de metros cuadrados de superficie construida, 200 kilómetros de calles, en las que están presentes 150 edificios catalogados como monumentos públicos, además de los transportes colectivos y aparcamientos, etcétera.

Hoy, la que resulta ser la mayor área residencial planificada de Europa se ha ido convirtiendo en el centro de una región densamente urbana, con sucesivos cambios en sus funciones y en sus formas urbanas. Y el Eixample ha tenido que ir viendo como los pisos señoriales originarios se transforman en oficinas o se dividen en apartamentos, cuando no son derribados para dar paso a emblemáticos nuevos edificios de grandes firmas. Los grandes solares que eran antes escuelas, cines e iglesias, garajes y almacenes, ceden ante el *promotor futbolista* o ante la petición de una asociación de vecinos que reclama un rincón de parque. El pequeño comercio se esfuma y las tiendas caras tienden a trasladarse a las zonas de nueva residencia o al imperio de las grandes galerías y almacenes. La circulación es intensa y extensiva, pero ordenada, mientras que el aparcamiento destroza el suelo del peatón, al subirse a las aceras, perforar bulevares con rampas, invadir patios de manzanas, interrumpir con vados casi continuos los bajos de

of luxurious empty metal showcases, are everywhere.

Nevertheless, the Eixample has trees, some 30,000 trees along 250 kilometres of pavements five metres wide; almost 10,000 plots and some 600 street blocks (and thus more than 2,000 chamfered street corners). Above all, it has buildings that are great works of architecture, among them examples of outstanding beauty—*Modernista*, eclectic, *Noucentista*, historicist or rationalist—with large interior courtyards as big as squares, in which domestic intimacy combines with a sense of discreet and reserved neighbourliness. It has an enviable microclimate. The Eixample is rectilinear but never monotonous, unmistakably itself yet cosmopolitan, public and private. It is the image of Barcelona that tourists take home with them, with a drop or two of Gaudí and a hint of the Gothic. But it is also the image that the people of Barcelona themselves have of their city, it is the Eixample that comes to their mind's eye, an image that most cultivated Europeans would equate with the idea of the modern city of the 19th century.

It is hardly surprising, then, that international interest in the Barcelona Eixample should be on the rise. Studies by leading European and North American urbanists acknowledge Cerdà as one of the first great theorists of modern urbanism, and the Eixample, as we know it today, as the largest planned city in the modern world. The logical consequence of this attention in specialist studies by architects and urban planners has been scholarly recognition by geographers, historians and economists, accompanied by the revitalized presence of the Eixample in other creative fields such as fiction, commercial design, cuisine and films.

las casas, los frentes de las aceras y el arbolado. Los cines y los bares tienden a agruparse, como lo hacen los despachos y las agencias, y como también terminan haciendo, por horas y por turnos, los visitantes y los trabajadores. Tan sólo los bancos se encuen-tran por todas partes, siempre con su mirada glacial de vacías vitrinas metálicas de lujo.

El Eixample, sin embargo, tiene árboles, unos 30.000, y 250 kilómetros de aceras anchas de cinco metros de anchura; cerca de 10.000 solares, en unas 600 manzanas de casas (y, por lo tanto, más de 2.000 chaflanes). Y tiene, sobre todo, casas de una gran arquitectura, entre las que se muestran ejemplos de la mayor belleza modernista, ecléctica, novecentista, historicista y racionalista. Con los grandes patios interiores, extensos como plazas, donde la intimidad doméstica se combina con una sensación de compañía vecinal, discreta y distante. Y tiene un microclima envidiable. El Eixample es rectilíneo, sin ser nunca monótono; característico, sin dejar de ser cosmopolita; público y privado, como espacio sin solución de continuidad. Su imagen es la que todo turista se lleva de Barcelona: con unas gotas de Gaudí y un regusto de gótico. Pero es también la imagen que los mismos barceloneses tienen de su ciudad y la que un europeo culto asimila a la idea de ciudad moderna del siglo XIX.

No debe sorprender, pues, que la atención hacia el Eixample de Barcelona sea un fenómeno creciente en las últimas décadas. Una atención internacional que pasa por destacados estudios urbanos europeos y norteamericanos, que ven en el ejemplo de Cerdà uno de los primeros grandes teóricos del urbanismo moderno, y también en el Eixample, tal como hoy aparece, el ejemplo de la mayor ciudad planificada del mundo moderno. Es lógico, pues, que la atención de

The *reprise* of the Eixample has evolved along two simultaneous, parallel and at times intertwining lines. In 1959, Barcelona City Council commemorated the centenary of the Cerdà Plan of 1859 with a booklet by Adolf Florensa and Vicenç Martorell outlining the history of its elaboration and offering an initial tribute, biographical and moral, to Ildefons Cerdà as a great innovator in his profession, a ground-breaking figure who had been misunderstood. The long period in which the illustrious engineer was neglected and underestimated was over. A few years later, in 1968, Fabià Estapé became interested in Cerdà and his ideas and, in his capacity as Director of the Institute of Fiscal Studies, re-issued the 'Report of the Plan for the Eixample', together with the 'General Theory of Urbanization', the first edition of which the institute had also published. This link thus restored a sense of the process of urbanization as a financial and economic phenomenon. Estapé highlighted anecdotes and individual values from Cerdà's life as a doughty champion of an idea of progress, scientific single-mindedness and rational patriotism. This way of presenting him immediately prompted a campaign by the Catalan civil engineers' professional association and Grup 2C to promote awareness of Cerdà, with a major exhibition in his honour that travelled round much of Spain and Europe. The work of Salvador Tarragó, Arturo Soria and Françoise Choay can be seen as a warm and devoted homage to their progressive forerunner as a social utopian and a philosopher of science, and while it might be an exaggeration to attribute these roles to the Barcelona engineer they have undoubtedly helped to create an image and enhance the

los estudios especializados de arquitectos y urbanistas haya trascendido en seguida al reconocimiento académico de geógrafos, historiadores y economistas, acompañado, además, de una renovada presencia del Eixample de Barcelona en otros campos creativos, como la novelística, el diseño comercial, la restauración y el cine.

La *reprise* del Eixample arranca por dos vías paralelas, simultáneas y a veces entremezcladas. Fue el Ayuntamiento de Barcelona el que, en 1959, de la mano de Adolf Florensa y Vicenç Martorell, conmemoraba el centenario de la aparición del Plan Cerdà (1859) con un opúsculo en el que se recogía la historia de su elaboración y se presentaba una primera elegía, biográfica y moral, de la figura de Ildefons Cerdà como profesional innovador y precursor incomprendido. Se rompía, así, un largo período de silencio, e incluso de menosprecio, sobre el ilustre ingeniero. Unos años después, en 1968, Fabià Estapé se interesa por la persona y la actitud de Cerdà y, como director del Instituto de Estudios Fiscales, reedita la "Memoria del Plan de Ensanche", junto con la *Teoría general de la urbanización*, que el mismo Instituto editó en un momento inicial. De acuerdo con este vínculo, se restituye una visión del hecho urbanizador como fenómeno financiero y económico. Estapé acentúa anécdotas y destaca los valores individuales de la vida de Cerdà como esforzado paladín de una idea de progreso, de terquedad cientifista y de razonable patriotismo. Será esta línea expositiva la que dará pie, en seguida, a la campaña divulgadora del Colegio de Ingenieros de Caminos y del Grupo 2C en torno a Cerdà, expuesta en la gran muestra hagiográfica que recorrió buena parte de España y de Europa. En los trabajos de Salvador Tarragó, Arturo Soria y Françoise Choay, el tema central

international recognition of his life and work, whose importance is now beyond dispute.

The tendency of this latest interpretation has been to emphasize only the prior values of the initial project and to see its development over time as an ongoing process of degradation of the original idea. The increasing density, the variants and the exceptions are seen as negative aspects that only short-sightedness, speculation or bad taste could have permitted. In this view, only an oneiric return to the original state, the denunciation of present evils or a new global order are appropriate responses for any proposal for the future (or even the present) of the Eixample.

However, the proper antidote to this alarmist vision is a better understanding of the Eixample's merit as a successfully realized achievement, adding to the value of the initial project and of Cerdà's remarkable contribution an appreciation of the art, ingenuity, intellectual input and cultural force that went into its execution, development and successive enrichment. Back in 1963, Oriol Bohigas unequivocally transcended the ambiguity of hagiography with a boldly contextualizing proposal in his *Barcelona, entre el Pla Cerdà i el barraquisme* (Barcelona: Between the Cerdà Plan and the Slums). Here Bohigas contrasts two different ways of working and two different cities, the well-built and the badly-built. The Eixample is, of course, the inexhaustible example of the well-constructed Barcelona, in contrast to the outlying districts with their absence of order and harmony. My own work and that of the Laboratori d'Urbanisme (at the Barcelona School of Architecture) puts forward a different view, one that sees

es el canto emocionado y devoto a la figura del ingeniero progresista y precursor, hasta su extrapolación como utopista social y filósofo de la ciencia. Cualidades que quizá sería exagerado atribuir al ingeniero barcelonés, pero que sin duda han ayudado a crear una imagen atractiva para el reconocimiento internacional de su figura y obra, que es hoy en día indiscutible.

Con esta última interpretación, se ha tendido a enfatizar los valores previos del proyecto inicial y a entender su desarrollo en el tiempo como un continuo proceso de desvirtuación de la idea inicial. La densificación, las variantes y las excepciones son vistas como aspectos negativos, que sólo la miopía, la especulación o el mal gusto habrían permitido. Y, por lo tanto, un onírico retorno a los orígenes, la denuncia de los males presentes o un nuevo orden global serían las únicas respuestas apropiadas para cualquier propuesta de futuro (e incluso de presente) del Eixample.

Ante esta visión catastrofista, hay que poner una mayor comprensión del mérito del Eixample como éxito de realización, añadiendo, al valor del proyecto inicial y de la aportación singular de Cerdà, la apreciación de la obra de arte, de ingenio, de esfuerzo intelectual y de fuerza cultural que ha supuesto su ejecución, desarrollo y el sucesivo enriquecimiento. Ya Oriol Bohigas, en 1963, superaba frontalmente la ambigüedad del reconocimiento hagiográfico con una propuesta orientadora. *Barcelona, entre el Plan Cerdà y el chabolismo* es la contraposición de dos maneras de hacer, de dos ciudades: la bien hecha y la mal hecha. El Eixample sería, naturalmente, el ejemplo inagotable de la Barcelona bien construida, frente a las periferias sin orden ni concierto. En mis trabajos y en los del Laboratorio de Urbanismo (de

the real Eixample as the sum of one idea and many ideas at once, as a great initial project with many lesser projects superimposed on it, as a dialectic between general laws and particular solutions, a tension between regularity and variety, between utopia and nostalgia, between individuality and norm, between layout and architecture. This is the thesis that the Laboratori d'Urbanisme de Barcelona has advanced over the years in exhibitions, projects and publications. In 1975 we contributed with the Barcelona Pavilion to the major exhibition devoted to the great 19th-century European cities (Paris, Berlin, Vienna, Budapest and Barcelona) organized by the Council of Europe in Berlin. These cities were brought together not just as great projects of their time but as great present-day cities constructed from the 19th century on. Without doubt, scholars and non-specialists alike are fascinated by Barcelona because it is demonstrably a well-made city, and it is its current success that generates the high degree of interest in the project that gave rise to it. The work of Joan Busquets and Miquel Corominas has illuminated with specific research this vision of the actual Eixample as an exceptional feat of urbanism.

Nowadays the overall layout of the Plan is regarded more as an initial premise than an end in itself. At the same time, other issues now seem important as project variables or susceptible to design. The new forms of plot have given rise to alternative ways of dividing *mansanes* and grouping apartments. Infrastructure networks, signalling nodes and branches with hierarchies of their own, have decisively influenced the use of the subsoil, with the possibility of different services and uses in different

la Escuela de Arquitectura de Barcelona), hemos sosteni-do otra mirada: aquella que ve en el Eixample real una suma de una y de muchas ideas a la vez, como un gran proyecto inicial y muchos proyectos menores superpuestos, como una dialéctica entre leyes generales y soluciones particulares, como tensión entre regularidad y variedad, entre utopía y nostalgia, entre individualidad y norma, entre trazado y arquitectura. Ésta es la tesis que, desde el Laboratorio de Urbanismo de Barcelona, hemos desarrollado durante estos años en exposiciones, trabajos y publicaciones. Cuando ya en 1975 contribuimos, con el pabellón de Barcelona, a la gran exposición del Consejo de Europa que, por primera vez, reunía en Berlín a las principales ciudades del siglo XIX europeo (París, Berlín, Viena, Budapest y Barcelona), no las reunía sólo como grandes proyectos de aquel tiempo, sino en cuanto grandes ciudades actuales construidas a partir del XIX. Sin duda, la gran fascinación que provoca Barcelona a estudiosos y *legos* en la materia es la demostración de que es una ciudad bien hecha, y es su éxito actual el que ha despertado el interés por el proyecto que la originó. Los trabajos de Joan Busquets y Miquel Corominas han iluminado, con investigaciones específicas, esta visión del Eixample real como obra urbanística excepcional.

Hoy, la idea del trazado conjunto del plan es más un supuesto de partida que un objetivo actual en sí mismo. En cambio, aparecen otros temas relevantes en cuanto a las variables de proyecto. Las nuevas formas de parcelación, que en sus diferentes modelos configuran formas alternativas de división de las manzanas y de agregación de las viviendas. Las redes de infraestructura, señalando nudos y ramales con jerarquías propias, con una influencia decisiva en el apro-

areas. Underground car parking as dense as that found in the centre of Manhattan is demonstrating an explosive and unforeseen level of access potential. Traffic circulation is most visible in the problems at intersections and turnings, far more important in a regular grid than the actual capacity of the road network itself. The varying states of the large *mansana* interiors call for a range of improvements and codes rather than a single volumetric criterion for the blocks. In the treatment of the façades, their composition and their continuity, height and style are less important than the plane, the vibration and the tone of the materials used or the three-dimensional richness of the ground floors.

A catalogue, in short, of the major themes that bourgeois good order seems to have presented us with in the 19th-century city, but it is pointless to imitate these to the letter or clamour for in words. Instead, they need to be reworked into principles appropriate to the city of today and tomorrow.

For any contemporary orientation of the future of the Eixample, this flexibility is also an intelligent caution against pedestrian conservatism and nostalgic lamentation for the city of the past. By remaining alert to what is truly useful in our positive evaluation of the 19th-century city we can go beyond mere mimetic obsession and make the most of its evocation as a source of suggestions, innovations and progress.

Cerdà's Eixample has bequeathed us as a permanent part of Barcelona the idea of the rational and technically and socially advanced city. Residents' and visitors' memory of the city will always be associated with an awareness

vechamiento del subsuelo y con posibilidades de servicios y usos diversos según las zonas. El aparcamiento subterráneo, cuya densidad (no inferior a la del centro de Manhattan) demuestra un potencial de acceso, explosivo e imprevisto a la vez. La circulación rodada, vista sobre todo en su conflicto de cruces y giros —mucho más importantes en una malla regular que la misma capacidad viaria de ésta—. Las diferentes situaciones de los grandes patios de manzana, que reclaman mejoras y ordenanzas diversas, en el margen de un criterio volumétrico único para las manzanas. El mismo tratamiento de las fachadas, de su composición y de su continuidad, donde la altura y el estilo no son tan importantes como el carácter plano, la vibración y el tono de los materiales o la riqueza tridimensional de las plantas bajas.

Un repertorio, en definitiva, de los grandes temas que el buen orden burgués parece habernos dado resueltos en la ciudad decimonónica, pero que no es válido imitar al dictado ni reclamar con palabras, sino que deben ser reconducidos a principios adecuados para la ciudad actual y la futura.

Y así es como, por una orientación contemporánea del futuro del Eixample, esta flexibilidad también resulta un aviso inteligente ante el conservadurismo pedestre y la lamentación nostálgica de la ciudad del pasado. Desvelando lo que hay de verdaderamente interesante en nuestra valoración positiva de la ciudad del siglo XIX podremos, más allá de la simple obsesión mimética, aprovechar su evocación como fuente de sugerencias, de innovaciones y de progreso.

El Eixample de Cerdà ha dejado para siempre como parte de Barcelona la idea de ciudad racional, avanzada, tanto técnica como socialmente. La conciencia de espacio planificado irá unida a la memoria de Barcelona que guardan

of the planned space. But it is the form of its physical grid as a mental image, the evidence of its imperturbable permanence that allows us to experience this idea and this awareness. No law, no just regulation has been so strictly observed since 1859, so intact, so acknowledged and so exact (in spite of everything) as the essential lines of that wise plan that have, since 1859, marked out the streets and houses of the central area of Catalonia. When we look at Poblenou and La Llacuna, Diagonal Mar and Vila Olímpica today, and see how the clear frame of the orthogonal network has imposed itself on pre-industrial cadastres or configured the very newest architecture, we recognize the fidelity and precision of this grid as a permanent characteristic of the present form of Barcelona.

residentes y visitantes. Pero es la forma de la cuadrícula física como imagen mental, la evidencia de su permanencia imperturbable, la que permite experimentar aquella idea y aquella conciencia. Ninguna ley ha sido tan obedecida, ninguna norma justa, desde 1859, tan intacta, tan reconocida y tan exacta (a pesar de todo) como las líneas maestras de aquel sabio dibujo que, desde 1859, señalan las calles y casas del área central de Cataluña. Cuando hoy vemos, en el Poblenou y en La Llacuna, en Diagonal Mar y en la Villa Olímpica, cómo la marca decidida de la red ortogonal se ha impuesto a catastros preindustriales o bien configura novísimas arquitecturas, reconocemos que la fidelidad y la exactitud de esta cuadrícula es característica permanente de la forma actual de Barcelona.

116. Project for urban expansion by Antoni Rovira i Trias (winning proposal in 1859).

117. Detail of the project by Antoni Rovira i Trias.

118. Project for urban expansion by Josep M. Planas (1846).

116. Proyecto de ensanche de Antoni Rovira i Trias (propuesta premiada en 1859).

117. Detalle del proyecto de Antoni Rovira i Trias.

118. Proyecto de ensanche de Josep M. Planas (1846).

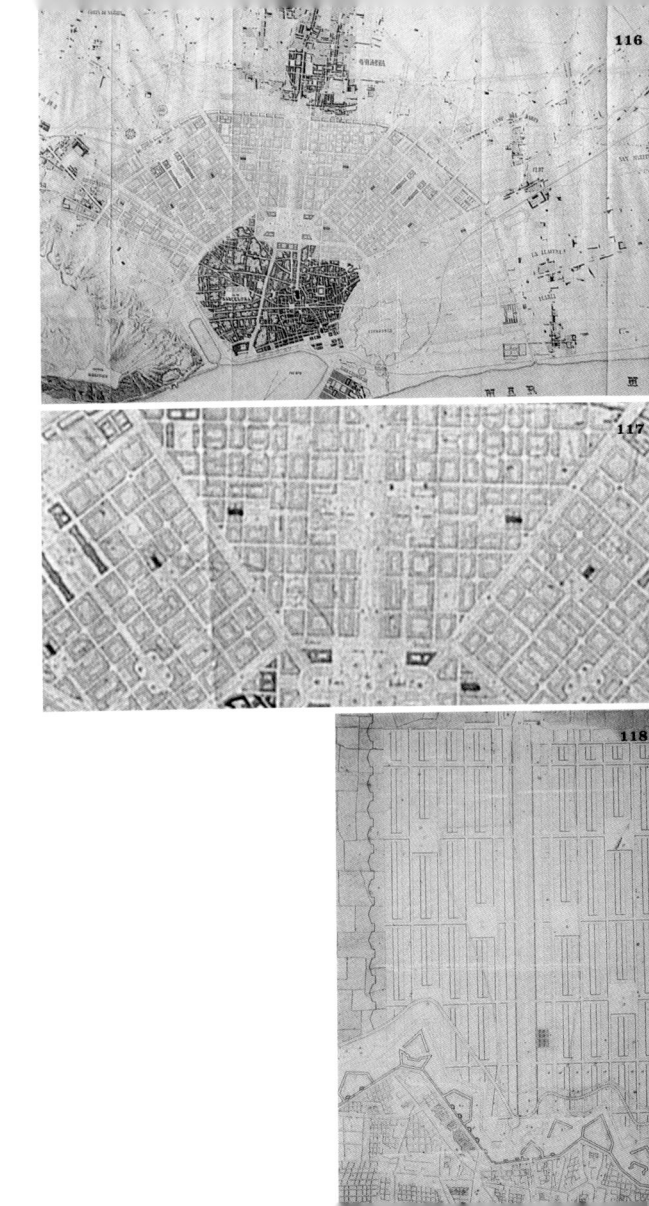

119. Project for urban expansion by Miquel Garriga i Roca (1857).

120. Project for urban expansion by Josep Fontserè (special mention in the 1859 competition).

121. Project for urban expansion by J. Soler i Glòria (special mention in the 1859 competition).

119. Proyecto de ensanche de Miquel Garriga i Roca (1857).

120. Proyecto de Ensanche, de Josep Fontserè (accésit al concurso de 1859).

121. Proyecto de ensanche de J. Soler i Glòria (accésit al concurso de 1859).

119

PLANO
DE LA CIUDAD DE
BARCELONA
Y
PROYECTO DE ENSANCHE

ENSANCHE Y MEJOR
de la Ciudad de
BARCELONA
E

MONTAÑA DE MONTJUICH

ANTE-PUERTO

122, 123, 124, 125.
'Plano de proyecto y
reforma del Ensanche
de Barcelona',
Ildefons Cerdà, 1859.

126. Typical plot division
and singularities in
the Eixample: Plaça
del Dr. Letamendi.

127. The Dreta (right)
of the Eixample. Aerial
photograph, 1960s.

122, 123, 124, 125.
"Plano de proyecto y
reforma del Ensanche de
Barcelona", de Ildefons
Cerdà (1859).

126. Parcelación tipo
y singularidades
en el Eixample: la plaza
del Dr. Letamendi.

127. Derecha del Eixample en los años sesenta.
Fotografía aérea, 1960.

128. Passeig Sant Joan, period photograph.

129. Consecration of the Church of La Concepció (Carrer d'Aragó between Carrer de Roger de Llúria and Carrer de Bruc).

130. Passeig de Sant Joan and the Arc de Triomf in the 1970s.

131. Aerial view of La Ciutadella and the axis made up of Passeig de Lluís Companys, the Arc de Triomf and Passeig de Sant Joan.

132. Period view of Rambla de Catalunya.

133a/133b. Theoretical model of the neighbourhood structure and amenities in the Cerdà Eixample (Miquel Domingo).

128. El actual paseo de Sant Joan. Postal de época.

129. Consagración del templo de la Concepció (calle de Aragó, entre las calles de Roger de Llúria y Bruc).

130. El paseo de Sant Joan y el arco de Triomf en los años setenta

131. Vista aérea de la Ciutadella y el eje formado por el paseo de Lluís Companys, el arco de Triomf y el paseo de Sant Joan.

132. Vista de época de la rambla de Catalunya.

133a /133b. Modelo teórico de estructuración vecinal y equipamiento en el Eixample de Cerdà, de Barcelona (Miquel Domingo).

134, 135. Aerial view
of the central area
of the Eixample looking
toward the sea.
The Passeig de Gràcia
and Rambla de Catalunya
axes are clearly visible.

136. The mansanes
or closed city blocks and
the central courtyards.

137. Avinguda Diagonal
cutting across the grid
on the bias.

138. Plaça de Catalunya
with the axis of
Passeig de Gràcia and
Carrer Gran de Gràcia.

134, 135. Vista aérea
del Eixample central
hacia el mar, en la
que destacan los ejes
del paseo de Gràcia
y de la rambla de
Catalunya.

136. Las *mansanes* o
manzanas cerradas
y los patios centrales.

137. La Diagonal,
trazado cortante de la
retícula.

138. La plaza de Catalunya con el eje formado
por el paseo de Gràcia y
la calle Gran de Gràcia.

134

135

136

137

138

139. The 'Cerdà Houses' at the junction of Carrer de Roger de Llúria and Carrer del Consell de Cent.

140. Elements of urbanization in the Eixample.

141. House on Rambla de Catalunya (on the corner of Carrer de València), with the monument to Clavé.

142. The uniformity and compositional coherence of the façades.

143. Chamfered street corner in the Eixample (junction of Carrer de Muntaner and Carrer del Consell de Cent).

139. Las "casas de Cerdà", en el cruce de las calles de Roger de Llúria y del Consell de Cent.

140. Elementos de urbanización del Eixample.

141. Casa en la rambla de Catalunya (en la esquina con la calle de València), y el monumento a Josep Anselm Clavé.

142. Uniformidad y coherencia compositiva de las fachadas.

143. Chaflán del Eixample (en el cruce de las calles de Muntaner y del Consell de Cent).

139

140

BARCELONA.
141

143

142

144. The Hispano-Olivetti office building. Section. 1960-1964. Ronda de la Universitat, 18 (Ludovico Belgiojoso, Enrico Peresutti and Ernesto N. Rogers).

145. Apartment block. Typical floor plan. 1959-1962. Carrer de Padilla, 323-329 (Antoni de Moragas i Gallissà and Francesc de Riba i Salas).

146. The Myrurgia factory. Ground floor plan. 1928-1930. Carrer de Nàpols, Mallorca-Provença (Antoni Puig i Gairalt).

147. Casa de les Punxes. First floor plan. 1903 Avinguda Diagonal-Carrer de Rosselló (Josep Puig i Cadafalch).

148. Casa Lamadrid. 1902. Carrer de Girona, 113 (Lluís Domènech i Montaner).

149. Theoretical model and the reality of a mansana with passageway.

150. The 'Mansana de la Discòrdia'.

151. Balconies and glazed galleries, façade composition.

144. Edificio comercial de Hispano-Olivetti. Sección. 1960-1964. Ronda de la Universitat, 18 (Ludovico Belgiojoso, Enrico Peresutti y Ernesto N. Rogers).

145. Edificio de viviendas. Planta tipo. 1959-1962. Calle de Padilla, 323-329 (Antoni de Moragas i Gallissà y Francesc de Riba i Salas).

146. Fábrica Myrurgia. Planta baja. 1928-1930. Calles de Nàpols, Mallorca y Provença (Antoni Puig i Gairalt).

147. Casa de Les Punxes. Planta del primer piso. 1903. Avenida Diagonal-calle de Rosselló (Josep Puig i Cadafalch).

148. Casa Lamadrid, 1902. Calle de Girona, 113 (Lluís Domènech i Muntaner).

149. Modelo teórico y realidad de la manzana con pasaje.

150. La "manzana de la discordia".

151. Balcones y tribunas, la composición de las fachadas.

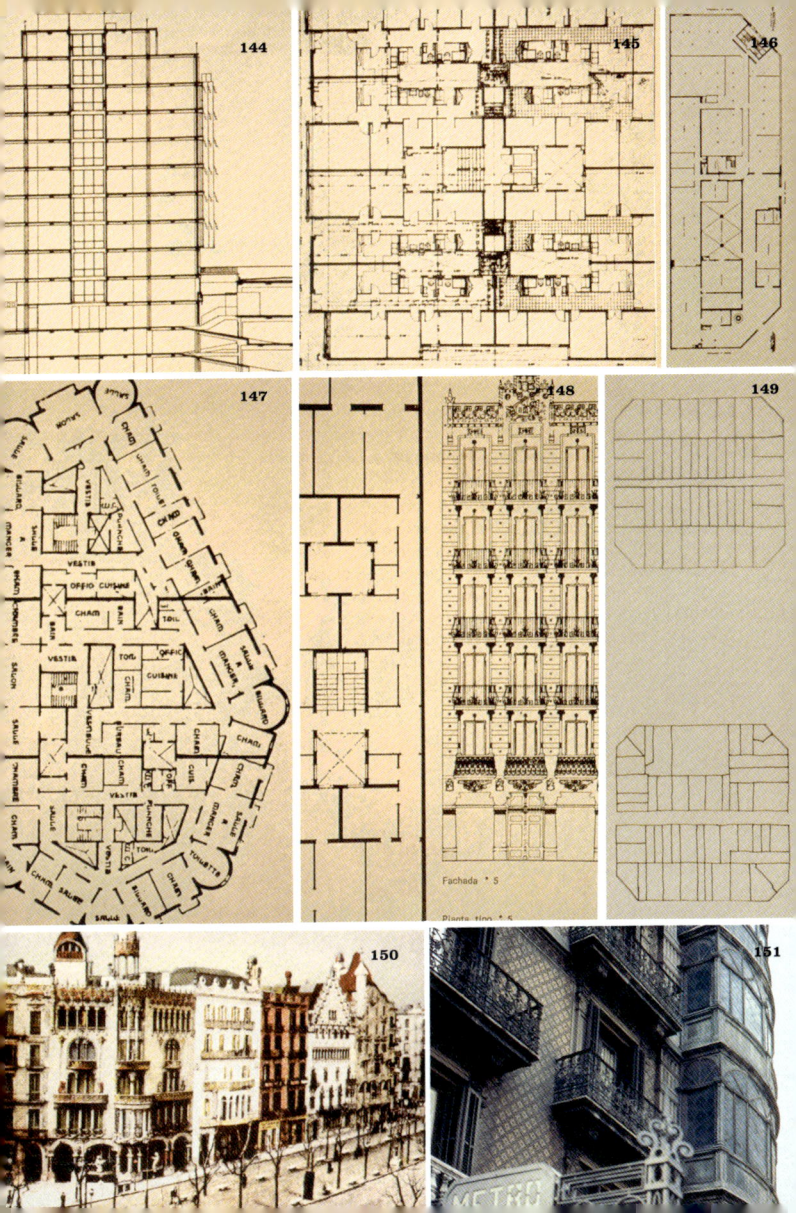

144

145

146

147

148

Fachada · S

Planta · tipo · S

149

150

151

152. Trees and street-lights, the urbanization of the streets.

153. The original gullies under the regular Eixample grid.

154. Part of the central area of the Eixample, 1864-1868, with some pre-existing uses, such as the Camps Elisis.

155. Cafeteria Royal, period photograph.

156. Plan of the underground public transport in the area of the Eixample. LUB, 1983.

157. Diagram of different densities according to the number of homes, nature of ownership, unevenness of the city blocks, plot sizes, businesses and services. LUB, 1983.

152. El arbolado y las farolas, la urbanización de las calles.

153. Las antiguas rieras bajo el Eixample reticular.

154. Fragmento del Eixample central, 1864-1868, con algunos usos preexistentes, como los Camps Elisis.

155. Cafetería Royal. Fotografía de época.

156. Esquema del transporte público soterrado en el ámbito del Eixample. LUB, 1983.

157. Esquemas de densidades, según el número de viviendas, régimen de tenencia, rugosidad de las manzanas, superficie de parcelas, negocios y servicios. LUB, 1983.

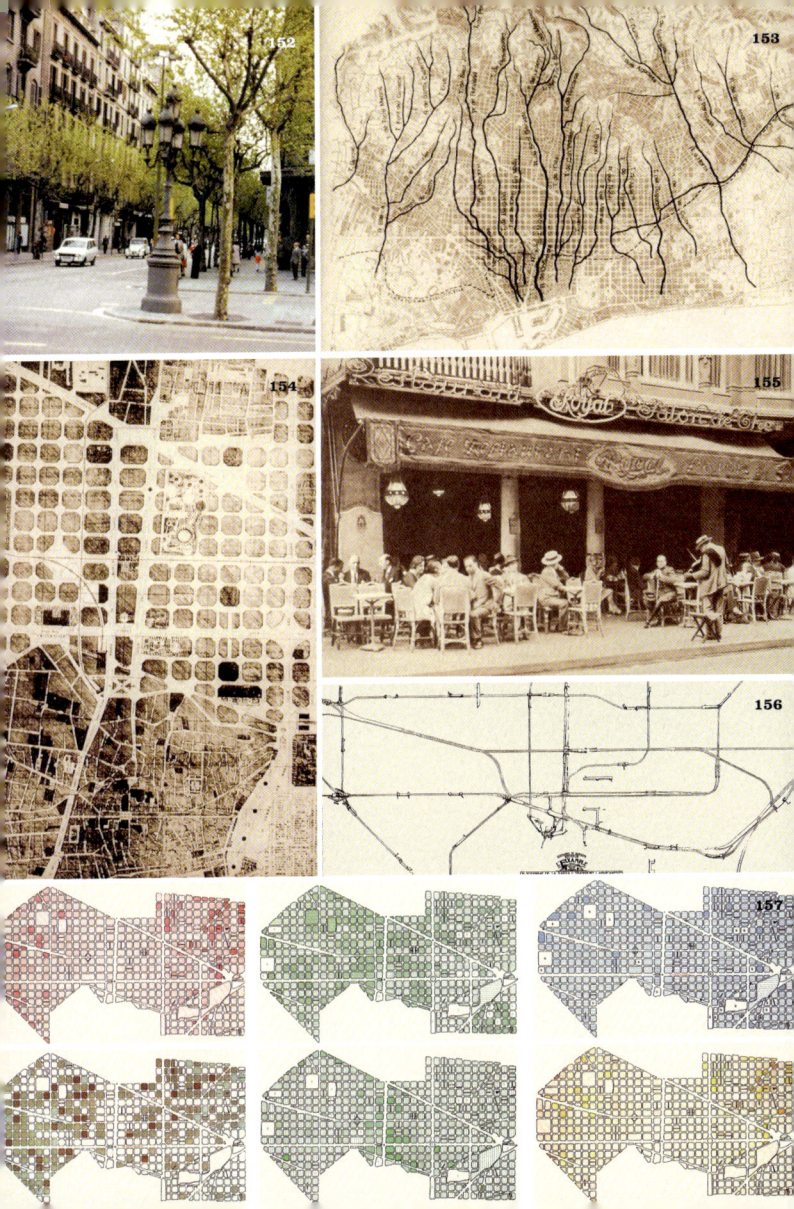

158. Passatge de Méndez Vigo, period photograph.

159. The mansanes with passageway. The Mercat de la Concepció.

160. Passageway in the Eixample, 1980s.

161. The Eixample under construction. Detail of the plan by Vicent Martorell (1929).

162. The bench-cum-street lamps by Pere Falqués on Passeig de Gràcia (1906).

158. Pasaje de Méndez Vigo. Fotografía de época.

159. Las manzanas con pasaje. El mercado de la Concepció.

160. Pasaje del Eixample, años ochenta.

161. El Eixample en construcción. Fragmento del plano de Vicent Martorell (1929).

162. Las farolas-banco de Pere Falqués, en el paseo de Gràcia (1906).

158

159

IGLESIA DE LA CONCEPCION

Pte. Párroco Oliveras

Pasaje de las Escuelas

MERCADO DE LA CONCEPCION

Pasaje del Mercado

160

161

162

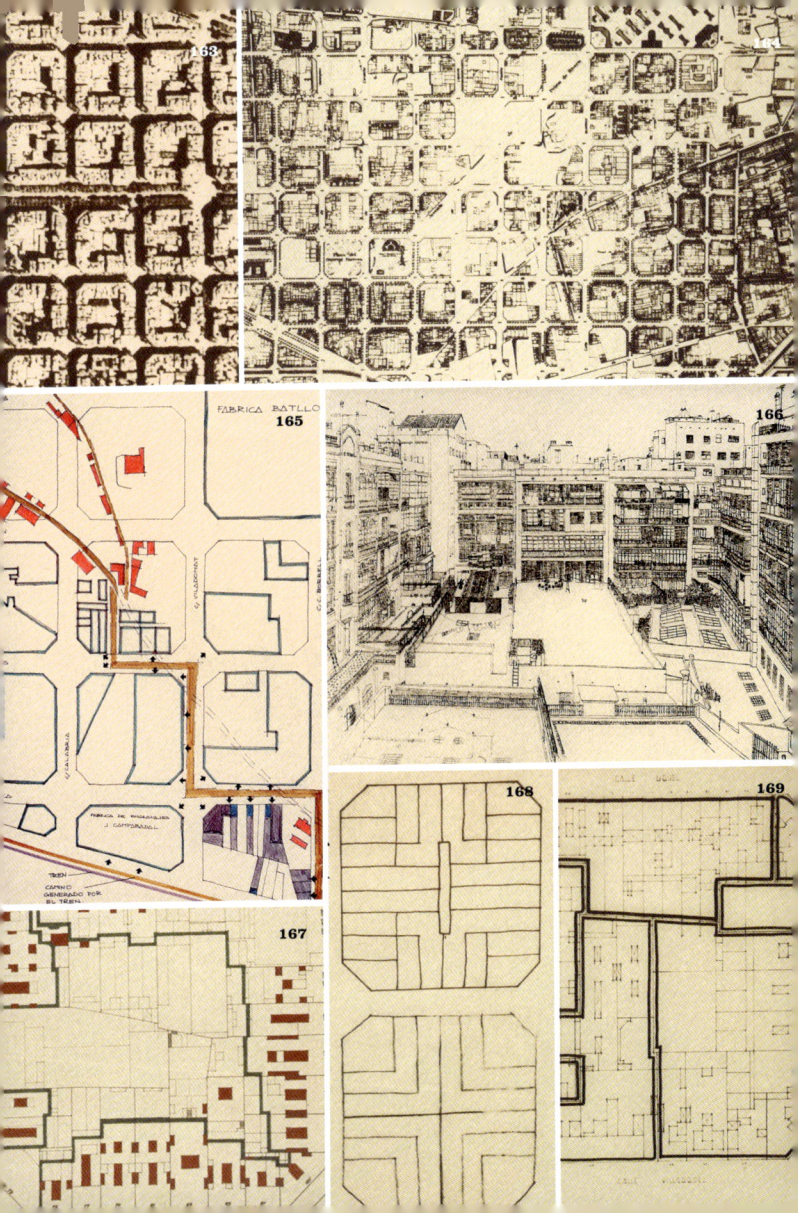

170. Plaça d'Espanya
(colour postcard
from the early years
of the 20th century).

171. Plaça d'Espanya,
a hub at the junction
of Avinguda del
Paral·lel and Gran Via.

172. View of
Plaça d'Espanya,
before 1929.

173. Plaça d'Espanya,
aerial view, 1970s.

170. Plaza de Espanya
(postal coloreada de
los primeros años del
siglo XX).

171. Plaza de Espanya,
rótula en la intersección
de la avenida del Paral·lel
con la Gran Via.

172. Vista de la plaza
de Espanya, antes de 1929.

173. Vista aérea de la
plaza de Espanya, alrededor
de los años setenta.

ORCHARDS, FACTORIES
AND VILLAS
railways give shape
to the Comarca

06 HUERTAS, FÁBRICAS Y TORRES
los primeros trenes configuran la forma comarcal

The Barcelona outside of Barcelona itself, the Barcelona of the municipalities in its immediate surroundings, has been a dominant issue for many years. For well over half a century, since the 1930s, first the idea of 'greater Barcelona' and then of 'metropolitan Barcelona' and the *comarca* or county between the two have been present under one name or another, one project or another, in a variety of political intentions. Now more than ever these areas are the essential locus of modern Barcelona even though this is not always recognized in the image people have of it or in its political, administrative or urbanistic definition. This new dimension, which became very evident during the years of large-scale migration into Barcelona, when it could be clearly measured by reference to population data, by the sight of the residential neighbourhoods and projects continually under construction and the landscape of cranes and building sites on the outskirts and in all the municipalities around Barcelona, is now somewhat diluted in the general dynamic of construction and immigration throughout Catalonia. But this spread of urbanization, however unwelcome, must not blind us to the realization that the structure of the future city will inevitably entail the integration of the city proper and the myriad towns

L a Barcelona fuera de ella misma, desparramada sobre los municipios aledaños que la circundan, ha sido cuestión dominante durante muchos años. Desde los años treinta y durante más de medio siglo, las ideas de la "gran Barcelona", primero, de la "Barcelona metropolitana", después, y de la comarca, entre ambas ideas, han estado presentes a través de diferentes nombres y proyectos y de variadas intenciones políticas. Hoy estos ámbitos son, más que nunca, el lugar fundamental de la moderna Barcelona, a pesar de que no siempre se reconozca ni en la imagen de la gente, ni en su definición política, administrativa y urbanística. Esta nueva dimensión, que se hizo muy evidente durante los años de la inmigración masiva, cuando podía medirse claramente en la observación de los datos de población, contemplando el panorama de los barrios y de los polígonos en constante edificación, o bien observando el paisaje de grúas y de obras en la periferia y en todos los municipios vecinos, está hoy más diluida en la dinámica general de la construcción y de la inmigración, extendidas por toda Cataluña. Pero esta difusión urbanizadora, bastante maléfica, no puede modificar el reconocimiento de que la estructura de la ciudad futura está supeditada, sin duda, a la integración de la ciudad clásica con la nube de poblaciones vecinas, en un conjunto urbano que constituirá la idea misma de Barcelona.

around it in an urban complex that will constitute the very idea of Barcelona.

Within the sequence of key moments in the formation of present-day Barcelona it is therefore worth identifying the elements that constituted the morphological origin of this *comarca* as a specific urbanistic form, as a functionally dependent and physically proximate territory: hinterland or periphery?

The first problem we face in considering the '*comarca* of Barcelona' is the lack of any clear image corresponding to the term. If we say '*comarca*' or 'municipalities around Barcelona' or 'Barcelona industrial belt', we are automatically choosing between different, but not mutually exclusive, geographical and socioeconomic concepts. It would surely be wrong to see here solely the condition of reference to a main area ('around', 'outskirts of'), but it is not easy to arrive at a faithful alternative image. And in terms of urban planning, too, this means recognizing that we are dealing with an urban configuration that is the product not of a single process but of a variegated genesis, the product of a number of different management initiatives and economic powers and of far from homogeneous geographical ambits and topographies. The urbanistic formation of the *comarca* of Barcelona has been uncontrolled, with an absence of unitary projects and often even of respect for the basic criteria of local planning: road networks, building heights and uses. These criteria have perhaps been observed better in the central city, but in the smaller nuclei they have been erratic, erroneous or absent, resulting in a total lack of overall order. Driving through

Dentro de la secuencia de los momentos fundamentales de la formación de la Barcelona actual querríamos ver, pues, cuáles son los elementos que constituyeron el origen morfológico de esta "comarca" como forma urbanística específica, como territorio funcionalmente dependiente y físicamente inmediato: ¿*hinterland*? ¿periferia?

El primer problema que tenemos al hablar de la "comarca de Barcelona" es la falta de una imagen clara que corresponda a la terminología. Si decimos "comarca" o "municipios alrededor de Barcelona" o "cinturón industrial de Barcelona", automáticamente estamos eligiendo entre conceptos geográficos o socioeconómicos diferentes, aunque no excluyentes. Sería seguramente falso ver sólo la condición de referencia a un área principal ("alrededor de", "cercanías de"), pero se hace difícil concretar una imagen alternativa fiel. Esto significa, también en términos de ordenación urbanística, que hay que reconocer que nos hallamos ante una configuración urbana que no emerge de un proceso único, sino de una génesis variada, que responde a iniciativas de gestión y a poderes económicos fragmentados y diferentes, y también a unas topografías y ámbitos geográficos nada homogéneos. La formación urbanística de la comarca de Barcelona se ha producido sin control, sin proyectos unitarios de referencia e, incluso, a menudo sin disciplina con respecto a los criterios elementales de ordenación local: los trazados viarios, las alturas de edificación, los usos. Unos criterios que quizá en la ciudad central se siguen con mayor fidelidad, pero que en los núcleos menores han sido erráticos, erróneos o no han existido, produciendo un absoluto desorden global. Por ello, cuando hay que atravesarlos, cuesta orientarse, porque las leyes del espacio urbano son allí discontinuas, muy interrumpidas y, a veces, simplemente inexistentes.

them is a disorienting experience, because the laws of the urban space are patchily applied or distorted, and at times simply nonexistent.

Nor is the image of the *comarca* any clearer on maps. What we see is a mosaic of separate pieces, without the elements of continuity that would give a sense of urban structure; nor can we discern a possible continuity of these fabrics that would give the whole a qualitative idea of unity. Quite the reverse: the areas stand out as being fractured, unconnected, detached from each other; the pieces unfinished both in the fragmentary form they present to the eye and in the form we observe more analytically in their general plan. These characteristics are also apparent in the more detailed elements of these towns—the housing types, the small centres or shops, the visually salient features and so on. We are unlikely to detect use structures or dominant types of architecture, qualities that do emerge, however, from the simple consideration of a plan of a conventionally more ordered city.

And yet, despite all this, the *comarcal* city does have a form of its own. In order to perceive this, it will be helpful to look at how its most decisive urban moments have occurred. The territory has, naturally, always existed, but we need to focus now on the origins of urban settlement here, which we can probably be placed at not much more than a hundred years ago, in the second half of the 19th century, when the first major transformation of the urbanization of this whole area began.

Three factors influenced the organization of the valleys—principally the Llobregat valley, but also the

Tampoco resulta más clara la imagen de la comarca observada desde los planos. Vemos un mosaico de piezas inconexas, sin elementos de continuidad que confieran una cierta referencia de estructura urbana, ni tampoco reconocemos una posible continuidad de los tejidos que dé al conjunto una idea cualitativa de unidad. Al revés: las áreas destacan porque aparecen rotas, inconexas, despegadas entre ellas: las piezas están inacabadas, tanto en la forma fragmentaria que presentan visualmente como en la que observamos más analíticamente en una planta general. Características aplicables, también, al examen de los elementos más precisos de estas ciudades: los tipos de residencia, los pequeños centros o comercios, o a los puntos visualmente emergentes... Difícilmente de esta observación detectaríamos estructuras de uso o un tipo de arquitectura dominante, unas calidades sí sugeridas, en cambio, por la simple observación del plano de una ciudad convencionalmente más ordenada.

A pesar de todo ello, esta ciudad comarcal tiene una forma. Para averiguarla, nos interesa reconocer cómo están presentes los momentos urbanos más decisivos. Naturalmente que el territorio ha existido siempre. Pero queremos fijarnos ahora en el origen del asentamiento ciudadano, que seguramente se remonta a no mucho más allá de un siglo, en la segunda mitad del XIX, cuando empezó la primera transformación urbanística importante de todas estas tierras.

Tres factores influyeron en la organización de lo que eran los valles —sobre todo el del Llobregat, y también el del Besòs y el inicio del Maresme— en los que se situaron dichos asentamientos. Estamos hablando de un área geográfica amplia, que se forma en torno a Barcelona, más allá de lo que es su llanura inmediata y circundante —el llano de Barcelona,

Besòs valley and the start of El Maresme—where these settlements formed. We are dealing with a large geographical area that extends around Barcelona beyond the immediate plain—the *horta i vinyet*—on which the city and its Eixample established themselves. This includes zones that are topographically separate from this central plain, but not far away, and visually comprehensible, with strong elements of continuity. Essentially, we are referring to the two deltas: the Llobregat delta, from Montjuïc to El Garraf; and the mouth of the Besòs valley, which is much smaller and also has its own sand deposits, giving rise to a coastal plain—once wetlands, later drained—extending from old Barcelona to Montgat.

These areas were undoubtedly first used for good urban agriculture to supply the city. From Roman times, the villas near Barcelona configured a worked, cultivated territory characterized by luxurious recreation, gardens and beautiful sea views. The villas of Baetulo and Barcino, such as the large estate of the patrician Cornelianus, must have pleasingly marked the landscape with their cypresses and vines, just as they did the slopes of Naples and Pompeii. By the 19th century the intensively farmed fields and market gardens in El Prat and Sant Vicenç, their produce feeding the city, and the plots owned by city families out in Sarrià, Sant Joan *d'es Pi* ('of the pine') and *Les Esplugues* ('the caves') used as private gardens or as allotments to grow food for their own consumption—places that were partly for recreation and partly for domestic production—had given rise to the first processes of land

la *horta y vinyet* (la huerta y el viñedo)—, donde se establecieron la ciudad y su ensanche. Un ámbito que comprende unas zonas topográficamente separadas de este llano central, pero en un espacio no lejano y visualmente comprensible, donde se establecen fuertes elementos de continuidad. Nos referimos básicamente a los dos deltas: el delta del Llobregat, que desde Montjuïc alcanza hasta el Garraf; y el de la desembocadura del valle del Besòs, más pequeño y que también forma su arenal propio, dando lugar a una llanura de tierras, primero húmedas y luego secas, desde la Barcelona antigua hasta Montgat.

Seguro que el primer uso que tuvieron estas tierras fue el de una buena agricultura urbana, complementaria de la ciudad. Ya desde los romanos, las villas próximas a Barcelona conformaban un territorio trabajado y culto, caracterizado por el esparcimiento lujoso, por los jardines y las buenas vistas hacia el mar. Igual que en las vertientes de Nápoles y de Pompeya, las poblaciones de Bétulo y de Bárcino, como la gran posesión del patricio Corneliano, debían definir el paisaje amablemente, con los cipreses y las vides. Claramente, en el siglo XIX, con la formación de huertas y cultivos de explotación intensiva para el consumo de la ciudad, en El Prat de Llobregat y en Sant Vicenç dels Horts, y también las huertas privadas, las de tipo familiar que la gente tenía en las afueras, en Sarrià, en Sant Joan des Pi (del pino) o en Les Esplugues, plantadas de jardines o simplemente para cultivos familiares, unos sitios mitad de esparcimiento y mitad de aprovechamiento doméstico, que comportarán los primeros procesos de división de la tierra. Fue este primer paso de establecimiento parcelario, de organización física relativamente ordenada, el que convirtió lo que era aún un espacio

division. This first step in the establishment of plots, relatively orderly in its physical organization, turned what had been an open or undifferentiated natural space, geologically very imprecise, into something more structured, with properties, paths and land divisions, even geometrical ones.

The second important moment was the coming of industrialization. The setting up of mills and factories in Catalonia started in the old centre of Barcelona, with the first two or three steam-powered factories, and in a number of towns in the interior, such as Igualada, Manresa, Olot, Valls and others. The process really took off with the move out from the residential fabric to new sites on the rivers Ter and Llobregat, the two great axes of industry. In the case of Barcelona, industry leapt straight from the central nucleus to points quite distant from it. Many firms relocated to small centres situated along the two valleys which, in conjunction with the roads in and out of the city, gave rise to the first characteristic pattern of industrialization peculiar to the city of Barcelona.

It is common knowledge that there has been a lot of industry in Barcelona, but also that the city has not had any large industrial areas. If we compare it with London, for example, we can see that there the distribution of industry in the city is relatively simple: there are three or four large areas that have always been industrial. The growth of the central sector as a residential area has also been very uniform. It could be said that there is a large-scale ecological division of the land that is very clear with regard to industrial uses.

natural abierto e indiferenciado, geológicamente muy impreciso, en algo más estructurado, con propiedades, pequeños caminos y divisiones, incluso geométricas, de la tierra.

El segundo momento importante fue el del establecimiento de la industria. El proceso de instalación de industrias en Cataluña arranca en el núcleo antiguo de Barcelona, con dos o tres vapores, y en algunas poblaciones interiores de Cataluña (Igualada, Manresa, Olot, Valls, etc.). Pero experimenta un fuerte tirón cuando esa industria sale de las calles de la ciudad y se instala fuera, junto a los ríos, en los dos grandes ejes industriales del Ter y del Llobregat. Por lo que respecta a Barcelona, la industria salta directamente del núcleo central a posiciones bastante alejadas del centro. Muchas se implantaron en los pequeños núcleos a lo largo de los dos valles, que, apoyándose en vías exteriores de salida de la ciudad, ofrecieron un primer patrón de establecimiento industrial característico y peculiar de la ciudad de Barcelona.

Todo el mundo sabe que ha habido mucha industria en Barcelona, pero también que no ha tenido grandes zonas industriales. Si la comparamos con Londres, por ejemplo, se observa que allí el reparto de la industria dentro de la ciudad tiene una disposición relativamente sencilla: hay tres o cuatro grandes paquetes que han sido las áreas industriales de siempre. También el crecimiento del sector del centro como ocupación residencial ha sido muy uniforme. Se diría que hay en la capital británica una gran división ecológica de la tierra, muy clara respecto de los usos industriales.

En Barcelona, por el contrario, siendo una ciudad de mucha industria pequeña, este proceso no es tan claro. La posición de la industria ha sido, comparativamente, muy diseminada y muy repartida, esparcida por diferentes puntos

In Barcelona, as a city with a lot of light industry, this process is not so clear. The location of industry has been comparatively far more fragmented and dispersed, scattered across different parts of the city where there could certainly be specialization but not an industrial presence of any great size. There is industry in Badalona, in Sant Martí and in Sant Andreu and on the other side of the city in Sants, La Bordeta and Hostafrancs (and Sant Joan Despí, Sant Feliu, El Garraf and Viladecans...), a presence evidenced by the shaded areas that dot the metropolitan urban information plans. The only major sector—and even so it was not very big—was behind La Ciutadella in the industrial area of Poblenou.

The *comarca* began to take shape with the construction of the first generation of factories: heavy industries, metalworking, manufacturing, chemicals and textiles which, in a disjointed manner, developed round small existing nuclei and above all along the railway lines. The railway marks out the crucial impact on the *comarca*, precisely because it fixed the points where industry was established, not in one principal zone but rather as a sporadic sequence.

The third important element that configured the *comarca* was the emergence of areas of summer residences and second homes, some of them fairly luxurious, others for people in the lower- and middle-income bracket. Much of Esplugues and Sant Just and Sant Feliu started off as areas of this kind, as did many others on the way out to Montcada, in the upper part of Badalona and Santa Coloma de Gramenet, close to Guinardó and Horta. Small developments of villas and

donde verdaderamente se podía dar una cierta especialización industrial, pero no un asentamiento de dimensiones importantes. Tenemos industria en Badalona, en Sant Martí y en Sant Andreu; y al otro lado de la ciudad: en Sants, en La Bordeta y en Hostafrancs (y en Sant Joan Despí, en Sant Feliu, en el Garraf y en Viladecans...); una presencia que se evidencia en forma de manchas desmenuzadas en todos los planos de información urbanística metropolitana. El único sector importante, si bien no muy grande, se situaba detrás de la Ciutadella, en la zona industrial del Poblenou.

La comarca se empieza a solidificar con la instalación de fábricas de la primera generación industrial: industrias pesadas, metalúrgicas, de transformación, químicas, textiles, que de una forma desmembrada se apoyan en pequeños núcleos existentes y, especialmente, en los trazados del ferrocarril. Es el trazado de los ferrocarriles lo que marca el impacto fundamental sobre la comarca, precisamente porque fija los puntos de asentamiento industrial sin ninguna zona principal, sino más bien como un rosario fragmentario de establecimientos.

El tercer elemento importante configurador de la comarca será el establecimiento de barrios de torres de veraneo y de segunda residencia, a veces como edificaciones más o menos lujosas, otras veces como establecimientos populares o de nivel económico medio. Una buena parte de Esplugues, Sant Just y Sant Feliu tendría este carácter desde el principio, así como muchas de las salidas hacia Montcada, y la parte alta de Badalona y de Santa Coloma de Gramenet, poblaciones cercanas a los barrios del Guinardó y Horta. En estos lugares se levantan pequeños establecimientos de torres y barrios de veraneo, donde vecinos de Barcelona tenían una

neighbourhoods for summering in grew up, places where Barcelona families had a second home, in some cases very modest, some of them next to the gardens and allotments described above. On a similar scale to industry, but in a very different way, these neighbourhoods of villas effectively configured a territory that was to a certain extent linked to the central city but at the same time, by virtue of its far more autonomous and diversified structure, established the conditions for detachment from it.

Thus, in the original formation of the anarchy that we see today, the weak structure was from the first extremely confused, with a degree of disorder that had no serious repercussions given the low density and small area involved. Indeed, the disorder was probably an asset, allowing fuller advantage to be taken of the possibilities of each site in terms of orientation, climate, access, the railway, topography, geology an so on. This mosaic was subjected to the 'avalanche' of immigration, massive growth, economic transformation, large-scale construction of motorways and major urban amenities, a lack of administrative control, municipal ineptitude and speculation, all loaded onto this patchy, torn and vulnerable fabric, too weak to support itself and too chaotic to incorporate greater transformations.

To sum up, then, these are the three ideas to be retained as serving to explain the formation of the *comarca*. The fragmentary nature of the fabric and the form, the product of this diversified process, which basically stems from the juxtaposition of three different uses: the presence of orchards and a certain urban

segunda casa, a veces muy modesta, a veces relacionada con aquellos huertos que hemos mencionado antes. De una manera muy diferente de la industria, aunque a una escala semejante, los barrios de torres iban dando cuerpo a la configuración de un territorio que estaba, en un cierto sentido, vinculado a la ciudad central, pero que por su estructura, autónoma y diversificada, estableció precisamente las bases de su desvinculación.

Por lo tanto, en la formación inicial de esta anarquía que hoy vemos, esta estructura débil era ya originalmente muy confusa, con un desorden que, al ser de poca densidad y de poco tamaño, no tenía mayores consecuencias. Bien al contrario, era seguramente una ventaja, ya que se aprovechaban mejor las oportunidades de cada lugar respecto de la orientación, el clima, el acceso, el ferrocarril, la topografía, la geología, etcétera. Es sobre este mosaico donde "caerá" el alud de la inmigración, del crecimiento masivo, de la transformación económica, de la potentísima construcción viaria de las autopistas y de las grandes instalaciones urbanas, del descontrol administrativo, de la ineptitud municipal, de la especulación... Todo irá a parar encima de este tejido, vulnerable y roto, débil para soportarse a sí mismo, caótico para incorporar transformaciones superiores.

En resumen, son, pues, estas tres las ideas que podríamos retener como explicativas de la formación de la comarca. El carácter fragmentario del tejido y de la forma, fruto de este proceso diversificado, que responde básicamente a la yuxtaposición de tres usos: la presencia de las huertas y de una cierta agricultura urbana, el establecimiento industrial y la difusión de la segunda residencia o residencia de veraneo. Se trata de nuevos usos estrechamente vinculados a la

agriculture, the advent of industry and the spread of second homes or summer residences. These new uses were closely linked to the laying of the railways. The sequence of small stations in places of secondary geographical importance gave rise to this lack of overall general urban structure and the fragmentation of settlements all around the city. This original and enduring model of growth in Barcelona is not comparable with that of many other European capitals, where such fragmentation is not found on so small a scale and is far more unified by territorial axes or sectors with a marked functional specialization.

There is another distinctive feature of Barcelona that is extremely important when it comes to understanding the morphological order—or disorder—of the *comarca*: its singular topography. The urban complex became denser but not more compact. The presence of Collserola and the ranges of hills means that growth has occurred in a disjointed manner and has largely tended to concentrate in the two river basins, with two arms branching out where they meet the sea to form a kind of star or octopus. It has also closed in behind Tibidabo, in Sant Cugat, Cerdanyola and El Papiol, in an odd sort of ring, a configuration of the city that would be absurd if it were not the outcome of the laws of the geography it occupies. Few other cities have such a form, in which the nearby mountains reduce the whole urban complex to a ragged patchwork. Europe's big cities have tended to develop in situations of greater geographical unity, in spaces that are much more complete, with greater continuity of extension—the conditions offered by a

construcción de los ferrocarriles. La secuencia de estaciones, de pequeña capacidad y en posiciones geográficas secundarias, da lugar a esta falta de estructura urbana general y a la fragmentación de asentamientos en el conjunto de la periferia de la ciudad. Este modelo del crecimiento de Barcelona, permanente y original, no es comparable al de muchas otras capitales europeas, donde realmente esta fragmentación no aparece a una escala tan pequeña, sino más unificada por ejes o sectores territoriales, de una marcada especialización funcional.

Hay otro hecho diferencial en el caso de Barcelona muy importante para la comprensión de este orden —o desorden— morfológico de la comarca: la singularidad topográfica. Este conjunto urbano se densifica, pero no se hace compacto. La presencia de Collserola y de las sierras hace que el crecimiento se produzca de una manera desencajada, tendiendo en todo caso a abarcar los dos valles fluviales como cuencas de crecimiento, a tomar los dos frentes de mar como brazos que se alargan en una especie de estrella o de pulpo. Y también a cerrarse por detrás del Tibidabo, por Sant Cugat, Cerdanyola y El Papiol, como un extraño anillo que forma una configuración de ciudad aparentemente absurda, si no fuera el resultado de las leyes de la geografía en la que se implanta. Vemos pocas ciudades que tengan una forma como ésta; una ciudad en la que las montañas cercanas la abrazan de una manera tan deshilachada. Las grandes ciudades europeas normalmente se producen en una situación de mayor unidad geográfica, mucho más completa, donde el espacio en que crecen tiene una gran unidad de extensión. Las condiciones de un gran espacio unitario constituyen una ventaja importante para las oportunidades futuras de una

large unitary space are a significant advantage for the future opportunities of a capital city. The fact is that most capitals are unlikely to have experienced so fragmented a process of 'regionalization' or the dramatic growth of a periphery with such a broken geography.

As early as the 1930s, when much of the *comarca*'s growth was still incipient, this effect of its geography was already apparent. The transverse Collserola range and the two massifs of El Maresme and El Garraf imposed a shape on the city that is frayed at the edges, ragged and straggling, forming a somewhat unusual complex. Then there are the extensive undeveloped spaces, also the result of geographical conditions. The expansion into El Prat that would seem an obvious direction for the city to grow in has not happened, despite repeated attempts, even in modern times, partly because of an understandable determination to protect the area's environment and agriculture. Another factor, however, is the difficulty of constructing here, given the inconsistency of the alluvial delta terrain, practically unviable for traditional building types.

These and other singular impediments have complicated the growth of the *comarca* and have resulted in even more complex forms. Consider, for example, the Llobregat valley: in terms of geological configuration, the Collserola and El Garraf massifs are the hardest points in the alluvial plain formed by the river on its way to the sea. The whole delta is the product of this geomorphologic order, and an awareness of the geology is needed to understand what is happening even today in the settlements that make up the *comarca*. Around the

capital. Por ello, en la mayoría de estas ciudades capitales, difícilmente se da un proceso de "comarcalización" tan fragmentado, ni el crecimiento potente de una periferia con una geografía tan quebrada.

En la situación de la comarca de los años treinta, cuando una buena parte del crecimiento era aún incipiente, ya aparecía ese efecto de la geografía. La sierra transversal de Collserola y los dos macizos de las comarcas del Maresme y del Garraf dan lugar a una forma de ciudad deshilachada, a borbotones y en líneas, que forma un conjunto bastante peculiar. Otro factor más son los grandes vacíos sin edificar que se producen por efecto de la condición geográfica. La extensión hacia la vecina ciudad de El Prat de Llobregat, que parecería la forma obvia de crecimiento de la capital, no se ha iniciado, pese a los repetidos intentos, incluso en tiempos modernos, por un acertado criterio de defensa agrícola y ambiental de la zona. Pero también por la misma dificultad constructiva: la de edificar sobre un terreno muy inconsistente, de formación deltaica, prácticamente imposible de ocupar por parte de la edificación tradicional.

Éstas y otras barreras singulares han complicado el crecimiento de esta comarca en formas aún más complejas. Tomemos, por ejemplo, el valle del Llobregat: la configuración geológica de los dos macizos, el de Collserola y el de Garraf, define el punto más duro del cañón que abre el río al bajar hasta el mar. Todo el delta se forma con este orden geomorfológico. Debemos tener presente la geología para entender lo que está pasando todavía hoy en los asentamientos que forman esta comarca. Vemos, en torno a la parte más maciza, las terrazas acumuladas de depósito del mismo río, con una formación geológica más consistente, formando una segunda

more solid portion there are terraces built up by alluvial deposit, with a more consistent geological formation, a second platform on which the Eixample and central Barcelona sit. It is these terraces that made it possible to build in the first instance, and thus explain the logic of the siting of the first settlements here.

The famous plans by Canon Almera show in greater detail how the sands that produced the delta led to the formation of the more solid ground that the city has, with good reason, occupied. The central section of the delta, the heart of the river, remains unoccupied to this day, and not because there has been no pressure to build on it. The nature of its geography makes it more reasonable to preserve it for recreational and agricultural uses, and for residential areas and roads to be situated above it, round the side of the hills, flanking the edges of this fluvial formation. In this way, the empty space of the El Prat reserve, in which the recent industrial and commercial premises are the exception, has resulted in a map of the Llobregat valley that has a predominantly ragged form.

Old drawings of the Llobregat from the 16th century show the El Garraf massif, its size exaggerated, with the river running down between the little towns that were already growing at the foot of the hills, such as Castelldefels and Sant Boi. They also reveal the lack of definition of this space and its distant relationship with the access to Barcelona by way of the pontoon bridge, as there was as yet no fixed bridge on the Valencia road. The successive configuration of this space is primarily due to its geological structure, to the exploitation

plataforma, dentro de la que quedarían el mismo Eixample y la Barcelona central. Serán estas terrazas las que, en primera instancia, darán lugar a la posibilidad de edificar y, por lo tanto, señalarán la lógica de asentamiento de los primeros establecimientos.

En los ya míticos planos del canónigo Almera vemos con más detalle como los arenales que establecieron este delta han contribuido a la formación de los terrenos más sólidos y que, no por casualidad, serán los que la ciudad ha ocupado. Aún hoy la franja central del delta, esta médula del río, es un centro sin ocupar. Y huelga decir que hubo presión para edificar en ella. Pero la condición geográfica la ha mantenido razonablemente para usos libres y agrícolas; como es también razonable que tanto las poblaciones como los caminos fueran estableciéndose, desde este límite hacia arriba, al pie de estas montañas, bordeando los labios de esta formación del corte fluvial. Así es como la reserva vacía del espacio de El Prat de Llobregat, en la que las instalaciones industriales y comerciales recientes son la excepción, ha dado lugar al dibujo de un valle del Llobregat con una forma predominantemente deshilachada.

Los dibujos antiguos del Llobregat, del siglo XVI, contienen una representación exagerada del macizo del Garraf, con el río que baja y las poblaciones que van ubicándose pegadas contra la montaña: Castelldefels, Sant Boi, etcétera. También las representaciones muestran la indefinición de este espacio y su relación lejana con el acceso a Barcelona, con el camino hacia el puente de barcas, cuando aún no existía el puente de obra fijo, en el camino de Valencia. La sucesiva conformación de este espacio se ha dado primeramente por su misma estructura geológica; por el aprovechamiento de

of the land on the basis of this structure, and to the subsequent operations that have intervened in it. The shapeless river and the poorly-defined settlement then just beginning to construct castles and towers along the edge of the river valley, were the basis for the concretion of the structure still visible today. Of course, the space is now far more densely occupied, with dozens of castles, now twelve storeys high, one next to another, but it still has the same backbone and the same void in the middle. We can see how the tongue of the river has basically remained unconsolidated, how the roads have been routed in parallel on either bank, and how the towns, too, have been built on the sides of the hills that form the valley.

The agricultural layouts of the market gardens and orchards, in this case very closely tied to the course of the river, are fundamental to the organization of this space. An element of enormous importance in shaping this whole side of the city—as important as the definition of the agricultural plots and the basin of the river itself—is the line of the Canal de la Infanta. A vital piece of 19th-century construction, the canal was routed at roughly the mid point in the valley and defined the transverse irrigation system that allowed the higher ground to become excellent arable land, until it was swallowed up first by urban growth and then by the motorways. The present 'chopped-up' form is thus to be seen as subsequent to the earlier agricultural structure and the more restricted pattern of human settlement. But it should also be noted that this system of articulation in parallel axes—determined by the geology, the

la tierra, de acuerdo con esta misma estructura, y por las posteriores operaciones que ha sufrido. A partir de aquel río desdibujado y de aquel asentamiento impreciso, que justo empezaba a colocar los castillos y las torres en la posición de labio de contacto respecto al valle del río, se define una estructura que será la misma que tenemos hoy. Todo ello, naturalmente, con una ocupación mucho más densa, con docenas de castillos, ahora de doce plantas, uno al lado del otro, pero que continúan teniendo el mismo espinazo y el mismo agujero central. Vemos que básicamente se mantiene la lengua no consolidada del río, que las carreteras se han dispuesto en paralelo a los dos bordes y que las poblaciones se han establecido igualmente apoyadas en los márgenes laterales de las montañas que forman el valle.

Los trazos agrícolas de las huertas, vinculadas en este caso de una manera literal al curso del río, son fundamentales en la organización de este espacio. En todo este margen de la ciudad será importantísimo, tanto como la definición del parcelario agrícola de estas huertas, y tanto como la misma cuenca del río, el trazado del canal de la Infanta: una obra pública fundamental del siglo XIX, situado más o menos a media altura, que ha definido el sistema de regadío transversal de aguas canalizadas y ha permitido la conversión de las tierras altas en una fértil huerta, hasta que el crecimiento urbano, primero, y las autopistas, después, las pisotearon. Debemos entender, pues, su "trituramiento" actual como sobrevenido a la estructura agrícola anterior y a la organización más retirada del asentamiento. Sin embargo, hay que señalar igualmente como, en el fondo, este sistema de ordenación de ejes paralelos —determinado por la geología, el río, el regadío y la parcelación agrícola, por este orden— también

river, irrigation and the division of agricultural land, in that order—has also had to be adopted by even the most potent infrastructures.

By 1927 most of the railway track had been laid and the trains themselves, with their terminus at Sants, had begun to connect L'Hospitalet with Cornellà, Sant Joan Despí, Sant Feliu de Llobregat, Molins de Rei and so on, with a second line out to Sant Boi and Sant Vicenç dels Horts. The course followed by the railway was an important factor in all these towns, as their plans reveal. Little more than a parish church, a castle, a shrine and an inn before the coming of the railway, they soon became urban nuclei, because the railway brought with it a factory and a workforce, and an industrial relationship with Barcelona. What, after all, is Colònia Güell but an industrial community set up next to the train line? And of course, in towns like Sant Feliu and L'Hospitalet the railway effected a major transformation on the territory, as a rash of factories sprang up alongside it. Much the same happened in other sectors in relation to housing developments or clusters of second homes: in Santa Coloma de Cervelló, Sant Joan Despí, Esplugues, Castelldefels and elsewhere.

It is important to emphasize the topography, and what geologists define as main faults—those bars on the platforms that mark on the various shelves the layer of accumulated deposits on top of which the city would spread—but these faults also clearly indicate the bounds of occupation. This is very evident on the banks of the Llobregat: settlement comes to a halt, and the roads and railway lines effectively reinforce this form

acaba siendo de obligado cumplimiento, incluso para las infraestructuras más potentes.

Hacia el año 1927, la línea del ferrocarril aparece ya muy construida, y los ferrocarriles, rodeando Sants, empiezan a enlazar L'Hospitalet de Llobregat con Cornellà, Sant Joan Despí, Sant Feliu de Llobregat, Molins de Rei, etc., y a través de una segunda línea, con Sant Boi y Sant Vicenç dels Horts. En todas estas poblaciones, y eso se evidencia en los planos, el trazado del ferrocarril tiene una repercusión enorme. Con anterioridad a su llegada, eran mayoritariamente poco más que una parroquia, un castillo, una ermita o una hondonada, y han pasado a convertirse posteriormente en núcleos urbanos. En resumidas cuentas, porque con el tren llega también una fábrica y un conjunto de trabajadores y una relación industrial con Barcelona... ¿Qué es, de hecho, la colonia Güell? Pues, precisamente, una colonia industrial que se establece sobre la misma vía del ferrocarril. Por supuesto que en núcleos como Sant Feliu o L'Hospitalet, el ferrocarril va produciendo una transformación del territorio muy importante, al atraer a las industrias, que se establecen al lado de manera esporádica y diseminada. Y lo mismo podríamos decir de otros sectores, respecto de las urbanizaciones o grupos de casas de segunda residencia: en Santa Coloma de Cervelló, en Sant Joan Despí, en Esplugues, en Castelldefels, etcétera.

Hay que insistir en la topografía, en lo que los geólogos definen como fallas principales: aquellas barras que marcan sobre las plataformas, en los diferentes niveles, el nivel de las tierras acumuladas donde la ciudad se extenderá. Pero es que, además, las fallas marcan claramente los límites de la ocupación. En los frentes del Llobregat, por ejemplo, eso es muy claro: el asentamiento se detiene y

of growth. In Barcelona, too, these fracture lines are important, marking the upper boundaries of the city and the lower limit of the Turó de la Rovira neighbourhood, of Guinardó, etc.

Without an understanding of the form conditioned by geology, it is extremely difficult to explain why certain sectors have been occupied rather than others, even today, despite being near the centre and attractive. We might wonder why it is that Barcelona had until now not gone out to meet the sea, but the fact is that historically there has been very little contact, and the coastal strip was seen as neither sea nor land. This was marshland, and construction opted instead for the city's only real point of contact with the sea, which was the hill in the centre of the old town. Here too the geological formation of the Barcelona area serves to explain a number of things, some of which it is now for the first time possible to change, and others it may never be possible to change.

If the topography was a given, the construction of the railway was the urbanistic phenomenon that, added as a deliberate artificial structure, opened up the comarca to fragmentary intensive use. An urban expansion based on the tram, for example, tends to produce a more continuous, linked-up pattern of occupation, as demonstrated by studies of Boston and Zurich. The model of urbanization founded on a public bus service, on which some major cities in South America are organised, is different again.

The tentative interpretation of our territory undertaken by the railway companies proved to be self-

las carreteras y trenes vendrán a reforzar de este modo el crecimiento. También en Barcelona encontraríamos el peso de estas rupturas marcando los límites superiores de la ciudad y el límite inferior del barrio del Turó de la Rovira, en el Guinardó, etcétera.

Sin una comprensión de la forma que condiciona la geología, es muy difícil explicarse por qué se han ocupado unos sectores y no otros que, aún hoy, son tan próximos como atractivos. ¿Por qué Barcelona no había salido, hasta ahora, al encuentro del mar? Pues porque, en realidad, ha habido muy poco contacto histórico. Porque el espacio cercano al mar no era mar ni era tampoco tierra. Eran zonas anegadas y, por lo tanto, la edificación prefirió colocarse en el único contacto real de la ciudad con el mar, que era la colina donde se asentó el núcleo antiguo. También aquí la formación geológica del área de Barcelona permite comprender el porqué de muchas cosas: algunas que hoy en día pueden cambiarse, pero que hasta ahora no había sido posible hacerlo, y otras que quizá no podrán cambiarse nunca.

Porque si la topografía es el dato de partida, la construcción ferroviaria fue el hecho urbanístico que, añadido como estructura artificial voluntaria, abrió la comarca a su utilización intensiva y fragmentaria. Una extensión urbana montada sobre el tranvía, por ejemplo, tiende a producir formas de uso más continuas y encadenadas, como lo demuestran los estudios sobre Boston o Zúrich. También son diferentes los modelos de urbanización cuando el transporte público es el autobús, con el que se organizan algunas grandes urbes sudamericanas.

La interpretación de nuestro territorio que estas compañías ferroviarias ensayaron, fue haciéndose más real por sus

realizing, with the stations effectively making certain places more important that others along the same route because the train stopped there. Industry went where the stations were, and the developers of second homes and allotment gardens followed the urban footprint left by the railway tracks. Beyond this intricate braid of railway tracks, the land was left fragmented and discontinuous. Once the sense of fear and shame had been shaken off, occupation of the territory began, on unconnected plots, with no regard for contact with the neighbourhood, with no reference to the complex as a whole, without a town in the classic sense of the word.

When the railway began in Barcelona, a number of lines were laid in rapid succession. The first, between Mataró and Barcelona, and also the first in the Iberian Peninsula, was opened in 1848—the year of the *Communist Manifesto*, and ten years before the Eixample project—and was financed by a Mataró businessman who had been to the United Kingdom. The line entered the capital via the least occupied area, past the lagoons of Poblenou, and stopped very close to where the Estació de França now stands. The railways were built and run by private companies granted a State concession, and made enormous profits, much like the motorways in this country today. The next to open, in 1855, was the Llobregat line, which initially ran from a terminus near Plaça de Catalunya—clearing the city behind Collblanc— as far as Sant Feliu and subsequently extending out to Martorell in 1861. Just two years later, work began on the Sarrià line, with a branch from there to the foot of the Vallvidrera funicular, which effectively gave rise to

mismos efectos: la distribución de las estaciones, al escoger los núcleos donde la parada determinaría la importancia de unos lugares sobre otros, dentro de un mismo recorrido. Las industrias siguieron a las estaciones y los promotores de casitas y huertas reconocieron la huella urbanizada que las líneas de tren habían marcado. En torno a esta trenza imbricada de los carriles, el suelo quedaba fragmentado y discontinuo. Desde entonces, la ocupación empezó a hacerse, perdidos el miedo y la vergüenza, por paquetes inconexos, sin ninguna preocupación por el contacto con las vecindades, sin referencia a un conjunto, sin ciudad, en el clásico sentido de la palabra.

En Barcelona, el inicio de las líneas de ferrocarril presentó muchos brazos al mismo tiempo. La primera línea fue la de Mataró a Barcelona, la primera que se construye en el territorio peninsular. Es entonces cuando, en el año 1848, el del Manifiesto comunista, y diez años antes del proyecto de ensanche de Cerdà, se instalaba el primer ferrocarril de vapor, financiado por un comerciante de Mataró que había estado en el Reino Unido. La vía entra en la capital por la zona más vacía, bajo las lagunas del Poblenou, hasta llegar más o menos a la actual posición de la Estación de Francia. Se trataba de líneas construidas por compañías privadas, que disponían de una concesión del Estado y que las explotaban con unos beneficios importantes, de una manera semejante a como se hace hoy con las autopistas. La segunda línea es la del Llobregat, que al principio se originaba en una estación próxima a la plaza de Catalunya y salía por detrás de Collblanc hasta Sant Feliu de Llobregat (1855) y luego continuaba hacia Martorell (1861). Casi inmediatamente, dos años después, se inició el ferrocarril de Sarrià, que tenía un enlace desde este núcleo hasta el pie del funicular de Vallvi-

the new residential neighbourhood of that name. This line was clearly designed to serve the needs of people travelling to and from their second homes. Its effects were further multiplied when the line was extended at the end of the century through a tunnel through Collserola to the typically working class neighbourhoods of Les Planes and La Floresta, and above all to Valldoreix and Sant Cugat, as a new alternative for second homes. The line was subsequently extended as far as Terrassa and Sabadell, linking together an urban system on a much greater territorial scale.

The Besòs railway dates from a few years earlier (1855), with lines to Granollers—and later on to France—and to Vic and Puigcerdà via Montcada and El Congost. The line from El Garraf to Valencia was not opened until 1880, and took much longer to complete because of the need to tunnel through the massif. It was the people of Vilanova i la Geltrú who called for the tunnel to be constructed to provide a direct train service via Sitges. In the same way that the large state companies organized the trust that took over these small railways, the big city engulfs in its many-armed embrace the small-scale local network of the *comarca*, with its rich but complicated forms that both reinforce and respond to that same fragmented and contradictory schema we find in the built elements of the *comarca*.

This schema might seem to repeat the radial pattern of the Junta's roads, but is substantially different. Here there is no alignment, no façade effect, no axis of reference. Though the lines on the map might in many places run parallel to the roads of the 18th century, the

drera y que propició la formación de todo el barrio residencial con este nombre. Éste era un tren con una clara vocación de servir a la segunda residencia y multiplicó sus efectos cuando, a finales del siglo pasado, se construyó la prolongación, a través de túnel de Collserola, hacia Les Planes y La Floresta, como barrios típicamente populares, y sobre todo hasta Valldoreix y Sant Cugat del Vallès, como nueva alternativa de segunda residencia a la ciudad. Más tarde llegaría hasta Terrassa y Sabadell, religando un sistema urbano de mayor envergadura territorial.

De unos años antes (1855) es la vía del Besòs, tanto la que va hacia Granollers, que luego continuará hacia Francia, como la que va a Vic y a Puigcerdà, por Montcada y el Congost. Y no será hasta 1880 cuando se abra el eje del Garraf hacia Valencia. Esta línea tardó más porque había que construir el túnel para atravesar el macizo del Garraf. Fue la gente de Vilanova i la Geltrú la que impulsó la construcción de este túnel, haciendo posible un ferrocarril directo vía Sitges. Así como las grandes compañías estatales organizaron el *trust* de estas pequeñas compañías ferroviarias, la gran ciudad envolvió la pequeña red de la comarca con muchos brazos. Con unas formas ricas, pero complicadas, que refuerzan y responden, a la vez, al mismo esquema fragmentado y contradictorio que encontramos en los aspectos construidos de la forma comarcal.

Podría parecer que este esquema repite la radialidad de las carreteras de la Junta, pero es sustancialmente diferente. Aquí no hay alineación, ni efecto fachada, ni eje de referencia. Aunque el dibujo sobre el mapa sea paralelo en muchos tramos a los trazados viarios del siglo XVIII, su efecto es nuclear sobre las estaciones y los pueblos a los que

system's effect on the towns it served and their distance in real time from the central city was nuclear. Improved accessibility for people and goods contributed to the economic growth and density of building in the nuclei of the *comarca*, old and new.

The extent to which accessibility became increasingly independent of topography is reflected in the 'metro' network of underground railways, constructed from the 1920s on and still one of the least visible but most necessary physical structures in the city. The erratic laying of the various lines and the poor resolution of the interconnections make Barcelona's metro system one of the most inadequate urbanistic elements of a city in which, despite the topographical difficulties, as we have seen, the form of its rail network is a major determinant of its urban form.

As Barcelona moves into the 21st century, suffering day after day from the calamitous state of the commuter rail system, the inadequacy of the network and the precariousness of its logistic and financial management, the structural importance of this network as a hidden form of the metropolis becomes increasingly apparent.

Barcelona's radiality is a latent radiality. Its traces are not very visible today, but its structural force is present in the marked dependence of all the neighbourhoods on the central city, as great as it was in the days when shops and workshops were set up along the axes leading to the gates of the walled city. The Eixample has merely extended the reach of that central city. Beneath its grid, the star of the Junta's roads and the tangle of the commuter rail network are still a powerful presence.

sirve y sobre su aproximación en tiempo real a la ciudad central. Es el aumento de accesibilidad, para las personas y las mercancías, lo que contribuye a la afirmación económica y a la densificación edificativa de los núcleos comarcales, viejos y nuevos.

De cómo esta accesibilidad se va haciendo cada día más independiente de la topografía, nos habla la red de metros, construida a partir de los años veinte y aún hoy una de las estructuras físicas menos evidentes, pero más necesarias, de la gran ciudad. La errática implantación de diferentes líneas y la insuficiente resolución de sus interconexiones hacen de la red uno de los componentes urbanísticos más deficitarios de Barcelona, ciudad que, como decimos, muestra, a pesar de las dificultades topográficas, un fuerte protagonismo de la forma ferroviaria como determinante de la forma urbana.

Cuando al entrar en el siglo XXI, Barcelona ve como se le estrangula cada día el aliento por la calamitosa condición de las cercanías ferroviarias, por la insuficiencia de su red y por la precariedad de su gestión logística y financiera, se hace aún más patente la importancia estructural de esta red como forma escondida de la metrópoli.

La radialidad de Barcelona es una radialidad latente. Los trazos de ésta son poco visibles hoy. Pero su fuerza estructural está presente en la enorme dependencia que todos los barrios contraen con la ciudad central, con tanta intensidad como en los momentos en que se ocuparon tiendas y talleres, en los ejes de llegada a los portales de la ciudad amurallada. El Eixample no hizo sino agrandar el ámbito de aquella ciudad central. Pero bajo su cuadrícula, la estrella de las carreteras de la Junta y el abigarramiento tentacular de las cercanías ferroviarias mantienen plenamente su vigencia.

174. Railway connections in the Barcelona area, from Castelldefels to Montgat, 1933.

175. The metropolitan region in the 1960s: the built-up area.

176. The metropolitan region: differences in population density.

177. The metropolitan region in the 1960s: the rail network.

174. Enlaces ferroviarios del área de Barcelona, desde Castelldefels hasta Montgat (1933).

175. Región metropolitana en los años sesenta: el espacio construido.

176. Región metropolitana: variación de las densidades de población.

177. Región metropolitana en los años sesenta: sistema ferroviario.

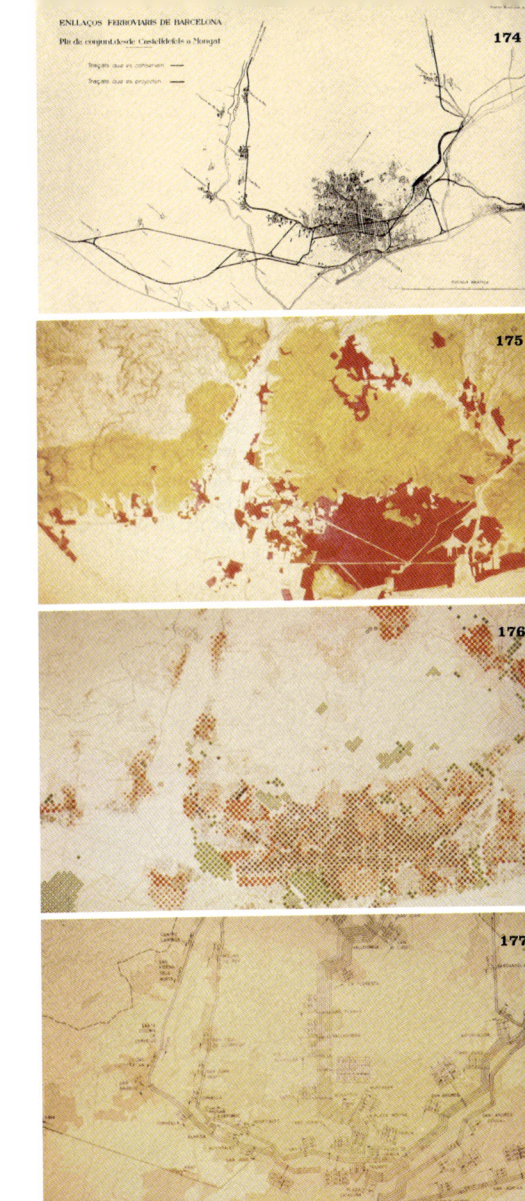

ENLLAÇOS FERROVIARIS DE BARCELONA

Pla de conjunt desde Castelldefels a Mongat

178. View of Barcelona from Montjuïc, Moulinier (around 1800).

179. Sant Martí de Provençals in the early 18th century.

180. The suburban plot division characteristic of the Horta neighbourhood.

181. Housing in Sant Gervasi in the second half of the 19th century, from a painting by Josep Amat.

182. The population centre of Horta in the mid-19th century.

183, 184, 185. The gradual growth of the Horta neighbourhood.

178. Vista de Barcelona desde Montjuïc (hacia 1800), Moulinier.

179. Sant Martí de Provençals a principios del siglo XVIII.

180. Parcelario suburbano característico del barrio de Horta.

181. Viviendas de Sant Gervasi de la segunda mitad del XIX. Pintura de Josep Amat.

182. El núcleo de Horta a mediados del siglo XIX.

183, 184, 185. El crecimiento sucesivo del barrio de Horta.

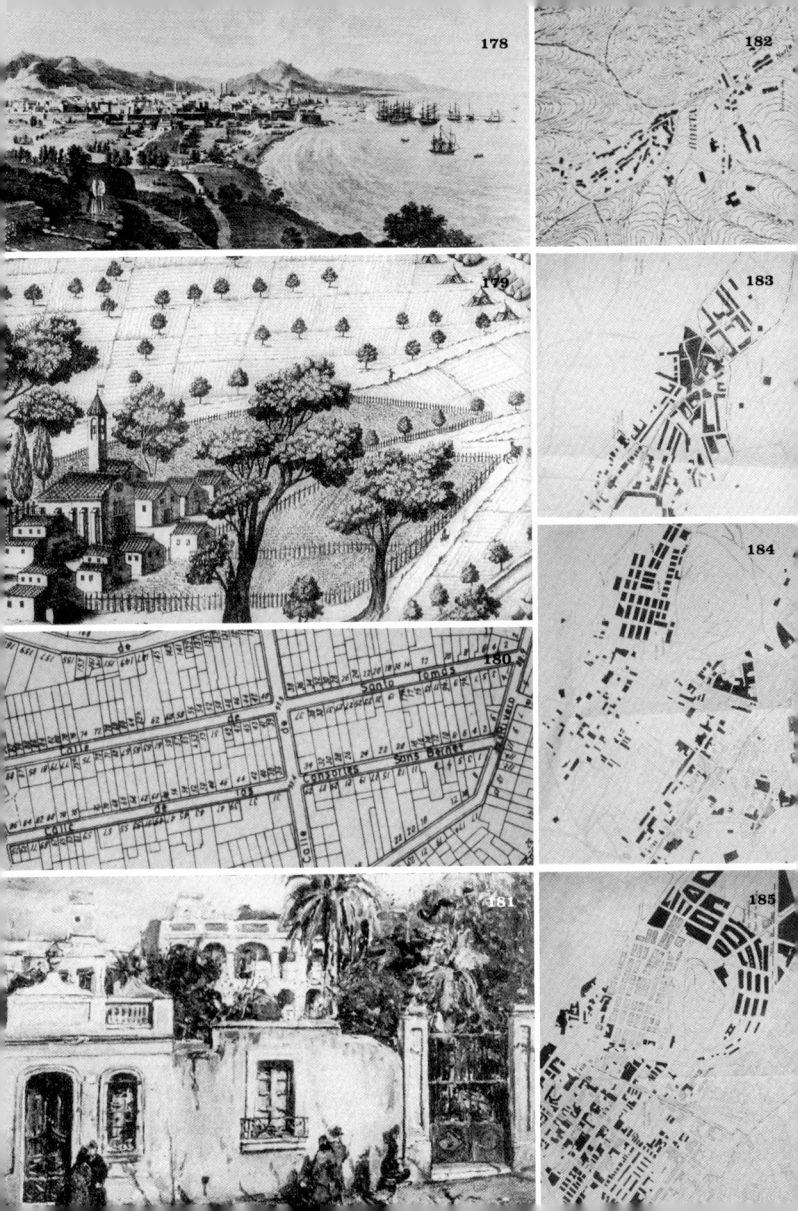

186. View of Barcelona from the Capuchin convent in Sarrià, by Fostier and Lorieux (1803).

187. The five population centres in the municipality of Sant Martí de Provençals. Pere Falqués (1888).

186. Vista de Barcelona desde el convento de los Capuchinos de Sarrià (1803), de Fostier y Lorieux.

187. Los cinco núcleos del término municipal de Sant Martí de Provençals (1888), Pere Falqués.

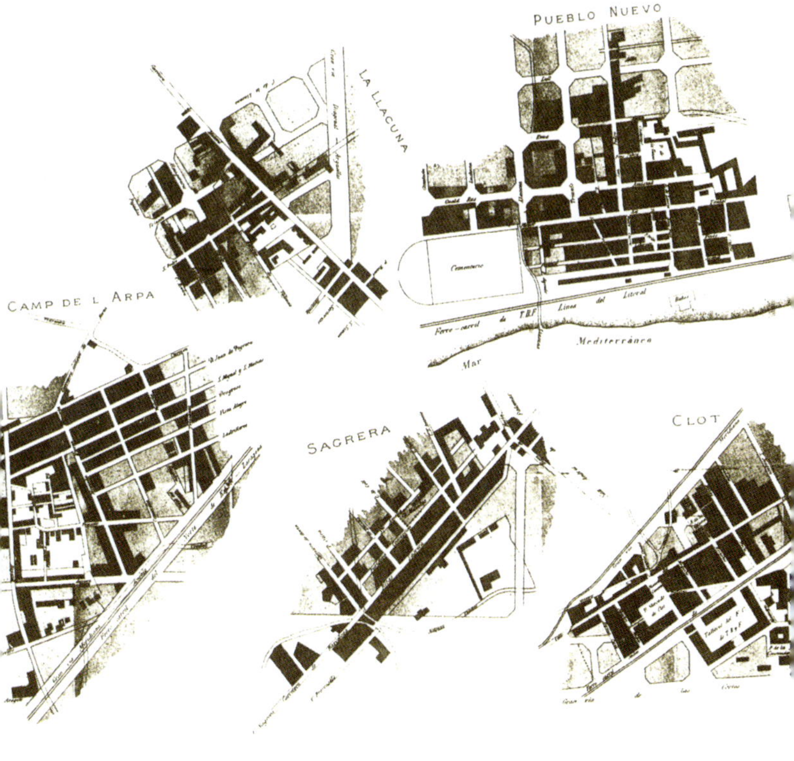

PUEBLO NUEVO

LA LLACUNA

CAMP DE L'ARPA

SAGRERA

CLOT

188. The railway on Avinguda de la República Argentina at the junction with Carrer de Simón Bolívar.

189. Baixador de Vallvidrera.

190. The Avinguda del Tibidabo tram.

191. The entrance to Park Güell.

192. The Vallvidrera funicular station.

193. Panoramic view of the residential development on Tibidabo.

194. The railway as a social phenomenon.

195. The railway on the streets of the city.

188. El ferrocarril en la avenida de la República Argentina, en el cruce con la calle de Simón Bolívar.

189. Apeadero de Vallvidrera.

190. El tranvía de la avenida del Tibidabo.

191. Entrada del parque Güell.

192. Pie del funicular de Vallvidrera.

193. Vista panorámica de la urbanización del Tibidabo.

194. El acontecimiento social del ferrocarril.

195. El ferrocarril en las calles de la ciudad.

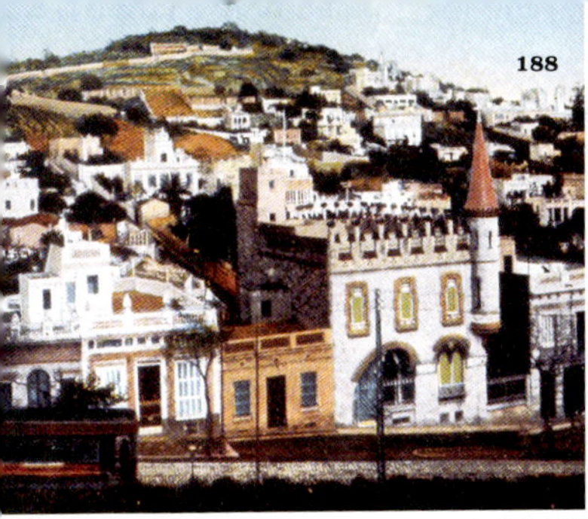
188

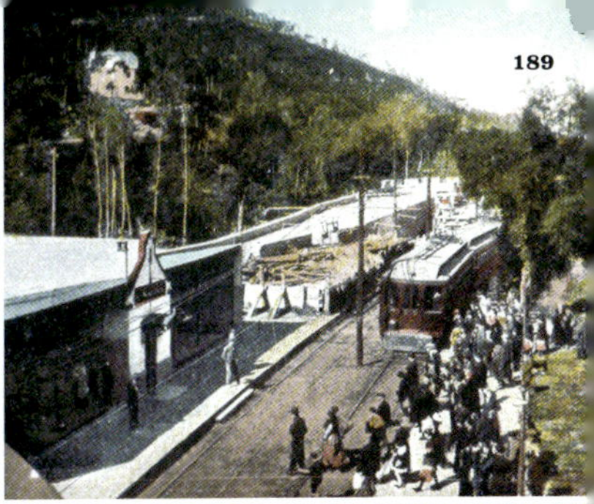
189

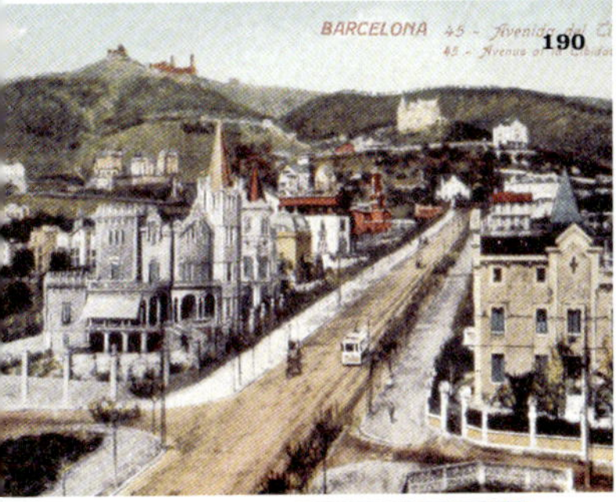

190

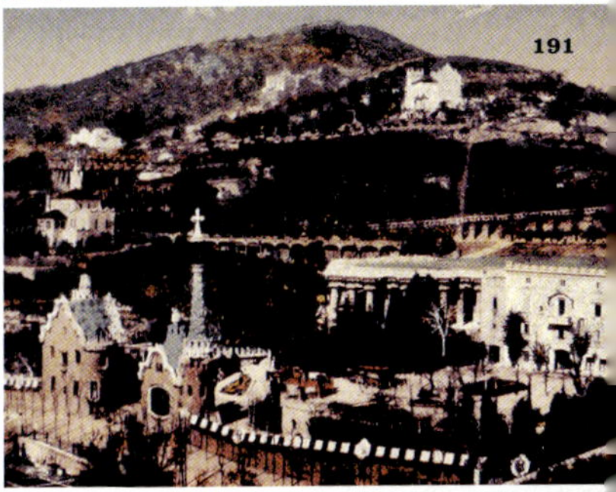
191

192

193

194

195

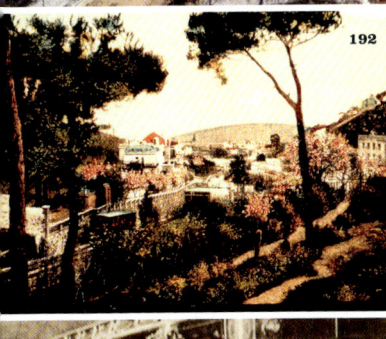

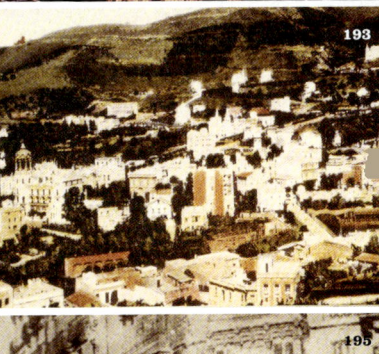

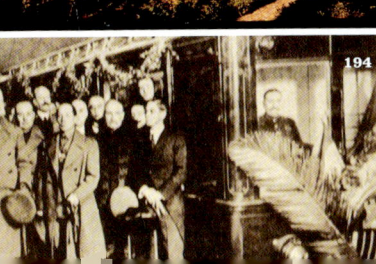

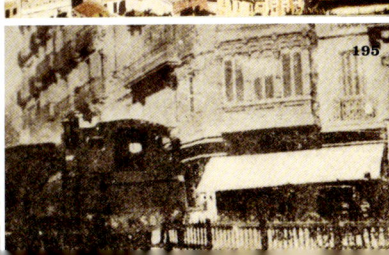

196. Geological plan of Barcelona and surroundings.

197. The Serra de Collserola range. Gradient Plan.

198. Plan of the railway running through Sant Feliu de Llobregat.

199. Barcelona and the Llobregat plain in 1571 (from a drawing by Nicolau Credença the Younger).

200. The urban system of Barcelona and the Llobregat delta in the 1930s.

201. The channelling and management of the course of the Llobregat.

202. Irrigated land around the Llobregat.

196. Plano geológico de Barcelona y alrededores.

197. Sierra de Collserola. Plano de las pendientes.

198. Esquema del paso del ferrocarril por Sant Feliu de Llobregat.

199. Barcelona y la llanura del Llobregat en 1571. Dibujo de Nicolau Credença, hijo.

200. El sistema urbano de Barcelona y el delta del Llobregat en los años treinta.

201. Esquema del acondicionamiento del curso del Llobregat.

202. Paisaje de regadío en las márgenes del Llobregat.

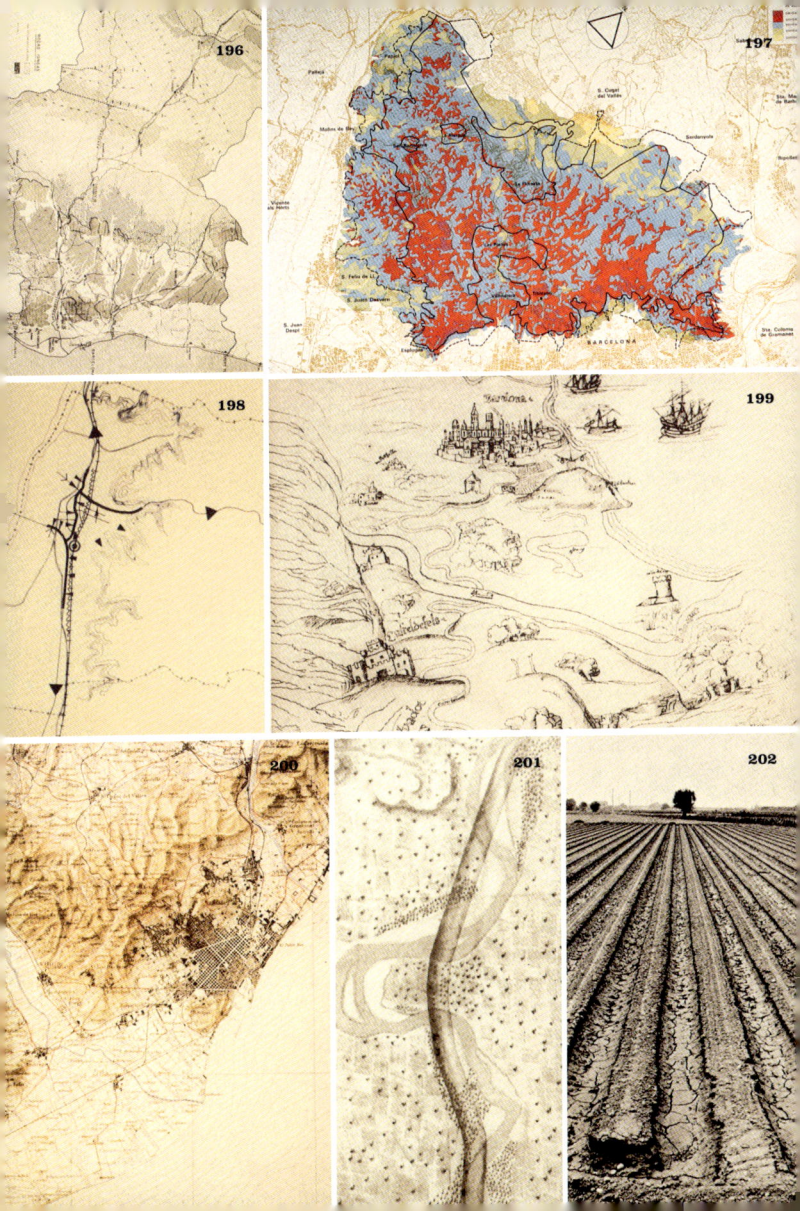

203. Sant Andreu de Palomar, 1889. Plan by the architect Josep Domènech i Estapa.

204. The Marina Bridge next to the Estació del Nord station.

205. Study of mobility in the metropolitan centres of the Llobregat axis.

206. The Granollers and Mataró railway lines between La Barceloneta and La Ciutadella.

207. The area around the Estació de França (1891).

208. Diagram of the geological formation of the Barcelona plain.

209. The first El Garraf tunnel.

203. Sant Andreu de Palomar, 1889. Plano del arquitecto Josep Domènech i Estapa.

204. Pont de Marina, junto a la Estación del Norte.

205. Estudio de la movilidad en los núcleos metropolitanos del eje del Llobregat.

206. Los ferrocarriles de Granollers y de Mataró, entre la Barceloneta y el parque de la Ciutadella.

207. Ámbito de la Estación de Francia (1891).

208. Esquema de la formación geológica de la llanura de Barcelona.

209. Primer túnel del Garraf.

203

204

205

206

207

208

209

210. The area of the Besòs delta from a map of the French siege at the end of the 17th century.

211. Can Rocamora, an example of a house built by an *indiano* in Sant Adrià del Besòs.

212. A depiction of El Maresme in the 19th century.

213. Densities of the population centres to the east of the Besòs River.

214. The first railway line to El Maresme, 1848.

215. The progressive conurbation of the towns east of the Besòs.

216. General Plan of the railway network around Barcelona.

210. Ámbito del delta del Besòs. Mapa del sitio francés realizado a finales del siglo XVII.

211. Can Rocamora, un ejemplo de casa de indianos en Sant Adrià del Besòs.

212. Representación del Maresme. Siglo XVIII.

213. Densidades de los núcleos de población al este del río Besòs.

214. Primer ferrocarril que llega al Maresme (1848).

215. La progresiva conurbación de los pueblos del levante del Besòs.

216. Esquema general de la red ferroviaria en torno a Barcelona.

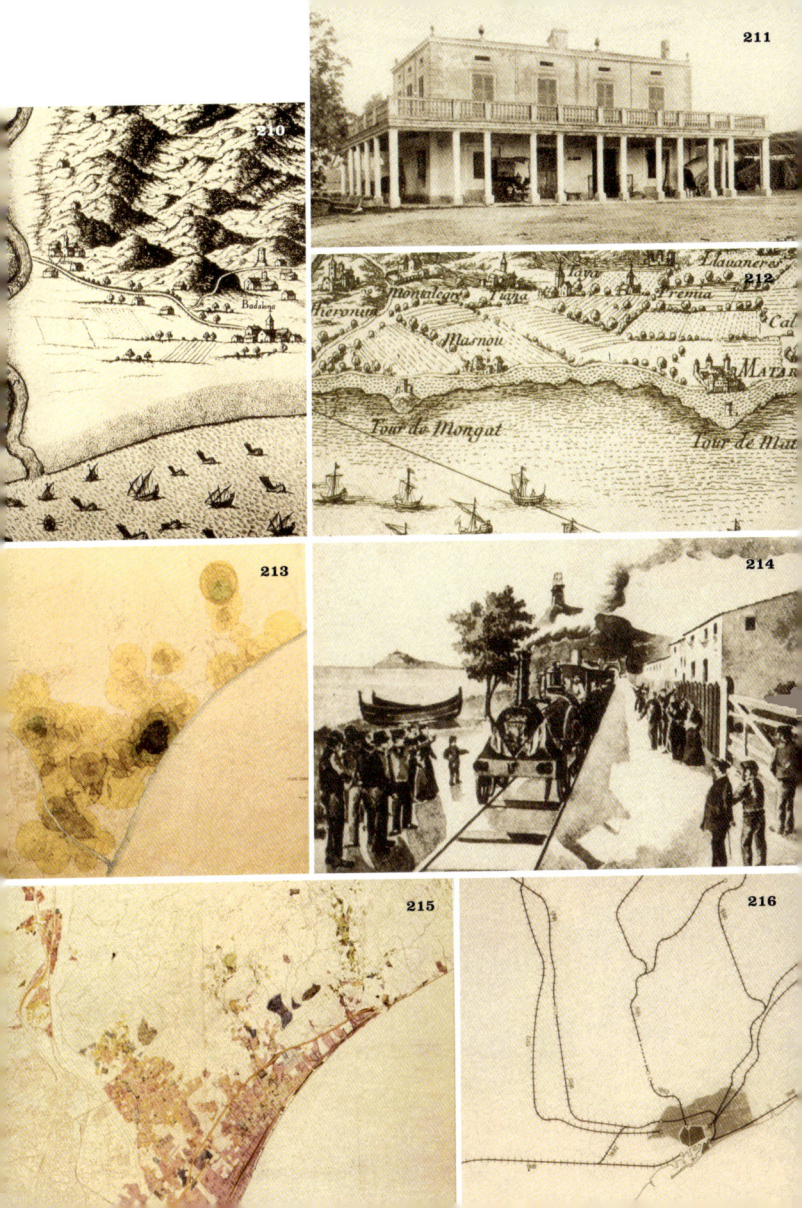

ANNEXATION DECREES AND THE PLA D'ENLLAÇOS
Barcelona,
fabric of small towns

07 LOS DECRETOS Y EL PLAN DE ENLACES
Barcelona, tejido de pueblos

Modern Barcelona is a city built on villages. Its form can be seen as an aggregate of variegated urban pieces of different sizes and kinds, an imperfect constellation in which diversity is almost the most characteristic trait. The formal identities of the Eixample or Ciutat Vella are not, in the last analysis, as important as the simultaneous presence of other neighbourhoods and towns, with their multiple social and economic personalities strong and evident. Some of these areas derive from old outlying towns that had a municipal organization of their own. Others are the outcome of projects with specific urbanistic intentions. Many more have grown up sporadically through a combination of small expansions, reforms of the existing fabric or half-completed projects.

Unlike capitals such as Madrid, Vienna or Rome, which spread without difficulty across large expanses of available undeveloped land, Barcelona has developed by swallowing up and rescaling territories already occupied by a mosaic of towns and villages. We can never overemphasize the urban richness inherent in this structure, multiplying as it does the opportunities to mix the local with the newly arrived, to take full advantage of the fusing of the old areas in the new urban structure, and the large scale in the small scale.

La Barcelona moderna es una ciudad sobrepuesta a los pueblos del llano. Su forma se nos presenta como un agregado de piezas urbanas variadas, de superficie y naturaleza diferentes, como una constelación imperfecta en la que las diversidades son casi el trazo más característico. La identidad formal del Eixample o de Ciutat Vella (el núcleo antiguo) no es, al fin y al cabo, tan importante como la presencia simultánea de otros barrios y antiguas poblaciones, con una personalidad social y económica múltiple, muy fuerte y evidente. Algunas de estas tramas provienen de antiguas poblaciones, a veces con una organización municipal propia. Otras son resultado de actuaciones proyectuales con intenciones urbanísticas específicas. Muchas otras se han configurado esporádicamente, mediante la mezcla de pequeños crecimientos, reformas de tejidos preexistentes o son proyectos inacabados.

A diferencia de capitales como Madrid, Viena o Roma, que se han extendido cómodamente sobre amplios espacios abiertos y disponibles, Barcelona se construye engullendo y redimensionando territorios ya ocupados por un mosaico de pueblos. Nunca insistiremos lo suficiente en la riqueza urbana que esta estructura comporta. Porque las posibilidades de mezclar lo local con lo recién llegado, de aprovechar las ventajas de fundir las tramas antiguas en la nueva urbanidad, la gran escala en la dimensión pequeña, se multiplican.

But Barcelona enjoys all of this today because a hundred years ago there was a far-sighted awareness that the future of this variety involved ensuring its aggregation into a larger logic, into a great superposed city. It is the joining of structures on different scales, the co-existence—inevitably troubled at times, but creative—of contrasting rationales, that makes urban culture possible.

These were times not only of great foresight, but also of brave decisions. By the end of the 19th century, all the old parishes outside the walls had become important population nuclei with their own independent town councils. The city had grown by filling in the intermediate spaces. Relations between the municipalities and the central city had increased to the extent that problems were continually arising that individual decision-making bodies could not readily resolve. There was the issue of everyday mobility, of people who had to go to work and to buy and sell at the market, with duties and taxes to be paid on goods going in and out, which were levied in different ways by different council; there was the problem of new streets and new urban services that did not link up, and so on.

Not surprisingly, municipal integration generated conflict. Municipal resistance was strong and the Barcelona authorities' resolve to integrate the smaller municipalities resulted in 30 or 40 years of intense conflicts and disputes. In the eyes of the small nuclei, annexation was always a result of the arrogance and the colonizing and controlling ambitions of the central municipality. They saw their becoming integrated as the loss not only of their independence but of any possibility of having a voice in the new unitary authority. From the perspective of the central Ajuntament,

Pero si Barcelona goza hoy de esta riqueza es porque hace cien años hubo la necesaria clarividencia a la hora de comprender que el futuro de esta variedad dependía de asegurar la agregación, de acuerdo con una lógica superior, en una gran ciudad sobrepuesta. Es la macla de estructuras de diferente escala, la coexistencia —conflictiva, evidentemente, pero creativa— de racionalidades contrapuestas la que permite la cultura urbana.

Fueron épocas de clarividencia, sí, pero también de toma de decisiones valientes. Al término del siglo XIX, todas las antiguas parroquias foráneas se habían convertido en importantes núcleos de población y tenían sus ayuntamientos independientes. La ciudad había crecido llenando los espacios intermedios y las relaciones entre estos municipios y el núcleo central habían aumentado tanto que continuamente aparecían problemas de difícil resolución desde las unidades de decisión separadas. Problemas de movimiento diario, de la gente que debe ir a trabajar, a comprar y a vender en el mercado, con tasas de arbitrios y *burots* (consumeros) para la entrada y la salida de mercancías, cuyas tasas correspondientes se pagaban de manera diferente en cada ayuntamiento; la creación de nuevas calles y de nuevos servicios urbanos que no enlazaban, etcétera.

Lógicamente, la integración municipal no se hizo sin conflictos. La resistencia de los municipios fue durísima y la voluntad integradora del gobierno de Barcelona respecto de los municipios más pequeños comportó treinta o cuarenta años de pugnas y de luchas intensas. Vista con los ojos de los núcleos pequeños, la anexión era siempre fruto de una actitud de prepotencia, de colonización y de dominio por parte del municipio central. Entendían que, si pasaban a estar inte-

it was a question of the need to rationalize and organize growth, while providing the smaller nuclei with a better level of services.

These problems, which underlie the present state of affairs, are important at a time when the whole process of decentralization currently being undertaken by Barcelona City Council might seem the opposite of the process a hundred years ago. It is not the exact opposite, however, because though it restores a certain autonomy to the neighbourhoods, above all in terms of political representation and administration, the central rationale as regards the key issues in the functioning of the city as a whole must be maintained. Administrative decentralization, which strengthens the role of the districts in managing certain services and controls, is a delegation of powers that marks a new approach to many of the debates about co-ordination and autonomy at every level of modern governance. However, without wishing to establish principles of political or administrative law, it is worth considering here the urbanistic success of a project—the Annexation Decrees—that, though largely political, had a fundamental urbanistic intention and major urbanistic consequences that have specifically and definitively marked the urban nature of the city of Barcelona.

At that time a Barcelona City Council proposing to undertake the major works that the modern city required felt it was necessary to unify decision-making capacity and administrative organization. It is worth remembering, for example, that when the Eixample was being built, the Ajuntament had very little authority over the agricultural *horta i vinyet* and the rest of its territory outside the walls. There was the so-called Comisión de Ensanche, a committee

grados, no sólo perderían la autonomía, sino toda posibilidad de participación en el nuevo gobierno unitario. Vista desde el Ayuntamiento central, era una necesidad de racionalizar y de organizar el crecimiento, suministrando a dichos núcleos un mejor nivel de servicios.

Son éstos los problemas que figuran en la base de la situación actual y son importantes cuando todo el proceso de descentralización que hoy se lleva a cabo en el seno del Ayuntamiento de Barcelona puede parecer el inverso del de hace cien años. Aunque no es exactamente lo mismo, ya que, a pesar de devolver una cierta autonomía a los barrios, sobre todo en términos de representación política y administrativa, debería mantenerse la racionalidad central en las cuestiones capitales para el funcionamiento de la gran ciudad. La descentralización administrativa, que refuerza el papel de los distritos en la gestión de algunos servicios y controles, es una delegación de funciones que replantea muchas de las discusiones entre coordinación y autonomía e implica a todos los niveles de la gobernación moderna. Sin querer establecer principios del derecho político o administrativo, interesa recoger aquí el acierto urbanístico de un proyecto —los Decretos de anexión— que, si bien era sustancialmente político, tenía una intención urbanística fundamental e importantes consecuencias urbanísticas, que marcan, de manera definitiva y específica, la naturaleza urbana de la ciudad de Barcelona.

En aquellos momentos, cualquier ayuntamiento que se hubiera propuesto las grandes obras de ordenación que la ciudad moderna requería, tenía que unificar la capacidad de decisión y su organización administrativa. Pensemos, por ejemplo, que, cuando se construía el Eixample, el Ayuntamiento central de Barcelona tenía una autoridad limitada en

of landowners, developers and Ajuntament representatives set up to oversee urban expansion. This committee supervised the Cerdà Plan and the public works being carried out. It was constituted as a half-public, half-private company, a kind of parallel city council for the new part of town outside the walls. It is hardly surprising, then, given the co-existence of the Municipal Council in the old city, the Comisión de Ensanche and the constellation of small independent town councils, that a global project for growth—and even the construction of the Eixample itself, when it began to encroach on these municipalities—should have proved so difficult.

One of the most difficult conflicts was with Sant Martí de Provençals, because—unlike Gràcia or Hostafrancs—it saw that the entire municipality would be affected by the Cerdà Plan, which was to roll right over the nucleus. Landowners in Sant Martí didn't want to hear about the Eixample Plan, which they regarded as an unjust imposition, and in any case they had their own criteria and their own plans for future growth. We have already mentioned the main axis they had opened up from the old nucleus down to the sea, draining the wetlands and marshes, where they intended to build a port of their own. The Sant Martí council had created a new district by the sea, Poblenou, an expression of its own structuring intent. The years-long conflict over the imposition of the Cerdà Plan, and the 'counter-plan' by Sant Martí's municipal architect, Pere Falqués, clearly expressed the confrontation between the autonomy of the small municipalities and the big city.

The idea of annexation represented the most modern vision of the future, based on the argument that, as a sum

la *horta i vinyet* y en el resto del término municipal situado extramuros. Existía la llamada Comisión de Ensanche, formada por los propietarios de las tierras, los promotores y una representación del mismo Ayuntamiento. Esta comisión era la que administraba y conducía el plan Cerdà y las obras públicas que iban haciéndose. Así, se constituía como una empresa semipública y semiprivada, una especie de ayuntamiento paralelo (de la parte nueva, de fuera). No es pues extraño que la coexistencia del Consejo Municipal de la parte antigua, la misma Comisión de Ensanche y la constelación de pequeños ayuntamientos independientes hicieran tan dificultoso un proyecto global de crecimiento; e, incluso, la misma construcción del Eixample, cuando empezaba a pisar el término de estos municipios.

El conflicto con Sant Martí de Provençals fue uno de los más difíciles, ya que —a diferencia de Gràcia o de Hostafrancs— veía como todo su término quedaba afectado por el trazado de Cerdà, pasando literalmente por encima del mismo núcleo. Los propietarios de Sant Martí no querían oír hablar del Plan de Ensanche, lo consideraban una imposición injusta y tenían, además, planes y criterios propios sobre su futuro crecimiento. Ya hemos hablado del eje principal, que habían abierto desde el núcleo antiguo hasta el mar, desecando todo lo que eran ciénagas y marismas, y donde pensaban crear un puerto propio. Habían asentado una población nueva junto al mar, el Poblenou, que respondía a una clara voluntad de estructura propia de este Ayuntamiento. Durante muchos años, el conflicto entre la imposición del plan de Cerdà y el Ayuntamiento de Sant Martí, con el *contraplán* del arquitecto municipal, Pere Falqués, expresaba claramente la confrontación entre la autonomía de los pequeños municipios y la gran ciudad.

of separate neighbourhoods, the small towns would never manage to resolve their major infrastructural problems: sewers, electricity, roads, new industry, transport, etc. In contrast, the opposition of the more conservative sectors and many of the property owners centred above all on the power that would be taken away from them by the central Ajuntament. In the end, the annexations went ahead and the bid for the great modern city succeeded in integrating municipalist fragmentation and the values of localism and particularity. Sant Martí was annexed in 1897, with all the municipalities covered by the Cerdà Plan, followed by Horta in 1904 and finally Sarrià in 1921.

The urbanistic response to this administrative process of integration was the competition for a 'Pla d'Enllaços' or 'Connections Plan' for the city (the 'Plan of Connections for Barcelona and Neighbouring Municipalities') in 1901, won by the Toulouse-born architect Léon Jaussely. The competition was the response in urbanistic terms to the intentions implicit in the annexation process, which was to give overall coherence to the sum of independent nuclei. The main aim of the competition was to establish links between the neighbourhoods, and between them and the central city. Rovira i Trias had in part tackled this in his submission to the Eixample competition, but unlike Jaussely's plan, his priority had been not the relationship between the central city and the neighbourhoods as but essentially to ensure the neighbourhoods' relationship with one another.

Jaussely drew up an overly complicated project that, though approved, was not directly implemented itself, though its influence can be seen in many of the partial interventions in Barcelona in the 20th century. As a plan,

La idea de anexión representaba la visión de futuro más moderna, dando a entender que, como suma de barrios, las poblaciones nunca llegarían a solucionar sus grandes problemas de infraestructuras: alcantarillado, electrificación, vialidad, las nuevas industrias, el transporte, etcétera. Por el contrario, la visión de los sectores más conservadores y de muchos propietarios se fijaba, sobre todo, en la fuerza que les restaría el Ayuntamiento central al absorber su poder. Al final, las anexiones se irán produciendo y se impondrá la apuesta por la gran ciudad moderna: integrar la fragmentación municipalista y los valores del localismo y de la particularidad. Sant Martí fue anexionado en 1897, con todos los municipios del llano barcelonés; luego Horta, en 1904, y el último fue Sarrià, en 1921.

La respuesta urbanística a este proceso administrativo de integración es el concurso para un "Plan de Enlaces de Barcelona y Municipios Circunvecinos" de la ciudad, que se lleva a cabo en el año 1901 y que gana el arquitecto occitano Léon Jaussely. Ésta es la respuesta, en términos urbanísticos, a las intenciones implícitas del proceso de anexiones: la de dar una coherencia conjunta a la suma de núcleos independientes. El concurso plantea como principal objetivo establecer los enlaces de los barrios entre sí y de éstos con la ciudad central. Una intención ya considerada parcialmente en la propuesta de Rovira i Trias para el Concurso de Ensanche, pero que, a diferencia de aquél, no considera una prioridad la relación radial de la ciudad central con los barrios, sino, principalmente, la de asegurar la relación de los barrios entre sí.

Jaussely realiza un proyecto muy complicado que, a pesar de que se aprobó, nunca se llevará a cabo directamente, pero su influencia será patente en muchas operaciones

it has never been implemented as fully as Cerdà's, but the images of the city it introduced broke with monolithic Neoclassicism and cleared the way for a new understanding of architectural diversity, topography and the new residential forms that was to have important consequences in due course. Jaussely anticipated the vision of the contemporary city 'in parts'. In fact, behind the rhetorical language with which he illustrated his architecture there was an advanced image of urban organization, something that many later critics have failed to recognize. In terms of the road network, some of his ideas on connections are apparent today in the Ronda del Mig ring road between the nuclei of Can Tunis, Hostafrancs, Gràcia and Horta. Jaussely's proposal established a vision of Barcelona on a new scale that looked for a different overall functioning in the links between these neighbourhoods. Indeed, more than the idea of a ring road, what is important in Jaussely's plan is the will to internal triangulation of the different built fabrics, schematically identified as the old quarter, Cerdà's grid and the areas with no organization of their own lying outside. Jaussely began to concern himself with the relationship between Gràcia and Sants and traced the diagonal now known as Avinguda de Josep Tarradellas, though this was not completed according to his instructions and only constructed in part. He also started to establish relationships between other points and Plaça d'Espanya, linking the Eixample with Poble Sec on one side and connecting Poblenou with Sant Andreu and Sant Martí on the other. In other words, he 'carved up' what had been a single law (the orthogonal grid) with new elements that would connect the different parts of the city by twos and

parciales de la Barcelona del siglo XX. Como plan, nunca se ejecutará de manera tan exacta como el de Cerdà, pero las imágenes de ciudad que introducía rompían el monolitismo neoclásico y abrían paso a una comprensión nueva de la diversidad arquitectónica, la topografía y las nuevas formas residenciales, de grandes consecuencias posteriores. Jaussely anticipó la visión "por partes" de la ciudad contemporánea. Escondida detrás del lenguaje retórico con el que ilustraba su arquitectura, se encontraba en realidad una visión avanzada de la organización urbana, que muchos críticos no han sabido reconocer a posteriori. Sobre los trazados viarios, algunas de aquellas ideas de enlace aparecen hoy en la ronda del Mig, entre los núcleos de Can Tunis, Hostafrancs, Gràcia y Horta. Esta propuesta ya contiene la visión de una nueva escala de Barcelona, que va a buscar en los enlaces entre estos barrios un funcionamiento global diferente. Así pues, más que la idea de ronda, lo importante del plan de Jaussely es la voluntad de triangulación interior de los tejidos, identificados esquemáticamente por el barrio viejo, la cuadrícula de Cerdà y todos aquellos paquetes sin organización propia que "colgaban" alrededor. Es el primero que se preocupa por la relación entre Gràcia y Sants y dibuja la diagonal que hoy es la avenida de Josep Tarradellas, aunque no terminará de completarse como él decía y se construirá sólo un tramo de la misma. Empieza a buscar también la relación de nuevos focos hacia la plaza de Espanya, que unan el Eixample con el Poble Sec o, al otro lado, vinculando el Poblenou a Sant Andreu y Sant Martí. Es decir, lleva a cabo una "fragmentación" de lo que antes era sólo una ley única (la retícula ortogonal), con nuevos elementos que conecten de dos en dos, o de tres en tres, las partes diferentes de la ciudad. Si hoy nos fijamos en muchas de las vías

threes. If we look today at many of the roads that relate the neighbourhoods with the central city or with each other, we can see these are not the roads of the Cerdà Plan but roads that have appeared in a seemingly casual way and had been suggested by Jaussely.

Jaussely also proposed the extension of Passeig de Sant Joan, which, instead of stopping as it does today in the middle of Gràcia, was to continue on up to Guinardó and end in Horta. He also proposed the continuation of Rambla de Catalunya, which, to prevent it too turning into an end of the Eixample, was to go right up to Sant Gervasi.

But Jaussely also clearly understood that to make a great city it is necessary to create new elements of urban structure that do not link neighbourhoods only by juxtaposition. This might seem self-evident today, but he championed it when everything was still to be constructed. An example of this is the park he laid out around Rambla de Catalunya on what was then still open countryside. Even Avinguda Diagonal itself, which he reinforced, seemed to be not quite constructed at that time.

His proposal was to create an inter-neighbourhood connection capable of structuring the great complex city. This aim is also evident in the design of the mechanical transport and trams that he envisaged, with their modern and powerful functional image, a world away from the old parish units, spontaneous and merely juxtaposed. This general image is further reinforced by the idea of a Passeig Marítim, which makes its forceful appearance in Jaussely's particular vision of the lower part of the city, La Barceloneta and Poblenou, which contrasts sharply with the plans drawn up by Pere Falqués for Sant Martí.

que relacionan los barrios con la ciudad central o los barrios entre sí, veremos que no son vías del plan Cerdà, sino que son las que han aparecido de una manera aparentemente casual pero que Jaussely había sugerido.

También proponía la prolongación del paseo de Sant Joan, que, en lugar de detenerse, como sucede hoy en día, frente a algunas de las manzanas de Gràcia, proseguiría hacia arriba, hasta los barrios de Guinardó y Horta. Y proponía también la continuación de la rambla de Catalunya, que, para evitar que colisionara otra vez con un final del Eixample, ascendería directamente hasta Sant Gervasi.

Pero Jaussely también comprendió claramente que, para hacer una gran ciudad, había que crear unos nuevos elementos de estructura urbana que no enlazaran solamente los barrios por yuxtaposición. Una idea que puede parecer evidente hoy, pero que él sostenía cuando todo estaba aún por construir. De ello es un ejemplo el parque que dibuja en torno a la rambla de Catalunya, en terrenos que eran aún campos. Tampoco la misma Diagonal, que él refuerza, no parecía muy construida en aquel momento.

Su propuesta consiste en una conexión interbarrios capaz de estructurar la gran ciudad compleja. Esta cuestión está también presente en el diseño de los transportes mecánicos y de los tranvías que imagina, de una línea funcional moderna y poderosa, en las antípodas de la espontánea preexistencia, sólo yuxtapuesta, de las antiguas unidades parroquiales. Esta imagen general se refuerza también con la idea de un paseo Marítimo, que aparece con fuerza dentro de su visión particular de la parte baja de la ciudad, de la Barceloneta y del Poblenou, particularmente contrapuesta a la que defendían los planos del arquitecto Pere Falqués para Sant Martí.

Jaussely's plan is significant in being the first to propose an image of Barcelona in the sense of what the city was to be in the 20th century and, surpassing Cerdà's precedent, is no longer the sum of the old nucleus, the Eixample and a few neighbourhoods around them, but the reorganization of this whole complex. It defines a general order that considers the possibility of extending toward the Llobregat delta, the remodelling of all the minor areas, the establishment of a strong system of connections and the definition of many new focal points in the city.

If we look today at a plan of the city to see which neighbourhoods have the best road interconnections, we find they are the ones where Jaussely's decisions have been put into practice. For example, Sarrià, with its main road toward the centre; Passeig de la Bonanova, as a 'cornice' axis, if you will, linking all the up-town districts; Via Augusta, toward Gràcia, and a number of other minor roads linking through to the old neighbourhoods. But it is impossible to find their equivalent in Horta because the elements of the Jaussely Plan have not been realized. Hostafrancs, too, is a blocked neighbourhood, because the bisecting highway Avinguda de Josep Tarradellas has not arrived there. How different this area of the city would have been if this diagonal axis had not been ended at the railway line on Carrer d'Aragó, where Sants station now stands, but continued on into the neighbourhood: it would have had a very different vitality and a very different process of construction, architecture, and link with Gràcia. Hostafrancs is solely based, however, on the lines drawn by Cerdà: Gran Via, Paral·lel and Carretera de Sants.

The same can be said of Sant Andreu de Palomar, whose connection with the centre has been limited to the old main

El plan de Jaussely tiene el valor de ser el primero que propone una imagen de Barcelona en el sentido de lo que será la ciudad del siglo XX y que, superando el precedente de Cerdà, no es ya la suma del núcleo antiguo, el Eixample y unos barrios situados en su perímetro, sino la reorganización de todo este conjunto. Define un orden general que considera la posibilidad de extensión hacia el delta del Llobregat, la remodelación de todas las tramas menores, el establecimiento de un potente sistema de conexiones y la definición de muchos nuevos focos en la ciudad.

Si hoy observamos sobre el plano de la ciudad cuáles son los barrios que tienen una mejor interconexión viaria, veremos que son aquellos donde las decisiones de la mano de Jaussely se hicieron efectivas. Por ejemplo, Sarrià, con su carretera hacia el centro; el paseo de la Bonanova, como eje de cornisa que enlaza todos los barrios altos; la Via Augusta, hacia Gràcia, y otras vías menores que conectan con los barrios vecinos. En cambio, en Horta no sabemos ver el equivalente porque aquí los elementos del plan Jaussely no han sido materializados. También Hostafrancs es un barrio bloqueado, ya que la conexión de la bisectriz de la avenida de Josep Tarradellas no ha llegado hasta él. Qué diferente habría sido esta zona, si este eje en diagonal no se hubiese detenido en la vía del ferrocarril de la calle de Aragó, donde ahora está la Estación de Sants, sino que hubiese continuado barrio adentro: habría tenido una vitalidad, un proceso de construcción, una arquitectura y un enlace con Gràcia muy diferentes. Pero Hostafrancs se ha apoyado sólo en las trazas de Cerdà: la Gran Via, el Paral·lel y la carretera de Sants.

Lo mismo puede decirse de Sant Andreu de Palomar, que, para conectarse con el centro, sólo ha tenido la antigua

road and eventually Meridiana, while its connections to the south, with Sant Martí, and to the north, with Horta and Sant Gervasi, have never existed. La Ronda and Avinguda de Pi i Molist had trouble making their way through, and in the end have only done so, inadequately, below Horta.

In short, where these connections have not been made, we notice their absence, though this is not because Jaussely was always right or because his plan was so wise. What is important, though, is the idea behind his plan: good traffic articulation between neighbourhoods, something that has still not been achieved, a handicap for the city even today.

Though we are now starting to carry out the opposite process and think that each neighbourhood ought to have its autonomy, and that the district can act more independently, it has to be said that many of the progressive reforms of the unification phase have yet to be implemented. The need for overall physical organization has not been met, and the metropolitan and regional scales call for new efforts at integration, and not just co-ordination, for the great city of the future. Complexity and the value of difference should not be sacrificed, yet it has to be said that the map of municipal organization around Barcelona—and the whole of Catalonia— is still hostage to the irrationalities of the past that are an obstacle to improving people's living conditions.

The conflict between globalization and identity is, *a posteriori*, a false dilemma. As far as the city is concerned, the greater the diversity (identity), the greater the interdependence (globality). This is not an abstract, immaterial reflection in the way that a discussion of political rights or organizational structures (administrative, institutional) might be, but one that deals with streets and houses, sew-

carretera y, posteriormente, la Meridiana; pero sus contactos con el sur, con Sant Martí, o con el norte, con Horta y Sant Gervasi, no han existido nunca. La ronda y la avenida de Pi i Molist pasaron con dificultades y, finalmente, lo hicieron estrellándose defectuosamente debajo de Horta.

En definitiva, cuando estos enlaces no se han realizado, los echamos en falta. No necesariamente porque Jaussely tuviese toda la razón o porque su plan fuera tan acertado; lo que sí continúa siendo importante es la idea que estaba detrás: la buena articulación viaria entre los barrios, que aún no se ha cumplido y de la que aún nos resentimos.

Aunque ahora empezamos a hacer el proceso inverso, a pensar que los barrios deben volver a tener autonomía, que los distritos pueden actuar con más independencia, no podemos dejar de decir que una buena parte del reformismo progresista de la fase de unificación está todavía pendiente. Las necesidades de organización física conjunta no se han satisfecho y la escala metropolitana y regional reclaman nuevos esfuerzos de integración —no tan sólo de coordinación— para la gran ciudad futura. Sin limitar la opción por la complejidad y el valor de las diferencias, el mapa de la organización municipal alrededor de Barcelona —y de toda Cataluña— es aún prisionero de irracionalidades pretéritas que impiden mejores condiciones de vida para los ciudadanos.

El conflicto entre globalización e identidad es, a posteriori, un falso dilema, pues para la ciudad, cuanta más diversidad (identidad), más interdependencia (globalidad). Y ésta no es una reflexión abstracta, inmaterial, como puede serlo el hablar de derechos políticos o de estructuras organizativas (administrativas, institucionales), sino que trata de calles y casas, de alcantarillas y de grandes avenidas, de parques de

ers and grand avenues, parks, amenities, hospitals and universities. Urban phenomena are sited on physical plots, large and small, near or far, flat or sloping, attractive or ugly. It is the agglomeration of these physical features that has made Barcelona great, and has ultimately turned what were once towns and villages into city.

This agglomerate structure—polynuclear more than polycentric—has made it possible for a great variety of activities to be located in a small area. Contrasts in densities and housing types are found at close hand, with no relationships of continuity. Places of work, entertainment and public services mix with much more facility and diversity than in homogenous cities built by concentric expansion. The urban form is 'fine grain', as Kevin Lynch would have said. In structural terms, this is a major advantage for sustainability. It is also an environmental attraction to be enjoyed as we travel from one neighbourhood to another—as, for example, when we cross from Sants to Park Güell, from Gràcia to La Ribera, from Sant Andreu to Sarrià or from Poble Sec to Horta.

Certain topographical phenomena are thus doubly interesting: in addition to revealing the complexity that configures urban places, they also remind us visually—and in everyday practice—of the barriers that the city has surmounted, and of how obstacles have become links. The form in which the annexation has been carried out has had a major influence on the city's physiognomy. And whereas in many cities—including Barcelona—overstepping the old walls has resulted in homogenous expansion and the laying of boulevards and ring roads as the definitive bounds, in Barcelona this experience of crossing frontiers and blur-

esparcimiento, de equipamientos, de hospitales y de universidades. Los hechos urbanos son colocados sobre terrenos físicos, grandes y pequeños, próximos o lejanos, planos o en pendiente, bonitos y feos. Es la aglomeración de estos hechos físicos lo que ha hecho grande a Barcelona y lo que hace que lo que antes eran pueblos sean, además, ciudad.

Esta estructura de aglomeraciones en serie —polinuclear, más que policéntrica— es la que permite oportunidades de localizar actividades variadas en un ámbito de distancias cortas. El contraste de densidades o el tipo de residencia se produce en la inmediatez, sin relación de continuidad. Los lugares de trabajo, de esparcimiento y los de servicio público se mezclan con más facilidad y variedad que en las ciudades homogéneas, formadas por extensiones concéntricas. La forma urbana es de "grano pequeño", hubiera dicho Kevin Lynch. Se trata, en términos estructurales, de una gran ventaja en cuanto a la sostenibilidad. Pero también de un atractivo ambiental del que gozamos cuando pasamos de un barrio a otro: cuando atravesamos, por ejemplo, de Sants al parque Güell, de Gràcia al barrio de la Ribera, de Sant Andreu a Sarrià o del Poble Sec a Horta.

Algunos hechos topográficos adquieren, así, un doble interés porque, además de mostrarnos la complejidad que configura los lugares urbanos, nos recuerdan visualmente —y en la práctica cotidiana— las barreras que la ciudad ha ido superando y cómo los obstáculos se han convertido en uniones. La forma en que la anexión se ha ido haciendo es un dato capital de la fisonomía ciudadana. Y si para tantas ciudades —Barcelona incluida—, el salto de las murallas ha permitido una extensión homogénea con la huella de los bulevares y de las rondas como fronteras definitivas, en Barcelona han sido veinte las veces que esta experiencia de fronteras atravesadas

ring boundaries has been repeated time and again as a mechanism of urban construction. It could even be said to be the city's own specific style of urbanism, dense and multiform, broken-up and self-referential.

In addition to the irrational administrative boundaries between Barcelona and Sant Adrià, or L'Hospitalet, or Esplugues, another danger today casts doubt on the advantages of the annexed, interwoven city: the growing tendency for residential areas to isolate themselves, prohibiting through traffic and 'inappropriate' uses, jealously protecting their peace and quiet (and their ethnic integrity and economic status) in order to create uncontaminated urban pockets as if the city were a mosaic of private, exclusive condominiums. And this is not a privilege of the rich and powerful classes alone. The privatistic ideology of the city—'it's my street, it's my patio and my parking space'—is becoming prevalent among the middle classes and in petty bourgeois neighbourhoods. As a result, colossal projects are undertaken to roof over broad avenues that were once signifiers of the city's urban dignity, its intercommunication and solidarity and its metropolitan scale. There are those who would bury all of this for the short-term benefit of a few residents, at the expense of the communal civic budget.

At the street and neighbourhood level, the new urbanistic 'privatization', anathema to the true civic spirit and a negation of all urbanistic responsibility as a collective enterprise, feeds the municipal parochialism and deceitful sovereignism of the still-autonomous town councils around the central city, whose infrastructure, day-to-day life, public image and brand recognition they unquestionably share.

y límites desdibujados se ha repetido como mecanismo de construcción urbana. Podemos decir que se trata de un estilo urbanístico propio, específico de esta ciudad —densa y multiforme, rota y autorreferente—.

Además de las irracionales fronteras de gobierno entre Barcelona y Sant Adrià, o con L'Hospitalet de Llobregat, o con Esplugues, otro peligro cuestiona hoy las ventajas de la ciudad anexionada y entretejida: la creciente tendencia al aislamiento de las zonas residenciales, prohibiendo el tránsito a través de ellas y los usos "incómodos", a causa del celo por la tranquilidad y el silencio (así como por la integridad étnica y el estatus económico), para crear bolsas urbanas incontaminadas, como si la ciudad fuera un mosaico de condominios privados y exclusivos. Y no pensemos que esto sea un privilegio exclusivo de las clases adineradas y prepotentes. La ideología privatística de la ciudad —"la calle es mía, es mi patio y mi aparcamiento"— campa por las clases medias y por los barrios de la pequeña burguesía. Por eso se acometen coberturas mastodónticas de anchas calles de la ciudad, de avenidas que fueron significativas de la dignidad urbana, de su intercomunicación solidaria y de su escala metropolitana. Hay quien pretende que todo eso se soterre para el provecho inmediato de algunos residentes; eso sí, a costa del presupuesto ciudadano común.

La nueva "privatización" urbanística, flagelo del verdadero espíritu ciudadano y negación de toda responsabilidad urbanística como empresa colectiva, es, a nivel de calle y de barrio, el fermento que alimenta el parroquialismo municipal y el engañoso soberanismo de los ayuntamientos, aún hoy autónomos, que circundan la ciudad central, con la que comparten, indiscutiblemente, infraestructuras, vida cotidiana, imagen pública y marca exterior.

As forces toward the 'privatization' of urban consumption, of the way the city is used, they are as strong and regressive as those that privatize production, turning urban growth into a speculative business and a sector for powerful financial interests to fight over.

New forms of annexation and new links need to be imagined, and soon, for the force of Barcelona to engage the new times. Because it may be that this articulation of differences at the present metropolitan scale is what is needed to prevent the forms of dispersion and encroachment spreading throughout Catalonia resulting in a territory erratically subject to arbitrariness and chance. It may well be that overcoming this danger is where there is greatest need for imagination and daring in proposing the Barcelona of the future.

Can Barcelona become a city of cities? Its brightest future lies in constructing itself as a compact but discontinuous urban constellation, interwoven yet exact, controlled. I am not talking about an archipelago city, or of the fables of territorial diffusion, or of metropolitan area, but about heterogeneous intensity, an identity that globalizes. 'The universal is the local without walls': local and global in its differentiated physical identities, in the many Barcelonas my late friend, Manuel Vázquez Montalbán, spoke of.

Son fuerzas hacia la "privatización" del consumo urbanístico, de la manera de usar la ciudad, tan fuertes y regresivas como las que privatizan su producción, haciendo del crecimiento urbano un negocio especulativo y un sector entregado a las luchas del poder financiero.

Hay que imaginar, y pronto, nuevas formas de anexión, nuevos enlaces, para que la fuerza de Barcelona afronte los nuevos tiempos. Porque quizá sea esta vertebración de las diferencias, a la escala de la metrópoli actual, el paso necesario para que las formas de la dispersión y la invasión que campan por toda Cataluña no dejen un territorio erráticamente sometido al arbitrio y a la casualidad. Superar esta rémora: quizá sería éste el campo más necesitado de imaginación y de audacia propositiva para la Barcelona futura.

¿Podrá Barcelona llegar a hacerse una ciudad de ciudades? Su mejor futuro reside en construirse como constelación urbana compacta, pero discontinua; entretejida, pero exacta, controlada. No estamos hablando de una ciudad archipiélago, ni de las fábulas de la difusión territorial, ni de área metropolitana, sino de la intensidad heterogénea, de una identidad que globalice. "Lo universal es lo local sin fronteras." Local y global en las identidades físicas diferenciadas, en las muchas Barcelonas de las que habló el amigo desaparecido.

217. The Barcelona plain in the early years of the 20th century.

218. Project for links between Barcelona and the aggregated towns. Léon Jaussely, 1905.

219. Proposal for Passeig Marítim by the Besós, by Léon Jaussely.

220. 'Plano de los bosques, parques, jardines y jardincillos', by Léon Jaussely.

217. El llano de Barcelona en los primeros años del siglo XX.

218. Proyecto de enlaces de Barcelona con las poblaciones agregadas. Léon Jaussely (1905).

219. Propuesta para el paseo marítimo al lado del Besós, de Léon Jaussely.

220. "Plano de los bosques, parques, jardines y jardincillos", de Léon Jausselly.

217

218

42104

219

220

221. Project for links between Barcelona and the aggregated towns. Léon Jaussely, 1905.

222. Detail of the alignments of diagonal streets.

223. Perspective of the prolongation of Passeig del General Mola.

224. Impression of the extension of Rambla de Catalunya.

225. Barcelona. Division into ten districts, 1984.

226. 'Avenida del Parque' and 'Parque del Besós' at the end of Gran Via.

221. Proyecto de enlaces de Barcelona con los pueblos agregados. Léon Jaussely (1905).

222. Detalle de las alineaciones de algunos trazados en diagonal.

223. Perspectiva de la prolongación del paseo del General Mola.

224. Imagen de la prolongación de la rambla de Catalunya.

225. Barcelona. División en diez distritos (1984).

226. Avenida del Parque y parque del Besòs, al final de la Gran Via.

221

222

223

224

225

226

MEDITERRANI

PARCH

Les Corts

Sarrià
Sant Gervasi

Gràcia

Horta
Guinardó

Nou Barris

Sant Andreu

Eixample

Sants
Montjuïc

Ciutat Vella

Sant Martí

LA CIUTADELLA AND MONTJUÏC
the city has two ears

I f we look at a plan of Barcelona today, we see two green areas, two large parks near the sea, flanking the old city: these are to a great extent the result of the effort made by the entire city to bring itself up-to-date, the legacy of the two World's Fairs.

Barcelona's two ears establish a symmetry that should not be undervalued: like the symmetry of the two rivers, the Besòs and the Llobregat, they are structural references in relation to the centrality of Ciutat Vella, the Eixample and Gràcia. The range of opportunities offered by these large parks, the difficulty of ever surpassing them, and their functional richness (they contain museums, cemeteries, botanical and zoological gardens, a parliament and a trade fair, re-naturalized castles and castles of stone) ensure the relative independence of the neighbourhoods that bound them—Poble Sec and Sants, La Ribera and La Barceloneta—which in turn emphasizes these green spaces as elements on the maximum scale in the composition of the city of Barcelona.

The fact that Barcelona has two flanges has significant consequences for the experience of the city today. It has to do with the way centrality is distributed and with the creation of major new amenities in the city. The Fira trade fair complex to the west and the Forum to the east

Si miramos actualmente un plano de Barcelona, vemos dos áreas verdes, dos grandes parques cerca del agua, que flanquean la ciudad antigua: son en buena parte el resultado de un esfuerzo que hizo toda la ciudad para ponerse al día; el legado de las dos exposiciones universales.

Las dos orejas de Barcelona establecen una simetría difícil de menospreciar: son como la simetría de los ríos, Besòs y Llobregat, referencias estructurales respecto de la centralidad del núcleo antiguo que conforma Ciutat Vella, del Eixample y de Gràcia. No obstante la oferta de oportunidades que estos grandes parques ofrecen, la dificultad de sobrepasarlos, su riqueza funcional, al acoger museos, cementerios, jardines botánicos y zoológicos, cámaras parlamentarias y ferias de muestras, castillos renaturalizados y castillos de piedra, se mantiene la relativa independencia de los barrios limítrofes —el Poble Sec y Sants, la Ribera y la Barceloneta—, lo cual da relieve a esos espacios verdes como elementos de escala máxima en la composición de la ciudad de Barcelona.

Que Barcelona es una ciudad con dos orejas tiene consecuencias importantes en la experiencia actual de la ciudad. Tiene que ver con la manera como la centralidad se reparte hoy y con la creación de nuevas alternativas de gran equipamiento ciudadano. La Fira, hacia poniente, y el Fòrum, hacia levante, son la réplica contemporánea a esta dualidad,

are the contemporary replication of this duality, which is indisputably reinforced by the fundamental role of Gran Via (discussed in chapter I), running transverse through the city for 11 kilometres, which links the two sides of the city between the two rivers.

Does this make Barcelona a city of counterweights? Is Horta the double of Sarrià, Sant Andreu symmetrical to Sants, Poblenou the mirror of Poble Sec? Is the Eixample really divided into Dreta (right) and Esquerra (left)? And should we regard L'Hospitalet as the equivalent of the extensive Sant Martí, comparable in position, size and even their socio-political personality? Probably the position of La Ciutadella and Montjuïc has a lot to do with the city today being organized with this characteristic mental duality.

Barcelona's two main parks, La Ciutadella and the hill of Montjuïc, are the only parks on a city-wide scale and were urbanized for the two World's Fairs, the first in 1888 and the second in 1929. In both cases the sites were near the sea, owned and used by the military, strategic emplacements for the city as a whole.

There are few cities where the hosting of an Exposition has been so important from the point of view of the construction of its essential parts; few where the sites chosen and the urbanizing effort have signified the incorporation of two areas that had been symbols of oppression and scorn and their transformation into the finest and most important open spaces in the city.

The keys to success here were the location and the scale of the operation: in the first case, the World's Fair was held in an enclosed, walled park, like a large pouch

indiscutiblemente reforzada por el papel fundamental de la Gran Via (ya hemos hablado de ella en el capítulo I), que, con sus once kilómetros transversales, enlaza las dos bandas de la ciudad entre los dos ríos, de punta a punta.

¿Convierte esto a Barcelona en una ciudad de contrapesos? ¿Es Horta dual de Sarrià, Sant Andreu simétrico de Sants, el Poblenou dual del Poble Sec y se divide el Eixample entre derecha e izquierda? Y más aún: ¿debemos entender L'Hospitalet como el equivalente del amplio Sant Martí, comparables por posición, dimensión e incluso por su personalidad sociopolítica? Seguramente la posición de la Ciutadella y de Montjuïc han contribuido mucho a que la ciudad de hoy se organice con esta dualidad mental característica.

Los dos principales parques de Barcelona, el de la Ciutadella y el de la montaña de Montjuïc, los únicos a la escala de toda la ciudad, se urbanizarán con motivo de las dos exposiciones universales, la primera en el año 1888 y la segunda en el año 1929. En ambos casos se buscarán terrenos junto al mar, de propiedad y uso militar, emplazamientos estratégicos para el conjunto de la ciudad.

Pocas ciudades hay en las que la celebración de una exposición haya tenido tanta importancia desde el punto de vista de la construcción de sus partes fundamentales; pocas en que los enclaves escogidos y el esfuerzo urbanizador hayan significado la incorporación de dos áreas, inicialmente símbolo de la opresión y el menosprecio, para transformarlas en los mejores y más importantes espacios libres de la ciudad.

El acierto fue aquí el emplazamiento, pero también la escala de la operación: en el primer caso, la exposición se desarrolla en un parque acotado y precintado, como una gran bolsa que se une a la ciudad (la Ciutadella); en el otro caso, en

attached to the city (La Ciutadella); in the second case, in an open park without a perimeter or boundary on the hill that had in the past kept a watchful eye on events down in the port and the city (Montjuïc).

In Barcelona, the World's Fairs of 1888 and 1929 were an excuse for improvement: in its international image, in the technological advances they brought, and in the transformations in production they entailed. They were conceived and promoted with the clear intention of contributing to the embellishment the city and as a mechanism for remedying its shortage of assets. The Expos were, in short, the sum of public and private efforts directed toward the same end: to put Barcelona on a par with the great capitals of Europe.

Despite invoking notions of the interim, the temporary montage, the transient circus, Barcelona's Expos were conceived as construction projects concentrated in time and space to adapt the city to modern progress, an opportunity to endow it with those elements and structures, buildings and public spaces that would signify a leap to a higher scale, the transformation of Barcelona into a great capital. Consequently, these exogenic events involved major transformations, with certain areas being privileged through the creation of new infrastructure, and above all as a stimulus to equipping the city.

There have, of course, been far more famous international exhibitions and fairs: the first international fair, the Great Exhibition of 1851 in London, for which the Crystal Palace was built; those in Paris in 1855, 1887 and 1889, in which Eiffel played a decisive part, and latterly in 1925; the American World's Fairs, such as

un parque abierto sin perímetros ni límites, sobre la misma montaña que ha vigilado históricamente los movimientos del puerto y de la ciudad (Montjuïc).

En Barcelona, las dos exposiciones internacionales, la de 1888 y la de 1929, han sido excusa para su mejora: por su trascendencia internacional, por los avances tecnológicos que aportaron, por las transformaciones de la producción que promovieron. Pensadas e impulsadas con la clara voluntad de contribuir al embellecimiento de la ciudad y como un mecanismo para subsanar la falta de recursos. Las exposiciones son, en definitiva, una suma de esfuerzos públicos y privados en una misma dirección: la de convertir Barcelona en una ciudad a la altura de las mejores capitales europeas.

A pesar de la idea de eventualidad, de montaje temporal, de gran circo desmontable, las exposiciones de Barcelona se plantearon como proyectos de obras concentrados en el tiempo y en el espacio, para adecuar la ciudad al progreso moderno: una ocasión para dotarla de aquellos elementos y estructuras, de aquellos edificios y espacios públicos que significasen un salto de escala, la transformación de Barcelona en una gran capital. Y es por eso por lo que estos acontecimientos exógenos implicarán transformaciones primordiales: impulsando determinadas áreas, mediante la creación de nueva infraestructura, y, sobre todo, como estímulo para equipar la ciudad.

Por supuesto que hay exposiciones internacionales y universales mucho más famosas: la primera internacional, en Londres, en 1851, en la que se construyó el Crystal Palace; las de París de los años 1855, 1887 y 1889, donde intervino decisivamente Eiffel, y la posterior de 1925; las norteamericanas, como la de Chicago, famosa por ser el punto de referencia del planeamiento de las ciudades americanas, y la de

Chicago, famous as a benchmark for urban planning in the United States, and Philadelphia. In very few cases, however, has the chosen site gone on to form part of the city in such a transcendent way. The first World's Fair in Barcelona gave the city a magnificent park dotted with *Modernista* buildings. The second gave it the conquest of Montjuïc and a living and constantly renewed memory of its character in the fountains and the lights that periodically light up the city's night sky with their fan of intensely coloured beams.

Fairs and Expos have always combined the practical with the festive and recreational, the image of a city in transformation bent upon embracing every advance within its reach. For the first time, the city organized an immense showcase for new products and the latest advances and, a little less directly, itself. The images and photographs of these events, which mark the pace of progress in European production from the mid-19th century to the 1920s, reflect the dazzling array of objects, machinery and colours, all on display under the aegis of new technical conquest.

Expos were also important for industry in providing a chance to progress by means of comparison at a time when a host of new products, machines and artefacts were changing the nature of production and transforming the traditional image of the city. They also offered an ideal occasion for advances and innovation in architecture: it is no accident that the World's Fairs were the occasion for the first manifestations of iron architecture, early *Modernisme* (Barcelona, 1888), Art Deco (the name itself comes from the 1925 Exposition

Filadelfia... Pero en muy pocos casos el lugar escogido ha pasado a formar parte de la ciudad de una manera tan trascendente. De la primera exposición en Barcelona ha quedado un parque magnífico, salpicado de edificios modernistas. De la segunda, la conquista de la montaña de Montjuïc y un recuerdo vivo y repetido de su carácter: las fuentes y las luces que periódicamente atraviesan el tupido cielo de Barcelona con un haz de colores intensos.

Ferias y exposiciones han combinado desde siempre el carácter práctico con el festivo y del ocio, imagen de una ciudad en transformación abocada a incorporar todo avance que estuviera al alcance. Por primera vez, la ciudad organiza un inmenso escaparate donde se muestran los nuevos productos y los nuevos avances, y, más indirectamente, también se muestra ella misma. Las imágenes y fotografías de estos festivales, que pautaron los ritmos del avance en la producción en Europa desde mediados del siglo XIX hasta los años veinte, reflejan el deslumbramiento ante la mezcla de cosas, de maquinarias y de colores, mostrados al amparo de las nuevas conquistas técnicas.

También para la industria fueron importantes porque permitían avanzar por comparación, en unos años en que una gran cantidad de nuevos productos, máquinas y artefactos estaban cambiando el mundo de la producción y transformando la imagen tradicional de la ciudad. Representan, además, una oportunidad inmejorable para el avance y la innovación de la arquitectura: no por casualidad las exposiciones fueron el marco donde se manifestaron, por primera vez, la arquitectura del hierro, el primer modernismo (Barcelona, 1888), el *Art Déco* (cuyo nombre viene de la Exposición de las Artes Decorativas, celebrada en París en 1925), el nove-

des Arts Décoratifs in Paris), *Noucentisme* (Barcelona, 1929) and modern architecture (Mies van der Rohe's German Pavilion, the cornerstone of the Modern Movement and associated, along with the Barcelona Chair, with the Exposición Internacional of 1929). These were times for taking stock and considering new alternatives, for observing and monitoring the progress made in the city, in architecture and in all that was on show.

The Expos transformed Barcelona into a metropolitan capital with all the services and amenities that such a status demanded—hotels, hospitals, stations and slaughterhouses—and all the new infrastructure needed to connect the different parts: the new roads, the railway lines and the Metro.

In both cases the hosting of these events was posited at a time when the city was experiencing, or about to experience, a significant rise in population. The first coincided with the time with the annexing of the independent neighbouring municipalities to configure a formally and administratively larger city; the second, when the trade with European countries at war had quickened the pace of growth in local industry, and the first waves of immigration were beginning.

The Expos' urbanistic location is important, because while they defined new points of growth and established themselves as a focus of activity and future construction, they also made it necessary to rethink the overall structure of the existing city, its main roads and representational centre. As a result, there was a certain tidying up of the city's general network of connections and, above all, its links with the main interchanges.

centismo (Barcelona, 1929) y la arquitectura moderna (el Pabellón Alemán, de Mies van der Rohe, piedra angular del Movimiento Moderno y asociado, junto con la *silla Barcelona*, a la Exposición de 1929). Son momentos de revisión y de replanteo de nuevas alternativas, en los que se observan y se supervisan los progresos acaecidos en la ciudad, en la arquitectura y en lo que se expone.

En Barcelona, las exposiciones transformarán la ciudad en una capital metropolitana con todos los servicios y equipamientos que esta capitalidad reclama —los hoteles, los hospitales, las estaciones y los mataderos—, y con todas las nuevas infraestructuras que habían de hacer posible la relación entre las diferentes partes: las nuevas vías, los ferrocarriles y el Metro.

En ambos casos, estos acontecimientos se plantearon cuando la ciudad vivía, o estaba a punto de vivir, un importante aumento de población. En el primer caso coincidió con el momento de la anexión de los municipios vecinos independientes, conformándose como una ciudad más grande, administrativa y formalmente; en el segundo, cuando el comercio con los países europeos en guerra había puesto en marcha un ritmo creciente en las industrias del país, al mismo tiempo que llegaban las primeras oleadas de inmigración.

Su localización urbanística es importante porque, si por un lado definen nuevos puntos de crecimiento y se establecen como foco de actividad y de construcción futura, por el otro, hacen necesario el replanteo de la estructura general de la ciudad existente, de sus vías principales y de su centro representativo. Así es como se producirá una cierta recuperación en la red de conexiones generales de la ciudad y, sobre todo, en su enlace con los principales puntos de intercambio. No se puede

A World's Fair or Exposition, with all the coming and going of people it involves, necessarily calls for a rethink of the routes between the city centre and the principal points of arrival—the port and the railway stations—and the places where the new merchandise is displayed and the festive occasion celebrated.

Barcelona's also determined the systematization of spaces that would be permanently incorporated as features of the city after they had ended. In particular, they led to the incorporation of new representational spaces for mass leisure in the city. The change in scale signified by the World's Fairs was effected by a change in the focus of interest, replacing the closed realm of the guilds in the old city with the more open world of industry and free trade, and with changes in the elements of relation, in the new modes of connection.

The two Expos were sited in strategic areas, places occupied by military uses, with an extremely significant symbolic charge. Barcelona had no royal or aristocratic estates, no other areas that could be transformed and used for leisure purposes except for the military land and the Collserola hills. It was on these 'warlike' spaces, these fortresses that had controlled the city for so many years, that work on the new facilities began.

Their preparation entailed a completely new type of intervention and urbanization, totally revolutionizing the old slow mechanisms of transformation. The Expos prompted a great number of urbanization projects and sectorial improvements, resulting in a major qualitative leap forward in certain areas. These operations caused radical upheaval in the city in a short space of time and

pensar en una exposición universal, con el ir y venir de gente que ésta congrega, sin un replanteo de los recorridos, desde el centro de la ciudad hasta los puntos principales de llegada —el puerto y las estaciones ferroviarias— y desde éstos a los lugares donde se mostrarán las nuevas mercancías y donde se celebrará el acontecimiento.

En Barcelona, las exposiciones también determinarán la sistematización de los espacios que quedarán incorporados definitivamente a la ciudad, más allá del período de celebración. Y, concretamente, la introducción en la ciudad de los nuevos espacios representativos destinados al ocio masivo. El cambio de escala que las exposiciones significan se realiza a través del cambio de foco del interés, transformando el ámbito acotado de los gremios de la ciudad antigua en un mundo más abierto, el de la industria y el comercio libre, y el cambio en los elementos de relación a través de las nuevas comunicaciones.

Ambas exposiciones se situaron en áreas estratégicas, lugares ocupados por los usos militares y con una carga simbólica importantísima. Barcelona no tenía grandes fincas reales o aristocráticas ni otras áreas susceptibles de ser transformadas y dedicadas al ocio, a excepción de los terrenos militares y las faldas de la sierra de Collserola. Es precisamente en estos espacios de guerra, las fortalezas que durante tantos años habían tenido controlada la ciudad, donde se inician ambas instalaciones.

Su preparación supone un tipo de actuación y de urbanización completamente nuevo, que desbarajusta los lentos mecanismos de transformación. Las exposiciones impulsarán la construcción de muchas obras de urbanización y de mejoras sectoriales, hecho que propiciará un fuerte salto cua-

established poles of growth in those areas where accessibility was improved and the city stretched into. They were also, and probably most importantly, operations of great scope and autonomy in relation to the rest of the city, and as such became veritable poles of colonization.

The first Exposition, the Textile Industries fair in 1888, was located in a key sector for the city near the Plaça de Palau, with links to the port and the new railway station, on the site of the old citadel, amid the remains of the La Ribera neighbourhood. Enormous changes were made to this zone in a relatively short period of time. The Exposition was to be held in a defined, enclosed precinct, the park that the city was laying out on the rubble of the old fortress.

The second fair, held in 1929, was the Light and Electricity Exposition. Located on the slopes of Montjuïc, it was part of an operation to transform the city on a much larger scale and had a far greater impact on the adjoining neighbourhoods and on the future growth of the city to the west.

The 1888 Textile Industries fair was held on the land formerly occupied by the military citadel. The idea of making a park on the site of this fortress was independent of the fair and predated it, but the decision to hold the Exposition speeded up the pace of the work.

The fortress, the most unpopular construction in Barcelona, was a symbol of the central government's crushing of the country's rights. Its demolition had been constantly demanded by the progressive municipalities. The citadel had been imposed on the city against its will in the 18th century and had transformed its perimeter,

litativo en determinadas áreas. Son actuaciones que obligan a dar una sacudida importante a la ciudad, en un período de tiempo corto, y que establecen ciertos polos de crecimiento en aquellas áreas donde se potencia la accesibilidad y hacia donde la ciudad se ha esparcido. Son, al mismo tiempo, y eso es seguramente lo más importante, actuaciones de gran alcance y de naturaleza autónoma, en relación con el conjunto de la ciudad, de manera que se establecen como verdaderos polos de colonización.

La primera, del año 1888, es la Exposición de las Industrias Textiles. Se instala en un sector clave para la ciudad, en las proximidades de la plaza de Palau, y relacionada con el puerto y la nueva estación de ferrocarril, sobre la antigua Ciutadella y los restos del barrio de la Ribera. Fueron enormes las transformaciones que se llevaron a cabo en esta zona, durante un período relativamente corto de tiempo. La exposición se planteó en un recinto definido y acotado: en el parque que la ciudad estaba construyendo sobre los escombros de la antigua fortaleza.

La segunda, desarrollada en 1929, es la Exposición de la Luz y la Electricidad. Se ubica en la montaña de Montjuïc y se enmarca en una operación de transformación de la ciudad a una escala mucho mayor, con mucho más impacto sobre los barrios vecinos y sobre el futuro crecimiento de la ciudad hacia poniente.

La Exposición de las Industrias Textiles de 1888 se realiza sobre los terrenos de la antigua Ciudadela militar. Pero la idea de construir un parque en esta fortaleza es anterior a la exposición e independiente de ella, aunque es a partir de su concreción cuando las obras toman un ritmo impetuoso.

forcing the destruction of much of the La Ribera neighbourhood. The engineer Prosper Verboom was commissioned to build it after Barcelona surrendered. Following Vauban's model, he placed the fortress on firm ground near the road out to France, a good position in relation to the other fortress, the castle of Montjuïc, for maintaining control of the city below by means of crossfire. The city was walled, and the rest of the Barcelona plain was left unoccupied for military reasons. As a result, these two external batteries completely controlled the city and its accesses. As we have seen, the construction of the fortress also entailed the demolition of some 2,000 homes in the La Ribera neighbourhood and the subsequent construction of the first neighbourhood outside the city walls, La Barceloneta. In addition to the citadel's origins, there were a number of other reasons for its unpopularity; it was the prison, and many craftsmen had been forced to work on its construction, providing not only their time and labour but also the tools and materials. Demolition started in 1841 but was immediately halted. However, when the city walls came down in 1852, the citadel was no longer of strategic importance and could now be demolished, and General Prim duly handed over the 60-hectare site it had occupied to the city.

This was the start of the thorough transformation of the sector: the works on Plaça de Palau began; the Muralla de Mar was demolished in 1878, changing much of the city's seaward façade; the first stone of the monument to Columbus was laid in 1883; and the terminus of the Mataró railway line—the first in Spain, and running to the French border in 1877—was built here. The area

La fortaleza, la construcción más impopular de Barcelona, era el símbolo de la opresión del Gobierno central sobre los derechos del país. Su demolición había sido una reivindicación permanente de los municipios progresistas. Como una escarapela, la Ciudadela se había pegado impunemente a la ciudad en el siglo XVIII y había transformado su perímetro, obligando a la destrucción de buena parte del barrio de la Ribera. Su construcción fue encargada, después de la rendición de Barcelona, al ingeniero Prosper Verboom. Siguiendo el modelo de Vauban, se emplazó en unos terrenos duros, cerca de la salida hacia Francia, al mismo tiempo que bien dispuesta respecto de la otra fortaleza, el castillo de Montjuïc, para mantener el control de la ciudad mediante el fuego cruzado. La ciudad estaba amurallada; todo lo que era el llano de Barcelona estaba desocupado por razones militares y, por lo tanto, mediante estas dos baterías exteriores, el control de la ciudad y de sus accesos era total. Como ya hemos dicho, representó el derribo de unas dos mil casas del barrio de la Ribera y, en consecuencia, la construcción posterior del primer barrio extramuros de la ciudad: la Barceloneta. Aparte de los orígenes mencionados, los motivos de su impopularidad fueron muchos: era la prisión y, además, muchos artesanos tuvieron que trabajar para construirla, obligados a aportar herramientas, materiales y esfuerzo. Su demolición se acomete en el año 1841; pero, en un primer momento, se detiene de forma inmediata. Será con el derribo de las murallas en el año 1852 cuando la Ciudadela pierde su valor estratégico y se procede a la demolición. Así el general Prim podrá hacer cesión a la ciudad de las 60 hectáreas que ocupaba.

A partir de este momento se inicia un proceso de transformación enorme en este sector: empiezan las obras en la

was a hubbub of activity at a time when the city, after so many years of building ever more densely on its own rooftops, commenced the new construction work that would allow it to expand. It was this exceptionally dynamic situation, and the opportunity to establish much-needed new public uses, that led to the idea of laying out a great park, the first in Barcelona.

In 1873, the Ajuntament held an ideas competition for the urbanization of the site. The winner was the master builder Josep Fontserè, whose motto was 'Parks are to cities what lungs are to men'. The project was extremely important because it established relationships between different parts of the city that were to remain unchanged up to the present day. Fontserè proposed that most of the 60 hectares should be given over to gardens, the perimeter of which would be regular in form, with the new buildings grouped around a central facility—El Born—in order to define a new façade for the much abused La Ribera neighbourhood, with a regular unitary layout of new residential *mansanes* looking onto the park.

Fontserè's project also proposed the total demolition of the military buildings and converted the denser area occupied by the arsenal, the tower and the barracks into a new open space. The park, with its very precise perimeter, was complemented by a services zone at a tangent to the old city, in front of the new façade of the La Ribera neighbourhood, and had broad new avenues lined with plane trees, regular geometrical flower beds, and a large open central area of more sinuous paths to contrast with the regularity of the plantations. The two main accesses to the park were the Saló de Sant Joan

plaza de Palau; se derriba la muralla de Mar en 1878, hecho que transforma una buena parte de la fachada marítima de la ciudad; en 1883 se coloca la primera piedra del monumento a Colón; el ferrocarril de Mataró —el primero del Estado español— instala la estación terminal en esta zona, desde donde se llega a Francia en 1877..., un auténtico bullicio en este rincón de la ciudad. Una ciudad que, después de haber pasado muchos años construyendo congestivamente sobre sus mismas azoteas, emprende en este momento las primeras obras que permitirán su expansión... Y es esta situación tan dinámica, con la oportunidad de establecer los nuevos usos públicos necesarios, la que lleva a pensar en la construcción del gran parque: el primero de Barcelona.

El Ayuntamiento convoca en 1873 un concurso de ideas para urbanizar los terrenos. Lo gana el maestro de obras Josep Fontserè, con un lema bastante significativo: "Los parques son a las ciudades lo que los pulmones a los hombres". La importancia del proyecto estriba en que fija unas relaciones entre las partes de la ciudad que no serán modificadas hasta la actualidad. Propone la utilización de la mayor parte de las 60 hectáreas para los jardines, que adoptan una forma perimetral regular, y la nueva edificación en torno a un equipamiento central —el mercado del Born—, con vistas a definir una nueva fachada para el maltratado barrio de la Ribera, con un trazado regular y unitario de nuevas manzanas residenciales, orientadas mirando al parque.

Por lo que respecta a los edificios militares, el proyecto propone el derribo total y convertir el área más densa, donde se situaban el arsenal, la torre y los cuarteles, en el nuevo espacio libre. El parque, con un perímetro muy preciso, organiza una zona de servicios en sus bordes, de forma tangente

and Passeig d'Isabel II, which ran through the middle of Plaça de Palau. The Saló de Sant Joan linked up with the future growth of the Eixample to the north, while Passeig d'Isabel II was the main functional access route to the park from the port, the old city and the railway station. Not only was there no link to Poblenou and the whole eastern sector, but the park was actually laid out with its back to it.

Work commenced on the residential constructions of El Born and the market; the next stage was to begin planting the park, though some of the military buildings had still to be demolished.

As Santiago Rusiñol observed: 'In that neighbourhood of La Ribera, there had been such an upheaval of reforms that nothing of what had been there was left. The statues in the Jardí del General had been thrown out with the rubble and on those shady walks they had built houses with porticoes all the same [...] As for the citadel, they had razed it to the ground, and they had been right to do so. First the walls came down, then the glacis were flattened, later they marked out lines and at last they planted flowers there, and as the flowers came the soldiers left, and the more shade the trees made the more barracks were knocked down, until only two and a half were left, disguised as a palace, there under the trees... In their haste to transform, those newly rich people, who had had no time to be artists, had done strange things: two immense flights of steps that went nowhere... but on the other hand they had congregated people from all over the world and all the commerce trade on Earth, and what were once barracks smelling of gunpowder and

a la ciudad antigua, ante la nueva fachada del barrio de la Ribera. Son amplias las nuevas avenidas de plátanos, y es regular la geometría de los parterres, con un amplio vacío central de caminos más sinuosos que se contraponen a la regularidad de las plantaciones. Los dos accesos principales de este nuevo parque serán el Salón de Sant Joan y el paseo de Isabel II, que atraviesa el centro de la plaza de Palau. El Salón de Sant Joan, para enlazar con todo el crecimiento futuro del Eixample hacia el norte; el paseo de Isabel II, como principal acceso funcional al recinto: desde el puerto, desde la ciudad antigua y desde la estación del ferrocarril. Respecto del Poblenou y de todo el sector de levante, en cambio, no hay ningún tipo de enlace; es más, el parque se dispone de espaldas a dicha zona.

Lo primero que se construye son los edificios residenciales del Born y el mercado; más tarde se empieza a plantar el parque, a pesar de que aún no se habían derribado todos los edificios militares.

Tal como lo describe Santiago Rusiñol: "En aquel barrio de Ribera había habido tal revolución de reformas que ya no quedaba nada de lo que existió. Las estatuas del Jardín del General se habían tirado al vertedero y de aquellos paseos umbríos habían hecho casas con pórticos iguales [...]. En cuanto a la Ciudadela, la habían derruido, y habían hecho bien en demolerla. Primero cayeron las murallas, luego fueron allanando los glacis, más tarde tiraron líneas y luego plantaron flores, y a medida que las flores nacían, los soldados iban saliendo, y cuanta más sombra hacían los árboles más cuarteles se allanaban, hasta que sólo quedaron dos y medio disfrazados de palacio, allí, bajo las arboledas... Con la prisa de transformar, aquellas gentes enriquecidas, que

army rations was now an great strewn bouquet of flowers; what were walls, now carpets of grass; what were bastions, parterres; and what was an accursed tower that had heard so many cries of anguish was now a level space, mottled by the sun and full of children playing in the sand... From Pla de Palacio [*sic*] to Carrer de les Corts, the same as in other neighbourhoods, everything was being transformed.'

The area of La Ciutadella had become the centre of the city's transport connections, the point of arrival by sea and by rail, and the civic leisure space, the most active place in Barcelona. It was now that the possibility of the city organizing a World's Fair was put forward. Various European cities were hosting expositions at that time, and so a number of industrialists put the idea to the Ajuntament. The mayor, Rius i Taulet, who had pushed through the annexation of the municipalities on the Barcelona plain, backed the proposal. There was never any doubt about the site: it was clear that the recently begun urbanization of the former citadel offered every possible advantage, and the location with regard to the city and its accesses was unrivalled. Rius i Taulet's decision hastened the construction of the park. The architect Elies Rogent was appointed to direct and supervise all the works that had to be done, and the fact that Rogent was also chief architect of the Exposition itself proved decisive. The first *Modernista* buildings were being constructed at that time and Rogent granted the new movement the opportunity to present itself, though he himself was one of the leading exponents of eclectic architecture. The fair became the first mani-

no habían tenido tiempo de ser artistas, habían hecho cosas extrañas: dos escalinatas inmensas que no subían a ningún sitio..., pero, en cambio, habían congregado a la gente de todo el mundo y todo el comercio de la tierra, y lo que antes eran cuarteles con olor a pólvora y a rancho, ahora era un gran ajuar extendido; lo que eran murallas, alfombras de hierba; lo que eran baluartes, parterres; y lo que era una torre maldita que había oído tantas agonías, un espacio llano, moteado por el sol y lleno de criaturas jugando con la arena... Desde el *Pla de Palacio* (*sic*) hasta la calle de Les Corts, lo mismo que por los otros barrios, todo se estaba transformando". El rincón de la Ciudadela se había convertido en el centro de las comunicaciones de la ciudad, en el punto de llegada por mar y por ferrocarril y en el espacio del ocio cívico, en el lugar más activo de Barcelona. Es en este momento cuando se plantea en Barcelona la posibilidad de organizar una exposición universal. Varias ciudades europeas estaban realizando exposiciones en aquel período; por ello, algunos industriales propusieron la idea al Ayuntamiento. Fue el alcalde Rius i Taulet, el mismo que promovió la anexión de los municipios del llano de Barcelona, quien se erigió en promotor de dicha idea. No hubo nunca dudas sobre el emplazamiento: estaba claro que los terrenos donde se había empezado a urbanizar sobre la antigua Ciudadela tenían todas las ventajas y, al mismo tiempo, estaban situados en un lugar inmejorable respecto de la ciudad y de sus accesos. La decisión de Rius i Taulet aceleró la construcción del parque. El arquitecto Elies Rogent fue el encargado de la dirección y la supervisión de todas las obras que había que realizar. Y el hecho de que el arquitecto jefe de la exposición fuera Rogent, y no otro, fue decisivo. En aquellos años se estaban construyendo las primeras obras

festo of Catalan *Modernisme*, the place where Barcelona citizens and visitors had their first chance to see public buildings and monuments constructed using a different formal language: from the Arc de Triomf, built of brick, to the hotel and the restaurant designed by Domènech i Montaner that is now the Zoology Museum, both of iron and brick and often cited as the starting point of the rationalist strand of *Modernisme*. Other buildings had already been begun prior to the Exposition project, among them the umbraculum by Fontserè, and the greenhouse by Josep Amargós.

The decision to hold the Exposition resulted in some of the proposals in Fontserè's initial project being modified to give the park more of a built character and change the line of a number of the paths in order to conserve some of the military buildings. (It is curious to note the uses these buildings have been put to: the arsenal became the seat of the Parlament de Catalunya, once it had been suitably face-lifted and the central courtyard and façades remodelled, and the governor's palace was turned into a school; the chapel has continued to be used for its original purpose.)

The Exposition pavilions were placed around the edge of the park, while the main building, the semi-circular palace, was situated with its back to the sea, centring the entire composition. The landscaping of the park began at the crossroads where the two main access routes meet, off-centre in relation to the whole and separating this more built area from the rest. The definitive garden scheme was done by the French landscape architect Forestier in 1917.

modernistas y Rogent hizo posible que se manifestase esta nueva corriente, aún siendo él mismo un representante clave de la arquitectura ecléctica. La exposición se convirtió en el primer manifiesto del modernismo catalán, el lugar donde, por primera vez, los ciudadanos y los visitantes de Barcelona tuvieron la ocasión de ver edificios públicos y monumentos construidos con un lenguaje formal diferente: desde el arco de Triunfo, construido con fábrica de ladrillo, hasta el hotel y el restaurante, hoy el Museo de Zoología, obra de Domènech i Montaner, construidos en hierro y ladrillo y citados a menudo como punto de partida del modernismo, en su vertiente racionalista. Otros edificios ya se habían iniciado antes de la exposición: el umbráculo, de Fontserè, y el invernadero, de Josep Amargós.

La decisión de organizar la exposición hace que se modifiquen algunas de las propuestas del primer proyecto de Fontserè, dando un carácter más construido al parque, al mismo tiempo que se modifica el trazado de las vías públicas para mantener algunos de los edificios militares existentes (es bien curioso el uso que incorporarán aquellos edificios: el arsenal se convirtió en el Parlamento de Cataluña, después de someterlo a una operación de camuflaje y de la transformación del patio central y las fachadas, y el palacio del Gobernador, en instituto de enseñanza, mientras que la capilla se mantuvo como tal).

Los pabellones se emplazan en los bordes, mientras que el edificio principal del palacio semicircular se sitúa de espaldas al mar y centrando toda la composición. El ajardinamiento del parque surge de una cruz de enlace de los dos accesos principales, que se sitúa descentrada respecto de la totalidad y que separa el área más construida del resto, que

The main entrances were retained, and now assumed a crucial importance. The gateway to the Exposition, the Arc de Triomf designed by Josep Vilaseca, was erected at the end of Passeig de Sant Joan, the principal point of access to the fair from the main road from France, from the terminus of the line serving Saragossa and from the neighbouring towns. A number of important buildings stand on this avenue, including the Palace of Justice and other institutional edifices. The Saló, with traffic routed along the edges of its large central space, slightly raised above the level of the traffic lanes, assumed the functions previously exercised by Passeig del General, which was demolished to make way for the houses of El Born, and Passeig de Gràcia, which was now off-centre in relation to the city's new areas of dynamism. All in all, the operation reinforced the continuing separation of the La Ribera neighbourhood from the rest of the Poblenou and Sant Martí sector, then still agricultural.

The other access route was Passeig d'Isabel II, the axis that linked the whole sea façade, the port, the railway and Montjuïc. The fact that this was conceived as a fundamental city axis definitively transformed the character and physiognomy of Plaça de Palau, which was permanently segregated into two parts and reduced to a mere widening of a street of major hierarchical importance connecting the station and the park with the port and Montjuïc.

Our final object here is to identify the enduring effects on the city of this event that concentrated energy, ideas, buildings and money on a particular point. If we look at plans drawn 20 years later, we can see

fue ajardinada definitivamente por el paisajista francés Jean-Claude Forestier en 1917.

Los accesos principales se mantienen, al mismo tiempo que adquieren una importancia primordial. En el extremo del paseo de Sant Joan, punto principal de acceso a la exposición desde la carretera de Francia, desde la estación de ferrocarril a Zaragoza y desde los pueblos vecinos, se levanta el arco de Triunfo, la puerta de acceso a la exposición, de Josep Vilaseca. En este paseo se alinean edificios importantes, como el Palacio de Justicia, y otras edificaciones también institucionales. El Salón de Sant Joan, ordenado con la circulación lateral y bordeando un amplio espacio central, relativamente elevado en relación con la rasante de las calzadas laterales, acogerá las funciones que hasta entonces había desempeñado el paseo del General, derruido para construir las casas del mercado del Born, o el paseo de Gràcia, que quedará descentrado en relación con las nuevas áreas de impulso de la ciudad. En conjunto, se acentúa la perdurable desconexión del barrio de la Ribera respecto de todo el sector, todavía agrícola, del Poblenou y Sant Martí.

El otro acceso es el del eje de Isabel II, de enlace con toda la fachada marítima, con el puerto y los ferrocarriles. El hecho de que se conciba como un eje ciudadano fundamental transforma definitivamente el carácter y la fisonomía de la plaza de Palau, que quedará segregada para siempre en dos partes, tan sólo como ensanchamiento puntual de una calle de importante jerarquía, que enlaza la estación y el parque con el puerto y con Montjuïc.

Nos interesa finalmente reconocer los efectos definitivos en la ciudad de este acontecimiento, que concentró esfuerzos, ideas, obras y dinero en un punto determinado. Cuando

that the city has stretched and grown along Passeig de Sant Joan, the park has been definitively welded to Ciutat Vella, and the new façade of the old nucleus has established itself. The city now has its first public park and, probably more important still, the special, strange relationships between all of the eastern sectors—and La Barceloneta in particular—and the rest of the city have been marked out.

The Exposition in La Ciutadella had hardly got under way before its success prompted the idea of a second one. The 1929 Exposition on Montjuïc provided the opportunity to incorporate the hill into the city and make this natural barrier to growth one of Barcelona's most attractive and important leisure spaces and parks. Montjuïc has always watched over the activities and changes that have taken place in the city. It has also accommodated many of the uses that the city itself rejected: the cemetery, built on the occasion of the Exposition as a substitute for the Neoclassical cemetery in Poblenou; military fortresses; the quarries. It is, moreover, the most important topographical reference point in Barcelona, and all the more so now, when the city extends all round it.

From the start of the century, there had been a desire to integrate Montjuïc into the city. The hill, which had always been occupied by the castle, agricultural land and quarries, was so near the city that its potential could not be ignored, but in order to undertake a comprehensive ordering the land, which was privately owned, would first have to be expropriated. The situation was not as straightforward as it had been in the case

observamos los planos de veinte años más tarde, vemos que la ciudad se ha estirado y ha crecido sobre este eje de Sant Joan, que el parque ha quedado definitivamente soldado a Ciutat Vella y que se ha fijado la nueva fachada del núcleo antiguo. La ciudad goza de su primer parque público y, lo que es seguramente más relevante, han quedado marcadas las especiales y extrañas relaciones de todos los sectores de levante, y de la Barceloneta en particular, con el conjunto de la ciudad.

Prácticamente al mismo tiempo que se inicia la exposición en la Ciudadela se piensa, en vista del éxito, en una segunda exposición. La de 1929, en Montjuïc, significará la oportunidad de incorporar la montaña a la ciudad y hacer de esta barrera natural para el crecimiento uno de los espacios de ocio y uno de los parques más bellos e importantes de Barcelona. Desde siempre, Montjuïc ha vigilado la actividad y los cambios que se han sucedido en la ciudad. Ha acogido, además, muchos de los usos que la ciudad rechazaba: el cementerio, que se construyó con motivo de la exposición, como sustituto del neoclásico del Poblenou, las fortalezas militares, las canteras... Es, además, el punto de referencia topográfica más importante de Barcelona, sobre todo actualmente, cuando toda la ciudad le rodea.

Desde comienzos del siglo, se quería integrar Mont-juïc en la ciudad, al tratarse de un lugar ocupado hasta entonces por el castillo, las huertas y canteras. La montaña estaba tan cerca que era imposible ignorar sus posibilidades. Pero para poder plantear una ordenación conjunta, antes había que expropiar los terrenos, que aquí eran de propiedad privada. No fue, pues, tan fácil como la Ciudadela, donde la cesión del general Prim significó una oportunidad única.

of Ciutadella, where the ceding of the land by General Prim had been a unique opportunity.

Successive proposals as to how the hill should be urbanized were put forward, above all in relation to the expansion of Poble Sec once the restrictions on construction imposed by the military were relaxed. At the same time, the idea of staging a second Exposition began to take shape, one that would be more ambitious than the first; the location was at first unclear, though the hill of Montjuïc was eventually decided on.

From 1890 on Montjuïc was a source of tension between the two main parties involved: the owners, who conceived of the hill being urbanized up to a considerable height and linked to the neighbourhoods of La Franca and Poble Sec, in line with the project presented by Josep Amargós; and the Ajuntament, which saw the hill as an opportunity to create a landscaped open space, a second park for the city in a place already occupied by two uses that required open ground and made construction difficult: the space of the dead and the space of war.

The initial idea had been to lay out the Exposition around Plaça de les Glòries at the junction of Avinguda Diagonal, Gran Via de les Corts Catalanes and Avinguda de la Meridiana, where Cerdà had envisaged the future centre of the city. This was a very central point in terms of access to the city from France, along the Ribes road and by rail. In addition, and with the benefit of allowing the palaces and pavilions and other facilities constructed for the earlier Exposition to be used again. However, this location would also call for difficult expropriations, without offering the city the advantages of other sites.

Las propuestas para urbanizar la montaña se fueron solapando en el tiempo, sobre todo las vinculadas a la expansión del Poble Sec, a medida que se flexibilizan las limitaciones para construir que imponían las ordenanzas militares. Paralelamente, iba tomando forma la idea de preparar la segunda exposición, mucho más ambiciosa que la primera, en un emplazamiento en principio dudoso, pero que acaba por concretarse en esta montaña de Montjuïc.

A partir de 1890, Montjuïc empieza a ser un foco de tensiones entre los diferentes poderes: los propietarios, que prevén la urbanización de la montaña hasta cotas muy elevadas y vinculada a los barrios de La Franca y del Poble Sec, según el proyecto de Josep Amargós, y el Ayuntamiento, que ve en la montaña la posibilidad de conseguir un espacio verde libre, un segundo parque para la ciudad, en un lugar donde ya existían dos usos necesariamente libres y donde difícilmente podría edificarse: el espacio de los muertos y el espacio de la guerra.

Una primera idea había consistido en emplazar la exposición en torno a la plaza de Les Glòries, en el cruce de la avenida Diagonal con la Gran Via de les Corts Catalanes y la Meridiana, allí donde Cerdà había previsto el futuro centro de la ciudad. Un punto muy céntrico, desde el punto de vista de los accesos a la ciudad desde Francia, por la carretera de Ribes y en ferrocarril; con la ventaja, además, de poder utilizar las instalaciones, los palacios y los pabellones ya construidos con motivo de la exposición anterior. Pero esta localización también obligaba a unas difíciles expropiaciones, al mismo tiempo que no ofrecía a la ciudad las ventajas de otros emplazamientos.

A partir de 1908 entra en juego la montaña de Montjuïc, un emplazamiento con una carga simbólica también muy po-

From 1908, the focus switched to Montjuïc. A place that also has a very potent symbolic charge, Montjuïc is Barcelona's 'mountain', whereas the Collserola range is at the city's back. Before it was urbanized Montjuïc was used for popular leisure activities: people tended allotments there, went there for picnics and so on. The desirability of firmly establishing these uses by means of the Exposition was clearly apparent in a city with so few leisure spaces or landscaped areas. Barcelona had lost the avenues and gardens on its outskirts that just a few years previously citizens had used as a place for recreation and relaxation: the Passeig del General and all the gardens and recreational spots along Passeig de Gràcia had disappeared, and the slopes of Collserola were a long way off and had never been used by the city as a leisure area.

The definitive impetus for the idea of organising an Exposition on Montjuïc came with the Ajuntament's purchase of part of the estates on the hill, and was finally settled when a Royal Decree of 1914 gave Barcelona the opportunity to organize a double Exposition in 1917: the Exposición General Española and the Electrical Industries Exhibition.

The hosting of the Exposition was immediately associated with a new metropolitan Barcelona and was expected to turn it into a great capital, 'the Paris of the South', meaning a bigger city with more parks, more streetlights and more schools, and with an effective transport system that would link the various districts now that it was no longer feasible to get around on foot in a city of highly differentiated parts and very mixed

tente. Montjuïc es la montaña de Barcelona, a diferencia de Collserola, que es la espalda de la ciudad. Es un espacio que ya antes de urbanizarse era usado para el ocio popular: los barceloneses tenían huertos allí, iban a merendar... La oportunidad, pues, de fijar estos usos mediante la exposición, en una ciudad tan falta de lugares de esparcimiento y de espacios verdes, era bastante evidente. Barcelona había perdido los paseos y los jardines que se emplazaban en las afueras y que habían servido unos años antes para el descanso y el juego de los ciudadanos: el paseo del General y todos los jardines y lugares recreativos junto al paseo de Gràcia habían desaparecido; las sierras de Collserola quedaban muy lejos y nunca habían sido utilizadas por la ciudad como lugar para el ocio.

El impulso definitivo a la idea de organizar una exposición en Montjuïc se da cuando el Ayuntamiento inicia la compra de una parte de las fincas de la montaña, y toma carácter definitivo en 1914: un Real Decreto concede a Barcelona la posibilidad de organizar una doble exposición en 1917: la General Española y la de las Industrias Eléctricas.

La celebración de la exposición se asocia inmediatamente a una nueva Barcelona metropolitana. Ésta debería servir para convertirla en una gran ciudad, la *París del Mediodía*, que quería decir una ciudad más grande, con más parques, con más luces y más escuelas. Con un sistema eficaz de transportes que hiciera posible el enlace entre los diferentes puntos, cuando la ciudad ya no podía recorrerse a pie, cuando tenía partes muy diferenciadas y usos muy mezclados. Una exposición que pondría nuevamente al día la ciudad, que la electrificaría.

Fue el arquitecto Puig i Cadafalch el encargado de definir los ejes clave de la nueva exposición y, desde su cargo político, uno de los principales impulsores. Su proyecto ver-

uses. This Exposition would bring the city up to date once again and electrify it.

The architect Puig i Cadafalch was commissioned to define the key axes of the new Exposition. He was also, in his role as a politician, one of its principal sponsors. His project was to articulate all of the future interventions on the hill and at the same time definitively establish Plaça d'Espanya as a nodal point in all growth in the south-west sector. The circular plaza is at the junction of Gran Via de les Corts Catalanes and Paral·lel, which continues the line of the second set of city walls in the direction of Carretera de Sants. This is a very important point in the urban history of this sector as the site of the boundary cross, La Creu Coberta, that marked the road out from the city toward Madrid and Aragon. This point was proposed as the new centre of the greater city, an alternative to Plaça de les Glòries that would allow it to grow beyond the obstacle that the mass of Montjuïc had always constituted. The circular plaza 'of Spain' would also connect by way of Gran Via with the whole of the Eixample and the road out to France, and via Paral·lel with the port, the sea and the centres of the city's nightlife and leisure.

The project was developed on the basis of this plaza at the foot of Montjuïc. From here a main axis with a series of flights of steps and platforms ascends the hill to a large palace flanked by smaller palaces. Vehicle access to the hill is via the sinuous road that winds up the west slope to mark the edge of the project, with a second axis in the form of a ring to the east that also adapts to the topography and has the pavilions sited along its course.

tebrará todas las futuras intervenciones en la montaña, al mismo tiempo que establecerá definitivamente el punto de la plaza de Espanya como nudo vertebrador de todos los crecimientos en el sector sudoccidental. La plaza se sitúa en el cruce de la Gran Via de les Corts Catalanes con la avenida del Paral.lel, que, siguiendo el trazo de la segunda muralla de la ciudad, toma la dirección de la carretera de Sants. Un punto muy importante para la historia urbana de este sector, porque es el lugar —la Creu Coberta— de la cruz de término cubierta que fijaba la salida hacia Madrid y Aragón. Este punto se propone como el nuevo centro de la gran ciudad, alternativo al de la plaza de Les Glòries, que hará posible su crecimiento más allá del tapón que hasta entonces representaba el macizo de la montaña. La plaza circular, rebautizada "de Espanya", enlazará, además, por la Gran Via, con todo el Eixample y con la salida de Francia, al mismo tiempo que, a través del Paral·lel, con el puerto, el mar y también con los centros de vida nocturna y de ocio.

El proyecto arranca de esta plaza al pie de Montjuïc: a partir de aquí, un eje principal asciende por la montaña a través de una serie de escaleras y de miradores, para concluir en un gran palacio flanqueado de palacios menores. El acceso rodado a la montaña se realiza por medio de un vial sinuoso a poniente, que se adapta a la pendiente de la montaña recorriendo el límite del proyecto, y otro eje que se cierra en anilla hacia levante, también adaptándose a la topografía, sobre el que se emplazarán los pabellones. Toda la urbanización se plantea en la cara norte o umbría de la montaña, mirando a la Barcelona futura, al llano y a la sierra de Collserola, de espaldas al cementerio y al castillo, que ocupan la cara sur, la soleada.

All of the urbanization is on the shady side of the hill looking out over the future Barcelona, the plain and Collserola, with its back to the cemetery and the castle on the sunny southern side.

Puig i Cadafalch's initial plan provided a framework for the three separate projects into which the Exposition was divided. The project for the Exposición General Española was given to Puig i Cadafalch himself and Guillem Busquets; the Electrical Industries Exhibition went to Domènech i Montaner, with Vega i March, and the Miramar urbanization, the link with the port and the old city, was entrusted to Sagnier and Font.

In line with the original idea of the draft project as the overall framework for the Exposition, Puig's project served to connect and articulate the various parts and projects then in progress. In fact, the definitive plan reflected all the different projects implemented on the hill from 1916 on.

Though other European countries had stopped holding Expositions by the 1920s, preferring to promote their products in other ways, and despite Spain's difficulties and political upheavals, the Exposition duly opened in 1929, the year of worldwide economic crisis.

Primo de Rivera's coup in 1923 brought a change of regime, but the dictatorship did not suppress the Exposition. In fact, the general hoped to use the city's efforts to ingratiate himself with the country's ruling classes, and actively supported the idea, completing the construction of half-finished buildings, though he did demolish the four columns marking the entrance to the precinct that symbolized the four bars of the Catalan flag.

El proyecto inicial de Puig i Cadafalch servirá de marco para los tres proyectos independientes en que se dividirá la exposición. El proyecto de la Exposición General Española, que se encargará también a Puig i Cadafalch, con Guillem Busquets; el de la Exposición de las Industrias Eléctricas, a Domènech i Montaner, con Vega i March; y la Urbanización de Miramar, de enlace con el puerto y con la ciudad antigua, a Sagnier i Font.

El proyecto de Puig, al seguir la misma idea original del anteproyecto, sede del marco global de la exposición, hizo posible el enlace y la articulación entre las diferentes partes y proyectos que se iban sacando adelante. En todo caso, el plan definitivo tuvo en cuenta todos los diferentes proyectos que se realizaron en la montaña desde 1916.

A pesar de que, en los años veinte, los diferentes países europeos ya no celebraban exposiciones y los productos y mercancías tenían otras formas de comercialización; a pesar de las dificultades y los cambios políticos del país; a pesar de todo eso, la exposición se inaugura definitivamente en 1929, el año de la crisis económica.

Ni el cambio de régimen ni el establecimiento de la Dictadura de Primo de Rivera en 1923 borraron este intento, sino que el General quiso servirse de los esfuerzos que la ciudad había hecho para congraciarse con las clases dirigentes del país. Por lo que impulsó activamente la idea y así se acabaron de construir los edificios que aún estaban a medio hacer, pero hizo derribar, eso sí, las cuatro columnas que, como símbolo de la bandera catalana, marcaban el acceso al recinto.

La exposición se había aplazado repetidamente por causas diversas: las guerras en Europa y otras dificultades políticas. En todo caso, aquéllos fueron años de un cambio

The Exposition had been repeatedly postponed on account of war in Europe and other political problems. These were years of sweeping change for the city. The First World War had a far-reaching impact on Barcelona, giving a very significant boost to Catalan firms, especially in the textile and leather industries and in agricultural products, a situation that led to a rise in the city's population and drove spectacular growth. In the first 30 years of the 20th century, Barcelona went from half a million to a million inhabitants. This increase exposed the inadequacy of the housing stock and infrastructure, which fell far short of actual requirements. Little was done to meet the new arrivals' need for housing, and the first shanty towns duly appeared. Meanwhile, the ready attention to the demands of industry and commerce gave great impetus to the port and other modes of transport, such as the Gran Metro and the Metro Transversal, and very specifically to the electrical industries.

The Exposition provided a focus for the city's energies and an occasion to carry out the various works and improvements. The ten years between the first initiative and 1929—years in which the city grew by 67%—saw the construction not just of the park on Montjuïc but of many metropolitan amenities and a large number of urbanization projects linked to the new suburban railways and tram services. Plaça de Catalunya was urbanized, the railway tracks on Carrer de Balmes were routed below ground in a tunnel, the Metro Transversal and the Gran Metro were connected and the new Estació de França station was built. The city made a spectacular leap forward and inaugurated its first civic amenities—hospitals,

muy importante para la ciudad. Los efectos de la Primera Guerra Mundial fueron decisivos; supusieron un impulso muy importante para las industrias catalanas, sobre todo, para las textiles y las de cuero, y también para los productos agrícolas, contribuyendo, en conjunto, al aumento de la población y al espectacular crecimiento de la ciudad. Durante los treinta primeros años del siglo XX, Barcelona pasó del medio millón a un millón de habitantes. Esta situación provocó, por una parte, los primeros desajustes fuertes de inadecuación del parque de viviendas y de las infraestructuras a las necesidades reales. De la necesidad de vivienda para los recién llegados, poco caso se hizo y, por lo tanto, apareció el primer chabolismo; por otro lado, la atención a las exigencias industriales y comerciales dio un impulso muy notable al puerto, así como a los otros medios de comunicación, el Gran Metro y el Transversal, y muy concretamente a las industrias eléctricas.

El impulso que movía la ciudad tendrá en la celebración de la exposición la ocasión definitiva para acometer todas las obras y mejoras. Durante los diez años que transcurren desde las primeras tentativas hasta 1929 —una década en que la ciudad ha crecido un 67%—, se construyen, aparte del parque de Montjuïc, muchos de los equipamientos metropolitanos, con una gran cantidad de proyectos de urbanización vinculados a los nuevos ferrocarriles suburbanos y tranvías: se urbaniza la plaza de Catalunya, se soterra el ferrocarril de la calle de Balmes, se comunica el Metro Transversal con el Gran Metro, se construye la nueva estación de Francia, etcétera. La ciudad da un salto adelante espectacular y se construyen los primeros equipamientos ciudadanos —los hospitales, los mataderos, la prisión...—, muchos de ellos emplazados cerca

slaughterhouses, a prison, etc—many of them located near the new centre by the main access to the palaces on Montjuïc. However, the new constructions did not have the coherence or the unity of the first Exposition but mixed very different ideas and treatments.

The Exposition precinct was not an enclosed, walled park like La Ciutadella: its palaces and pavilions were distributed all over the hill and beyond, down to Paral·lel and Plaça d'Espanya. It was an open event, much more closely linked to the city, and though in principle it had a much clearer point of entry than the dual accesses of the 1888 Exposition, the great portal was not the only way in. And Puig's initial ideas for Montjuïc were overlaid by very different projects for intervention in the open space; for example, the projects to landscape the sunny south-facing terrain, begun years before the Exposition by Forestier, subsequently with the help of Nicolau Rubió. There was also the idea of the 'Pueblo Español' (the Spanish Town), a skilfully constructed parody or composite town: this mosaic of good examples of vernacular architecture was the work of the artists Nogués, Utrillo and Raventós, and the project clearly embodies the *Noucentista* ideas in which the concepts of model, copy and repetition are instruments for the transmission of culture.

In contrast, the pavilions of a number of the participating countries represented the presence of modernity, and this is what was to make the 1929 Barcelona Exposition world famous: the construction of the German Pavilion has associated the name of Mies van der Rohe with Barcelona for all time.

del nuevo centro, en torno al acceso principal a los palacios de Montjuïc. Pero las construcciones que se edificaron no tienen ni la coherencia ni la unidad de la primera exposición, sino que ahora se mezclan ideas y soluciones muy variadas.

El recinto de la exposición ya no es un parque acotado y precintado como el de la Ciutadella; la exposición se desarrolla por toda la montaña, distribuida en palacios y pabellones, y llega a derramar su actividad más allá, hacia el Paral·lel y en la plaza de Espanya. Es una exposición abierta, mucho más engarzada en la ciudad, y, si bien en principio tiene un punto de acceso más claro que la confusión dual que planteaba la primera exposición, tampoco aquí la gran puerta ha sido un paso único... En Montjuïc, además, a las ideas iniciales de Puig, se sobreponen proyectos muy diferentes de intervención sobre el espacio libre. Por ejemplo, los proyectos para el ajardinamiento de las fincas en la parte más soleada, iniciados años antes de la exposición por Forestier, ayudado más tarde por Nicolau Rubió. O la idea del "Pueblo Español", construcción hábil de una parodia de un pueblo mosaico, hecho de la recopilación de buenos ejemplos de arquitectura típica: un proyecto promovido por los artistas Nogués, Utrillo y Raventós, que explicita muy bien las ideas del novecentismo, en que los conceptos de modelo, copia y repetición son entendidos como instrumentos de difusión cultural.

Los pabellones de algunos países visitantes, en cambio, representan la presencia de la modernidad y son el motivo último que hará famosa, por doquier, a la Exposición de Barcelona de 1929: la construcción del Pabellón de Alemania ha asociado para siempre el nombre de Mies van der Rohe al de Barcelona.

Son también compartidas, no obstante, las críticas a la banalidad de la arquitectura que se empleó en la cons-

Almost as universal, however, was criticism of the architectural banality of the thematic pavilions, the papier-mâché character of many of the constructions and the uninteresting handling of the Berniniesque colonnade in Plaça d'Espanya, among other things. Architecture in Catalonia at this period vacillated between the last traces of *Modernisme* and the principles of an incipient *Noucentisme*, which made it difficult to move forward. It is also true, however, that over the years it has become hard to imagine Montjuïc without that huge building crowning the hill, always in the shade, as a key point of reference for the city by day and by night, with its beams of coloured light. This is yet another example of the complex and very rich tension between architecture and urbanism. The 'wedding cake' effect of the Palau Nacional, like the rhetoric of the colonnades, fountains and flights of steps, is as architecturally mediocre as it is urbanistically successful, visually expressing the real importance of Montjuïc as dual pole of Barcelona's great collective spaces.

In comparison with these concentrated fairs, the works for the 1992 Olympic Games have posited a very different layout, clearly distributive, in which the dispersion of the sports facilities, the residential villages and related amenities, all linked by the new ring roads, present themselves as a globalizing process of renewal and mobility for the entire urban area. Myriad public spaces of all kinds have spread the benefits of urbanistic modernization throughout the city, without much insistence on overall design, being guided instead by criteria of practical suitability and qualitative local strategy.

trucción de los pabellones temáticos, al carácter de cartón piedra de buena parte de las construcciones y al poco interés de la solución dada a la columnata berniniana de la plaza de Espanya, entre otros. La arquitectura en Cataluña se debatía, durante estos años, entre unos restos modernistas y unos principios novecentistas incipientes, que difícilmente le permitirían despegar. También es cierto, sin embargo, que, pasados los años, difícilmente nos imaginamos Montjuïc sin ese gran edificio que corona la montaña, siempre a la sombra, haciendo de punto de referencia clave para la ciudad, tanto de día como iluminado por un haz de colores al anochecer. Es un ejemplo más de la compleja y riquísima tensión entre la arquitectura y el urbanismo. El efecto "mona de Pascua" del Palacio Nacional, igual que la retórica de las columnatas, las fuentes y las escalinatas, tiene tanto de mediocridad arquitectónica como de acierto urbanístico, que materializa visualmente la importancia efectiva de Montjuïc como polo dual de los grandes espacios colectivos de Barcelona.

Frente a estas exposiciones concentradas, las obras olímpicas de 1992 han planteado una disposición bien distinta, claramente distributiva, en la que la dispersión de emplazamiento de las pistas deportivas, las villas residenciales y las piezas de equipamiento, todas ellas relacionadas por las nuevas rondas de circunvalación, se presentan como una acción globalizadora de la renovación y de la movilidad de todo el área urbana. La miríada de espacios públicos de todo orden salpican también por toda la ciudad las ventajas de la modernización urbanística, sin mucha exigencia de diseño global, sino más bien guiada por criterios de oportunidad práctica y de estrategia local cualitativa.

Many of these operations draw on the example of the World's Fairs and on policies whose urbanistic tactic was to take advantage of a great event as a unique opportunity to transform the city (as if cities could grow in occasional spurts and lie dormant for decades in between); but in the case of the 1992 Olympic Games they are completely different, far less deterministic, more permeable and sustained, though they might seem compulsive. The simplistic interpretation of Barcelona as a city that grows on the strength of major events, an idea that has proved so popular in the media, will not withstand anything like a serious analysis of the relative significance for Barcelona today of the 1888 and 1929 Expositions and the Olympic Games.

Of course, cities are made of this and of much more. We need to distinguish between projects that are important for their defining and conceptual force and those that are significant due to their pragmatic efficacy, and others again that are essential to an understanding of what the contemporary city—including Barcelona—is made of.

It seems very unlikely that the new Fira trade fair complex will provide the citizens of Barcelona with a second reference, like Montjuïc, but further to the west. In its aspirations it does not aim so high, being conceived instead as an inward-looking theme park that seeks to optimize its internal performance. Its contacts with the city are limited and its image is more like that of a business centre than a collective facility for the city. The Plaça d'Europa projected alongside it merely accentuates this image of a business park and real estate supermarket.

Se trata, pues, de actuaciones que, aunque se asimilan a menudo al ejemplo de las exposiciones universales y a las políticas que buscan el tacticismo urbanístico de aprovechar grandes acontecimientos como única excusa para transformar la ciudad (como si las ciudades pudieran crecer "a tragos" y dormir luego durante decenios), son, en el caso de los Juegos Olímpicos de 1992, completamente diferentes: mucho menos deterministas, más bien permeables y sostenidas, a pesar de que puedan parecer compulsivas. La simplista interpretación de que Barcelona es una ciudad que crece a golpe de grandes acontecimientos, tema que tanta popularidad periodística ha adquirido, no resiste un mínimo análisis serio, a la vista de lo que las dos exposiciones de 1888 y de 1929 significan para la Barcelona actual y de lo que, en cambio, significan los Juegos Olímpicos.

Está claro que las ciudades se hacen de eso y de mucho más. Hay que distinguir proyectos importantes, por su fuerza definitoria y conceptual, de otros que lo son por la eficacia pragmática y que resultan imprescindibles para entender, también en Barcelona, de qué está hecha la ciudad contemporánea.

¿Podría convertirse la posición, más a poniente, de la nueva Feria de Muestras, para los ciudadanos de Barcelona, en una segunda referencia como lo es Montjuïc? Muy difícil. Su implantación no se ha pensado con tan altas miras, sino introvertida como un parque temático que busca un óptimo rendimiento interno. Los contactos con la ciudad son limitados y su imagen es, más bien, la de un centro de negocios y no la de un equipamiento colectivo para la ciudad. La proyectada plaza de Europa, a su lado, no hace sino acentuar esta imagen de recinto empresarial y de supermercado inmobiliario.

In contrast, the space of the Forum, reclaimed from the waste water treatment plants and crematoria, straddling over a major thoroughfare, between the La Mina housing estate and the new Port del Besòs, may well one day become the referential open space for the whole eastern edge of the conurbation. From Nou Barris to Santa Coloma and from Badalona to La Sagrera, no other public space can compete with it in terms of area or availability. And let us not deceive ourselves: the greatest urban signification lies in the availability of the large open space— spacious and open, like those provided, perhaps, by the earlier receptive ears of La Ciutadella and Montjuïc.

En cambio, el espacio del Fòrum, rescatado de las depuradoras y de los crematorios, atravesado a fondo por la gran vialidad, a caballo entre La Mina y el nuevo puerto del Besòs, quizá sí podrá, algún día, convertirse en espacio vacío de referencia para todo el levante de la conurbación. Desde Nou Barris hasta Santa Coloma de Gramanet, y desde Badalona a la Sagrera, ningún otro espacio público puede competir en superficie y en disponibilidad. Porque, no nos engañemos, en la disponibilidad del gran espacio vacío reside la más fuerte significación urbana: por grande y por vacío. Como hasta ahora han ofrecido, cual dos orejas atentas, la Ciutadella y Montjuïc.

227. Perspective of the project for La Ciutadella park by Josep Fontserè i Mestres, 1872.

228. Detail of the layout of La Ciutadella park.

229. Superposition of the old citadel on the La Ribera neighbourhood and its market gardens.

230. La Ciutadella park in the general plan of the 1888 Barcelona World's Fair.

231. Model of the old citadel in the 18th century (Museu d'Història de la Ciutat, Barcelona).

232. The Arc de Triomf, La Ciutadella and the sea.

227. Perspectiva del proyecto para el parque de la Ciutadella, de Josep Fontserè i Mestres (1872).

228. Detalle de la ordenación del parque de la Ciutadella.

229. Superposición de la antigua ciudadela sobre el barrio de la Ribera y sus huertas.

230. Parque de la Ciutadella, en el plano general de la Exposición Universal de Barcelona, de 1888.

231. Maqueta de la antigua ciudadela, a mediados del siglo XVIII (Museo de Historia de la Ciudad, Barcelona).

232. El arco de Triomf, la Ciutadella y el mar.

227

228

229

230

231

232

233. Avinguda de Maria Cristina with the illuminated fountains of Montjuïc and the Palau lit up.

233. La avenida de Maria Cristina con las fuentes luminosas de Montjuïc y el Palacio Nacional iluminado.

234. General perspective of the 1929 Barcelona World's Fair, J. Puig i Cadafalch.

234. Perspectiva general de la Exposición Internacional de 1929. J. Puig i Cadafalch.

235. Plan of the 1929 Barcelona World's Fair, J. Puig i Cadafalch.

235. Plano de la Exposición Internacional de Barcelona de 1929. J. Puig i Cadafalch.

236. The Castle of the Three Dragons, the café and restaurant designed for the 1888 World's Fair and now the Zoology Museum. Lluís Domènech i Montaner (1888).

236. El Castell dels Tres Dragons (castillo de los tres dragones), café restaurante de la Exposición de 1888 y actual Museo de Zoología. Lluís Domènech i Montaner.

237. A meal and a show at the 1929 World's Fair.

237. Comida y espectáculo en la Exposición Internacional de 1929.

238. Perspective of the 1929 World's Fair complex, J. Puig i Cadafalch.

238. Perspectiva de conjunto de la Exposición de 1929. J. Puig i Cadafalch.

239. Aerial view of Plaça de Colom.

239. Vista aérea de la plaza de Colom.

240. Electrical Industries Exhibition (sketch of the general layout). March 1917. Lluís Domènech i Montaner and Manuel Vega i March.

240. Exposición de Industrias Eléctricas (croquis de la disposición general). Marzo de 1917. Lluís Domènech i Montaner y Manuel Vega i March.

241. Oblique view
of the 1929 World's Fair
complex.

242. View of the
'Avinguda d'Amèrica',
now Avinguda de Maria
Cristina, at night.

243. Panoramic view
from the Palau Nacional
with Avinguda de Maria
Cristina and the city in
the background.

244. Monument in the
centre of Plaça d'Espanya
and the trade fair complex.

241. Vista oblicua del
espacio de la Exposición
de 1929.

242. Vista nocturna de la
avenida de Amèrica,
la actual avenida de Maria
Cristina.

243. Panorámica desde
el Palacio Nacional,
con la avenida de Maria
Cristina y la ciudad
al fondo.

244. Monumento central
de la plaza de Espanya
y recinto ferial.

THE 1957 PLA D'URGÈNCIA
proletarian Barcelona,
mosaic of Projects

Alongside the impact of the territorial systems, we have seen how the increasing articulation of the city has called for two basic types of operation: reform and expansion. Reform totally alters the character of an urban space, giving it a new value (examples include the Plaça de Palau and the Portal de Mar or the opening-up of Carrer de Ferran). Growth, understood as a leap forward in land occupation, has been the theme of three major episodes of urbanization: Gràcia, the Cerdà Eixample and the Expositions. The theme of the present chapter, the Pla d'Urgència Social of 1957, introduces us to the analysis of the urban form of proletarian Barcelona as another phenomenon of expansion with specific features summarized in urban planning terminology by the concept of the 'project' or housing estate.

The city's housing estates constitute one of the saddest chapters in the history of modern Barcelona. The product of the dictatorial regime and economic and cultural stagnation, they have made a lamentable mark on the urban landscape. However, condemnation of their severe deficiencies—in intention, procedure, management and quality—should not blind us to their enormous urban importance: in size (over 127,000 homes on more than 900 hectares), in structural form (each project a unitary

09. Montbau. Polígono
ejemplar de residencia colectiva
de promoción municipal.

Además del impacto de los sistemas territoriales, hemos visto por qué la articulación creciente de la ciudad ha reclamado dos tipos básicos de operaciones: la reforma y la extensión. La reforma ha trastocado el carácter de un lugar urbano para darle un nuevo valor (la plaza de Palau y el portal de Mar o la apertura de la calle de Ferran son ejemplos de ello). El crecimiento, entendido como salto adelante en la ocupación extensiva de suelo, ha sido el tema de tres grandes episodios urbanísticos: Gràcia, el Eixample de Cerdà y las exposiciones universales. El tema que ocupa este capítulo, el Plan de Urgencia Social de 1957, nos introduce en el análisis de la forma urbana de la Barcelona proletaria, también como un fenómeno de extensión, con unos perfiles específicos resumidos desde el lenguaje urbanístico con el concepto de "polígonos de vivienda".

Los "polígonos" de Barcelona constituyen uno de los episodios más tristes de la Barcelona moderna. Producto de la dictadura política, de la estrechez económica y del raquitismo cultural, han marcado el territorio urbano con una señal lamentable. Pero la denuncia de las grandes deficiencias —de intención, de procedimiento, de gestión, de calidad— no puede ocultar su enorme trascendencia urbanística. Por las dimensiones, más de 900 hectáreas de suelo y más de 127.000 viviendas; por la forma estructural (actuaciones unitarias según cada proyecto) y, aún más, por su impacto social (me-

operation) and above all in social impact (half a million people), they are an intervention as major as the construction of the Eixample and as structural as an underground railway network or an Access Plan (Pla d'Accessos).

Though we might not be familiar with the dimensions, we know that this is a vital subject for the city of Barcelona. Between the mid 1950s and the early 70s—in other words, a span of less than 20 years—they occupied more than 900 hectares as a response to the drastic housing shortage resulting from the unprecedented wave of migration into Barcelona and its area of influence. In the period from 1950 to 1960, Catalonia received some 400,000 immigrants, half of whom settled in Barcelona. As a result, housing became a burning issue that called for urgent measures.

In just a few years, the outskirts of the city changed dramatically with the rapid building-up of land not previously classed as urban. An area of 900 hectares is roughly equivalent to the Eixample, the central section of Barcelona, according to the guidelines laid down by Cerdà's project, excluding Poblenou. The big difference, however, is that whereas the Eixample was constructed over the course of a century, the mass housing estates were built all at once. They mobilized capital, the public authorities, contractors, developers and technical specialists— and public opinion—with an absolutely unprecedented intensity and speed. Never before had so many decisions been made in so little time, nor the period between initial idea and laying the first stone been so short. Never before had working-class housing been given such specific consideration.

dio millón de personas), suponen una actuación del mismo alcance que la construcción del Eixample y tan estructural como un metro o como un plan de accesos.

Por poco que conozcamos sus dimensiones, sabemos que éste es un tema capital para la ciudad de Barcelona. Desde mediados de los años cincuenta hasta los primeros setenta, es decir, en un arco de tiempo inferior a veinte años, se ocuparon más de 900 hectáreas como respuesta al gravísimo déficit de viviendas, consecuencia de una oleada migratoria sin precedentes que afectó a Barcelona y a su área de influencia. En el período 1950-1960, Cataluña recibe 400.000 inmigrantes, la mitad de los cuales se establecieron en la ciudad de Barcelona, lo que comportó que la cuestión de la vivienda adquiriese un protagonismo enorme y obligara a tomar medidas de urgencia.

En pocos años el entorno de la ciudad se transforma espectacularmente mediante la rápida ocupación y la edificación de suelo hasta entonces no urbano. Las 900 hectáreas antes mencionadas representan aproximadamente la misma superficie del Eixample, el área central de Barcelona según la pauta establecida por el proyecto Cerdà, descontando de ella el barrio del Poblenou. Pero la gran diferencia es que, mientras el Eixample se ha ido construyendo a lo largo de un siglo, los polígonos masivos de viviendas se han hecho de golpe. Han movilizado al capital, a la Administración pública, a los constructores, promotores y técnicos y a la opinión pública, con una intensidad y una rapidez absolutamente desconocidas hasta la fecha. Nunca como entonces se tomaron tantas decisiones en tan poco tiempo, ni nunca fue menor la distancia entre la primera idea y la primera piedra. Nunca como entonces la vivienda obrera fue tan específicamente considerada.

It is worth recalling that Barcelona has been a working-class city since the first industrialization of Catalonia. By the middle of the 19th century the walled city and many of the towns beyond had factories and mills and a clear proletarian element in their social structure. Sants, Hostafrancs, La Bordeta, Les Corts, El Camp de l'Arpa, Gràcia, El Clot, La Sagrera, Sant Andreu and Sant Martí de Provençals have been growing for more than 150 years, incorporating new housing for the workers employed in local factories. However, until the middle of the 20th century proletarian Barcelona was not a distinct urban phenomenon. In other words, the groups of working-class homes did not in themselves constitute units of any particular importance. If we look closely at the various towns of the first peripheral belt, we find a mix of agricultural workers, tradespeople and the industrial working class. What were originally outlying hamlets or parishes exempt from military servitude provided the first urban 'cushion' in absorbing the various migratory waves of surplus agricultural population who, over the course of a century, settled round the city. Though it is true that the composition of the local population by occupation varied from place to place—for example, from Gràcia to El Clot, so that each place had (and indeed still has) its own particular character—a comparable urban nature is to be found everywhere. If we compare successive planimetric maps, we see quite clearly that the towns of the Barcelona plain grew in the form of street extensions and tiny suburbs, guided, in the best of cases, by avenues or small areas of urban expansion. Invariably, an elementary form of the new urban cadastre then emerged, simply derived from

Conviene recordar que Barcelona es, desde los inicios de la industrialización de Cataluña, una ciudad obrera. La ciudad amurallada de la primera mitad del siglo XIX, pero también una buena parte de los pueblos foráneos, ya tenían establecimientos industriales y acumulaban en su estructura social un claro componente proletario. Sants, Hostafrancs, La Bordeta, Les Corts, el Camp de l'Arpa, Gràcia, El Clot, La Sagrera, Sant Andreu y el núcleo de Sant Martí de Provençals han ido creciendo desde hace más de ciento cincuenta años, incorporando nuevas viviendas para los trabajadores de las respectivas fábricas. Ahora bien, desde el punto de vista urbanístico, la Barcelona proletaria, hasta mediados del siglo XX, no era un fenómeno aparte, desvinculado de la ciudad. En otras palabras, los grupos de residencia obrera no constituían unidades con tanta entidad propia. Si recorriéramos atentamente todos y cada uno de los pueblos de la primera periferia, descubriríamos una mezcla de campesinos, gente de oficio y clase obrera. Las primitivas aldeas o parroquias que quedaban fuera de las servidumbres militares del plan fueron el punto de arranque, un colchón de apoyo urbano que integró a las diferentes oleadas migratorias que a lo largo de un siglo sedimentaron en la ciudad los excedentes demográficos de la agricultura. Si bien es cierto que la composición porcentual de los habitantes según la ocupación no es la misma, pongamos por caso, en Gràcia que en El Clot (y, por lo tanto, el carácter de cada lugar tenía, y aún tiene, sus matices), sí se da en todas partes una naturaleza urbana análoga. Comparando levantamientos planimétricos sucesivos, se observa con claridad que los pueblos del llano de Barcelona se estructuraban en forma de prolongaciones de calles y de nuevos arrabales minúsculos, guiados —en el mejor de los

the rural register, for the establishment of conventional house types as a differential increment to the existing pattern, an outer radius with established, repeated models of plot, street, square and dwelling from the first half of the 19th century on.

In other words, this proletarian Barcelona did not constitute an urban environment with an identity of its own. The 1950s, however, saw a spectacular change, in the form of an unprecedented planned operation developed by the public sector. Barcelona had already witnessed major real-estate operations involving the whole city. Both the Eixample and the Connections Plan, for example, had a project, and each project an author: Cerdà and Jaussely, respectively. But this was not so in the case of the housing estates, which are, in effect, a series of synchronous episodes, differentiated in form but with no unitary conception of the whole or author. Nor were they a spontaneous or anonymous phenomenon. Instead, they were articulated in numerous partial operations, with different projects and different designers. Moreover, each project, as we shall see later, assumed an absolute precision and an all-encompassing scope: from the morphological definition to the exhaustive determination of each building; from the density to the width of the pavements; from the small shops to the balconies. This is the defining paradox of the estates.

Another general characteristic derives from this: the estates form a mosaic of scattered fragments, from the Llobregat to the Besòs, from the seafront to Collserola and out beyond the Montcada pass. This was not, then, an episode with an exact location, as the Expositions

casos— por paseos o pequeños ensanches. Invariablemente surgía un orden elemental del nuevo catastro urbano, derivado simple del rústico y preparado para establecer los tipos de casas convencionales, como incremento diferencial del existente. Un extrarradio con unas pautas de suelo, de calle, de plaza y de casa comprobados por su repetición desde la primera mitad del siglo XIX.

En definitiva, esta Barcelona proletaria no se había traducido a un entorno urbano de identidad propia. Pero en la década de los cincuenta se produce un cambio espectacular que se plasma en una operación planificada sin precedentes, impulsada por la iniciativa pública. En Barcelona ya se habían dado grandes operaciones de suelo que comprometían a la ciudad en su conjunto: el Eixample o el Plan de Enlaces, por ejemplo. Tenían un proyecto y el proyecto tenía un autor: Cerdà y Jaussely, respectivamente. No es éste, sin embargo, el caso de los "polígonos". Son, efectivamente, una serie de episodios sincrónicos, diferenciados en la forma, pero sin ninguna concepción de conjunto ni de autor. Tampoco fueron un fenómeno espontáneo o anónimo, sino articulado en múltiples operaciones parciales, de las que responden diferentes proyectos y proyectistas. Es más, cada proyecto, como veremos más adelante, adquiere una precisión absoluta, un alcance total; desde la definición morfológica hasta la exhaustiva determinación de cada edificio, desde la densidad hasta la anchura de las aceras, desde el pequeño comercio hasta los balcones. Ésta es la paradoja definitoria de los polígonos.

De ahí deriva otra característica general: forman un mosaico de fragmentos esparcidos, desde el Llobregat hasta el Besòs, desde la orilla del mar hasta Collserola y hasta más allá del paso de Montcada. No es éste, pues, un episodio con

were or the proposal for the new centre at Portal de Mar.

We might seem to be referring only to a phenomenon of a historical, sociological or political nature. Undoubtedly it was. In Spain at that time, following the autarchy of the previous decade, the big cities essentially bore the burden of reindustrializing the country. The great urban nuclei monopolized both the migratory influx from outside and internal migration. The private sector continued to build homes at a very slow pace. As an incentive, in 1954 central government introduced a new Law on Limited Rent Housing, which was to be available to applicants who satisfied certain criteria. However, the actual scale of demand was far greater than the capacity and the interests of the private sector. Working-class incomes were always below the threshold of the market. As a result, Barcelona, like other Spanish cities, began to be surrounded by an ever larger ring of shanty towns, self-built homes and sublet properties. A year later, the government responded directly to the problem with its National Housing Plan, managed by a public institute (the Instituto Nacional de la Vivienda) with its own construction wing (the Obra Sindical del Hogar). The aim of the five-year programme was to build up to 550,000 homes under the protection of the Law on Limited Rent Housing. The magnitude of the problem was such that a special Ministry for Housing was set up two years later. In 1958, these measures were further concretized in Barcelona and its *comarca* in a Pla d'Urgència, the aim of which was to build public-sector flats at a rate of 12,000 a year. The local authorities also set up initiatives though the Municipal Housing Board and the Urban Planning Commission.

una localización exacta, como lo fueron las exposiciones o la propuesta del nuevo centro en el portal de Mar.

Se podría pensar que nos estamos refiriendo sólo a un fenómeno de tipo histórico, sociológico o político. Ciertamente, lo fue. En la España de entonces, después de la década autárquica anterior, las grandes ciudades llevaban el peso fundamental de la reindustrialización del país. Junto a la tasa migratoria exterior, los grandes núcleos urbanos monopolizaron la cuota interior. La iniciativa privada mantenía un ritmo muy bajo de producción de viviendas. Para incentivarla, el Estado dictó en 1954 una nueva Ley de viviendas de renta limitada, a la que podían acogerse las que cumplieran unos determinados estándares. Sin embargo, la dimensión de la realidad sobrepasaba con creces las posibilidades y los intereses de la iniciativa privada. La renta obrera se situaba siempre por debajo del umbral del mercado. Y por ello, en Barcelona, como en otras ciudades españolas, se iba formando una corona de barracas, de autoconstrucción y de realquileres cada vez más dramática. Un año después, la Administración del Estado reaccionó directamente con un *Plan Nacional de la Vivienda* gestionado por un instituto público (el *Instituto Nacional de la Vivienda*) y con un brazo constructor (la *Obra Sindical del Hogar*). El programa ambicionaba construir, en cinco años, hasta 550.000 viviendas acogidas a la Ley de viviendas de renta limitada. La magnitud del problema desembocó, dos años más tarde, en la creación de un ministerio dedicado exclusivamente a la vivienda. En Barcelona y comarca, estas medidas se concretaban, en 1958, en un *Plan de Urgencia Social*, cuyo objetivo era construir pisos bajo la iniciativa pública, a un ritmo de 12.000 viviendas por año. La Administración local también tomaba

A significant proportion of the workforce was affected by the problems of poverty and precarious living conditions. The political and economic powers saw that bad housing and large pockets of poverty could get out of control, and constituted an evident threat to the productive system and political stability. The provision of housing, from whatever source, was seen as an absolute priority objective.

From the urbanistic perspective, mass housing estates were the principal but not the only response to this situation. At the same time, the six nuclei on the city's outer radius were receiving a flood of immigrants. This led to intolerable levels of population density and inundation of the urban fabric, with existing buildings being replaced in order to maximize floor area. Nevertheless, it is the housing estates that have delineated the new urban landscape, so it is important to understand their characteristics in detail if we are to determine more precisely their significance in the modern history of Barcelona.

As a way of building the city (if the outcome can be described as city) the estates mark a completely new approach in the history of Barcelona (apart from the one-off precedent of La Barceloneta in the Baroque period): new in its vast scale, its monographic economic programme and its process of management and implementation.

In schematic terms, the process began with the selection of a number of sites (known in Catalan as a *polígon*, from its source in geometry), distributed round the periphery, to be acted on by way of immediate unitary projects. In terms of urban structure, then, the locations and delimitations of the estates were paramount. The position,

iniciativas, a través del Patronato Municipal de la Vivienda y de la Comisión Comarcal de Urbanismo.

Los problemas derivados de la enorme conflictividad de una situación de precariedad y miseria afectaban a un segmento considerable de la fuerza de trabajo. Los poderes políticos y económicos veían que la infravivienda y las grandes bolsas de miseria podían pasar a ser incontrolables y representaban un riesgo evidente para el sistema productivo y para la estabilidad política. La oferta de vivienda, sin más adjetivos, se consideraba un objetivo de absoluta prioridad.

Desde el punto de vista urbanístico, los polígonos de vivienda masiva son la principal respuesta a esta situación, pero no la única. Paralelamente, los seis núcleos del extrarradio de la ciudad reciben el alud inmigratorio, con densificaciones abusivas, una total colmatación de sus tejidos y la sustitución de edificios persiguiendo siempre un máximo aprovechamiento del espacio edificado. Pero, a pesar de eso, lo cierto es que los polígonos son los que han delineado el nuevo paisaje urbano. Por eso conviene conocer en detalle sus características, para poder concluir con más precisión su significado en la historia moderna de Barcelona.

Porque se trata de una manera de hacer ciudad (si se puede llamar ciudad al resultado) completamente nueva en la historia de Barcelona (excepto el precedente aislado de la Barceloneta, en la época barroca). Es nueva por la gran escala, por el programa monográfico económico y por el procedimiento de gestión y actuación.

El proceso se desencadena, esquemáticamente, con la elección de un conjunto de recintos (de aquí procede el empleo de la palabra *polígono*, tomado de la geometría), repartidos por la periferia y sobre los que se actuaba con proyectos unitarios

dimension and form of this decision largely determined the success or failure of the project as a residential programme and as a form of growth for the city. Each estate operated with a total project of the area that also defined the programme, the executive plan and the final image. The project was part of the logic of a unitary action that, starting with the expropriation of the land, continued in an uninterrupted sequence through to the construction, thus completing the urbanization cycle—though in fact the services and the laying out of the open spaces were non-existent or woefully deficient at the time the homes were handed over.

This is a factor of tremendous importance, explaining as it does the true essentials of the estates. Whatever their particular form, they can be recognized by the traces left by the unique nature of the operation, despite the passing of the years. At no other moment in the modern history of urbanization in Barcelona had construction projects of this magnitude been transposed immediately from drawing board to physical space. There is, for example, no typological complexity: the buildings are identical to one another in every respect—the building materials, the composition of the façades, the colours, the open spaces, the rhythms, the plinths and cornices, etc. In most cases the laws of metrics and the mechanisms of use, as well as the material and figurative criteria, make up a whole that reflects the fact of being founded on a total, standardized project.

This way of making the city, understood as a structural form of urban growth, had first appeared in Barcelona before the 1950s, beginning with the 'cheap homes' built during the dictatorship of General Primo de Rivera.

e inmediatos. Es, pues, en las localizaciones y delimitaciones de los polígonos donde se juega la carta principal para la estructura urbana. Son la posición, la dimensión y la forma de esta decisión lo que determina una gran parte de su éxito o de su fracaso como programa residencial y como forma de crecimiento de la ciudad. Cada polígono opera con un proyecto total del área y define, al mismo tiempo, el programa, el plan ejecutivo y la imagen final. El proyecto se coloca, pues, en la lógica de una acción unitaria que, arrancando de la expropiación del suelo, prosigue sin solución de continuidad hasta la edificación, completando el ciclo urbanizador (aunque, en la realidad, los servicios y la urbanización de los espacios libres fuera inexistente o miserable en el momento de la entrega de las viviendas).

Este hecho es de una grandísima importancia, ya que explica lo más esencial de los polígonos. Se los reconoce, sea cual sea su forma concreta y a pesar de los años transcurridos, por los rastros que ha dejado la unicidad de la operación. En ningún otro momento de la historia moderna del urbanismo barcelonés se había dado, tan al límite, la traducción inmediata al espacio de proyectos constructivos de estas dimensiones. No hay, por ejemplo, ninguna complejidad tipológica; unos edificios son idénticos a otros y esto se refleja en cualquier aspecto: los materiales de construcción, la composición de fachadas, los colores, los espacios libres, los ritmos, los zócalos y coronamientos... La mayor parte de las leyes métricas y de los mecanismos de uso, igual que los criterios constructivos y figurativos, conforman un todo que refleja la fundación bajo un proyecto normativo total.

Esta forma de hacer ciudad, comprendida como una forma estructural del crecimiento urbano, había arrancado en

However, these were small-scale public-sector operations of little importance to the city as a whole (some 2,000 homes divided among four estates).

It is not until 1952 that we find major ventures amounting to 1,000 homes at a time (Verdum) or covering 10 hectares (Turó de la Peira). In fact, the systematic initiative began in 1954. From then until 1974, the average size kept on increasing. Estates covering 20, 30 or 40 hectares are common, with peaks such as Bellvitge, covering 91.6 hectares. Densities varied greatly, ranging from 60 to 320 apartments per hectare. At the same time, the private sector became more and more prominent, as the construction and sale of flats (most apartments being owner-occupied) became a highly profitable business.

The second fundamental characteristic (after the 'polygonal' conception) is their monothematic nature as low-cost housing operations. The aim was to maximize the number of homes in keeping with the surface area and *ad hoc* legal conditions. The great majority of the estates stand out as parts of the city in which the form of the residential buildings is virtually everything. There was no division of the land as a separate project, the metric and compositional mediation of the new form of the urban space, half way between the footprint of the estate and the individual siting of each building. By aggregating itself to the original rural cadastral property (a *sine qua non*, by way of expropriation or compensation), the new large plot had no need of plot-division project, because the residential typologies were very rarely detached family homes. This conceptual poverty proved decisive for the landscape of proletarian Barcelona, unlike the suburbs of

Barcelona con anterioridad a los años cincuenta. Los inicios fueron las "casas baratas" del tiempo de la Dictadura del general Primo de Rivera. Pero eran operaciones públicas de pequeño alcance y poco relevantes para el conjunto de la ciudad (unas dos mil viviendas distribuidas en cuatro polígonos).

Es en el año 1952 cuando las mayores operaciones alcanzan ya las mil viviendas (Verdum) o las 10 hectáreas (barrio del Turó de la Peira). En realidad, la iniciativa sistemática empieza en 1954. Desde entonces hasta 1974, la superficie media va aumentando progresivamente. Son normales las 20, 30 ó 40 hectáreas, con puntas como las de Bellvitge (de hasta 91,6 hectáreas). Las densidades se sitúan entre las 60 y los 320 viviendas por hectárea, es decir, muy variadas. Al mismo tiempo, la iniciativa privada acapara cada vez más protagonismo, ya que la construcción y la venta de pisos (que es la forma de tenencia habitual) se convierte en un negocio de altísima rentabilidad.

La segunda característica fundamental (después de la concepción *poligonal*) es el carácter monográfico como operaciones de residencia económica. Se trata de maximizar la cantidad de viviendas, según la superficie y las condiciones de leyes establecidas *ad hoc*. La gran mayoría de los polígonos destacan porque son partes de ciudad en las que la forma de los edificios residenciales lo es casi todo. No hay una partición del suelo como proyecto autónomo que pueda mediar métrica y compositivamente en la nueva forma del espacio urbano, a mitad de camino entre la mancha del polígono y el emplazamiento individual de cada edificio. Al agregarse la primitiva propiedad catastral rústica (condición sine qua non, por vía de expropiación o compensación), la nueva gran parcela prescinde, de hecho, de un proyecto de parcelación,

other European cities. Construction became equivalent to building new high-rise neighbourhoods, the common practice in Barcelona housing estates, with no other cadastral support than the uncompromising horizontal projection of the building. This should not be thought of as following inevitably from the adoption of an 'open' layout of free-standing blocks and large communal spaces. Examples throughout Europe—and, in Barcelona, the upper end of Avinguda Diagonal, the Sud-oest del Besòs neighbourhood and Montbau)—are the exceptions that demonstrate this. The outcome is that the unification of the plots entirely eliminated forms of un-built private land (whether owned by individuals or the community). The estates have an enormous proportion of undefined free space in relation to the total. In any other form of urban growth, the road network is identified with open space (20-30% of the total), and un-built land that is not part of the road system is assigned very precise uses and divided accordingly. In most of the estates in Barcelona, between 40% and 50% of the space is free, not including the land occupied by the road system (between 15% and 30%). Whereas normally the coefficient of private land, both built and un-built, is around 60%, on the estates it accounts for just 30%. This made the planned laying-out and effective urbanization of these spaces all the more essential, and the failure to do those things has set its stamp in the sad and ugly appearance of these neighbourhoods.

The markedly residential character of the estates is reflected not only in the absence of a new cadastral order, but also in something even more basic: it is only the aggregation of housing that strictly guides the built form,

porque las tipologías residenciales no son casi nunca unifamiliares. Esta miseria conceptual es decisiva para el paisaje de la Barcelona proletaria, a diferencia de los suburbios de otras ciudades europeas. La construcción se hace equivalente a la edificación de nuevos barrios en altura, que es lo habitual en los polígonos de Barcelona, sin otro apoyo catastral que la proyección horizontal, pura y dura, del edificio. Este rasgo no se puede aceptar como inevitable, por el hecho de adaptar la ordenación "abierta" (de bloques aislados y grandes espacios comunes). Otros ejemplos europeos (y en Barcelona mismo, la Diagonal Alta, el barrio del Sudoeste del Besòs y Montbau, como excepciones) prueban lo contrario. De ello resulta que la unificación parcelaria ha eliminado absolutamente las formas de suelo privado no edificado (ya sea de titularidad particular o comunitaria). Por ello en los polígonos, la parte proporcional de suelo libre indefinido respecto del total es enorme. En cualquier otra forma de crecimiento urbano, la trama viaria se identifica con el suelo libre (del 20 al 30% del total), y el suelo no construido que no forma parte del recorrido viario está asignado a usos muy precisos y, en consecuencia, fraccionado. En la mayoría de los polígonos de Barcelona, el porcentaje de suelo libre fluctúa entre el 40 y el 50%, sin contar el ocupado por el trazado viario (entre el 15 y el 30%). Si normalmente el coeficiente de suelo privado, sumando tanto el edificado como el vacío, es aproximadamente del 60%, en los polígonos representa sólo el 30%. Por lo tanto, la ordenación intencionada y la urbanización efectiva de estos espacios era imprescindible. Su incuria, en cambio, es la que ha marcado la imagen desdichada y fatal de estos barrios.

El carácter marcadamente residencial de los polígonos no se refleja sólo en la inexistencia de una ordenación catas-

to the exclusion of any other uses. Though most urban buildings are essentially constructed as housing, they are versatile enough to accommodate other activities. Of course, schools, markets, churches and a host of others have had their own building types since the middle of the 19th century, but there is a whole range of urban activities that have always been carried out in buildings of a residential nature. The estates, however, are characterized by a pronounced functional segregation, with other activities not envisaged, or if these are included, are confined on a 'reserve' of separate buildings. This criterion, apparently grounded on the effective functionalist order of zoning, hygiene and ordering, masks a sclerosis of the necessary complexity of uses, movements and people that urban living implies, and has had an enormously detrimental impact by severely rigidifying neighbourhoods' capacity to evolve.

The protagonism of housing as cell rather than urban neighbourhood is also evident in the design of the estate. The planning of a city, or of one of its component parts, has always involved discussion of the form of the space in which typological models are translated into projects adapted point by point, place by place. The layouts and alignments, the public space and the establishment of functional hierarchies are issues that are at least as fundamental as—and perhaps prior to—those of typology. The estates, however, begin with the choice of one or more very simple typological models that are automatically translated into a project by repetition. Freestanding high-rise buildings and blocks are the preferred building types. The models of home thus become 'typical dwellings'

tral nueva, sino en una cuestión más básica aún: es sólo la agregación de la vivienda la que pauta estrictamente la forma edificatoria y rechaza cualquier incorporación de otros usos. La mayoría de los edificios urbanos, a pesar de que se construyen básicamente para la vivienda, son lo bastante versátiles para acoger otras actividades. Ciertamente, las escuelas, los mercados, las iglesias y un largo etcétera ya tienen un tipo de edificaciones propias, desde mediados del siglo pasado. Pero existe una amplia constelación de actividades urbanas que se desarrollan siempre en edificios de matriz residencial. Por el contrario, es característica de los polígonos la acusada segregación funcional, donde las otras actividades no se prevén y, si se proyectan, es "en reserva" para construcciones aisladas. Este criterio, sostenido aparentemente desde el buen orden funcionalista de la zonificación, la higiene y lo ordenado, esconde una esclerosis de la necesaria complejidad de usos, movimientos y personas que implica la urbanidad, y ha tenido un enorme impacto negativo, al rigidizar terriblemente la capacidad evolutiva de los usos en los barrios.

El protagonismo de la vivienda como célula y no como barrio urbano se manifiesta también en el proyecto mismo del polígono. El proyecto de ciudad, o de alguno de sus fragmentos, ha comportado siempre una discusión sobre la forma del espacio en la que los modelos tipológicos se traducían en proyectos adaptados punto por punto al lugar. Los trazados, las alineaciones, el espacio público y el establecimiento de jerarquías funcionales son discusiones tanto o más básicas que las tipológicas, y quizá previas a éstas. Los polígonos, sin embargo, arrancan de la elección de uno o varios modelos tipológicos muy simples que, por repetición, se traducen automáticamente en proyecto. El bloque y la torre a cuatro

and the totality of units of these are understood as such. The building thus ends up being determined directly and exclusively as an aggregate of homes. The aim is the generalized introduction of the same hygienic, sanitary and environmental conditions, perhaps advocated on the basis of an elementary reading of the Athens Charter and the minimum habitability standards. This would in effect have been one of the advantages of this new idea of the city. The free-standing block came into being as an improvement on the conditions of the terrace or tenement, reducing the built depth to 24-28 metres to provide cross ventilation and natural light in all the rooms by not constructing apartments back to back. In this case, equal and optimum exposure to the sun is achieved so long as the blocks are uniformly orientated. As Barcelona's sad experience shows, however, obsessive optimization of the type alone leads to speculative maximization of the basic models. Blocks with four apartments to a floor (with double ventilation) rather than two were built, very often with rooms opening onto light wells. This solution was also adopted in tower blocks, leaving some units with insufficient exposure to the sun, and further exacerbated by the exaggerated exploitation of vertical accesses.

To go any further than this would be to risk excessive generalization. These general remarks, however, point to the enormous and diverse range of conditions existing. Paradoxically, with these bases, the estates permitted infinite combinations. In many cases the road layouts are poor, even useless, to say nothing of the urban space, in that the protagonist here is the residential building. If we disregard the estate's internal characteristics and see

vientos son los edificios por excelencia. Los modelos de viviendas devienen, así, las "viviendas tipo", y la totalidad de sus unidades se comprendían literalmente como tales. El edificio, pues, acaba por determinarse, directa y exclusivamente, como agregación de viviendas. Se persigue con esto la generalización de unas condiciones higiénico-sanitarias y ambientales uniformes, defendidas quizá desde una lectura elemental de la Carta de Atenas y de los estándares de habitabilidad mínimos. Ésa hubiera sido, efectivamente, una de las ventajas de esta nueva idea de ciudad. El bloque nace, de hecho, de la mejora de las condiciones de la casa entre medianeras, al disminuir la profundidad de 24-28 metros para alcanzar una ventilación cruzada y la iluminación exterior de todas las habitaciones, evitando doblar el lado edificado. En este caso, el soleamiento es óptimo e igual, siempre que la orientación de los bloques sea uniforme. Pero la triste experiencia de Barcelona demuestra que la optimización obsesiva del tipo únicamente lleva a una maximización especulativa de los modelos elementales. El bloque de dos viviendas por planta pasa a tener cuatro (con doble ventilación) y muchas veces con habitaciones en los patios. Esta solución se adopta también en forma de torres, derivando hacia un soleamiento inadecuado de algunas de las unidades y, en resumidas cuentas, agravado por un aprovechamiento exagerado de los accesos verticales.

Arriesgaríamos una generalización excesiva, si fuéramos más allá. Bajo estos enunciados generales, se abre el enorme abanico de la realidad misma. Paradójicamente, los polígonos favorecen, sobre estas bases, infinitas combinaciones. Solemos decir que los trazados viarios son pobres, inútiles, insensibles al espacio urbano, pues pensamos únicamente en el edificio residencial como protagonista. Si no nos interesan

it instead as an element of the urban landscape, the field, the urbanistic composition, it assumes a new dimension, hitherto unknown and at the same time extremely dangerous, since the very possibilities that present themselves can lead to almost total chaos. The most negative aspect of many estates is not really the housing conditions (though they could be improved), but the urban conditions and the squalor of the definitive public spaces. Compositional order should be something more than an idea (though at times even the idea is lacking): it ought to be declined harmoniously, correctly settling each of the decisions of metrics and use because, by definition, a total project needs to be right at every level. The great majority of the estates in Barcelona have evolved with this tension in their design, walking a tightrope between monotony and chaos.

Let us now go on to consider the actual physiognomy of what was built in order precisely to delineate the magnitude of the mistakes, and the successes, too, if there are any. To do this, we will focus on a number of representative examples over twenty years or so (from 1950 to 1970, approximately): the period from Torre Llobeta to Ciutat Meridiana. While it is true that the Pla d'Urgència Social of 1957 is an identifiable milestone in the public housing construction programme, there is a before and an after that together configure the multitude of estates—perhaps fifty?—developed by various initiatives as if they were a single package.

The early years of housing estate construction produced perhaps the most heterogeneous cases, as might be expected of a first period of exploration and experimentation. The first post-Civil War estates—Urbanización Meridi-

demasiado por sus características internas, sino más bien en cuanto componentes del paisaje urbano, la composición urbanística adquiere una dimensión inédita y al mismo tiempo peligrosísima, ya que las mismas posibilidades que se abren pueden conducir al desbarajuste casi absoluto. El balance más negativo de muchos polígonos no corresponde, precisamente, a las condiciones de la vivienda (aun así, mejorables), sino a las condiciones urbanas y la sordidez de los espacios públicos definitivos. El orden compositivo debía ser algo más que una idea (a veces tampoco hay ninguna): tenía que declinarse armónicamente, acertando cada una de las decisiones métricas y de uso, porque, por definición, un proyecto total exige el acierto en todas las escalas. En esta tensión de proyecto, y atravesando la cuerda floja entre la monotonía y el caos, se han establecido la inmensa mayoría de los polígonos de Barcelona.

Pasamos, pues, a revisar la fisonomía exacta de lo que se construyó, para dibujar con precisión la magnitud de los errores y también de los aciertos, cuando los haya. Y para ello fijémonos en algunos ejemplos representativos a lo largo de los veinte años (el período entre 1950 y 1970, aproximadamente) que van desde Torre Llobeta hasta Ciutat Meridiana. Porque, si bien es cierto que el Plan de Urgencia Social de 1957 marca el hito concreto del programa público de la construcción de viviendas, hay un antes y un después que configura como un paquete conjunto la multitud de polígonos —¿quizá cincuenta?— que, a través de varias iniciativas, se promovieron.

Es durante los primeros años de construcción de polígonos cuando encontramos los casos más diferentes, como es propio de un período inicial de tanteo y de exploración. Los primeros polígonos de posguerra, marginales, pero revela-

ana (1945) and La Mercé (1948)—were marginal yet revelatory. La Mercé, the only one to use the house-with-garden type, consists of a group of low-density homes on a small site (2.7 hectares) on the gentle slopes of Sant Pere Màrtir. The Urbanización Meridiana is a little more complex. It covers three Eixample blocks and combines single-family row houses (the perimeter) and small blocks in the interior, with a symmetrical order that takes the *mansana* as its referent, with a communal plaza in the middle.

The Torre Llobeta residential group was the first estate built by the Municipal Housing Board in 1950. It, too, is small, at 3.8 hectares, equivalent in area to three Eixample blocks, but rhomboidal in form. The project combines the idea of buildings on the perimeter of the large city block with occupation of the inner area by double-bay parallel blocks (paired housing, four apartments per floor) to achieve a high density (202 homes per hectare) that is compensated for by a central plaza that opens onto Passeig de Maragall. At six and seven floors, the buildings are similar in height to those of Cerdà's Eixample. The façade is traditionally handled on three of the four perimeter streets, so that the strip of building, which is not very deep, solidifies three of the four corners. The occupation of the interior anticipates a new treatment of the space, which in the canonical form of the Eixample was given over to courtyards. In Torre Llobeta the courtyard has vanished, occupied by the blocks that form four service and access passages, thus breaking up the *supermansana*. This is a compromise solution: defence of the street but disappearance of the courtyard. The compromise is also indecisive: the perimeter has apartments with a double

dores, son los de la Mercè (1948) y la Urbanización Meridiana (1945). El primero es el único exponente de casa jardín, sobre las pendientes suaves de Sant Pere Màrtir: un grupo de viviendas de baja densidad y de superficie reducida (2,7 hectáreas). El segundo es un poco más complejo. Ocupa tres manzanas del Eixample y mezcla casas unifamiliares en hilera (el perímetro) y pequeños bloques en el interior, según un orden simétrico referido a la manzana y dejando una plaza interior de uso común.

El grupo de viviendas de Torre Llobeta es el primer polígono del Patronato Municipal de la Vivienda y se construye en 1950. Tiene una superficie también pequeña, de unas 3,8 hectáreas, equivalente a tres manzanas del Eixample, pero de forma romboidal. El proyecto combina la idea de edificios perimetrales en la gran manzana y la ocupación del recinto interior con bloques paralelos y doble crujía (vivienda doblada, con cuatro viviendas por planta) para conseguir una densidad alta (202 viviendas/hectárea) que se compensa con una plaza central abierta al paseo de Maragall. La altura de los edificios (de 6 a 7 plantas) es similar a la del Eixample. Presenta la resolución tradicional de la fachada, a tres de las cuatro calles perimetrales, de manera que el lado edificado, poco profundo, solidifica tres de sus cuatro ángulos. La ocupación interior anticipa un tratamiento nuevo del espacio, que en la forma canónica del Eixample se destinaba a patios. La idea de patio desaparece por causa de la ocupación en bloques que forman cuatro pasajes de servicio y acceso, descomponiendo la *supermanzana*. Es una solución de compromiso: defensa de la calle, pero desaparición del patio. Un compromiso que también es una indecisión: en el lado perimetral las viviendas son totalmente exteriores y con

façade in which all the rooms have a view to the exterior, but this is not true of the interior blocks. This idea of the perimeter, which anticipates the hierarchy in the use of the land, is not, however, maintained in the occupation of the interior in terms of canons that were to be generalized in later series of infinite blocks.

The Habitatges del Congrés housing development was built along similar lines, but with less indecisiveness, in 1954. A private-sector initiative on a site in the Sant Andreu neighbourhood near Rambla de Fabra i Puig and its extension. The architects wisely traced a central axis following the Cerdà directrix. This street, Carrer de Felip II, extends beyond the estate to Plaça de Virrei Amat. One of the features of the street is the central rectangular plaza, presided over by a church and flanked by five- and six-storey residential blocks with commercial premises on the ground floors, overtopped by 12-storey towers whose slender appearance is the result of a cross-shaped plan and balconies that break up the corners. The estate covers 16.5 hectares, divided into streets lined by houses. The streets constitute a complex of their own that nevertheless accords with the adjoining areas because the internal order of Felip II is discreetly inflected. The courtyard in the interior of the block is open to the public, while the buildings try out new forms of occupation: the continuous façade overlooking the plaza is in fact the gable end of a line of buildings that occupies all of the blocks. The largest of these blocks is on the perimeter; with a continuous façade onto the street, it breaks down into four separate buildings with light wells to maximize the block's public open space in the form of a plaza which provides

doble fachada, pero no es así, contrariamente, en los bloques interiores. Una idea perimetral que anticipa la jerarquía en el uso del suelo, no mantenida, en cambio, en la ocupación del interior, según unos cánones que serán generalizados en las series de bloques infinitos.

En esta misma línea, pero con menos indecisiones, se construye en 1954 el grupo de Viviendas del Congreso, de iniciativa privada y situado en unos terrenos del barrio de Sant Andreu próximos a la rambla de Fabra i Puig y a su ensanche. Los arquitectos tuvieron el acierto de trazar un eje central según la directriz de Cerdà (la calle de Felip II), conectado con la plaza del Virrei Amat, exterior al polígono. Sobre esta calle se proyectó la plaza central rectangular, presidida por una iglesia y rodeada de edificios residenciales y de bajos comerciales de cinco y seis plantas, coronados con las únicas torres, de doce pisos, esbeltas por efecto de la planta en cruz y los balcones rompiendo el ángulo. Las 16,5 hectáreas del polígono se descomponen en calles, que están flanqueadas por casas y forman un conjunto propio, pero de acuerdo con las áreas próximas, dado que el orden interior, el eje de Felip II, inflexiona discrecionalmente. El patio de la manzana de casas es público y los edificios ensayan formas de empleo nuevas: el frente continuo sobre la plaza es, en realidad, la testera de una espina de edificios en línea que ocupa las diversas manzanas; la mayor de estas manzanas, perimetral y con fachada continua desde la calle, se descompone en cuatro edificios, con patios de ventilación para acumular el espacio libre público de la manzana en forma de plaza, que actúa de patio de vecinos, con dimensión suficiente y los ángulos secos. Las manzanas de Felip II son demasiado estrechas para meter en ellas un patio de casas (32 metros),

a sufficiently spacious courtyard with blind corners for the residents. The *mansanes* on Felip II are too narrow to accommodate an interior courtyard (32 metres), but alternate their light wells with service cores open to the street, creating the rhythmic effect of a fret. In short, this inflection of buildings and apartment layouts serves to compose the open spaces, from central plaza to residents' courtyard to public courtyard for general use.

This estate demonstrates the possibility of a strategy that combines the typological matrix and public occupation with the formation of urban spaces according to a hierarchy and an order of increasing significance. It also shows that the regulatory height can be intelligently subverted and that the formation of open spaces calls for more intensive ways of using the block of houses, but without neglecting the notion of the *mansana* or the idea of the built-up street. It also proves that the new morphology of the site can be as complex a guideline as that of any other part of the city, with the advantage of the project's synchronizing the main street with other streets and their passageways. On a different scale, the success of Felip II has been confirmed with the passage of time, as it has come to be one of principal streets of the Barcelona of the future. It has also demonstrated the housing estate's fundamental advantage over any other urban form, in the way the project can guarantee that the buildings and uses are in keeping with an urban idea without the hyperbolic mediation of zoning and ordinances.

It is worth looking in detail at this estate because there is no other in Barcelona so characteristic of a line of urbanistic thinking very much in vogue in central

sin embargo, alternan el patio de ventilación con el fregadero abierto a la calle, en forma de greca ritmada. En definitiva, un juego de inflexiones de la edificación y de las viviendas para componer los espacios abiertos desde la plaza central hacia el patio de vecinos, pasando por el patio de casas para uso público.

Este polígono demuestra la posibilidad de una estrategia que combina la matriz tipológica y la ocupación pública con la formación de espacios urbanos según una jerarquía y un orden de significado progresivamente mayor. También demuestra que la altura reguladora puede subvertirse con inteligencia. Que la formación de espacios libres obliga a formas más intensivas de empleo de la manzana de casas, pero sin menospreciar la idea de manzana o la idea de calle edificada. Demuestra, asimismo, que la nueva morfología del suelo puede ser una pauta tan compleja como la de cualquier otra parte de la ciudad, con la ventaja de sincronizar desde el proyecto la calle principal con las otras y con sus pasajes. A otra escala, el acierto de Felip II se ha confirmado con los años, al convertirse en una de las principales calles del futuro de Barcelona. Ha demostrado, pese a todo, la ventaja fundamental de los polígonos sobre cualquier otra forma urbana: garantizar, desde un proyecto, la complicidad de los edificios y de los usos, en una idea urbana sin las mediaciones hiperbólicas de la zonificación y de las ordenanzas.

Si es preciso detenerse en este polígono es porque Barcelona no tiene ningún otro caso tan característico de una línea de pensamiento urbanístico que fue sobradamente difundida en la Europa central, en la década de los años veinte. No es seguramente exagerado reconocer las influencias de la experiencia vienesa del período de entreguerras.

Europe in the 1920s. It is surely no exaggeration to see here the influence of Viennese experiments in the period between the wars.

At the opposite extreme from Felip II—its remote, mistreated shadow—is the Verdum estate. Though it retains some of the ideas much better represented in the former, such as the division into streets, the central plaza and a certain perimeter arrangement of the buildings, it also anticipates some of the most mediocre and invariable tics. This is a small estate (some 3 hectares), but very dense (302 homes per hectare). Despite the apparent articulation of the spaces, it unvaryingly repeats a single model, a four-storey building with one entrance and twelve very small apartments (less than 50 square metres each) to a floor, served by a single corridor. The block is positioned without any concern for its orientation, and the space is a jumble of assorted indecisions. The plaza is not a plaza but more like a parade ground. The perimeter development is an illusion, because the corners are not solid and the length of the façades is not continuous enough. The plan is poor and the buildings are low and laid out in such a way as to make the situation of many of the homes even less attractive.

The La Verneda estate (also from 1952) is entirely different. It occupies a very narrow rectangular site covering just six hectares, on the outskirts, and is not very dense (110 homes per hectare), though the size of the apartments and the height of the buildings are similar to Verdum. The space is also organized in terms of the repeated block, with a maximum concentration of up to twelve apartments per floor. One significant difference, however, is that these are ranged around a large resi-

En sus antípodas, la sombra lejana y maltratada sería el polígono de Verdum. Aunque mantiene alguna de las ideas que el anterior representaba mejor, como la partición en calles, la plaza central y una cierta disposición perimetral de los edificios, este polígono anticipa los tics invariantes más mediocres. Se trata de un polígono pequeño (unas 3 hectáreas) pero muy denso (302 viviendas/hectárea). A pesar de la aparente articulación de los espacios, se repite un único edificio modelo, de planta baja más tres pisos, que concentra doce viviendas por rellano (muy pequeñas, menos de 50 metros cuadrados), con un acceso único y pasadizo. El bloque se dispone sin criterio de orientación alguno. El espacio es un abigarramiento de indecisiones de todo tipo. La plaza no es plaza; tiene el aspecto de un patio de cuartel. Tampoco la edificación perimetral lo es, porque no hace sólidos los ángulos, ni la longitud de las fachadas es lo suficientemente continua; su trazado es misérrimo y los edificios, bajos y dispuestos de un modo que incluso hace conflictiva la situación de muchas de las viviendas.

Absolutamente diferente es el polígono de La Verneda (también de 1952), de condición periférica y emplazado en un rectángulo muy estrecho, que ocupa sólo unas 6 hectáreas de suelo. No se trata de un grupo muy denso (110 viviendas/hectárea). La dimensión de las viviendas y la altura de las construcciones es similar a Verdum. La organización del espacio consiste igualmente en el bloque repetido, con la máxima concentración de viviendas por planta (hasta 12). Una diferencia significativa es que se disponen en torno a un amplio patio de vecinos (6 metros) al que se accede desde un corredor perimetral. Los edificios tienen la misma orientación, con un ritmo longitudinal exacto y ligeramente inte-

dents' courtyard (6 metres) with access from a perimeter corridor. The buildings have the same orientation, and a precise longitudinal rhythm slightly broken at the geometric centre of the complex, where there is a plaza. The quincunx arrangement of the buildings gives an exact and less elemental sequence to the tightly proportioned open space. Two rectilinear walkways pass through buildings, courtyards and squares and suffice on their own to constitute the general structure of the open space.

The logic of La Verneda is impeccable, and is reflected in each of the spaces on the estate, none of which is gratuitous. The idea of rhythm its develops is as elemental as it is effective: the precedent of an idea of the global space characterized by a rhythmic micro-sequence of solids and voids, on the basis of a fundamental compositional theme that extends to all the estates. The principal characteristic is the order of the composition of finite elements itself, and not the circumstances of these. At the same time the idea of centre is less powerful or nonexistent, just as the idea of the street is also more fortuitous and the idea of large compositions of uses and forms is of very little relevance: the 'micro' composition is thus the real expression of identity here.

The clearest example of this idea is the Sud-oest del Besòs neighbourhood, from 1960, by the architects Subias, López Iñigo and Giráldez. With an area of 34.5 hectares (4,843 homes), the estate deploys two basic house types: the row of single-family units with gardens, and six- and twelve-storey linear blocks with two apartments per landing. The single-family rows in series of three and five form a larger rectangle. The homothetic combination of these

rrumpido en el centro geométrico del conjunto, donde se abre una plaza. La disposición alternada de los edificios, "al tresbolillo", da una secuencia exacta y menos elemental al espacio libre, de proporciones ajustadas. Dos pasos para peatones, rectilíneos, atraviesan casas, patios y plazas, de modo que constituyen la única y suficiente estructura general del espacio libre.

El polígono de La Verneda tiene una lógica impecable, que se refleja en cada uno de sus espacios, ninguno de ellos gratuito. Desarrolla una idea de ritmo que es tan elemental como eficaz. Es el precedente de una idea de espacio global, caracterizado por la microsucesión ritmada de llenos y vacíos, a partir de un tema elemental de composición que se extiende siempre a todos los polígonos. El orden propio en la composición de elementos finitos, y no sus circunstancias, es la principal característica. La idea de centro es, en cambio, menos potente o inexistente; como la idea de calle es también más accidental. Apenas relevante la idea de grandes composiciones de usos y de formas, el tema de composición *micro* es, pues, el verdadero argumento de identidad.

El ejemplo más claro de esta idea es el barrio del Sudoeste del Besòs, del año 1960, de los arquitectos Subías, López Iñigo y Giráldez. En una superficie de 34,5 hectáreas (4.843 viviendas) se desarrollan dos tipos básicos: unifamiliares en hilera, con jardín, y bloques lineales con dos viviendas por rellano, de seis y doce plantas. Las barras unifamiliares, en series de tres y de cinco, forman un rectángulo mayor. La combinación homotética de estos bloques, que libera, como es de rigor, todo el suelo no edificado, forma la otra agregación básica. Los dos rectángulos tipo mencionados (en grupos de dos es a uno) forman la unidad de la manzana con el circuito

blocks configures the other basic aggregation, while duly liberating all the un-built space. The two standard rectangles (in groups of two to one) form the *mansana* unit with the perimeter road circuit respecting the horizontal extension of the streets of the Eixample (though the estate is on Barcelona's municipal boundary, the influence of Cerdà's grid extends even here).

All of the clarity with which the elementary logic is set out is lost when the visual relationship of the uses between the blocks of housing is found to be gratuitous. A few singular blocks capriciously squander the potency of the previous order. The streets are treated with excessive indifference. The height of the blocks, stretched to twelve floors, is not the reflection of some higher order. In short, La Verneda achieved a more coherent complex, with better-articulated spaces and with fewer resources.

With a somewhat similar logic, the Bellvitge estate (1969) warrants specific attention. The largest housing estate in the whole metropolitan area of Barcelona, it covers 91.6 hectares, virtually a town in itself with a population of more than 50,000; laid out on flat land in the Llobregat delta, it was a good distance from any other urban environment when it was built. The most important access and the greatest visual impact is from Gran Via, where the long avenue that cuts through the middle of the estate begins. The basis of the design is a variable-length narrow block with two apartments per floor. The blocks maintain a rhythm of distances between the façades, all with the same south-facing orientation. Between each block is a single-storey, square-plan building for shops and other amenities, as well as a cul-de-sac car park. This is the

viario perimetral, que respeta la prolongación horizontal de los trazados del Eixample (a pesar de estar situado en el límite del término municipal de Barcelona, hasta aquí se extiende la influencia de la larga sombra de la malla de Cerdà).

Toda la claridad con que se plantea la lógica elemental se pierde al cerrar el argumento: la relación visual de los usos entre las manzanas de casas es gratuita. Algunos bloques singulares descabezan, caprichosamente, la potencia del orden anterior. Las calles se tratan con una excesiva indiferencia. La altura de los bloques, alargada hasta doce plantas, no es el reflejo de un orden mayor. En definitiva, con menos recursos, en La Verneda se había conseguido crear un conjunto de espacios más coherente y más articulado.

Merece una atención específica, por poseer una lógica similar, el polígono de Bellvitge (1969), el mayor de toda el área metropolitana de Barcelona (hasta 91,6 hectáreas): una auténtica ciudad donde viven más de 50.000 personas, situado en un terreno llano del delta del Llobregat y alejado, cuando nació, de cualquier entorno urbano. El acceso y el impacto visual más importante es desde la Gran Via, de donde arranca una gran avenida que atraviesa el barrio por la mitad. Se diseña sobre la base de un bloque estrecho, de dos viviendas por planta y de longitud variable. El bloque mantiene un ritmo de interdistancias entre las fachadas y según una misma orientación a mediodía. En cada interbloque se coloca un edificio de un piso y de base cuadrada, destinado a comercio y a otras actividades, además de un aparcamiento en callejón sin salida. Éste es el tema de composición, que se repite en series de dos, tres, cinco, seis y siete bloques, formando las unidades seriadas. El tema es más esquemático que los anteriores, pero a la vez muy claro. En cambio, la

compositional theme, repeated in sequences of two, three, five, six and seven blocks to form serial units. The theme here is more schematic than in the estates discussed above, yet is at the same time very clear. However, the blocks are too high: the side walls defy equilibrium and proportion, while the screen effect sublimates the compositional banality of the façade. The problems of general composition are more pronounced here, and no formal logic informs of the overall layout of the series. The relationships between these are fortuitous, resulting in total chaos in the large intersecting esplanades. The amenities are reduced to unconnected reserves of land. The length of the blocks, an extremely delicate topic in this language, is occasionally taken so far as to become capriciously cynical. The incorporation of 18-storey towers in contrast with the 14 floors of the blocks is an act of absolute innocuousness, almost provocative in an estate that surveys the sky over a cornice 40 metres high.

Bellvitge is not finished. Its present density of 140 homes per hectare, the same as the Sud-oest del Besòs neighbourhood, is the result of work being stopped when construction of the large central void was only half complete. It is thus one of the few estates in which the average density belies the over-exploitation of the perimeter in contrast with the vast empty central space. The common sense of the residents has checked the designers' temerity. Bellvitge is the paradigm of the mess that can result from a series of metric errors and unnecessary frivolity in the declension of a plausible idea. The worst thing about this estate is not the homes or the compositional idea of housing and local shops or the circulation schema. The worst

altura de los bloques es excesiva: su culminación desafía el equilibrio y las proporciones, mientras que el efecto pantalla sublima la banalidad compositiva de la fachada. Los problemas de composición general son aquí más acusados y no hay ninguna lógica formal que justifique la disposición conjunta de las series. Las relaciones entre ellas son casuales, lo que fomenta el caos más absoluto en las grandes explanadas de intersección. Los equipamientos se liquidan como reservas de suelo inconexas. La longitud de los bloques, una cuestión delicadísima en este lenguaje, denota, a veces, un caprichoso cinismo. Al incorporar torres de 18 plantas, frente a las 14 de los bloques, se demuestra su absoluta inocuidad; casi provocativa, en un polígono que escudriña el cielo más allá de una cornisa a 40 metros de altura.

Bellvitge no se ha terminado. Las 140 viviendas/hectárea actuales, la misma densidad que la del barrio del Sudoeste del Besòs, se explican por la paralización de las obras, a mitad de camino de la construcción del gran agujero central. Por eso es uno de los pocos polígonos en que la densidad media esconde la sobreexplotación del perímetro, en contraste con un gran descampado central. El sentido común de los vecinos ha congelado la temeridad de quien lo inició. Bellvitge es el paradigma de la magnitud que puede tomar la suma de errores métricos y de la frivolidad innecesaria en la declinación de una idea plausible. Lo peor del polígono no son las viviendas ni la idea de composición de residencia y comercio local, ni el diagrama de circulación. Lo peor empieza con la definición volumétrica del edificio y contamina todas las decisiones anecdóticas, que no corresponden a ninguna otra razón de proyecto que no sean una variedad mal entendida y el pintoresquismo de la escala gigante.

thing begins with the volumetric definition of the building and continues with all the incidental decisions made for no design reason whatsoever beyond a misconceived attempt at variety and picturesqueness on a vast scale.

Every possible vision of urban ordering as a translation of ideas and spatial relationships, however minimal, is reduced to nothing in the Sant Ildefons estate (1960), half the area of Bellvitge, which personifies the absolute banality of the residential group in which linear blocks predominate. There are no criteria behind the orientation or the distances between the blocks, the road layout or the basic services for the residents. All the open spaces are literally dismissed as residual, without form or hierarchy.

The paradigm of the other major urbanistic approach is Montbau (1960). The emphasis here is on the formation of a neighbourhood with a representational shopping centre and various residential units and urban parks organized round it. The estate, slightly larger in area than the Habitatges del Congrés project (19.2 hectares), is by the same architects who designed the Sud-oest del Besòs neighbourhood; it was reformed shortly after completion, though the basic layout was retained. The estate lies on the last foothills of the Collserola range and looks out onto Passeig de la Vall d'Hebron. This avenue was due to become the city's Ronda de Dalt ring road and one of the main arterial traffic routes. An extensive park was created on the basis of a system of laminar plazas articulated by blocks that define the neighbourhood's civic centre and shopping area. Further up a series of lower blocks is set out like terraces on the edges. A large park separates these from another group of L-shaped buildings arranged in such a way as to

Toda posible visión de la ordenación urbana como la traducción de ideas y de relaciones espaciales, aunque sean mínimas, se reduce a nada en el polígono de Sant Ildefons (1960). Con la mitad de superficie que el de Bellvitge, personifica la banalidad absoluta del grupo residencial con predominio de bloques lineales. Ni la orientación, ni las interdistancias, ni el orden viario, ni los servicios elementales para la residencia responden a ningún criterio. Todos los espacios libres se contabilizan literalmente como residuales, sin forma ni jerarquía.

El paradigma de la otra gran línea urbanística lo constituye Montbau (1960). Aquí el énfasis se pone en la formación de un barrio con un centro comercial y representativo, respecto del que se organizan varias unidades residenciales y parques urbanos. En una superficie un poco mayor que la de las Viviendas del Congreso Eucarístico (19,2 hectáreas) y proyectado por los mismos arquitectos que el barrio del Sudoeste del Besòs, fue reformado poco después, aunque manteniendo la disposición básica. Está situado sobre las últimas estribaciones de la sierra de Collserola y frente al paseo de la Vall d'Hebron. Este paseo se convertiría con los años en la ronda de Dalt de la ciudad, es decir, en una de las principales arterias de tránsito rodado. Se creaba, así, un gran parque, a modo de basamento de un sistema de plazas laminadas, articuladas con bloques que concentraban el centro cívico y comercial del barrio. Más arriba, otros bloques de menor altura se disponen como bancales en los márgenes. Un gran parque los separa de otro grupo de edificios en forma de L, que organiza unas plazas que hacen las veces de patio. Montbau, en definitiva, se compone de tres tipos de edificios, que forman subunidades separadas por partes y de composición diferente, según una lógica de accesos y topográfica. Está claro que

form squares that serve as a courtyard. Montbau is made up of three types of buildings, which form sub-units that are separated into parts with different compositions, with a logic of accesses and topography. This estate has also derived certain clear advantages and disadvantages from the lack of any cadastral basis. It is equally clear that the hillside, a large hospital and the expressway have given it the unmistakable character of an enclave. Yet it is also true that it manages as few estates do to create urban conditions for working-class housing: a hierarchy of uses for the spaces; a volumetric diversity and characterization; the formation of very large areas; adaptation to the landscape and, last but not least, an exceptional dignity in the architectural project and the execution.

La Guineueta has the same density, an area that is only a little larger (22.7 hectares) and a similar number of homes, yet it is a very different kind of housing estate. The land on which it stands is far more suited to urbanization than the Montbau site, and it has numerous access roads. Nevertheless, the project is abysmally grey. The disorder is surprising from any viewpoint: the road layout defies explanation; the blocks and towers succeed one another without any criterion beyond a general orientation toward the south and an attempt at a monumental expression on the perimeter. Whereas Sant Ildefons is exasperating in its confusion of linear blocks, La Guineueta is an extreme case of cacophonic variety. Few projects are so insipid, few spaces have been so irredeemably abused, and yet few estates have started off with such a favourable situation. It could be said that the Ciutat Meridiana project is at least more contrasted.

este polígono también tiene ventajas e inconvenientes, derivados de la falta de apoyo catastral. Es evidente, también, que la montaña, un gran hospital y una vía rápida le han dado un inconfundible carácter de enclave. Pero también es cierto que consigue, como pocos, crear condiciones urbanas para la vivienda obrera: una jerarquía de usos para los espacios, una diversidad y caracterización volumétrica, la formación de ámbitos de gran envergadura, la adaptación al paisaje y, convendría añadir, una dignidad de proyecto arquitectónico y de ejecución infrecuente.

Con la misma densidad, en una superficie no muy superior (22,7 hectáreas) y con un número de viviendas parecido, el polígono de la Guineueta es un exponente muy diferente. El terreno donde se coloca es bastante más apto para la urbanización que Montbau, mientras que sus accesos son múltiples. El proyecto, en cambio, está dominado por un abismal tono gris. Sorprende su desorden desde cualquier punto de vista: el trazado viario no tiene ninguna explicación, los bloques y las torres se suceden sin ningún otro criterio que una cierta orientación a mediodía y una pretendida expresión monumental en el perímetro del polígono. Si Sant Ildefons es la exasperación del desbarajuste con bloques lineales, la Guineueta es un caso límite de la variedad cacofónica. Pocos proyectos son tan insípidos, pocos espacios han quedado tan definitivamente maltratados y, sin embargo, pocos polígonos han gozado de una situación de partida tan favorable. Ciutat Meridiana (1964) se ha convertido en una imagen prototípica de los pecados de la Administración de los años del estallido económico. A pesar de que tiene todos los ingredientes para ello, se podría afirmar que es, por lo menos, más contrastado: colocado encima de una pronunciada pendiente de los contra-

Ciutat Meridiana (1964) has become the archetypal image of the sins of the authorities during the years of the economic boom. It has all the ingredients: it is positioned on one of the steep spurs that form the Montcada pass, and works its way from the bottom of a hollow up to the crest with impressive overlapping cuboids that are visible from many hundreds of metres away. Access is absolutely umbilical from the motorways entering and leaving Barcelona. The estate's extreme position means it is irreversibly segregated. The open spaces are a series of pits, while the streets suggest a clandestine second-home development. It may be for this very reason that the blocks are precisely positioned, and the view from many of the apartments is like the view from a skyscraper. For this reason, too, all the activity of the estate is concentrated at the foot of the valley on a residential and service platform that is indisputably less inhospitable than the centre of most estates.

This review of a number of housing estates illustrates the most characteristic debate about urban spaces. If we were to look at each of the fifty different operations, we would find that each has its own characteristic physiognomy: perhaps the location, the area and the standard relationships, the topography or the nature and position of the buildings. That said, the reading and interpretation presented here give a schematic yet precise picture of the whole.

But this chapter would be incomplete without a consideration of the estates in the eastern sector. By the middle of the 1950s, the Eixample occupied the plain between the old city and the former villages. This plain was bounded to the east by the railway tracks, roughly where Plaça de les Glòries now stands. The Cerdà Plan had continued only

fuertes que cierran el paso de Montcada, se alinea desde el fondo de una hondonada hasta la sierra con unos impresionantes paralelepípedos engarzados y visibles a centenares de metros de distancia. El acceso es absolutamente umbilical, desde las autopistas de entrada a Barcelona. Tiene una posición extrema que está irreversiblemente segregada. Los espacios libres suman una cantidad inmensa de socavones; las calles parecen las de una urbanización de segunda residencia clandestina. Quizá precisamente por ello, la posición de los bloques es muy precisa y la vista desde muchas viviendas podría ser la de un rascacielos. Por ello, también, el fondo del valle condensa toda la actividad del polígono en una plataforma de residencia y de servicios seguramente menos inhóspita que la de los centros de la mayoría de los polígonos.

Este recorrido a través de algunos polígonos ilustra la discusión más característica de los espacios urbanos. Si se repasara cada una de las cincuenta operaciones diferentes, encontraríamos una fisonomía característica: bien sea por su posición, por su superficie y las relaciones estándar, por la topografía o por el carácter y la disposición de los edificios. Con todo, la lectura y la interpretación que hemos avanzado son una pintura esquemática, pero bastante exacta del conjunto.

No obstante, este episodio estaría incompleto sin los polígonos del sector de levante. El Eixample, hacia mediados de los años cincuenta, ocupaba el llano existente entre la ciudad antigua y los antiguos pueblos. Este llano limitaba a levante con los trazados del ferrocarril, sobre lo que hoy es aproximadamente la plaza de Les Glòries. El trazado Cerdà sólo había continuado en el antiguo término municipal de Sant Martí de Provençals, por la zona del Bogatell y de Pere IV.

as far as the old municipality of Sant Martí de Provençals, by way of Bogatell and Pere IV. The Besòs delta was still a wedge of irrigated farmland. The Gran Via we know today as the great horizontal line that crosses the city from the Llobregat to the Besòs, just thirty years ago came to a dead stop in Plaça de les Glòries. Despite the tremendous potential accessibility of the whole area, the barrier constituted by the railway had kept the zone empty.

Occupation of the sector began rather timidly in 1950 with a small estate for the Obra Sindical del Hogar by J. A. Pareda that was in fact a project for three blocks of the Eixample, with dense buildings and an internal organization in the form of passages.

The trigger for all these transformations was the opening of Carrer de Guipúscoa—in fact an extension of Carrer d'Aragó—as far as the Besòs in 1957. It was completed much later with the opening of Gran Via (1970), now in the form of a sunken motorway. Within a few years small estates were built in this area (around 15 hectares), both public-sector and private. These had multiple perimeters, but fitted in with the grid of the Eixample, unlike many others with less formal boundaries. The progressive consolidation of this sector is characterized by the juxtaposition of operations. Toward the mid-1960s, the road and services network was laid, thus standardizing the entire sector. There are no major difficulties in the linkage here, thanks to the respect for the Cerdà grid. In the 1970s, all the land was filled, industrial premises were remodelled, the screen of buildings fronting Gran Via was built, as was Carrer de Prim (the former Horta gully), and the oldest buildings began to be replaced. The most

El delta del Besòs era una cuña de suelo agrícola de regadío. El trazo de la Gran Via que conocemos como la gran horizontal que atraviesa rectilíneamente la ciudad, del Llobregat al Besòs, hasta hace sólo treinta años moría en la plaza de Les Glòries. A pesar de la alta accesibilidad potencial de toda aquella área, la barrera ferroviaria había prolongado la situación vacante hasta entonces.

La ocupación del sector se inicia tímidamente en el año 1950, con un pequeño polígono para la Obra Sindical del Hogar (de J. A. Pareda) que, en realidad, era un proyecto para tres manzanas del Eixample, densificadas y con un uso interior en forma de pasajes.

El desencadenante de todas las transformaciones fue la apertura en 1957 de la calle de Guipúscoa —que es, de hecho, la prolongación de la calle de Aragó— hasta el Besòs. Se completa mucho más tarde con la apertura de la Gran Via (1970), pero ya en forma de autopista deprimida. En esta zona se construyen, en pocos años, pequeños polígonos de iniciativa pública (en torno a las 15 hectáreas) y operaciones privadas, de perímetros múltiples, pero encajados en la cuadrícula del Eixample, a diferencia de tantos otros con límites más informales. La progresiva consolidación de este sector se caracteriza, pues, por la yuxtaposición de operaciones. Hacia mediados de los años sesenta se construyó la red viaria y de servicios que homogeneizaría todo el sector. El acoplamiento no presenta grandes dificultades, gracias a que se respeta la malla de Cerdà. A partir de los años setenta se colmató todo el suelo, se remodelaron industrias, se construyó el muro pantalla de edificios que presentan fachada a la Gran Via, además de la calle de Prim (el antiguo torrente de Horta), y se inició la sustitución de los edificios más antiguos.

interesting aspect of this urban landscape today is not just the mosaic of original estates but the predominance of the layout ordered by the form of the public space. The road network governs the free arrangement of the blocks at the scale of the grid. Despite having the unmistakable canonical features of the housing estate, there is an order in this sector that goes beyond the basic combination of buildings. The paradox is that the estates with most initial vigour (such as Sud-oest del Besòs and Bellvitge) present an overall general chaos. In contrast, in the sector of Carrer de Guipúscoa, the initial disorder is ultimately controlled by the structure of the circulatory street, which is fundamentally the structure of the Eixample.

In this way the occupation of the eastern sector represents a position half way between the idea of an estate, understood as an independent residential unit, and the urge to extend the city's Eixample to the Besòs.

Its strategic location has allowed it to be given internal and external accessibility and connectivity, undoubtedly contributing to the in-depth transformation of the sector and its social links with inter-class activities, and its integration into the mechanisms of the big city.

It would be an exaggeration, however, to focus solely on the issue of location to explain the problems of the housing estates. What we have attempted to show here is that their internal composition, the aspirations of the projects themselves and their successes and failures in the concept of the space are also vital considerations.

In the plan of the city of Barcelona, the housing estates are relatively fragmented, disjointed patches of land that only take on overall significance for the city

Hoy, lo más interesante de este paisaje urbano no es sólo el mosaico de los polígonos originarios, sino la dominancia del trazado ordenado con la forma del espacio público. La malla viaria controla la libre disposición de los bloques, a la escala de la cuadrícula. Aun presentando los rasgos canónicos e inconfundibles de los polígonos, en este sector se goza de un orden por encima de la combinación elemental de edificios. La paradoja es que los polígonos con más vigor inicial (como los barrios del Sudoeste del Besòs o de Bellvitge) presentan un caos conjunto. En cambio, en el mencionado sector de la calle de Guipúscoa, el desorden inicial se controla en última instancia mediante la estructura de calle circulatoria, que es fundamentalmente la estructura del Eixample.

Así es como la ocupación del sector de levante representa una posición a mitad de camino entre la idea de polígono, entendido como unidad residencial autónoma, y la voluntad de extender el Eixample de la ciudad hasta el río Besòs.

La localización estratégica ha permitido proporcionarle accesibilidad y conectividad interna y externa, que han ayudado sin duda a la transformación íntima del sector y a unirlo socialmente con actividades interclasistas, y a su integración en los mecanismos de la gran ciudad.

Sería exagerado, sin embargo, fijarse sólo en cuestiones de posición para explicar los problemas de los polígonos. Hemos intentado demostrar que también es una cuestión primordial la composición interior y las pretensiones mismas de los proyectos, así como sus aciertos y errores respecto a la idea de espacio.

Sobre la planta de la ciudad de Barcelona, los polígonos representan unas manchas de suelo discontinuas bastante desmenuzadas, que sólo en su conjunto tienen un sentido

when regarded as a whole. A number of estates overlaid on small municipalities, such as Cornellà, Sant Ildefons, L'Hospitalet, Bellvitge, Barberà and Badia, have become towns in their own right. Others are enclaves, among them the Habitatges del Congrés estate and the Urbanización Meridiana. The rest, the immense majority, announce a larger city. The eastern sector, as we have seen, is the most genuinely Barcelonan expression of this interweaving of the form of the city and the form of its estates. The reminder of the need for a change of general focus in public housing as a means of making the city, and not just a response to a shortfall in the property market, is still valid today. Housing and urbanism are not separate issues but complementary aspects of the same need and the same collective undertaking.

It would be a mistake to dismiss this episode, because it is a definitive mark on the surface of the city. Undoubtedly, despite all that is said to the contrary, its poor image is the fault not of the urban project but of bad, sad, repetitive, boring architecture. Above all, bad management of the public space and wretched urbanization have led to a prejudice against open urbanization, the 'block city', that blinds us to its possible virtues. The city of workers cannot easily be disguised. The progressive enhancement and enrichment of the urban spaces in many of these neighbourhoods shows that a better urbanity is possible, in the schematic city of rationalist blocks.

general para la ciudad. Algunos polígonos, colocados sobre pequeños municipios (Cornellà, Sant Ildefons, L'Hospitalet de Llobregat, Bellvitge, Barberà, Badia), pueden considerarse auténticas ciudades en sí mismos. Otros son enclaves (las Viviendas del Congreso Eucarístico, la Urbanización Meridiana). El resto, la inmensa mayoría, son el anuncio de una ciudad más grande. El sector de levante, como ya hemos visto, es la expresión más genuinamente barcelonesa de esta imbricación entre la forma de la ciudad y la forma de sus polígonos. La alerta respecto de la necesidad de un nuevo enfoque general de la vivienda pública como material para hacer ciudad, y no sólo en respuesta al déficit del mercado inmobiliario, mantiene siempre su actualidad. Vivienda y urbanismo no son temas diferentes, sino caras complementarias de una misma necesidad y de un mismo proyecto colectivo.

No hay derecho a pasar la página de este episodio, porque es una huella indeleble sobre la piel de la ciudad. Seguramente, y contra lo que suele decirse, su mala imagen es culpa de la mala arquitectura, triste, repetitiva y aburrida, más que del proyecto urbano. Sobre todo, una mala gestión del espacio público y una miserable urbanización han creado un prejuicio contra el urbanismo abierto, contra la ciudad "de bloques", que esconde sus posibles virtudes. La ciudad de los trabajadores no se disimula fácilmente. La progresiva ordenación y enriquecimiento de los espacios urbanos demuestra, en muchos de estos barrios, que una urbanidad mejor es posible, en la ciudad esquemática de los bloques racionalistas.

245. Aerial view of
the Congrés Eucarístic
housing project.

246. Housing project
in Bellvitge,
L'Hospitalet de Llobregat,
1968.

247, 248. Aerial views
of Montbau.

245. Vista aérea de
las viviendas del
Congreso Eucarístico.

246. Polígono de
viviendas de Bellvitge,
en L'Hospitalet
de Llobregat (1968).

247, 248. Vistas aéreas
de Montbau.

249. The Meridiana housing project at the junction of Avinguda Meridiana and Carrer de Felip II.

250. Ordering of the Meridiana housing, 1945.

251. The first freestanding blocks. La Verneda (1952). Transverse passages.

252. The first freestanding blocks. La Verneda (1952). Plan.

253. The 'Cases del Governador' in the Verdum housing project.

249. Las viviendas Meridiana, en el cruce con la calle de Felip II.

250. Ordenación de las viviendas Meridiana (1945).

251. Los primeros bloques aislados. Pasajes transversales. La Verneda (1952).

252. Los primeros bloques aislados. La Verneda (1952). Planta de ordenación.

253. Las casas del Gobernador, en el polígono de Verdum.

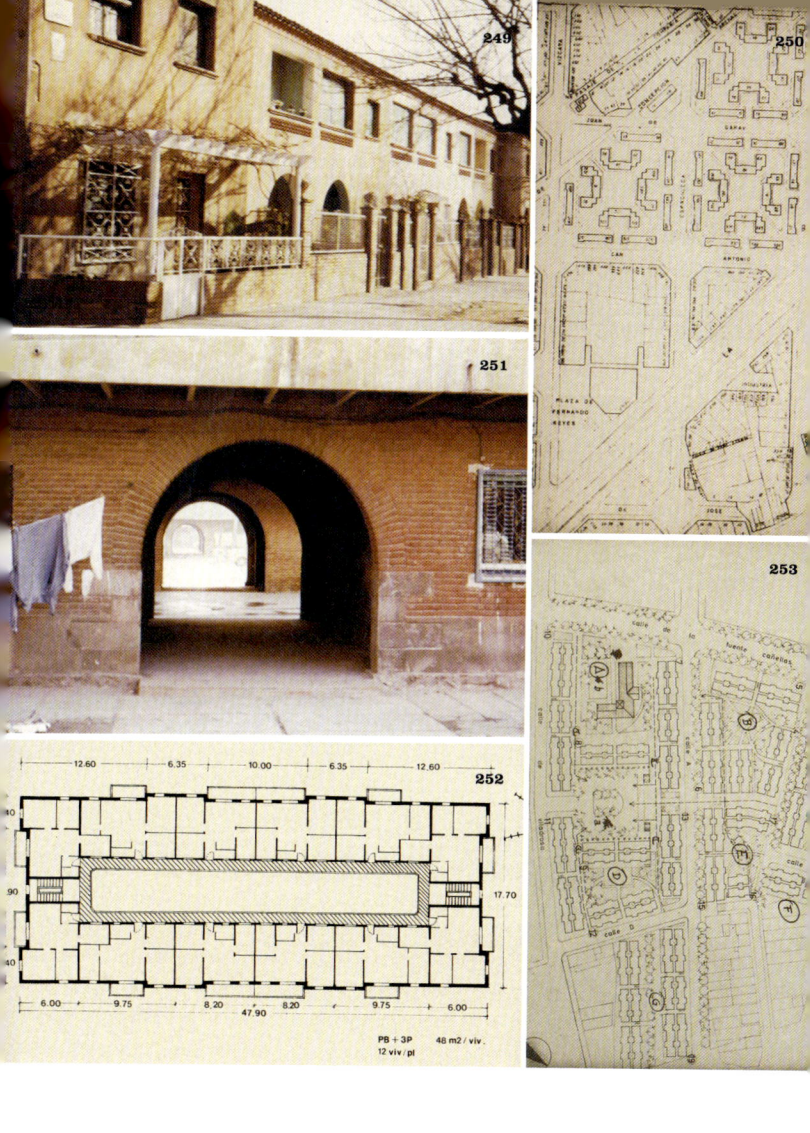

249

250

251

252

12.60   6.35   10.00   6.35   12.60

17.70

6.00   9.75   8.20   8.20   9.75   6.00
47.90

PB + 3P   48 m2 / viv .
12 viv / pl

253

254

255

256

257

258. Example of a housing project structured in relation to a main axis: La Verneda.

259. System of open spaces in the Sud-oest del Besòs housing estate.

260. The Sud-oest del Besòs housing project, 1960.

261. View of a square in the early 1980s.

262. The autonomous construction of the project in relation to the city. Ortho-photograph.

263. The Sector de Llevant at an early stage of construction (1957).

264. Scheme of the Sector de Llevant at a more advanced stage of construction (1970).

265. Plan of the ordering of the Sud-oest del Besòs estate (partial plan of 1960).

258. Ejemplo de polígono de viviendas estructuradas respecto de un eje principal: La Verneda.

259. Sistema de espacios abiertos en el polígono del Sudoeste del Besòs.

260. El polígono de viviendas del Sudoeste del Besòs (1960).

261. Vista de una plaza a principios de los años ochenta.

262. La construcción autónoma del polígono respecto de la ciudad. Ortofotografía.

263. El denominado "sector de levante", en la fase inicial de edificación (1957).

264. Esquema del sector de levante en una fase más avanzada de construcción (1970).

265. Plano de ordenación del polígono del Sudoeste del Besòs (plan parcial de 1960).

258

259

260

261

262

263

264

265

266. Multi-family block of 120 flats in Montbau.

267. Habitatges del Congrés Eucarístic housing.

268. Ground plan of the Congrés Eucarístic housing project, 1953.

269. Ground plan of the Montbau project, 1960.

270. Aerial photograph of the Sant Ildefons housing estate in the early 1960s.

271. Ground plan of Bellvitge housing project, 1968.

266. Bloque plurifamiliar de 120 viviendas en Montbau.

267. Grupo de viviendas del Congreso Eucarístico.

268. Planta de ordenación de las viviendas del Congreso Eucarístico (1953).

269. Planta de ordenación del polígono de Montbau (1960).

270. Fotografía aérea del polígono de viviendas de Sant Ildefons, a principios de los años sesenta.

271. Planta de ordenación del polígono de viviendas de Bellvitge (1968).

MOTORWAYS AND TUNNELS
expanding metropolis
or metropolitan indecision?

10 AUTOPISTAS Y TÚNELES
¿metrópoli expansiva o indecisión metropolitana?

The notion of the metropolis in its current sense dates from the early years of the 20th century, when the great cities of Europe and America overflowed the bounds of their modern scale and, assuming far richer degrees of internal complexity, spread across the territory in imprecise forms of occupation. The modern industrial city had already been established with a much higher level of complexity than the old nuclear city. With the appearance of new forms of industry, of mass housing, of road transport and commerce, the city of the industrial era evolved into a diversified organism with clearly differentiated parts, a considerable size and a contradictory image. History and literature tell us of the disorder and confusion, the squalor and the grandeur of the great industrial conurbations of the late 19th century, the urban centres of Britain and northern France, New York and Chicago.

But none of these cities was as yet a metropolis. Historic capitals such as Paris and Berlin were growing at a dramatic rate, constantly adding new neighbourhoods and streets to the grand framework of monumental avenues and the new public services introduced by the modern reforms. The more sweeping these reforms had been, the better able the city was to absorb new growth—and disorder and chaos as well—while conserving the central city as the

L a noción de *metrópoli* aparece al comienzo del siglo XX, cuando las grandes ciudades europeas y americanas desbordan los límites de su dimensión moderna y, adquiriendo grados de complejidad interna mucho más ricos, se dispersan por el territorio en formas de ocupación imprecisas. La ciudad industrial moderna ya estaba establecida con una complejidad mucho más alta que la vieja ciudad nuclear. La aparición de nuevas formas de la industria, de la vivienda masiva, de la vialidad y del comercio hacían de las ciudades de la época industrial unos organismos ya diversificados en unas partes muy diferentes entre ellas, de dimensiones considerables y con una imagen contradictoria. La literatura y la historiografía nos hablan del desorden y la confusión, de la miseria y de la grandeza de las principales concentraciones industriales de finales del siglo XIX, en los centros urbanos del Reino Unido, del norte de Francia, de Nueva York o de Chicago.

Pero eso no era la metrópoli todavía. Capitales históricas, como París o Berlín, crecían a un ritmo galopante, multiplicando los barrios y las calles, que se aferraban a la gran armadura de avenidas monumentales y de nuevos servicios públicos que las reformas modernas habían introducido. Cuanto más potentes habían sido dichas reformas, más capaz resultaba la ciudad de absorber nuevos crecimientos, y también el desorden y el caos, guardando la referencia de

reference. The boulevards of Paris and the axis between the Brandenburg Gate and the Tiergarten in Berlin were initiatives operations that structured the new scale of the great city. However, the change of scale maintained and reinforced the linkage of central structure to the original historic nucleus and organized the suburbs in radial orders of concentration, more or less imperfect but always grounded in a unitary idea of the central city and, by negation, the periphery or suburbs.

The metropolis can be glimpsed precisely when the central city explodes, when growth is so extensive and varied that the very idea of a single urban system dissolves. *Die Auflösung der Städte* (*The Dissolution of the City*) is the title of Bruno Taut's 1920 study of the future of the metropolis. There is a kind of negative expectation in prophesying the historical end of the age of cities and addressing a much more confused territorial order, in which the laws of centrality that had governed the urban form—from the smallest nuclei to the largest capitals— were becoming increasingly ineffective. Meanwhile, the multiplication of movements meant that the space was inhabited in every direction, with activities separating out in an ever-changing mix of building types, and expanding populations, while the space became less of a referent in social relations. The city's internal differences thus came to be presented as phenomena of segregation rather than of hierarchy in the space.

Fritz Lang and Sant'Elia, Dos Passos and Béla Bartók gave expression to the nascent metropolis in which the alienation of the solitary individual, torn between anguish and desire, was the inevitable condition; the same condition to

la ciudad central. Los bulevares de París o el eje berlinés de Brandemburgo y el Tiergarten eran operaciones que estructuraban la nueva escala de la gran ciudad. El cambio de escala, sin embargo, mantiene y refuerza la estructura central vinculada al núcleo histórico de origen y organiza las extensiones según unos órdenes radiales de concentración, más o menos imperfectos, pero siempre referidos a una idea unitaria de ciudad central y, por negación, de periferia o extrarradio.

La metrópoli se adivina, precisamente, cuando la ciudad central estalla, cuando el crecimiento es tan extenso y tan variado que ya la idea misma de un sistema urbano único se diluye. *Die Auflösung der Städte* (*La disolución de las ciudades*) es el título que Bruno Taut da en 1920 a su opúsculo sobre el futuro de las metrópolis. Hay algo de ilusión negativa en el hecho de profetizar el final histórico de la época de las ciudades y enfrentarse a un orden territorial mucho más confuso, donde las leyes de la centralidad que gobernaban la forma urbana —desde los núcleos más pequeños hasta las grandes capitales— se van diluyendo. En cambio, la multiplicación de los movimientos implica un espacio habitado en todas direcciones; las actividades se desencajan, en una mezcla de tipos de edificación siempre cambiantes, y las poblaciones crecen, mientras que el espacio pierde fuerza de referencia en las relaciones sociales. Y, así, las diferencias internas de la ciudad se presentan progresivamente más como hechos de segregación que no de jerarquía espacial.

Fritz Lang y Sant'Elia, Dos Passos y Béla Bartók dieron expresión a la naciente metrópoli donde la alienación del individuo, perdido entre la angustia y el deseo, era condición inevitable. La misma condición que, como sujeto social,

which, in terms of the social subject, Durkheim, Simmel and Freud gave scientific expression. Their insights, and those of many others, were echoed in the specific proposals of the de-urbanists and the Soviet Constructivists, in Hilbersheimer's models of repetitive urbanization and in Hugh Ferriss's 1936 sketches envisioning the skyscrapers of Manhattan. This was very different from the functionalist reduction of the big city of the CIAM and the Athens Charter, with its general-ized zoning, its separation of transit and its 'neighbourhood units' as rational structures of the new city.

But the cultural myth of the metropolis was soon to be redirected toward the technocratic need to control urban growth. The metropolis, the latest mythic form of urban culture, went from being something substantive to being an adjective of approximate phenomena or functions: we talk about metropolitan areas, metropolitan railways, met-ropolitan government; we have the Metropolitan Opera, the Metropolitan Museum and the Metropolitan University. All of these questions—of area, government, institutions—are contradictions of the idea of the metropolis and are instead an exalting onto the grand scale of the traditional idea of the closed city with clearly established hierarchical func-tions and boundaries.

In Barcelona, support for the metropolis has from the outset been mixed up with the pure and simple expan-sion of the city. The bid to turn this north-western region of the Mediterranean into a metropolis has always been identified with 'Greater Barcelona', the 'Metropolitan Area of Barcelona' and, most recently, the 'Metropolitan Author-ity': versions that have progressively shifted away from the decentralizing and heterogeneous condition of the

Durkheim, Simmel y el mismo Freud explicaron en términos científicos. Estos creadores, y muchos otros, resonarán aún en las propuestas específicas de los desurbanistas y los constructivistas soviéticos, en los modelos de urbanización repetitiva de Hilberseimer y en los dibujos de Hugh Ferris para los rascacielos de Manhattan, en 1936. Una línea muy diferente de la reducción funcionalista que de la gran ciudad hicieron luego los CIAMs y la Carta de Atenas, generalizando la zonificación, la separación de tránsitos y las "unidades vecinales" como estructuras racionales de la ciudad nueva.

No obstante, el mito cultural de la metrópoli pronto fue reconducido hacia las necesidades tecnocráticas de control del crecimiento urbano. La imagen de la metrópoli, última forma mítica de la cultura urbana, pasa de ser sustancia a adjetivo de hechos o funciones aproximadas: se habla de áreas *metropolitanas*, ferrocarriles *metropolitanos*, gobierno *metropolitano*; o bien tenemos la *Metropolitan Ópera*, el *Metropolitan Museum* o la *Universidad Metropolitana*... Cuestiones todas ellas —área, gobierno, instituciones— contradictorias con la idea de metrópoli y, en cambio, propias de una exaltación a gran escala de la tradicional idea de ciudad cerrada, con funciones y límites bien establecidos y jerárquicos.

En Barcelona, la apuesta por la metrópoli es, desde el comienzo, confundida con la extensión pura y simple de la ciudad. La voluntad de hacer una metrópoli de esta región noroccidental del Mediterráneo se identifica siempre con la "Gran Barcelona", el "Área Metropolitana de Barcelona", y, finalmente, con la "Corporación Metropolitana": unas versiones que progresivamente se alejan de la condición descentralizadora y heterogénea de la idea de metrópoli. La terminología metropolitana, por el contrario, parece más utilizada para

idea of the metropolis. Metropolitan terminology seems, in contrast, to be used to justify policies and strategies that repeat the habitual urban expansion on a larger scale rather than to embrace a radical transformation of the historical concept of the city.

However, we are not writing a historical account of intentions for Barcelona but an explanation of the principal actions in its construction as a contemporary city. And in this regard the key step that fractured the classic Barcelona, ushering in a metropolitan functioning of the territory and definitively marking the form of the city, was the construction of the access motorways between 1958 and 1978. No other phenomenon has so affected the metropolitan form of Barcelona as the presence of this specialized and repeated major road system, which radically altered the proportions of and the distances between stretches of built fabric, the location of activities and old centralities. The experience of the territory is now defined by the frequency and velocity of movement and the predominance of the car.

The first expressway to be constructed was out to El Maresme. From Plaça de les Glòries it traverses the entire eastern Eixample to Sant Martí and above and behind the coastal towns of Badalona, Montgat, El Masnou, Premià and Vilassar de Mar. Routed at mid height above sea level, it forms an axis that also serves the nuclei higher up the coastal range, as well as Tiana, Alella, Cabrera and Argentona, all the way to Mataró.

Doubts as to how to cross Mataró and difficulties in continuing the subsequent stretch to Blanes—the lack of suitable land between the hills and the sea, and towns such

justificar políticas o estrategias que repitan, a mayor escala, la extensión urbana habitual, que para admitir una radical transformación del concepto histórico de ciudad.

Pero no estamos haciendo una historia de las intenciones sobre Barcelona, sino la explicación de las principales actuaciones para construirse como ciudad contemporánea. Y, en este sentido, el paso fundamental que rompió la Barcelona clásica, iniciando un funcionamiento metropolitano del territorio y marcando de manera definitiva la forma de la ciudad, fue la construcción de las autopistas de acceso, entre los años 1958 y 1978. Ningún otro hecho marca tanto la forma metropolitana de Barcelona como la presencia de la gran vialidad especializada y repetida, que cambia radicalmente las proporciones y las distancias entre tejidos construidos, localización de actividades y viejas centralidades. La frecuencia y la velocidad de los movimientos, junto al predominio del automóvil, son ahora lo que define la experiencia del territorio.

La primera autopista que se construyó fue la de salida hacia el Maresme, que arranca de la plaza de Les Glòries y atraviesa todo el levante del Eixample, en Sant Martí, y enlaza, por sus espaldas, las poblaciones costeras de Badalona, Montgat, El Masnou, Premià de Mar y Vilassar de Mar. Trazada a media vertiente, formaba un eje de acceso que servía también a los núcleos superiores de la orografía, además de Tiana, Alella, Cabrera y Argentona, hasta Mataró.

Las dudas sobre cómo atravesar Mataró y las dificultades de continuar el tramo siguiente hasta Blanes, al no quedar ya espacio llano entre las montañas y el mar, y con poblaciones como Caldetes, Arenys de Mar o Sant Pol encajonadas en los torrentes, detuvieron unos años el proyecto en el Bajo

as Caldetes, Arenys de Mar and Sant Pol occupying the gullies—brought the project to a halt in El Baix Maresme for a number of years. From the very outset, however, it had a profound impact on the functioning of the whole *comarca* in facilitating daily commuting, second homes and weekend outings; the territory entered into a dispersed and expansive system of relationships in which the number of potential locations multiplied and the laws on localization and the spatial hierarchy itself became far less rigid.

Generalized access blurred the whole boundary of this side of the central city and opened up for moderate development a large territory provided with primary services, an established broad ownership base, excellent topographical orientation and climate, a long history of population and a landscape of great environmental quality.

Since then, the entire area of El Maresme as far as La Tordera has taken on an increasingly varied and dynamic character, perhaps the most representative of a metropolitan space in Barcelona. The frequency of journeys of all kinds, the diversity of occupation and use and the variety of buildings and settlements, all within a relatively low overall density and reasonably dispersed in the landscape, visually discontinuous but tightly linked in terms of functional and economic relations, with high-value crops, centres of tourism and residential neighbourhoods of all kinds, configure a spatial complexity that classic urbanistic principles would oppose, but which undoubtedly represents real progress toward the higher form of the metropolis.

The El Maresme motorway, designed by a French engineering company, was built between 1961 and 1964. The developers granted the concession proposed an initial toll

Maresme. Pero, ya desde un primer momento, la incidencia sobre el funcionamiento de toda la comarca fue trascendental. Al favorecer los viajes diarios, la segunda residencia y el esparcimiento del fin de semana, el territorio entró en un sistema de relaciones disperso y expansivo, donde las ofertas de emplazamiento se multiplicaban y donde se hacían mucho menos rígidas tanto las leyes de localización como la jerarquía espacial en sí misma.

El acceso generalizado borraba cualquier frontera de la ciudad central hacia este lado y lo abría a un amplio territorio urbanizable suavemente, dotado de servicios primarios, de propiedad ya repartida, de una orientación topográfica y un microclima excelentes, y con un poblamiento histórico y un paisaje de una gran calidad ambiental.

Desde entonces, todo el Maresme hasta la Tordera ha adquirido un carácter variado y dinámico, quizá el más representativo de un espacio metropolitano. La frecuencia de movimientos de todo tipo, la diversidad de empleo y de uso, la variedad de edificaciones y de asentamientos, todo ello en una densidad global bastante baja y con una cierta dispersión paisajística, discontinua en el aspecto visual, pero muy trabada en sus relaciones funcionales y económicas, con cultivos de lujo, con centros turísticos y barrios residenciales de todo tipo, configuran una complejidad espacial que el clásico control urbanístico quisiera combatir, pero que representa, seguramente, un progreso real hacia la forma superior de la metrópoli.

La autopista del Maresme se construyó entre 1961 y 1964, según el proyecto de una empresa de ingeniería francesa y promovida por una concesionaria que propuso unas tarifas iniciales de seis pesetas por kilómetro, con el compromiso de reversión al Estado al cabo de treinta años. Describe un

of 6 pesetas per kilometre and undertook to hand the motorway over to the state in 30 years. The route is attractive in places thanks to the sweeping panoramic views, but in topographical detail the course it takes is far from perfect. The engineers were concerned to maintain an intermediate height above sea level, and the route is neither sufficiently adapted to the contours of the terrain—it might have given a much more intense impression of the landscape and a far greater visual variety—nor radical enough, in that a decisive cut with a form of its own would have made the orography intelligible precisely because of its sections. Instead, it took an ambiguous route, a compromise between embankments and levelled areas, which certainly kept down the cost of construction but blurred both the form of the territory and the form of the road itself. The exits are chaotic in situation yet poorly visible from the motorway, and this contributes to the sense that places are easily accessible, with no fixed points or dominant hierarchies.

Where the El Maresme motorway has been most definitive is in the eastern sector of the city of Barcelona itself, where a stretch of Gran Via more than two kilometres long was built between Plaça de les Glòries and the Besòs River. This is arguably one of the best roads constructed in Barcelona or even in the whole of Spain during the 20th century. The buried slope at the 2.8 metre level maintains a course along its entire length 4.10 metres below the level of the Eixample. There are overpasses every three blocks to allow perpendicular streets to cross, effectively channelling circulation and breaking up the longitudinal image of the road. This was a major project, with the parallel service roads all along it defined as streets with their own

itinerario vistoso en algunos puntos por la amplitud panorámica del lugar; sin embargo, en cuanto al detalle topográfico es de trazado bastante imperfecto. Preocupado por mantenerse en una cota intermedia, ni está suficientemente adaptado a las ondulaciones planimétricas del terreno —lo que hubiera introducido un sentimiento de paisaje mucho más intenso y una variedad de visuales más amplia— ni es tampoco lo bastante radical como, por ejemplo, un corte decidido con forma propia, que hiciera inteligible la orografía precisamente a través de sus secciones. Se construyó, en cambio, un trazado ambiguo, un compromiso entre terraplenes y desmontes, que a buen seguro hacía económica la obra, pero desdibujaba la forma del territorio y también la forma misma de la carretera. Los nudos de salida, aun siendo desordenados allí donde se sitúan, son casi imperceptibles desde la autopista, cuestión que proporciona una sensación de fácil acceso a los sitios, sin puntos fijos ni jerarquías dominantes.

Allí donde la autopista del Maresme ha sido más definitiva es en el sector de levante de la ciudad de Barcelona propiamente dicha, donde se construyó el tramo de más de dos kilómetros de la Gran Via, entre la plaza de Les Glòries y el río Besòs. Esta vía era quizá una de las piezas ejemplares de vialidad mejor construida de Barcelona, e incluso de toda España, en el siglo XX. La vertiente soterrada a la cota 2,80 se mantiene, en toda su longitud, a 4,10 metros bajo el nivel del Eixample y deja pasar las calles transversales cada tres manzanas, mediante puentes a nivel que, al mismo tiempo, canalizan la circulación y fraccionan la imagen longitudinal de la vía. Es una obra importante, con viales de servicio paralelos en todo el recorrido, definidos como calles, con aceras y perfiles propios para recibir las fachadas de las casas. Éstas

pavements and profiles for the façades of the residential buildings. The regulatory height of these is proportioned to the scale of the avenue and the volumetric sense of the road space is thus comprehensible and potent, and even has a certain grandeur as an exit and entrance for the central city and metropolitan area. 'Where Gran Via measures a hundred metres', to quote the advertising for the terminal buildings, a new bridge over the Besòs marks the intersection with the river valley as it descends toward the sea, its hogback evidencing the strategic importance of this geographical position.

Part of this stretch of road has recently been covered with lateral balconies with spectacular overhangs and acoustic barriers—very successful, it must be said—to satisfy local residents' demand for privacy. In addition to the privilege of a façade on a unique scale with exceptional panoramic views, the residents have been given a more domestic and backwards condition, paid for from the public purse. The introversion of the neighbourhood, the great disappointment of urban management policies, seems to have triumphed over the metropolitan rationale, undermining one of Barcelona's truly modern episodes.

Above Badalona, the A-6 road (now the C-31) follows the course of the road that the *comarca* planners had marked down for a city bypass. In the *Pla Comarcal*, Barcelona's Gran Via was to extend in a straight line to the heart of Dalt Vila in Badalona and was the only urban axis. Unfortunately, from the Besòs on, the road was obliged to deviate from the line of Gran Via to bypass Badalona, thus breaking up the central vertebral axis of the urban Barcelonès; beyond this point, Gran Via is used discon-

se regulan a una altura proporcionada a las dimensiones de la avenida, y el sentido volumétrico del espacio viario resulta comprensible y potente, incluso con una cierta grandiosidad, como salida (o entrada) desde la ciudad central al territorio metropolitano. Allá "donde la Gran Via tiene cien metros", como anunciaba el eslógan publicitario de los edificios terminales, un nuevo puente sobre el Besòs marca la encrucijada con el valle descendiente del río, haciendo patente, a modo de columna vertebral, la importancia estratégica de esta posición geográfica.

Últimamente se ha procedido a la cobertura parcial de este tramo viario, con balcones laterales de voladizos espectaculares y defensas acústicas —muy acertadas, por cierto— para pacificar a un vecindario que reivindicaba privacidad. Además del privilegio de una fachada con una escala y una panorámica únicas, se le ha dado, a costa del presupuesto común, una condición más doméstica y más retrógrada. La introversión de barrio, el gran engaño de la política urbana gestionaria, parece triunfar sobre la racionalidad metropolitana, menospreciando uno de los episodios verdaderamente modernos de Barcelona.

Ya sobre Badalona, la A-6 (la actual C-31) aprovecha el trazo de la variante que el planeamiento comarcal había reservado como circunvalación de la ciudad. En el Plan Comarcal, la Gran Via barcelonesa se prolongaba rectilínea hasta el corazón mismo del barrio antiguo de Dalt Vila, de Badalona, como un único eje urbano. Lamentablemente, deja de lado el trazo de la Gran Via de Barcelona, por obligada exigencia de circunvalación a partir del Besòs; pero descomponiendo así la espina central del Barcelonès urbano: la Gran Via, a partir de aquí, es utilizada por el tránsito de manera discon-

tinuously. In the Eixample, the volume of traffic prompted the dramatic decision to make it one-way toward the east, routing traffic in the other direction along Carrer d'Aragó, thereby turning it into an overloaded and unwelcoming through road. In effect, then, the motorways have transformed the streets of Barcelona, producing changes that have definitively marked the urban form:

1. The Gran Via axis

Gran Via is Barcelona's main trunk road between the Castelldefels expressway and the El Maresme motorway and follows the coastal orientation that the city's geographical history of the city has recognized in a number of works and projects. However, as a one-way thoroughfare, it sacrifices its multifaceted urban role in favour of the functionality of traffic flows. What is more, beyond the two rivers, in crossing Badalona on one side and El Prat de Llobregat on the other, it has failed to maintain its geometry and thus to uphold the earlier idea of a rectilinear metropolitan axis on the grand scale, articulating the *comarca* from Sant Boi to Montgat.

The recent extension of the rectilinear, horizontal Gran Via through L'Hospitalet de Llobregat is another indication of this urbanistic weakness: it has ended up 'almost' straight and 'almost' flat. With its potent tunnels and viaducts, the line it consolidates is sinusoidal not only in plan but also—and even worse—in elevation, to the detriment of visibility and of its image as an urban avenue, split up to allow traffic to circulate in different directions but nevertheless incapable of making the intersections with other infrastructure an element with an urban quality and instead merely dissimulating them as obstacles to be overcome and forgotten.

tinua. En el Eixample, la intensidad de los flujos llevará a la dramática opción de especializar la dirección única hacia levante, mientras que la circulación descendiente se canaliza por la calle de Aragó y la convierte, a su vez, en un tronco circulatorio exagerado e inhóspito. Efectivamente, la apertura de las autopistas produce la transformación interna de las calles de Barcelona, con unos cambios que marcan definitivamente la forma urbana:

1. El eje de la Gran Via

Entre la autovía de Castelldefels y la autopista del Maresme, se convierte en el tronco principal de la ciudad, de acuerdo con el sentido litoral que la historia geográfica de la ciudad ha reconocido, con diferentes obras y proyectos. Pero al hacerlo de dirección única, este eje pierde su polifacético sentido urbano para reforzar sólo la funcionalidad circulatoria. Además, más allá de los dos ríos, para atravesar Badalona, por un lado, y El Prat de Llobregat, por otro, ya no ha sido capaz de mantener su geometría ni de reivindicar la idea antes prevista de un eje metropolitano rectilíneo de gran escala, vertebrador comarcal desde Sant Boi hasta Montgat.

La reciente travesía de L'Hospitalet de Llobregat también es una muestra de dicha debilidad urbanística. La Gran Via, rectilínea y horizontal, se ha ejecutado como "casi" recta y "casi" plana. Con potentes túneles y viaductos, consolida un trazado sinusoide en planta y, lo que es peor, también en perfil, que niega la visibilidad y la imagen de avenida urbana, descompuesta para las circulaciones separadas, pero tampoco capaz de convertir las travesías de otras infraestructuras en un elemento de urbanidad, tan sólo disimulándolas como obstáculos que hay que evitar.

2. Avinguda Diagonal

With the construction of the El Penedès motorway (on the left bank of the Llobregat), this avenue has been reinforced as a western entrance to and exit from the city. Here, too, the extension of the road has strayed from the geometry of the urban layout, which could have continued to Sant Just Desvern, as envisaged in 1953, to become a compromise distorted by its subservience to local traffic. The chance to organize a major metropolitan entrance, as Avinguda Diagonal itself anticipated, was squandered when the route was adapted to suit the interests of Ciutat Diagonal and Esplugues. At present, there is a need above all to take advantage of the excellent panorama of the straight stretch from the river to Sant Feliu de Llobregat and Sant Joan Despí; with its constant slope and breadth of views, this would be an axis with a strong urbanistic personality and present a clear image as an entrance to the future *comarcal* city. The duplication of motorways over the Llobregat further exaggerates the confusion of routes that have failed to exploit the clarity of a beautiful topography as a guide to urban structure.

At the other end of Diagonal, doubts about Plaça de les Glòries have made it the black spot in the road structure in Barcelona. In traffic terms, it is contradictory; in urbanistic terms, it is dreadful. Only a clear resolve to prioritize Diagonal on its way out to the eastern edge of the Cerdà grid, recognizing its role as the internal backbone of the Barcelona plain, will make it possible to rethink Plaça de les Glòries. Traffic and city, symbolic and functional space and *comarcal* territory and urban fabric need to be integrated at this level of response. If these options are

2. La Diagonal

Con la construcción de la autopista del Penedès (en la margen izquierda del Llobregat), se refuerza como entrada y salida de la ciudad hacia el oeste. Igualmente, su prolongación pierde aquí la geometría del trazo urbano, que hubiera podido continuar hasta Sant Just Desvern, tal como aún en 1953 estaba previsto, y se convierte, en cambio, en un trazo distorsionado de compromiso circulatorio. La posibilidad de organizar una entrada metropolitana importante, tal como la misma Diagonal anticipaba, se perdió al adaptarse a los intereses de los propietarios de la Ciutat Diagonal y de Esplugues. Hoy habría que aprovechar, sobre todo, la excelente panorámica de la recta que discurre desde el río Llobregat hasta Sant Feliu y Sant Joan Despí, la cual, con su pendiente constante y la amplitud de las visuales, podría ser un eje de fuerte personalidad urbanística, como una clara imagen de entrada de la futura ciudad comarcal. La duplicación de autopistas sobre el Llobregat exagera aún más la confusión de unos trazados que no han sabido potenciar la claridad de una topografía preciosa como guión de estructura urbana.

Al otro extremo de la Diagonal, las dudas sobre la plaza de Les Glòries la convierten en el punto más oscuro de la estructura viaria de Barcelona. Circulatoriamente es contradictoria y urbanísticamente es miserable. Sólo una clara opción de priorizar decididamente la Diagonal en su travesía hasta el extremo oriental del trazado de Cerdà, que le reconociera su papel de espinazo interno del llano de Barcelona, permitiría repensar la plaza de Les Glòries. Circulación y ciudad, espacio simbólico y funcionamiento, territorio comarcal y trama urbana, necesitan su integración en este nivel de respuesta,

not addressed, any metropolitan intention will be a mere confounding of terms.

Indecision still plagues Plaça de les Glòries. As if there were a curse hanging over Cerdà's ingenuous proposal—the one that most contradicts the internal logic of his Plan—circulation and centrality are locked in mortal combat rather than helping one another. Extending Diagonal to the sea demands a proper resolution of the conflict of Plaça de les Glòries. The primacy of Avinguda Diagonal, as the main structure of Barcelona, is the only principle capable of achieving this.

3. Avinguda Meridiana

We need only recall what we have learned about the old tracks and paths to understand that in terms of the form of Barcelona, Avinguda Meridiana and Avinguda del Paral·lel are side spurs that skew the orthogonal layout of the urban fabric in order to make it more accessible. Cerdà and Jaussely, like the Junta engineers, the army officers of the 18th century and the Roman centurions before them, were clearly aware of this. However, the El Vallès motorways have introduced a dramatic contradiction. For many years, as a rent in the urban fabric, a hard construction without pavements or trees, frustrating contact between one side and the other, its footbridges marking a dismally designed landscape, Meridiana has been a symbol of the most injurious road engineering that can befall a city. It has also shown itself to be a mistake as a traffic structure in concentrating in the Montcada pass all of the traffic from to and from France and the Costa Brava, Vic and the Ter axis, and the whole of El Vallès (Mollet, Granollers, Sabadell, Terrassa and Manresa and the Cadí Tunnel beyond).

ya que, si no se afrontan estas opciones, cualquier intención metropolitana resulta una pura confusión de términos.

La indecisión sobre la plaza de Les Glòries continúa. Como si una maldición planeara sobre aquella propuesta ingenua de Cerdà —la más contradictoria con la lógica interna de su plan—, circulación y centralidad se pelean a muerte, en vez de ayudarse mutuamente. Prolongar la Diagonal hasta el mar reclama absolutamente resolver bien el conflicto de la plaza de Les Glòries. Y es la primacía de la Diagonal, como estructura principal de Barcelona, el único principio que puede hacerlo.

3. La Meridiana

Hay suficiente con volver a la lección de los antiguos caminos para entender lo que la Meridiana y el Paral.lel representan en la forma de Barcelona: contrafuertes laterales que sesgan la ortogonalidad del tejido para hacerlo más accesible. Cerdà y Jaussely, como antes los ingenieros de la Junta, los militares del siglo XVIII o los centuriones romanos, lo tuvieron muy claro. Pero las autopistas del Vallès han significado una contradicción dramática. Durante muchos años, como corte en el tejido urbano y con una construcción dura, sin aceras ni árboles, sin contacto posible entre los dos lados que separa, con pasarelas elevadas que han marcado un paisaje de tétrico diseño, la Meridiana se convirtió en el símbolo de la ingeniería viaria más nociva que puede caer sobre una ciudad. Pero, por otro lado, como estructura circulatoria se demuestra equivocada, al concentrar sobre el cuello de Montcada todo el tránsito de Francia y de la Costa Brava, de Vic y el eje del Ter, y de todo el Vallès (Mollet, Granollers, Sabadell, Terrassa y, luego, Manresa y el túnel del Cadí).

This redundancy is to be explained not by the geographical logic of the Besòs valley but by the excessively simplistic routing of the motorways: by abusing the privileges of 'big fish' over 'little fish', these have monopolized all the most viable routes without any attempt to afford more diffuse access to and from the interior city and the territory beyond.

4. The Ronda ring roads

In 1985, we said: 'Of these [ring roads], the second is the most important and the one that will take the longest to be built. This is the one that would have given the city of Barcelona a model of relaxed growth, without the umbilical tension of the centre marking the new activities so strongly. Above all, it would have made possible the appearance of new centres at distances more logical and plausible than the envisaged leap to El Vallès, and in a splendid topographical position as well, with a commanding view of the old city. In any case, it would have created a longitudinal style of circulation in that it would have connected directly with the Vallès and Penedès motorways. The second ring road (the Ronda de Dalt) would thus have exercised the functions of through transit and local distribution, like the third (the B-30) but more central; and, at the same time, the functions of a tangential road and internal interchange, like the first, but further out and thus more effective, an inter-municipal road from one river to the other, longitudinal rather than circumferential.

'A second ring road with an urban sense would have opened up a major stream of traffic between the valleys, diverting into Barcelona the Roman road of the interior El Vallès-El Penedès corridor, bringing it to the city, acknowl-

No es la lógica geográfica del valle del Besòs la que justifica esta redundancia, sino el excesivo simplismo en la disposición de las autopistas, las cuales, abusando del poder del "pez gordo sobre el pequeño", han agotado los pasos más evidentes, sin atenerse, en cambio, a una difusión de los accesos, respecto de la ciudad interior y respecto del territorio foráneo.

4. Los cinturones (las rondas)

Decíamos en 1985: "De todos, el más importante sería el segundo, y es el que tarda más en hacerse. Es el que hubiera dado a la ciudad de Barcelona un modelo de crecimiento relajado, sin la tensión umbilical del centro marcando tan fuertemente las nuevas actividades. Sobre todo, la aparición de nuevos centros hubiera sido posible a unas distancias más lógicas y verosímiles que el pretendido salto al Vallès y también en una posición topográfica espléndida de dominio visual sobre la ciudad originaria. En todo caso, hubiera creado un estilo de circulación longitudinal, en la medida en que se habría conectado directamente con las acometidas de las autopistas del Vallès y del Penedès. El Segundo cinturón (la ronda de Dalt) podría cubrir, así, la función de paso y de distribución, a la manera del tercero (la B-30), pero más central. Y, al mismo tiempo, las funciones de tangencial y de intercambio interno, a la manera del primero, pero más separado y, por lo tanto, más potente, intermunicipal de río a río, longitudinal y no circunferencial".

"Un Segundo cinturón con sentido urbano hubiera abierto un río de circulación entre los valles, desviando sobre la ciudad de Barcelona la vía romana del corredor interior Vallès-Penedès. Acercándolo a la ciudad, reconociendo su

edging its geographical importance and, at the same time, creating an upper lip and a boundary that could constitute a new urban element of the first magnitude. A large parkway halfway up the hillside would be an urban element such as few cities can boast, in which the panoramic advantages of the cornice position would be added to those of an undisputed territorial backbone, the geometrical locus of new activities and an effective hinge between city and territory.'

The first ring road, the Ronda del Mig, is the most unfortunate of all on account of its forms and its fracturing of the urban fabric it cuts through. Compromises in its routing have rendered its geometry grotesque, while the buildings that appeared alongside it are examples of speculation of no interest for the city and turn their backs on its neighbourhoods. The interchanges are either too tight and narrow, such as Carles III, or exaggerated, such as Plaça de Cerdà and Plaça de Lesseps.

There have been attempts to defend it as deriving from Jaussely's project, but such arguments only betray a lack of understanding, because the major links designed by Jaussely were avenues of interchange between the different nuclei on the outskirts of the city and were concerned precisely with linking the neighbourhoods together, creating symbolic focal points and exploiting traffic circulation for the benefit of the urban aesthetic. They were never conceived as direct, inconvenient or insensitive, or divorced from the parts of the city through which they passed.

Having begun with the first of the ring roads effectively distorted their orientation and, to a great extent, the entire modern road system vis-à-vis the metropolis. The errors in the routing weighed down on the structure, while

importancia geográfica y, al mismo tiempo, creando un labio superior y un límite que se podía constituir en un nuevo elemento urbanístico de primera magnitud. Una gran *parkway* a media vertiente sería un elemento urbano que pocas ciudades poseen, donde las virtudes panorámicas de la posición de cornisa se unirían a las de espina territorial indiscutible, lugar geométrico de nuevas actividades y bisagra adecuada entre ciudad y territorio."

El Primer cinturón, la ronda del Mig (del medio), es, en cambio, de todas las piezas la más desdichada, por sus formas y por la ruptura de las tramas urbanas que atraviesa. Los compromisos de trazado han hecho grotesca su geometría, mientras que las edificaciones nacidas en sus bordes son ejemplos de especulación sin interés por la ciudad y de espaldas a sus barrios. Los puntos de traspaso, demasiado justos y estrechos, como la avenida de Carles III, o bien exagerados, como la plaza de Cerdà o también la plaza de Lesseps.

Alguien quiere defenderlo, a veces, como derivado del proyecto de Jaussely. Un argumento que no demuestra más que incultura, ya que los grandes enlaces proyectados por Jaussely eran avenidas de intercambio entre los diferentes núcleos periféricos de la ciudad, preocupados justamente por la conexión interna de los barrios entre ellos, de crear puntos focales simbólicos y de aprovechar la circulación para una estética urbana. Nunca pensados como vía directa, incómoda, insensible o desvinculada de las partes de la ciudad por donde pasa.

El hecho de haber empezado por el primero de los cinturones equivocó el sentido de estas vías y, en gran parte, de toda la vialidad moderna de cara a la metrópoli. Los errores

the fragmentary execution could absorb only unevenly the pressure generated by the traffic itself, which in turn created problem areas as a result of its own incoherence.

Had the greater importance for metropolitan growth of the second ring road been understood from the outset —rather than stubbornly insisting on the Ronda Litoral and the Ronda del Mig, which, given their functions and the character of the areas they serve, have to satisfy a very diverse set of conditions—it would have been easier to perceive the arterial networks as parts of the complex territory they were designed to serve, and easier to have avoided seeing them as a homogeneous artefact coherent only with itself (which it cannot be, in any case, being always—by definition—unfinished).

The German theorists who 'invented' the ring road as a transit model for the *Gross-Stadt* in the early 20th-century were already familiar with the fine detail that the Access Plan for Barcelona seems so crassly to have ignored. Eberstadt and Baumeister talked at the time of the critical distances between ring roads and the centre and the need to avoid their being too close, and thus redundant, or too far out and thus underused. The delicate hybrid function of easing congestion while at the same time feeding traffic in calls for a fine sense of location: if this is lacking, more cars will be fed in to the centre when the aim is to get them out; to put it another way, the ring roads prove useless at distributing points of entry and exit that avoid the radial fronts. It is absurd to treat six accesses to Barcelona on the basis of concentric rings, and errors of scale have further exacerbated the defects of the form by establishing distances smaller than those required by the size of the metropolitan city.

de trazado se acumularon sobre la estructura y, al mismo tiempo, la gestión fragmentaria sólo sirvió para responder a trozos a las presiones del mismo tránsito, que iba creando puntos problemáticos, por su misma incoherencia.

Haber entendido, de entrada, la importancia superior que tiene el Segundo cinturón para el crecimiento metropolitano, en lugar de haber insistido tozudamente en la ronda Litoral y en el Primer cinturón, que, por sus funciones y por el carácter de las áreas que sirven, deben reunir condiciones muy diversas, hubiera contribuido a tratar las redes arteriales como las partes de un territorio complejo al que deben servir. Y a no verlas, en cambio, como un artefacto homogéneo y coherente sólo con él mismo (lo que resulta imposible, ya que, por definición, siempre se encuentra a medio hacer).

Los teóricos alemanes de principios del siglo XX que "inventaron" los cinturones viarios como modelo de tránsito para la *Gross-Stadt* ya conocían los matices que el Plan de Accesos a Barcelona parece groseramente haber descuidado. Eberstadt y Baumeister hablaban entonces de las distancias críticas a las que deben colocarse los anillos circunvalatorios respecto del centro, para que no resulten redundantes, por demasiado próximos, o desaprovechados, por demasiado exteriores. La delicada función híbrida de descongestionar y alimentar, al mismo tiempo, exige una finura locacional sin la que, queriendo quitar coches del centro, aún se llevan más, o bien, de otro modo, los cinturones resultarán inútiles como repartidores de entradas y salidas que eviten los frentes radiales. Ante el absurdo de tratar seis accesos a Barcelona según anillos concéntricos, el error de las dimensiones todavía ha empeorado más los defectos de la forma, al establecer unas distancias inferiores a las que la dimensión de la ciudad metropolitana demanda.

The Ronda del Mig, the first ring road, is too internal and too closed; it could soon reproduce the strangulation of the central fabric already found in some German and North America cities that adopted a similar approach. The second ring road should have replaced the first, but positioned a little closer in and better connected to the central area. And the third should not have hugged the upper slopes, instead configuring a genuine Vallès axis and thus escaping the conceptual shortcomings of the scheme put forward by the engineers of the 1960s.

The project for the Barcelona Arterial Network, drawn up by the MOPU in 1961, fully but uncritically incorporated into the Metropolitan Area Master Plan, was a missed opportunity to give 'metropolitan' Barcelona a more modern structure. The evidence of its conceptual errors may one day be erased by the force of events and no-one will then ponder over the alternatives that might have been. Even so, its effects will forever mark the forms of internal circulation in the central area of the metropolis, while deformed routes, gouged out of the built fabric of the city, will end up fashioning an image that will never be a source of satisfaction for the people of Barcelona, still less a good example for others.

The reasoning behind the ring roads built for the 1992 Olympic Games is still valid, perhaps even more so. We now call them *rondes* (ring roads) in Catalan, as opposed to *cinturons* (beltways), stressing an annular terminology that bears little relation to the function they ought to fulfil: the 'Ronda Litoral', a coastal ring road that merges with the Llobregat axes; the upper 'Ronda de Dalt', an outer ring road that in spite of everything links Sant Boi to Montgat,

El Primer cinturón (la ronda del Mig) es demasiado interno y acotado; en poco tiempo podría reproducir los efectos de estrangulamiento del tejido central que algunas ciudades alemanas y norteamericanas ya han mostrado al ser tratadas de esta manera. El Segundo cinturón debería haber sustituido al primero, en una posición un poco más próxima y conexa al área central. Y el Tercero, para convertirse en el auténtico eje del Vallès y perder así la cicatería conceptual del esquema planteado por los ingenieros de los años sesenta, no debería haberse adosado tanto a la vertiente norte de la montaña.

El proyecto de *Red Arterial de Barcelona*, redactado por el MOPU en 1961 e incorporado con creces, pero sin sentido crítico, al Plan Director del Área Metropolitana, fue una ocasión malograda para haber dado una estructura más moderna a la "Barcelona metrópoli". Las señales de sus errores de concepto quizá serán borradas un día por la fuerza de los hechos y nadie pensará ya en las alternativas fallidas. Pero, en todo caso, sus efectos sí están marcando, para siempre, las formas de la circulación interna en el área central de la metrópoli; y unos trazados deformes, excavados en el cuerpo construido de la ciudad, acaban construyendo una imagen que nunca será motivo de satisfacción para los barceloneses, ni mucho menos buen ejemplo para los forasteros.

Después de construidos los cinturones para los Juegos Olímpicos de 1992, el razonamiento continúa siendo válido. Incluso reforzado. Ahora decimos *rondas*, insistiendo en una terminología anular que encaja mal con su función deseable: una "ronda Litoral" que se mezcla con los ejes del Llobregat; una "ronda de Dalt" que, efectivamente, enlaza, a pesar de todo, con sus patas desde Sant Boi hasta Montgat, con

acting more as a through road than a ring; and the 'Ronda del Mig', a middle ring road that begins as an arc in the west, from Zona Franca to Sant Gervasi, only to lose its circularity as it branches out from Guinardó. The intersections with the vertical axes are tangled knots where land is wasted. At the Llobregat, the Ronda de Dalt's meeting with the Llobregat motorways and the Ronda Litoral is a prime example of confusion and redundancy. The Ronda del Mig does not tie up well with Via Augusta, which connects with the Vallvidrera tunnel, and has for years suffered from frustrated projects at Plaça de Lesseps. A direct extension of the coastal ring road to El Maresme would have given Gran Via a much-needed urban continuity with the Badalona expansion area and avoided the strange right-angled garrotte formed by the present Ronda Litoral as it turns away from the seafront of Diagonal Mar and the Forum, in along the Besòs and round the back of the La Mina neighbourhood. The singular solution of the Forum project, which incorporates waste water treatment plants and power stations in an evanescent termination of Avinguda Diagonal, partly dissimulates these difficulties but is unable to escape from a road layout that seems to want to enclose within a single central municipality the entire metropolitan road structure whose layout, designed in 1961, reflects a total unawareness of the potential of a major road system as a structural form of an extensive metropolitan fabric.

This is not to deny, however, the advantages and merits of the completion of the ring roads. The enthusiasm of the people of Barcelona, after waiting 60 years for state investment in large-scale infrastructure, has been fully justified. This was a difficult undertaking, whose realization

un papel de vía travesera más que de anillo, y una "ronda del Mig" que empieza con forma circular a poniente, desde la Zona Franca hasta Sant Gervasi, y que se pierde, luego, ramificada, a partir del Guinardó. Las intersecciones con los ejes verticales se han convertido en ocasiones de abigarramiento y de dispendio de suelo. En el Llobregat, el enlace de la ronda de Dalt con las autopistas del Llobregat y la ronda Litoral es una exhibición de confusión y de redundancia. Tampoco la ronda del Mig se entiende muy bien con la Via Augusta, que emboca hacia el túnel de Vallvidrera, y Lesseps hace años que vive proyectos frustrados. Un prolongamiento directo del cinturón litoral hacia el Maresme hubiera permitido la continuidad urbana de la Gran Via sobre el ensanche de Badalona, tan necesaria, y evitar el extraño garrote en ángulo recto que forma la actual ronda Litoral, al girar desde el frente marítimo constituido por Diagonal Mar y por el Fòrum hacia el interior, a lo largo del lateral del Besòs, por detrás del barrio de La Mina. La singular solución del proyecto del Fòrum, incorporando depuradoras y centrales en un final evanescente por la avenida Diagonal, disimula en parte estas dificultades, pero sin poder escapar a un esquema viario que parece querer encerrar dentro de un solo municipio, el central, toda la estructura viaria metropolitana, con unos trazados de 1961 que ignoran por completo lo que puede llegar a ser la gran vialidad como forma estructural de un gran tejido metropolitano.

Nada de eso niega las ventajas y los méritos de la realización de las rondas. La ilusión de los barceloneses por comprobar una inversión estatal en una infraestructura de gran escala, que hacía sesenta años que no llegaba, ha sido plenamente justificada. Era, además, una obra difícil, que

has benefited from inspired design, and the execution of some stretches is an example for the whole of Europe. But this cannot conceal the limited vision of the initial layout which, like the surrounding municipalist smallholdings, will inevitably inhibit the functioning of the *comarca* and the region in the future.

5. The tunnels

The initial speculative venture proposed three sets of tunnels: Vallvidrera, Central and Horta. Before long the ideas of the private developers embraced technocratic fantasy and, in a public exhibition in 1963, the Barcelona 82 scheme detailed the lines of the galleries and their high-capacity trunk roads that would join up the arterial traffic network. The axes through Collserola were to be vital channels feeding a new 'Eixample' in El Vallès, a project bolstered by ideological references to the illustrious precedent of Ildefons Cerdà, a model of drive and creative foresight.

The expansion in the El Vallès area was, then, anything but metropolitan. It was conceived with a colonial vision, as conquest and appropriation, and any concern for the local autonomy of the existing nuclei would have been as out of place as the attempt to hide a venture driven by narrow commercial logic behind the terminology of a grand project.

Of the three tunnels considered, the most advantageous for the city was the Horta tunnel. In the drafting of the Master Plan for the metropolitan area the discussion of these options reflected many of the major differences of opinion within the management committee. In response to a grandiloquent vision that was prudent to

se ejecutó con grandes aciertos de diseño, con soluciones parciales ejemplares para toda Europa. Pero no puede ocultar la cerrada visión del trazado de partida que, tanto como el minifundio municipalista envolvente, deben marcar de manera fundamental limitaciones para el funcionamiento comarcal y regional del futuro.

5. Los túneles

Nacidos de una iniciativa de origen especulativo, los túneles propuestos fueron tres: el de Vallvidrera, el Central y el de Horta. Pronto las ideas de la empresa promotora se reunieron con la fantasía tecnocrática, y el esquema "Barcelona 82" concretaba, en la exposición pública del año 1963, los trazados de las galerías que, con carácter de autovías de gran capacidad, se integraban en la red arterial. Los ejes a través de Collserola debían ser los flujos vitales para alimentar un nuevo "Eixample" en el Vallès, que se defendía con ideológicas referencias al precedente de Ildefons Cerdà, modelo de empuje y de anticipación creadora.

El ensanche del Vallès adquiría, así, otro valor que no era metropolitano. Era entendido con una visión colonial de conquista y de apropiación; y tan ridículo resultaba reivindicar la autonomía local de los núcleos preexistentes como pretender esconder bajo una terminología de grandiosidad proyectiva lo que caminaba con la lógica comercial de mucho más cortos vuelos.

De los tres túneles estudiados, el más ventajoso para la ciudad era el de Horta. Ya en la elaboración del Plan Director del Área metropolitana, la discusión de estas opciones resumía muchas de las grandes divergencias en el interior del equipo director. Ante una visión grandilocuente y previsora

excess ('no care we take for the future can be too great') but ultimately defeatist in the face of certain economic forces, other more strategic positions called for the operations to be assessed on the grounds of feasibility or their impact on the urban structure.

The Horta Tunnel was the shortest and the easiest, and also had an effect on the central city by way of an evident and relatively clear axis with a capacity for new ordering: the Horta gully, which was in direct contact with all of the entire eastern sector of the Eixample. In El Vallès it linked the proposed Business Centre in Cerdanyola with the Autonomous University, Ciutat Badia and the axis of the Sabadell Eixample. Potentially it was an excellent *comarcal* avenue. Above all, with the Sabadell motorway still to be built, the Horta Tunnel offered an alternative to the excessively congested Avinguda de la Meridiana and the Montcada pass. Of the consequences of this error, nothing remains to be said.

In terms of geometry, the central tunnel seemed to be the clearest. It can be seen as an extension of the central axis of Passeig de Gràcia and the Vallcarca gully, cutting through the middle of Collserola to emerge between the urban nucleus of Sant Cugat del Vallès and Bellaterra. At Lesseps, however, it involved thrusting deep into Gràcia, creating one of the more paradigmatic traffic problems of the city today. We can see here a paradigm of the lack of coherence between the scheme and the physical situation, between abstract scale and territorial detail.

The subsequent proposal of an eastward shift involved drilling the tunnel through the Turó de la Rovira hill to meet up with the axis of Passeig de Sant Joan as a link to

por exceso ("todas las reservas son pocas"), pero que, en el fondo, resulta abandonista frente a ciertas fuerzas económicas, otras posturas más estratégicas defendían la selección de las operaciones, por el bien de la factibilidad y de una lógica de incidencia en la estructura urbana.

El túnel de Horta era más corto, más fácil y, además, incidía en la ciudad central según un eje claro, relativamente libre y de posible nueva ordenación: la riera de Horta, con alcance directo a todo el sector de levante del Eixample. En el Vallès, vertebraba el propuesto Centro Direccional, en Cerdanyola, la Universidad Autónoma, Ciutat Badia y el eje mismo del ensanche de Sabadell. Podía ser una avenida comarcal excelente. Como la autopista de Sabadell no se había construido todavía, el túnel de Horta suponía una alternativa a la congestión desorbitada de la Meridiana y del cuello de Montcada. De las consecuencias de este error, no hace falta hablar más...

El túnel central parece geométricamente el más claro. Aparece como un prolongamiento del eje central del paseo de Gràcia y la riera de Vallcarca, penetrando en Collserola justo por el centro y saliendo hacia Sant Cugat del Vallès, entre el casco urbano y Bellaterra. Pero su acometida en la plaza de Lesseps implicaba estrellarse contra Gràcia, creando uno de los conflictos circulatorios más paradigmáticos de la ciudad actual. La incoherencia entre esquema y base física, entre escala abstracta y detalle territorial, señalaba aquí uno de sus ejemplos más evidentes.

El desplazamiento hacia levante que se ha propuesto más tarde obliga a horadar el túnel bajo el *turó* (colina) de la Rovira, buscando el eje del paseo de Sant Joan como tronco de enlace con el Eixample, y a dejar al margen, ba-

the Eixample, leaving the entire fabric of Gràcia off to the right intact on its way down. Prudently executed, with all due attention to the resulting façades, it might have been a good avenue for the future, capable of providing a metropolitan service while providing the environmental qualities of a major city street (as Jaussely had already envisaged).

The western tunnel passes through Vallvidrera between Sarrià and Les Planes and continues on to Valldoreix to the west of Sant Cugat del Vallès. This, the longest tunnel, faced considerable difficulties in making its way across the plots of land on the far side of Collserola, and has traditionally been in conflict with the upper part of the old nucleus of Sarrià. However, its execution has proved to be a success thanks to the clarity of its course and the quality of the landscaping.

The construction of the urban expressways is thus the most important operation Barcelona chose to undertake at the close of the second millennium. A little too contracted in their form, a little too timid in their deployment, too fragmentary in their execution... more than a means of metropolitan expansion, these infrastructures can be seen as the remedy for an old city in need of leeching.

In other large-scale elements—business centres, major amenities and open spaces—the image of the metropolis is still incipient. Works of 'metropolitan' definition seem to be lagging behind what the cultural dynamic and private occupation have achieved in terms of the modern metropolis. The spectacular increase in leisure spaces (the use of the beaches and natural parks and participation in sport), the sprinkling of residential developments and the presence of

jando por la derecha, la trama entera de Gràcia. Hecha con medida y con una gran atención a las fachadas que en ella resultarían, podría convertirse en una buena avenida del futuro, siempre que sea capaz de llevar a cabo un servicio metropolitano con características ambientales de gran calle ciudadana (Jaussely ya la había previsto).

La galería occidental es la que pasa bajo Vallvidrera, entre Sarrià y Les Planes, para continuar por Valldoreix hacia poniente de Sant Cugat del Vallès. Es ésta la más larga, con dificultades de paso importantes sobre los terrenos parcelados de las vertientes posteriores de Collserola, y en tradicional conflicto con la parte alta del núcleo antiguo de Sarrià. Pero su realización es un hecho superado por la claridad del trazado y la calidad paisajística de su ejecución.

La construcción de las autopistas urbanas ha supuesto, así, en la Barcelona de finales del segundo milenio, la operación voluntaria más trascendente. Un poco demasiado crispada en su forma, un poco demasiado encogida en el despliegue, demasiado fragmentaria en la ejecución... Más que un apoyo de extensión metropolitana, estas infraestructuras pueden parecer el remedio para una vieja ciudad necesitada de sanguijuelas.

En otros elementos de gran alcance —centros direccionales, grandes equipamientos, espacios libres—, la imagen de la metrópoli aún está iniciándose. Lo que son obras de definición metropolitana parecen atrasadas respecto de lo que la dinámica cultural o la ocupación privada han hecho en términos de metrópoli moderna. La explosión de los espacios de ocio (el uso de las playas y de los parques naturales o la dedicación a los deportes); las salpicaduras de urbanizaciones residenciales; el establecimiento de almacenes o de industrias

warehouses and industrial premises all along the secondary roads are primitive yet evident forms of a metropolis that is stronger on its outskirts than at its centre.

Whatever the significance of public urbanism may be in a society in which the tensions surrounding the individual and collective use of the geography are rising, it has yet to be recognized. However, it is clear that strategic ideas will become increasingly more important than exhaustive forecasts, and policies on services and the promotion of growth will be far more appropriate than ambitions to control. The shift from city urbanism to the metropolitan space thus calls for conceptual advances that—far removed from the econometric determinism of the past—understand that the construction of the city in a post-industrial society needs to endow itself with more global urban significations in every fragment precisely because the structural conditions will never be fully present.

dispersas sobre cualquier frente de carretera secundaria, son formas primitivas, pero evidentes, de una metrópoli más potente como tal en las periferias que en su propio centro.

Sea cual sea el sentido del urbanismo público en una sociedad donde las tensiones por la utilización individual y múltiple de la geografía se multiplican, no es un urbanismo reconocido; pero sí está claro que las ideas estratégicas serán cada vez más importantes que las previsiones exhaustivas; y las políticas de servicio y de fomento, mucho más adecuadas que las pretensiones de control. El paso del urbanismo ciudadano al espacio metropolitano pide, en este sentido, avances conceptuales que, lejos de los determinismos econométricos de los años pasados, entiendan que la construcción de la ciudad en la sociedad posindustrial reclama cargarse de significaciones urbanas más globales en cada fragmento, precisamente porque nunca dispone de condiciones estructurales completas.

272. A wedding in the church of Els Josepets (1903).

273. Plaça de Lesseps before it was absorbed into the city, with the church of Els Josepets and the Vallvidrera gully (plan by Tomàs Sanmartí, 1849).

274. The church of Els Josepets in the late 19th century.

275. The old square as a 'widening' at the intersection of Carrer Gran de Gràcia and Avinguda de la República Argentina.

276. Plaça de Lesseps in 1909.

277. The insertion of Ronda del Mig and the form of the new Plaça de Lesseps.

278. Plaça de Lesseps around 1929.

279. The square in the early 1970s.

272. Boda de época en la iglesia de Els Josepets (1903).

273. La plaza de Lesseps cuando quedaba en las afueras de la ciudad, con la iglesia de Els Josepets y la riera de Vallvidrera (plano de Tomàs Sanmartí, 1849).

274. La iglesia de Els Josepets a finales del siglo XIX.

275. La antigua plaza, como un "ensanchamiento", en la unión de la calle Gran de Gràcia y la avenida de la República Argentina.

276. La plaza de Lesseps en 1909.

277. La inserción de la ronda del Mig y la forma de la nueva plaza de Lesseps.

278. La plaza de Lesseps hacia 1929.

279. La plaza a principios de los años setenta.

280. The *comarca* (county) of Barcelona. Land occupation, 1951.

281. Urban growth, 1951-62.

282. The *comarca* of Barcelona. Land occupation, 1962.

283. Urban growth, 1962-65.

284. The *comarca* of Barcelona. Land occupation, 1965.

285. Urban growth, 1965-70.

280. La comarca de Barcelona. Ocupación del suelo (1951).

281. Los nuevos crecimientos, 1951-1962.

282. La comarca de Barcelona. Ocupación del suelo (1962).

283. Los nuevos crecimientos, 1962-1965.

284. La comarca de Barcelona. Ocupación del suelo (1965).

285. Los nuevos crecimientos, 1965-1970.

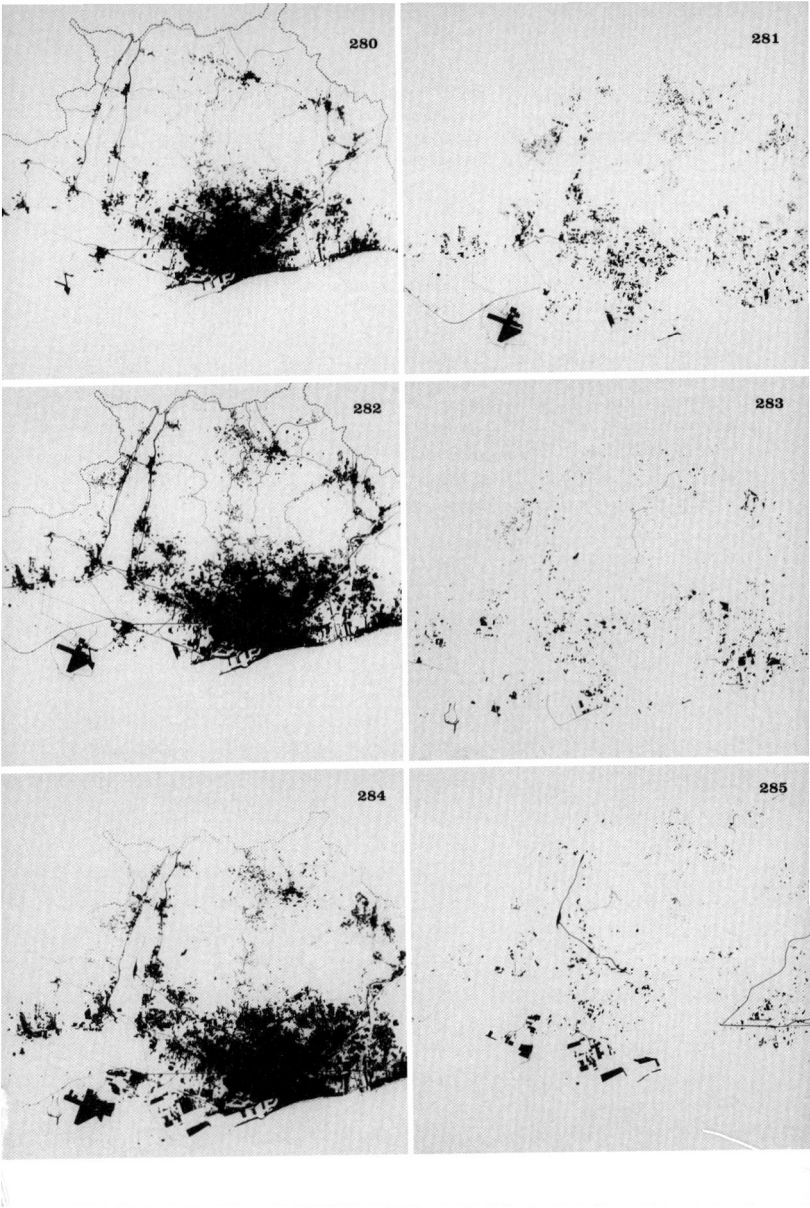

286. Transverse road through the Badalona estate (Habitatges del Congrés Eucarístic).

286. Via transversal del polígono Badalona (viviendas del Congreso Eucarístico).

287. Barcelona. County Plan of 1953. Zoning.

287. Barcelona. Plan Comarcal de 1953. Zonificación.

288. 'Plan de ordenación de Barcelona y su zona de influencia. Zonificación', by J. Soteras and P. Bidagor, 1953.

288. "Plan de ordenación de Barcelona y su zona de influencia. Zonificación", de Josep Soteras y Pedro Bidagor (1953).

289. The new highways: the Sant Cugat del Vallès bypass.

289. Los nuevos trazados viarios: variante de Sant Cugat del Vallès.

290. Proposed basic road network.

290. Propuesta de red básica de vías.

291. Diagram of inter-sections and nodes.

291. Esquema de encrucijadas y nodos.

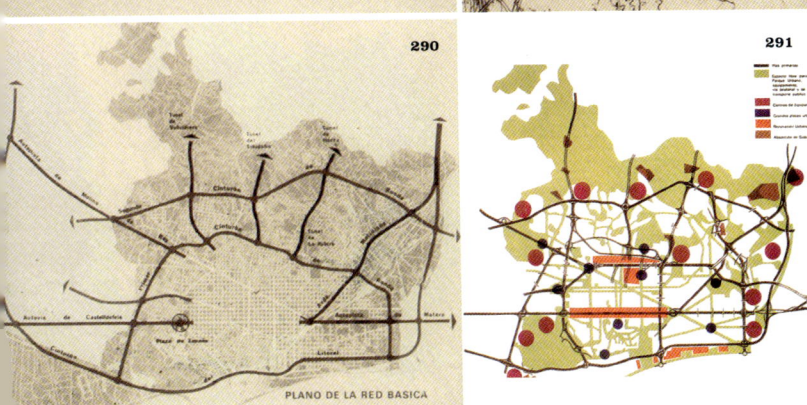

PLANO DE LA RED BASICA

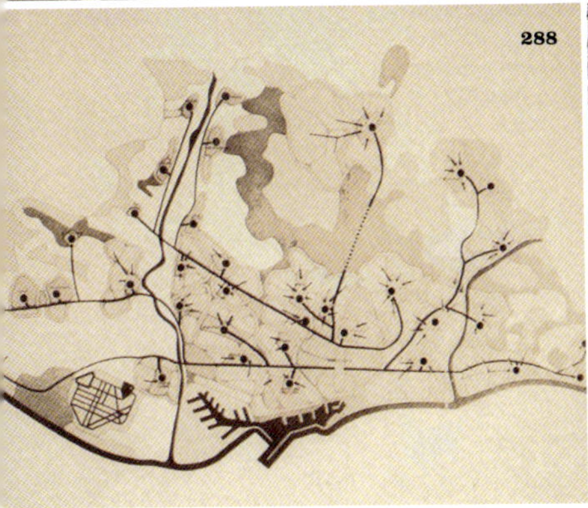

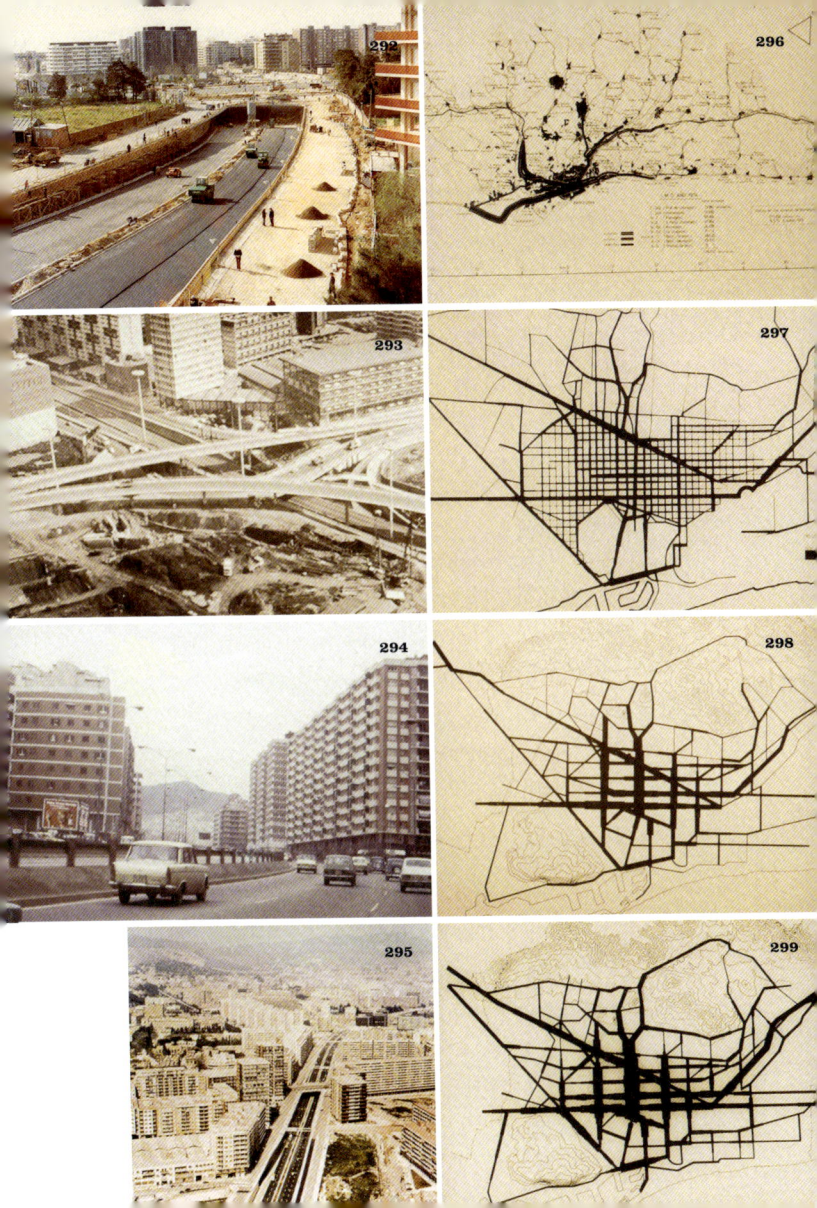

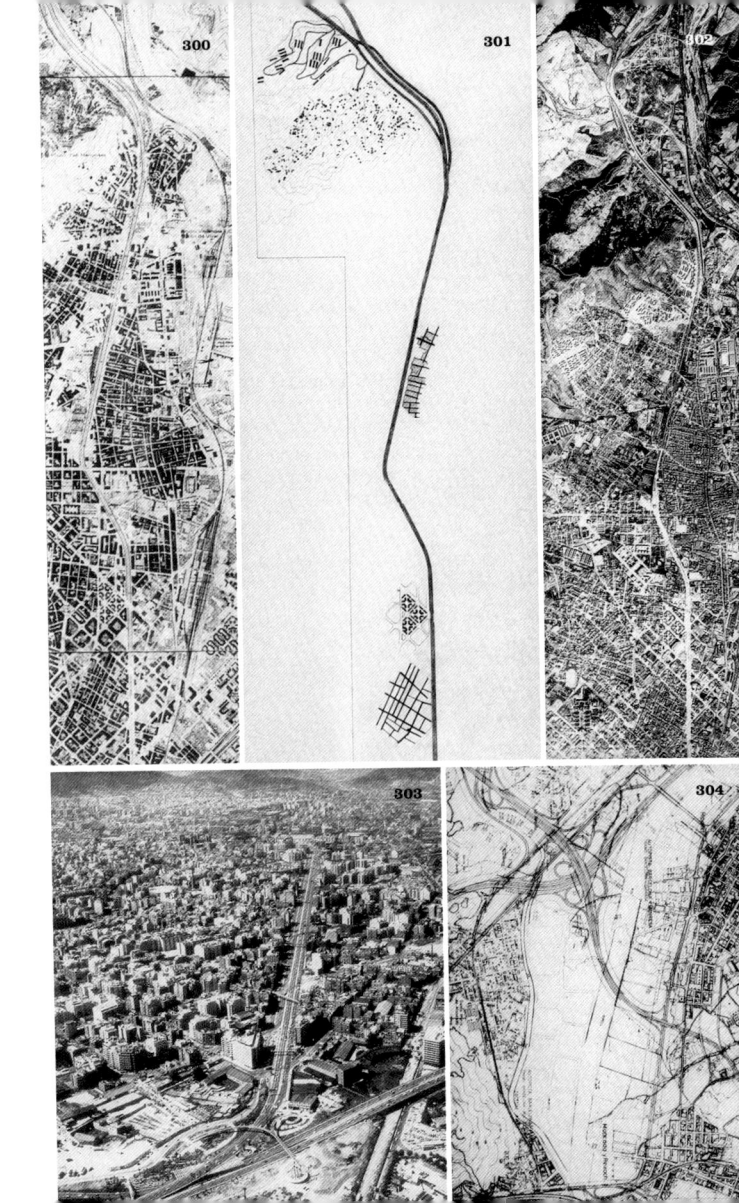

305. The Sant Martí de Provençals sector in the early 1960s.

306. The Sant Martí sector ten years later, with the Mataró motorway open and most of the housing projects completed.

307. The El Maresme motorway between Sant Pol and Blanes.

308. The appearance of new infrastructure across the rural area.

309. The infrastructure franchises: motorway tolls.

305. El sector de Sant Martí de Provençals a principios de los años sesenta.

306. El sector de Sant Martí unos diez años después, con la autopista de Mataró en servicio y la mayor parte de los polígonos de viviendas terminados.

307. La autopista del Maresme, entre Sant Pol y Blanes.

308. El paso de las nuevas infraestructuras por encima del territorio rural.

309. Las concesiones de las infraestructuras: los peajes.

310. 'Esquema de objetivos urbanísticos para el año 2000', X. Subías, F. Escudero and A. Riera Clavillé.

311. The motorway and the Llobregat valley.

312. The proposal for tunnels in El Vallès.

313. Stretch of the second ring road.

314. The Llobregat infrastructure and the old B-30 road.

315. The new motorways entering the city.

316. Infrastructures crossing the Llobregat.

310. Esquema de objetivos urbanísticos para el año 2000, X. Subías, F. Escudero y A. Riera Clavillé.

311. La autopista y el valle del Llobregat.

312. La propuesta de túneles para el Vallès

313. Fragmento del Segundo cinturón de ronda.

314. Las infraestructuras del Llobregat y la antigua B-30.

315. Las nuevas autopistas a la entrada de la ciudad.

316. Las infraestructuras atravesando el Llobregat.

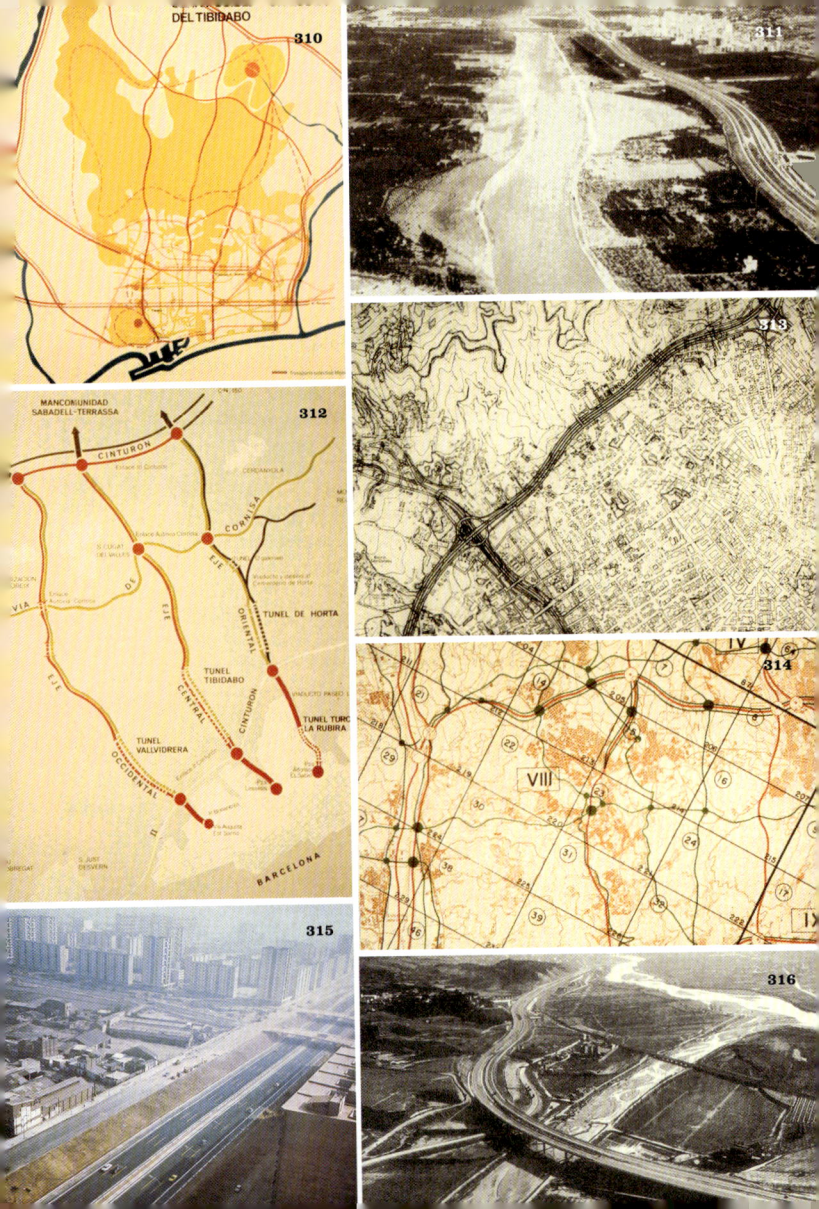

DEL TIBIDABO

310

311

313

MANCOMUNIDAD
SABADELL-TERRASSA

312

CINTURON

CORNISA

EJE ORIENTAL

TUNEL DE HORTA

TUNEL
TIBIDABO

VIADUCTO PASEO

TUNEL TURO
LA RUBIRA

EJE CENTRAL

CINTURON

TUNEL
VALLVIDRERA

EJE OCCIDENTAL

VIA

EJE

BARCELONA

314

IV

VIII

315

316

THANKS

From the preparation of the first classes in which
these lessons were aired to the appearance of
the present publication, this endeavour has
benefited from the contributions of my research
colleagues in the Laboratori d'Urbanisme at
the ETSAB School of Architecture in Barcelona.
Specifically, Josep Parcerisa and Amador
Ferrer helped organize some of the lessons.
Francisca Buades patiently typed up the first drafts.
Eileen Liebman's syntactic and terminological
changes to the English translation will be appreciated
by the reader as it has been by the author.
My very special thanks are due to Carles Crosas for
his tirelessly rigorous and creative coordination of
the final edition. Not only the form but also the
content have been much improved by his intelligence.
Without the support of all these people it would have
been very difficult to make this book a reality.

AGRADECIMIENTOS

Desde la preparación de las primeras clases en
las que estas lecciones se expusieron hasta la
salida a la luz de la publicación actual, este
trabajo ha disfrutado de la ayuda de los compañe-
ros de investigación del Laboratorio de Urbanismo
de Barcelona (LUB), de la Escuela de Arquitectura
de dicha ciudad. Josep Parcerisa y Amador
Ferrer contribuyeron, más concretamente, a
organizar alguna de sus lecciones. Francisca
Buades materializó pacientemente el mecanogra-
fiado de las primeras versiones. La atención
sintáctica y terminológica de Eileen Liebman en
la versión inglesa, será apreciada por el lector
tanto como lo es por el autor.
De manera muy especial agradezco a Carles
Crosas su continuada, rigurosa y creativa coordinación de la edición final. No sólo la forma,
sino también el contenido ha mejorado gracias
a su inteligencia. Sin el apoyo de todos ellos,
hubiera sido muy difícil hacer realidad este libro.

Edita / Publisher
COL·LEGI D'ARQUITECTES DE CATALUNYA (COAC)

DIEZ LECCIONES SOBRE BARCELONA
TEN LESSONS ON BARCELONA

Autor y director de la edición /
Author and Editorial Director
Manuel de Solà-Morales

Coordinación / Coordination
Servei de Publicacions del COAC
Laboratori d'Urbanisme, ETSAB, UPC

Traducciones y correcciones /
Translation and correction
Joaquina Ballarín
Graham Thomson

Diseño gráfico / Graphic design
Rosa Lladó - Salon de Thé
Colaboraciones / Collaborations
Max Weber, Roser Cerdà

Reproducción digital /
Digital production
Lowmart

Impresión / Printing
Nova Era

Distribución / Distribution
ACTAR D
Roca i Batlle, 2. 08023 Barcelona
Tel.: +34 93 417 49 93
Fax: +34 93 418 67 07
office@actar-d.com
www.actar-d.com

DL B-46075/2009
ISBN: 978-84-96842-24-3
2ª edición / 2ⁿᵈ edition

Documentación fotográfica /
Photo documentation
Arxiu Històric del Col·legi
d'Arquitectes de Catalunya
Ajuntament de Barcelona. Institut de Cultura.
Arxiu Històric de la Ciutat de Barcelona
Arxiu Francesc Cabana
Arxiu Municipal del Districte de Gràcia
Arxiu Nacional de Catalunya
Comandància d'Enginyers
Comissió d'Urbanisme de Barcelona
D'ací d'allà
Editorial Aedos
Editorial Ausa
Editorial Bosch
Editorial Teide
Institut Municipal d'Història de Barcelona
Museu d'Història de la Ciutat
Laboratori d'Urbanisme, ETSAB, UPC

Fotografías inicio de los capítulos /
Chapter Heading Photographs
Rosa Feliu, pág. 276, 277
Jordi Todó, Tavisa, pág. 156-157, 220-221,
410-411, 526-527
Laboratori d'Urbanisme, ETSAB, UPC,
pág. 36-37, 104-105, 380-381, 464-465
Microsoft Virtual Earth TM, pág. 332-333

Cartografía portada / Cover cartography
Propiedad del **Institut Cartogràfic de Catalunya**,
que ha sido cedida para esta publicación.
Property of the Institut Cartogràfic de Catalunya.

Amb la col·laboració de: Ajuntament de Barcelona
With the support of: